하나님께로
돌아가는 길

Way Back to God: The Spiritual Theology of Saint Bonaventure
Copyright © Douglas Dales, 2019

Korean Translation Copyright © 2022 by Yuha
Korean edition is published by Agreement with James Clarke and Co. Ltd.

이 책의 한국어판은 James Clarke and Co.와의 계약으로 출판되었습니다.
저작권법에 의하여 한국 내에서 보호를 받는 저작물이므로 판권 소유. 발행인의 사전 승인 없이 이 판의 어떤 부분도 복제할 수 없으며, 컴퓨터 또는 검색 시스템에 저장하거나 전자, 기계, 복사, 녹음 또는 기타 형식이나 수단으로 전송할 수 없습니다.

하나님께로 돌아가는 길

초판 발행	2024년 11월 15일
지은이	더글라스 데일즈
옮긴이	김재훈
발행인	한뿌리
총괄	이소진
펴낸곳	有하
등록	2014년 4월 24일 제 2016-000004호
주소	서울 강서구 공항대로 334(내발산동)
전화	02-2663-5258
팩스	02-2064-0777
인쇄	인스 P&B

값 30,000원
ISBN 979-11-85927-51-0 03230

이 책의 한국어판 저작권은 유하에게 있습니다.

Way Back to God

하나님께로
돌아가는 길

성 보나벤투라의 영성신학

더글라스 데일즈 지음
Douglas Dales

김재훈 옮김

Bonaventure

✠

영국 프란치스코 교단의 수호자로서 자신들을 봉헌한
전(前) 윈체스터의 주교들인 필립 굿리치(Philip Goodrich)와
미쉘 스코트 조이언트(Michael Scott-Joynt)를 기억하며
이 책을 헌정한다.

✠

"온갖 좋은 은사와 온전한 선물이 다 위로부터
빛들의 아버지께로부터 내려오나니 그는 변함도 없으시고
회전하는 그림자도 없으시니라"(약 1:17).

서문

이 책은 보나벤투라에 대한 이전의 책인 『하나님의 재창조』(*Divine Remaking*, 유하 역간)를 보완하기 위한 것으로, 우리가 주목해야 할 그의 성경 신학을 보다 널리 알리고 그 유익을 누릴 수 있도록 쓰였다. 이 두 책은 라틴어가 지니는 명확성으로 인해 명쾌하고 신뢰할 수 있는 번역이 가능하기 때문에 독자들이 보나벤투라의 저작을 통해 직접적으로 도움을 받게 하려는 의도를 담았다. 두 책 모두 미국의 프란치스코 수도회 학자들의 철저한 노력으로 빛을 보았다. 그들은 최근 몇 년간 보나벤투라의 저작 대부분을 귀중한 지침과 주석을 바탕으로 탁월한 영어 번역서를 제공하여 독자들이 쉽게 접할 수 있도록 해주었다.

이 책들은 모두 세인트 보나벤처 대학교(St. Bonaventure University, New York) 소속인 프란치스코회 연구소(Franciscan Institute)에서 출판되었다.

오늘날 전 세계 교회는 미국의 프란치스코회가 제공한 풍부한 기독교 사상과 가르침의 값진 보고(寶庫)에 대해 큰 감사의 빚을 지고 있다. 나 개인적으로는 성 보나벤투라에 관한 이 두 번째 책을 제안해주고 격려해준 담당 편집자 아드리안 브링크(Adrian Brink)에게 깊은 감사를 전하고 싶다. 우리의 우정과 협력은 성실하고 결실이 풍성하며 행복한 것이었다. 케임브리지에서 그와 그의 동료들과 함께 일할 수 있었던 것은 기쁨과 영광스런 특권이었다. 나는 또한 그리스의 아토스산(Mount Atos)과 여러 곳에

흩어져 있는 수도원 친구들에게 감사드린다. 그들의 기도와 모범, 격려는 나에게 끊임없는 영감을 주었다.

이 책은 성 보나벤투라의 영적 가르침에 담긴 본래의 명확성, 일관성, 즉각성을 오늘을 살아가는 우리가 읽고 받아들일 수 있도록 구성하였다. 이 책은 광범위한 저술을 통해 '가장 행복한 성자'이자 '세라핌 박사'[1] (Seraphic Doctor)로 불리는 그의 영적 유산의 규모와 위상을 높이 평가할 수 있도록 개괄적으로 그의 가르침의 정수를 보여주려고 노력하였다.

마지막 장에는 보나벤투라의 영성 신학에 대한 에티네 길슨(Etienne Gilson)과 한스 우르스 폰 발타자르(Hans Urs von Balthasar)의 신학적 비판을 일부 포함하였다. 하지만 그 또한 보나벤투라가 영국 국교회와 가톨릭 교회에서 얼마나 대단한 위상을 차지하고 있는지를 증명한다. 나아가 그의 신학과 영적 가르침이 오늘날의 그리스도인들과 정교회 그리스도인들에게도 큰 영향을 미치고 있다는 것도 보여준다.

이 책은 성경 각 구절에 대한 보나벤투라의 주석이나 6일간의 천지창조 때 일어난 일(헥사메론, Hexaemeron)에 대한 대조 또는 그의 많은 설교에 대해서는 다루지 않는다. 다만, 오늘날 교회에서도 적용할 수 있는 필요와 기회를 전달하고자 했던 위대한 교부의 한 사람으로서, 그가 작성한 요약집이나 소통방식 그리고 해설(해석)을 통해 그의 비전과 지혜를 전달하려는 것임을 밝힌다.

2018년 변화의 향연 기간에,
영국 버크셔의 피스모어, 글레브 하우스(The Glebe House)에서
더글라스 데일즈(Douglas Dales)

한국어판 서문

이 책은 앞서 출간된 『하나님의 재창조』(Divine Remaking, 유하 역간)를 보완하기 위해 쓰였다. 두 책 모두 보나벤투라의 놀라운 영적 신학을 널리 알리고 대중적으로 접근할 수 있게 하려고 저술되었으며, 특히 미국 프란시스코회에서 최근 몇 년간 영어로 번역된 그의 글들을 참고하였다. 이 연구는 보나벤투라의 영적 가르침이 그만의 고유한 명료함, 일관성 그리고 즉각성에서 오늘날에도 이해될 수 있게 하려는 것이다. 또한 '세라핌 연구의 박사'인 보나벤투라가 남긴 유산의 규모와 위상을 평가할 수 있도록 그의 가르침을 수용 가능한 수준의 개요로 정리하여 그가 연구한 방대한 분야의 다양한 저술들을 소개하였다. 이 책은 위대한 성인의 비전과 지혜를 담아 대화하고 설명하는 작품으로써, 그의 가르침은 오늘날 기독교 교회의 필요를 채울 수 있는 매우 시의적절한 도구가 될 것이다.

2024년 7월 15일
성 보나벤투라의 날에
더글라스 데일즈

추천사

하나님을 믿는다는 것은 내 삶 전체를 하나님께 맡긴다는 것이고, 모든 일에 대해 하나님과 관계를 맺고 있다는 뜻이다. 바로 이것이 영성 있는 신앙생활이다. 교회사에 등장하는 인물을 살펴보면 너 나 할 것 없이 하나님을 깊이 사랑했다. 하지만 그런 수준의 영성을 가진 사람들은 예외 없이 그 시대에 소수였다.

나는 젊은 시절부터 영성과 성령, 은사에 대한 책을 탐독했는데, 특히 보나벤투라에 대해 더 깊이 알고 싶은 마음들이 있었다. 그러던 중 그에 대한 책을 세 권이나 만나는 기회가 있었다. 2021년 10월, 독일 프랑크푸르트 국제도서전에 내가 저술한 책을 들고 참가했는데, 이때 한국교회에 소개하고 싶은 책을 찾아보았다. 그러던 중 더글라스 데일즈가 쓴 보나벤투라에 대한 책을 만난 것이다. 그래서 2년 전 그에 대한 첫 번째 책인 『하나님의 재창조』를 발간하였고, 이번에 두 번째 책인 『하나님께로 돌아가는 길』을 펴내게 되었다.

보나벤투라의 그리스도 중심 사상, 성경을 귀하게 여기는 신앙, 성령의 역사하심, 거룩, 특히 기도와 회개의 중요성을 강조하는 그의 신앙을 생각하다 보면 나도 모르는 새 그의 경건한 신앙에 빠져들게 된다.

13세기 파리대학은 아마도 토마스 아퀴나스와 보나벤투라라는 두 거장으로 인해 엄청난 행복을 누렸을 것이다. 영성이 점점 약해져가는 한

국교회에 이 책을 감히 추천드린다.

2024년 9월
실로암세계선교회 회장
한양훈 목사

차례

서문 7
한국어판 서문 9
추천사 11

제1장　소개 15
제2장　성 프란치스코 27
제3장　가난 53
제4장　순례기(1) 81
제5장　순례기(2) 107
제6장　그리스도인의 삶(1) 127
제7장　그리스도인의 삶(2) 151
제8장　말씀이신 하나님 175
제9장　믿음과 이해 203
제10장　신학서설(1) 231
제11장　신학서설(2) 263
제12장　신학서설(3) 285
제13장　성령(1) 303
제14장　성령(2) 325
제15장　성 보나벤투라 343

주 379
참고 문헌 449
인명 및 주제 색인 459

제1장

소개

성 보나벤투라는 이탈리아 오르비에토(Orvieto)의 바그노레지오(Bagnoregio)에서 1217년 무렵 태어났다. 그는 프랑스 파리대학에서 수학했으며, 그 대학에서 1257년 프란치스코회의 고위 성직자이면서 총장(수장)이 되기까지 저명한 토마스 아퀴나스와 함께 동문수학하였다. 그는 유럽 여러 지역에서 프란치스코 수도회가 성장하도록 오랫동안 도보로 다니면서 가르치고 설교하며 순회하는 수고를 아끼지 않았다. 이 소명에 헌신된 삶을 사느라 그는 1265년 요크의 총대주교(Archbishop)직을 수락할 수 없었으나, 교황 그레고리오 5세는 1273년 그를 주교 추기경으로 임명하였다. 교황이 추기경으로 지명하던 때 그는 수도회의 주방에서 설거지를 하고 있었다. 추기경이 된 후 자신의 추기경 모자를 밖의 나뭇가지에 걸게 하였다는 일화는 그의 겸손함을 여실히 드러낸다. 나중에 보나벤투라는 프랑스 리옹 위원회에서 교황을 알현하였고, 그곳에서 1274년 6월 15일에 하나님의 품에 안겼다.

프란치스코 수도회 역사상 매우 어려운 시기에 프란치스코 수도회의 지도자였던 보나벤투라는 수도회 운동의 밑거름이 된 두 번째 창시자로 많은 사람의 칭송을 받았다. 그의 모든 가르침과 저작은 아시시의 성 프란치스코가 남긴 유산과 그에 대한 기념을 견고한 성서적, 교리적 기반 위에 세우려는 것이었다. 보나벤투라는 복음 전파의 사명을 더욱 고취시키고 한창 성장하고 있는 수도원 운동을 수많은 비판과 갈등에서 지키기 위해 프란치스코 수도사들의 학문과 설교 수준을 높이는 데 오랫동안 주력하였다. 그는 파리대학에서 익힌 학자로서의 모든 전문성과 경험을 살려 그가 목회적으로 돌보고 있는 수행자들이 체계적으로 성장하는 토양을 마련하기 위해 크게 노력하였다.

보나벤투라의 가장 큰 특징은 날카롭게 분석적이면서도 유려하게 시적이라는 점이다. 그는 또한 대단한 기억력의 소유자로서, 특히 성경에 대한 기억력이 출중하였다. 그가 가르친 상당수의 강연과 설교는 모두 성경에 기반했다. 그보다 먼저 앞서간 선진들, 즉 파리대학의 은사들과 서구 교회(The Western Church)를 사실상 개창한 성 아우구스티누스의 신학 사상은 보나벤투라의 일생일대의 신학 세계를 구축하는 데 지대한 영향을 주었다.

또한 그의 독보적인 사상을 형성한 풍부한 가르침은 그레고리우스 대제(1세), 안셀무스(Anselm), 클레르보의 베르나르(Clairvaux of Bernard), 성 빅토르 신학자들[2] 그리고 비교적 최근에 라틴어로 번역된 디오니시우스(Dionysius)의 수준 높은 저작들의 영향을 받았다. 그래서 이 모든 것은 성 프란치스코의 가르침을 따르는 이들에게 그의 풍성한 영적 전통이 전수될 수 있었던 배경이 되었다. 그러면서 동시에 그의 저명한 저작들은 후에 라틴어판과 영어판으로 명료하게 번역되었다. 보나벤투라는 모든 면에서 언변이 탁월했는데, 프란치스코 수도회의 복음 전파와 사역의 모형이 되어준 여러 설교 내용이나 탁월하고 광범위한 《누가복음 주석》(*Commetary on the Gospel of Luke*)을 보면 그 증거들을 여실히 찾아볼 수 있다.

보나벤투라는 가장 일관되게 그리스도 중심의 신학 세계를 펼친 사람이며, 기독교 신학이 추구하는 영적인 목적에서 조금도 빗나간 적이 없는 인물이었다. 그는 신학에 대해서 그 연구 자체에 목적을 두거나 단순히 학술적인 대상으로 보지 않았고 또한 철학 연구와 같은 목적이 있다고 보지도 않았다. 그는 자신보다 앞서 몇 세기 전에 있었던 신학자 이레네우스(Irenaeus)[3]가 신학의 실제적인 부분에 대해 선언한 내용을 깊이 신뢰하였다. 이레네우스는 '하나님의 비전은 사람의 생명에 있고, 하나님의 영광은 살아있는 사람을 통해서 나타난다'라고 보았다. 그러므로 "기독교 신학은 철저히 그리스도 안에서 인간이 거룩해질 수 있도록 사람의 모양으로 오신 그리스도의 영이 이루시는 인간 본성의 변화와 구속과 관련이 있다"고 주장하였다. 이러한 면에서 성 보나벤투라는 기독교 역사상 가장 신비주의적인 신학자로 여겨지며, 그가 기독교 사상과 기도 생활에서 핵심적으로 믿고 가르친 것은 바로 그리스도의 사랑을 통한 변화의 경험이었다.

　이러한 그리스도의 사랑은 프란치스코의 경우처럼 십자가에 못 박히신 그리스도의 구속의 고통에 영적으로 깊이 참예하도록 사람들을 감화시킨다. 그리하여 하나님의 영광이 임하셔서 사람을 변화시키시고, 거룩하게 하시며, 그 영혼이 하나님의 모양과 형상을 다시 회복할 수 있도록 도우시고, 그리스도와 깊은 친밀함을 갖게 하신다. 보나벤투라는 그리스도와 맺은 신령한 연합을 통해 인생들이 하나님의 은혜에 참여할 수 있는 존재가 된다고 믿었다.

　보나벤투라는 성 아우구스티누스가 《고백록》(Confessions)에서 말한 것처럼 "주여, 당신께서 우리를 당신을 위한 존재로 창조하셨으니, 우리가 당신 안에서 안식을 발견할 때까지 마음의 평안을 얻을 수 없습니다"라는 말을 마음에 새기고 부단히 가르쳤다.

보나벤투라는 그리스도의 사랑의 부르심은 기꺼이 하나님께로 돌아가게 하는 원동력이 되며, 이것이 바로 그리스도인의 삶과 생각, 기도의 의미라고 보았다. 보나벤투라에게 그리스도의 사랑은 항상 다른 모든 것보다 초월적인 것이었다. 이 때문에 믿음으로나 지성으로나 그리스도를 살아 있는 진리(the Truth)로 이해하고 받아들여야 한다고 밝혔다. 또한 성서에 나타난 신성한 계시와 그리스도의 성만찬(성찬식, Sacraments)을 깊이 묵상함으로써 보다 깊이 그리스도의 사랑을 인식하게 되었다.

보나벤투라는 인간의 본성 안에서 성령님에 의해 성취되는 것들에 대해 매우 긍정적인 기대를 품었다. 그는 자신이 가르친 진리를 몸소 실천했으며, 그로 인해 가장 신실했던 그리스도인으로 인정받았고, 살아 있는 동안만 아니라 그 이후에도 수많은 사람들에게 사랑과 존경을 받았다.

이 책을 통해 우리는 성 보나벤투라가 어떻게 기독교 신학을 가르치고 영적인 삶으로 실현하고자 노력했는지를 개괄적으로 들여다볼 수 있다. 이 책은 그저 보조적인 독서의 일환이 아니라 그의 많은 저술을 통해 하나님께로 인도되도록 하려는 대의(Noble Cause)를 담고 있다.

이 책은 아시시의 성 프란치스코에 대한 보나벤투라의 사상을 제일 먼저 수록했다. 따라서 이 책의 첫 장은 성 프란치스코의 공생애를 고찰하고 있다. 보나벤투라는 프란치스코 교단 총회로부터 '레겐다 마요르'(대전기, Legenda maior)를 써달라는 의뢰를 받았다고 밝혔는데, 이 대전기는 아마도 1261년 무렵 완성되었을 것이다. 그는 또한 《성 프란치스코의 생애》(Life of the St. Francis)의 축소판인 '레겐다 미노르'(소전기문, Legenda minor)도 나중에 저술했다.

그가 쓴 두 아름다운 저작은 영구히 서구 교회에 성 프란치스코를 불멸의 인물로 기억하고 인식하고 흠모하도록 만들었다. 《성 프란치스코의 생애》(Life of the St. Francis)는 보나벤투라가 스스로도 성인이면서 신학자로서 충실한 신학적인 번역으로 그 위대한 성인의 삶을 '성인전'(hagiography)에 담아놓은 보기 드문 명저다. 그러나 그것은 프란치스코회가 그리스도의 가난을 온전히 받아들이는 것에 여러 도전을 받았음을 반영한다. 그래서 보나벤투라가 저술한 《성 프란치스코의 생애》에서 '가난'의 의미에 대한 가르침이 맨 앞장에 수록된 것은 그가 1256년에 쓴 논문인 〈복음주의적 완전함에 대한 논쟁적 질문들〉(Disputed Questions on Evangelical Perfection)에도 포함되어 있기 때문이었다.

가난에 대한 논란은 여러 대학이나 프란치스코 교단에서도 늘 일어났다. 프란치스코회 총장으로서 보나벤투라의 여러 저작들은 성 프란치스코가 진정으로 말하고자 했던 것을 두고 교단 안에서 갈등을 일으킬 수 있는 해석들에 대해 화해시키고자 하는 노력을 보여준다. 또한 국제적으로 급속도로 성장 중인 젊고 개혁적인 프란치스코회 교단이 어떻게 통합적으로 복음주의적인 가난에 대해 정립해야 할지에 대한 깊은 고민을 담고 있다. '가난'이라는 제목의 장에서는 가난에 대한 보나벤투라의 영적인 지도를 알려주는 여러 편지를 싣고 있고, 1268년에 발표한 《탁발 수도자의 옹호》(Defence of the Mendicants)라는 논문에서도 가난에 대한 여러 도전에 대해 그가 차분하게 대응하고 적절하게 가르침을 준 내용을 찾을 수 있다.

그다음 이어지는 두 장에서는 보나벤투라의 《순례기》(Itinerarium-'The Soul's Journey into God)[4]를 상세하게 다루고 있다. 이 책은 수세기 동안 서구 교회에

크나큰 영향력을 미친 고전적인 영성교재로 평가받는다. 이 책은 그가 1259년 아레조(Arezzo) 근처 라 베르나(La Verna)에서 피정하는 동안 구상한 것이다. 라 베르나는 성 프란치스코가 33세에 오상[五傷 또는 성흔(stigmata), 기독교의 신비주의를 물리적으로 표현한 말]을 받았던 장소다. 이 책을 통해 우리는 보나벤투라의 핵심 사상을 잘 이해할 수 있으며, 성 프란치스코의 영적인 경험과 증거 그리고 그리스도에 대한 지극한 충성스러움을 잘 볼 수 있다. 보나벤투라의 사상과 저술을 담은 걸작으로 정평이 나 있는 이 책은 그의 신중한 성찰과 통찰을 잘 보여준다.

'그리스도인의 삶'(the Life of Christ)이라는 제목이 붙은 두 개의 장에는 보나벤투라의 영성신학적인 저서들이 나온다. 《세 가지 길-윤리, 묵상 그리고 지혜》(The Threefold Way)는 기도의 삶에 대한 고전적인 설명을 다루고 있는 대표적인 책이다. 그가 1259년에 쓴 논문인 〈삶의 완전함에 대하여〉(On the Perfection of Life)에는 프랑스의 여러 클라라회(Poor Clares)[5]에 대한 소개와 더불어 겸손의 의미에 대한 설명이 담겨 있다.

《마음을 다스리는 것에 관하여》(On Governing the Soul)는 스페인 여왕 블랑쉬(Blanche)에게 헌정한 보나벤투라의 영적 가르침을 담은 요약집이다.

〈독백〉(The Solioquium)은 1259년에서 1260년 사이에 쓰였다고 추정되며, 보나벤투라의 인생의 변화를 다룬 풍부하고 근사한 편집본으로, 서유럽의 수도원 신학에 대한 《필로칼리아》(Philokalia)[6]와 영적인 가르침을 담고 있다. 이 저작은 그가 가진 재원들을 어떻게 활용해왔으며, 제자들에게 이 재원들을 어떻게 사용할 수 있는지에 대한 내용을 보여준다.

《생명나무》(The Tree of Life)는 보나벤투라의 가장 유명하고 영향력 있는 저작으로 하나님과의 연합을 예술적으로 묘사한다. 이 저작은 인간에 대한 예수 그리스도의 사랑과 겸손에 대한 심오한 성찰을 잘 보여준다.

《신비의 포도나무》(*The Mystical Vine*)는 그리스도의 고난과 십자가형의 의미에 대한 비유적 성찰을 담아낸 저작이다.

〈그 어린 주 예수의 5개의 절기〉(*Five Feasts of The Child Jesus*)는 보나벤투라가 생애 말기에 쓴 소논문으로 영적 모성(Spiritual Motherhood), 즉 영혼 안에서의 그리스도의 탄생이라는 주제를 아주 섬세하게 감각적으로 다룬다. 교회의 전례(성찬례)적인 절기들을 개인의 영적인 삶과 연결한 역작이다.

'말씀이신 하나님'(*The Word of God*)이라는 제목의 장에서는 성 보나벤투라가 쓴 두 편의 성서 주석을 담고 있다. '누가복음' 그리고 1256년 이전에 저술된 솔로몬의 '전도서'와 '요한복음'에 대한 주석이다. 이 주석은 신학교 학생들과 수련생들을 위한 것으로 보나벤투라의 가르침과 함께 본문에 대한 학생들의 여러 질문과 의문에 대한 답변을 다루고 있다.《전도서 주석》은 그리스도인의 윤리성과 영적인 삶의 진정한 가치를 잘 다루고 있다.《요한복음 주석》은 보나벤투라의 기독론(Christology)에 대한 깊은 이해를 잘 보여준다. 그에게 '요한복음'은 모든 다른 복음서를 여는 핵심 열쇠였고, 나아가 전체 성경을 이해하는 첩경이었다.《요한복음 주석》은 성육신하신 그리스도의 영광을 잘 드러낸다. 보나벤투라가 쓴 모든 주석에는 복음의 의미에 대한 다양한 질문과 의문에 답하는 그의 주장들도 수록되어 있다.

'믿음과 이해'(*Faith and Understanding*)라는 제목의 장은 보나벤투라가 학술적인 논문과 동일하게 정확성을 기해 기술하였다. 그 글에는 여러 영적 가르침의 배경이 되는 풍부한 증거가 잘 나열되고 있다. 그는 안셀무스(Anselm)의《지성을 추구하는 믿음》(*Fides quaerens intellectum ; face sees understanding*)[7)]

에서 전체적인 신학적 접근에 대한 지배적인 원리를 찾았다. 나아가 그가 생애 말년에 쓴 논문인 〈예술의 신학으로서의 환원〉(*The Reduction of The Arts to Theology*)에서 이러한 접근 방식을 설명하려고 노력하였다. 그가 사용한 '환원'(Reduction)이라는 단어는 모든 학문을 신학적으로 승화시키고, 하나님의 지식으로 돌아가는 것을 말한다. 이 논문은 지적으로 가장 심원한 보나벤투라의 저작 중 하나로 손꼽힌다. 1256년, 보나벤투라는 〈삼위일체의 신비에 대한 논쟁적인 질문들〉(*Disputed Questions on the Mystery of The Trinity*)이라고 이름 붙인 아주 탁월한 저작을 쏟아냈다. 이 책에서 보나벤투라는 그리스도인의 신앙과 그 본질, 그리고 모든 기독신학과 기도에 대한 삼위일체 신앙의 근본적인 중요성을 다루었다. 그보다 조금 앞선 1254년에는 〈그리스도를 아는 지식에 대한 논쟁적인 질문들〉(*Disputed Questions on The Knowledge of Christ*)이라는 소논문을 썼다. 이 책은 인간이 하나님과의 연합 안에서 깨닫는 그리스도를 아는 지식의 정확한 본질을 다소 기술적으로 기록하였다. 영성신학의 측면에서 이 논문의 가치는 그리스도의 성육신에 담긴 심오함과 하나님의 사랑 안에서 깨닫는 신령한 체험적 지식의 중요성을 조명해주었다는 데 있다.

마지막으로 그는 파리대학에서 여러 훌륭한 설교를 전했는데, 그중 하나가 신학박사 취임 설교였다. 이 설교에서 '길이요 진리요 생명이신' 그리스도의 중심성을 설명했다. 그리고 요한복음 14장 6절에서 그리스도가 자신을 드러내신 선언이 모든 지식과 학문, 이해를 여는 핵심 열쇠라고 말했다. 그것은 '그리스도는 관상(혹은 묵상, 명상)적인 지식의 주(主)'이시기 때문이라고 하였다.

보나벤투라의 기독신학의 정수라고 불리는 《신학서설》(*Breviloquium*)은 다음의 세 장이 주제다. 1257년에 쓰인 이 역작은 토마스 아퀴나스의 위대한 《신학대전》(Summa Theologica)보다 더 요약된 것이다. 이 저작으로 그가 파리대학에서 신학박사로서의 그의 공식적인 역할을 완수했음이 입증되었다. 이는 그 당시 청년 신학생들에게 교수학습의 경험을 압축하여 전달하고자 한 것으로, 기독교 신학을 토대로 확신과 자신감을 가지고 성경에 접근할 수 있도록 이끌어주기 위해 노력한 결과물이다. 그는 이 저작에서 위대한 기독교의 교리들을 주의 깊고 명확하게 발전시켰으며, 그리스도 신앙이 과연 무엇인지에 대해 진지하게 설명한다. 《신학서설》의 관상적인 정신(Contemplative Ethos)은 그의 영성신학 속에 들어 있는 성령님의 활동(사역)에 대하여 풍부한 가르침을 담고 있어 그 특별함을 더해준다.

보나벤투라의 저작에는 언제나 성령님의 사역에 대한 진지한 관심이 담겨 있으며, 다음의 두 장에는 몇 가지 그의 주옥같은 여러 편의 주장과 '대조들'(collations)이 수록되어 있다. 특히, 1268년 사순절 기간에는 파리에 머물면서 성령님의 은사에 대하여 깊이 다루었다.

이 장들에서는 주로 사순절에 '수태고지'(성모영보, Annunciation)의 의미를 주목하며, 동정녀 마리아에 대한 보나벤투라의 심오하고 헌신된 태도를 드러낸다. 그 장들에는 그리스도인의 신앙에서 제일 우선시되는 신성한 은혜와 영적인 체험에 대한 깊은 해설이 담겨 있다. 또한 이사야 11장에서 발견한 성령님의 7가지 은사에 대한 통찰도 담겨 있다. 그의 저작들은 성육신의 빛 안에서 성령님의 사역과 활동에 대한 전체적인 이해를 잘 엮어낸다. 마지막 장에는 보나벤투라의 신학사상과 오늘날 교회의 생명과의 관련성이 잘 드러난다. 또한 20세기 위대한 두 가톨릭 신학자인 에티네 길슨(Ethinne Gilson)과 한스 우르스 폰 발타자르(Hans Urs Von

Balthasar)가 보나벤투라의 위상과 위대성을 비판한 내용도 수록해놓았다. 보나벤투라는 토마스 아퀴나스처럼 조직신학자이면서 성인의 반열에 올랐다. 두 사람 다 가톨릭 교회의 신학박사들이었다.

그러므로 이 책은 영적인 삶을 더욱 고양시키기 위한 기독교 신학의 포괄적인 핸드북이자 보나벤투라의 심오한 사상적 깊이에 연결해주는 다리 역할을 한다. 라틴어와 영어로 쓰여 접근하기 쉽고 호감을 불러일으키는 그의 저작들은 독자에게 그의 독특한 영성신학을 전체적인 범주에서 볼 수 있게 해준다. 보나벤투라는 명확하고 분명한 확신에 기초하여 수많은 저작을 남겼는데, 신학자로서 그의 권위는 성경에 대한 깊고도 광대한 이해와 교부철학에 기초한 수도원 운동의 전통에서 비롯되었다. 그는 위대한 성직자였으며 설교자였다. 또한 유능한 성경교사였다. 아시시의 두 성자 프란치스코와 성녀 클라라를 통해 그의 영적 토대가 마련되었고, 또한 깊은 관상기도와 신비기도자로서의 영적 삶과 체험도 견고한 토대가 되었다.

보나벤투라의 거룩한 영성은 그를 알고 만나는 사람들에게 지속적인 영향을 주었다. 그의 신학을 마주할 때 제기되는 중요한 질문은 "어떻게 이것이 진실일 수 있을까?"이다. 놀라운 것 중 하나는 보나벤투라의 '기독론'(Christology)[8]은 인생들이 그것을 서로뿐만 아니라 그들 자신이 경험하면서 진리와 현실(실재)에 완전히 참여할 수 있게 하는 방식이라는 것이다. 이 책에 담긴 명료함은 독자의 관심을 강하게 사로잡고, 직접적으로 오늘날의 교회에 시사점을 던져준다.

제2장

성 프란치스코

1259년, 보나벤투라는 라 베르나(La Verna)에 피정하는 동안 《순례기》를 저술하였다. 라 베르나는 성 프란치스코가 33년 전 '스티그마타'(Stigmata, 오성 또는 성흔)를 받았던 장소다. 보나벤투라의 《순례기》를 보면 그가 성 프란치스코를 제일 먼저 강조하려고 했는데, 그것은 그 성인에 대한 기억이 보나벤투라의 영성 신학을 형성하는 데 결정적 역할을 했기 때문이다. 그는 1260년 나르보네(Narbonne)의 프란치스코 교단총회(General Chapter)로부터 《성 프란치스코의 생애》, 즉 그의 전기문을 집필하라는 위임을 받았다고 주장하였다. 그렇지만 원래 1257년 로마에 근거를 둔 프란치스코회의 다른 수장에게서 이미 이 대전기문에 대한 저술 부탁을 받았던 것으로 보인다.[9]

　그의 《순례기》에 따르면, 보나벤투라는 1259년 라 베르나에서 피정하는 동안 레오 형제(Brother Leo)와 아시시의 클라라 자매회(Sisters of Clare)를 그의 서신에서 언급한 것으로 보아 그가 성 프란시스코의 동료들과 밀접한 관계에 있었음을 알 수 있다.[10] 또한 그의 저서 《그리스도의 변모》의 의미를 이해시키기 위해 저술된 《누가복음 주석》(*The Commentary on the Gospel of Luke*)에서도 자일스 형제(Brother Giles)가 성경 교사로서 가르침이 탁월하다는 것도 언급하고 있다.[11] 보나벤투라는 《순례기》에서 그토록 존경스럽고 본받을 만한 인물의 전기를 집필하도록 프란치스코 교단 총회의 설득을 받은 일에 대해서도 언급한다.《성 프란치스코의 생애》를 쓰게 된 계기 중 또 하나는 그의 어머니의 기도 응답으로 어린 시절 그를 치료해준 프란치스코에 대한 개인적 의무감이었다.

보나벤투라는 역사가였던 누가가 누가복음을 저술하게 된 이유를 서문에서 밝혔듯이(눅 1:1-4), 자신도《누가복음 주석》에서 어떻게《성 프란치스코의 생애》를 기록하게 되었는지 다음과 같이 밝혔다.

> 나는 그의 생애에 대한 더 분명하고 확실한 사실을 얻기 위해서 (중략) 나는 이 성인이 태어난 곳, 생애를 보낸 현장과 그리고 그가 죽음을 맞이한 곳까지 방문하였다. 나는 그 당시까지도 생존해 있던 프란치스코의 동역자들과 세밀한 대화를 나누었는데, 특히 그들은 프란치스코의 거룩한 삶을 따르는 자들이었고, 그의 거룩한 삶이 남긴 가르침을 잘 알고 있는 사람들이었다.[12]

보나벤투라는 성 프란치스코의 삶을 간결한 문학적 스타일로 단순하게 그려내려 했고, 그 주제에 맞추어서 내용을 수집하였다. 반면, 불필요하게 엄격한 연대기적인 순서는 지양했다. 대신, 그는 성 프란치스코의 성장과 소명에 대하여 상세하게 기술하기 시작해, 그의 성흔과 그 성인의 죽음에 대한 설명으로 대전기문의 결론을 맺었다. 보나벤투라는 마지막 장에서 그가 행한 기적들을 수록했는데, 이 기적들의 일부도 그 성인이 남긴 삶의 행적임을 밝혔다.

《성 프란치스코의 생애》는 '대전기문'으로 불리며 1261년에 완성되었고, 1263년 이탈리아 피사 총회(General Chapter)에 모인 프란치스코 교단의 주요 성직자들에게 소개되었다. 그 '대전기문'의 인쇄와 출판에는 많은 비용이 들었다. 또한 성 프란치스코의 생애에 대한 공식적인 다른 기록이 없는 상황에서의 출판이기도 하였다. 1266년 파리총회에서 그의 이 '대전기문'이 성 프란치스코에 대한 공식 전기문으로 유일하게 인정을 받았다. 이전에 나온 성 프란치스코를 소개하는 글과 전기문은 프란치스코회 단체가 보유한 것만으로 한정되어 있었다.[13] '성 프란치스코의 생애'에 대한 보나벤투라의 사본은 현재 400편이 넘게 남아 있는데, 이는 다른 어떤 성인에 대한 기록물보다 많다. 그중 대부분의 저작은 19세기가 되어서 다시 복원되었다.

보나벤투라가 저술한 《성 프란치스코의 생애》는 그의 다른 저작물과 함께 기독교 안팎으로 널리 퍼졌다. 그의 책 《순례기》와 주석들로 인해 더욱 유명세를 탔다. 또한 보나벤투라는 《누가복음 주석》에서 프란치스코의 영적 중요성을 확증하려는 깊이 있는 시도를 하는데, 이는 프란치스코의 삶을 기억하며 그를 따르는 사람들을 연합시킬 수 있는 방식으로 자신이 옹호하고자 하는 모든 것을 보호할 수 있도록 복음을 기준으로 삼고 논증했다.

보나벤투라가 대전기문을 쓰려고 수많은 자료를 수집하는 동안, 다른 성 프란치스코의 전기문들이 이미 존재하였다. 대표적으로 첼라노(Celano)의 토마스(Thomas)와 스페이어(Speyer)의 율리아누스(Julian)의 전기문이 그것이다.[14] 또한 여러 전승(traditions)도 있었고, 프란치스코의 추종자들 사이에 널리 퍼져 있던 다른 전승들도 있었다.[15] 이 덕분에 보나벤투라의 '대전기문'은 더욱 정예로워지고 보다 많은 전기문적인 일화가 담기게 되었다. 무엇보다도 그 성자에 대한 풍부한 기억들이 담겼으며, 다른 사람들에게 끼친 그의 영향력이 얼마나 대단했는지도 여실히 보여준다. 보나벤투라의 '생애'(Life)[16]라는 개념은 생명력 있는 프란치스코의 삶과 체험에 담긴 신학적 의미에 대한 매우 성숙하고 깊은 성찰을 포함한다. 그는 현존하는 많은 전기문들과 다른 곳에서 발췌한 자료들을 주의 깊게 살펴본 후, 자신이 저술한 《순례기》와 《누가복음 주석》과 연계하여 기록하였으므로 '대전기문'은 그가 남긴 최고의 신학 연구물이다.

보나벤투라는 이전에 기록된 '생애'(Lives)를 절대 가볍게 여기지 않았으며, 그 글에서 중요한 부분이나 때로는 본문 전체를 자주 인용하였다. 그리고 몇 가지 매우 흥미로운 내용을 그가 수집한 다른 자료들에서 인용하였다.[17] 그는 프란치스코의 삶에 대한 기록 중 그리스도를 닮은 영적인 삶의 모습들을 추려내어 신학적인 틀 안에서 매우 신중하게 잘 구성하였다. 보나벤투라는 마치 약을 조제하는 제약사처럼 이러한 자료들을 잘 취합하였다.

보나벤투라가 '생애'(Lives)라는 표현을 사용한 것은 요한복음 저자와 공관복음 저자들과 필적할 만한 '생애'로 보았다고 할 수 있다. 그리고 성 프란치스코에 대한 살아있는 지식이 희미해지기 시작하면서 다양한 집단이 프란치스코의 수도원 운동을 소멸하거나 잘못 표현할 위험이 있었지만, 보나벤투라는 성 프란치스코에 대한 기억과 살아있는 설교의 전통을 집약하고, 깊이 있게 만들었다. 보나벤투라의 대전기문은 역사적 신빙성이 강하고 이전에 기록된 '생애'(Lives)를 더욱 빛나게 하며 보완해준다. 또한 다른 전기문들이나 자료와는 달리 신학적이고 영적인 의미를 더 명확하게 드러냈으며, 그는 영적 통찰력을 발휘하여 성경과 그 성경의 전승들에 일치하면서도 질서 있고 정보전달에 입각한 방식으로 신중하게 잘 다듬었다.

　보나벤투라의 '소전기문'이라고 불리는 '레젠다 미노르'는 프란치스코 교단의 사역자들이 성직의 전례를 따르게 할 요량으로 프란치스코에 대한 보나벤투라 자신의 신학적, 영적 이해와 성직의 주된 일에 대한 전례를 다룬다. 이 '소전기문'은 그 자체로 대단히 중요하고, 읽기 쉬우며, 가치가 있다.[18]

복음주의적 완전함에 대한 논쟁적 질문

　보나벤투라의 주요한 저서인 《성 프란치스코의 생애》, 즉 '대전기문'의 중요성은 파리대학의 프란치스코 교단 교수였던 그의 가르침에서 큰 광채가 드러난다.[19] 약 10년의 집필 기간을 거쳐 1256년에 출간된 그의 저서 《탁발 수도자의 옹호》(*Defense of The Mendicants*)에서 그는 〈복음주의적 완전함에 대한 논쟁적인 질문들〉을 다루었다. 그 자료를 보면 윌리엄 생타무르(William of St Amour)와 그의 의혹을 공유한 사람들이 프란치스코회를 까다롭게 비판했다. 이뿐만 아니라 세속의 여러 학자도 탁발 수도자에 대한 반감이 있었고, 프란치스코 교단이 표방하는 신학적 주장들에 대한 전방위적인 이단 시비까지 있었기 때문에 이 두 가지를 합하여 다루었다. 이 이단 시비 논란은 1254년 보르고 산 돈니노의 제라르드(Gerard of Borgo San Donnino)라는 한 프란치스코 교단의 저자가 저술한 《영원한 복음》(*Eternal Gospel*)에서 비롯되었다. 그는 피오레의 요아킴(Joachim of Fiore)의 가르침을 따라 성령의 세 번째 시대가 임박했다고 주장했다. 즉, 교회의 현존하는 위계질서와 지나친 소유(부요함)에 도전하는 청빈한 탁발 수도자의 등장은 이미 예고되었다는 것이다.

비록 윌리엄 생타무르(William of St. Amour)는 교황 알렉산데르 6세에 의해 1257년 유죄 판결을 받았지만, 이에 대한 논쟁은 그 후로도 오랫동안 첨예하게 이어졌다. 13세기는 세상의 종말에 대한 기대감이 예민하게 고조되던 시기였다. 그 당시에는 극동 지방에서 간간이 들려오는 알 수 없는 화산폭발이나 원거리에서 들려오는 대형 참사들, 그리고 기근과 대흉년이 몰고 온 유럽의 경제적 몰락으로 이 세상이 파국으로 치닫고 있다고 보았다.[20]

그러한 위기의 시대에 총장직을 맡은 보나벤투라는 프란치스코 운동 내에서 벌어지고 있는 여러 가지 분열의 조짐을 인지했고, 중세 교회의 부조리에 대한 수많은 비판의 조류와 더불어 자연재해들까지도 살펴보았다. 이러한 사건과 현상이 이탈리아에 있는 내내 그가 투쟁해야 할 일들이었다.

프란치스코가 과연 요한계시록 7장 2절에 등장하는 "살아 계신 하나님의 인(seal)을 가진 [다른 천사]"인지에 대한 질문은 예리한 것이었다. 탁발 수도회는 그들의 생활방식과 묵상, 설교를 통해 진정한 '영적인 사람'이 올 것이라는 피오레의 요아킴(Joachim of Fiore)의 예언을 실제로 성취한 것일까? 이것이 시대의 종말과 보다 복음적이고 영적인 삶의 새로운 시대가 도래한다는 징조일까? 성경은 그러한 예언적인 전개를 옹호하는 방식으로 해석되어야 할까? 보나벤투라는 이 모든 질문에 대하여 이 책과 다른 곳에서 언급했다. 왜냐하면 그런 질문들은 교회의 확립된 사역과 교리 그리고 교회가 임명한 지도들자의 권위에 의문을 제기하는 것이 아니었기 때문이다. 그는 여러 가지 정황을 볼 때 '마지막 때'가 가까웠음을 믿었지만, 교황의 권위를 부정할 필요가 없다고 생각했고, 교황은 그의 권위로 탁발 수호자들의 보호와 정당성을 더욱 호소해야 한다고 주장하였다.[21] 의심할 바 없이 《성 프란치스코의 생애》는 이러한 질문들에 대한 답을 명시하고 있으며, 정통파 교회가 지향해야 할 방향이 종말론적인 기대와 예상에 맞추어 가야 한다고 주장하였다. 그러므로 그는 프란치스코 운동이 점점 약화되는 시기에 수많은 비판에서 프란치스코 교단을 보호하였다. 보나벤투라의 접근 방식의 핵심은 철저히 그리스도 중심이었으며 성경적이었다. 오로지 복음서가 지향하는 잣대로 프란치스코회 사람들의 삶이 형성되고 평가받게 하였다. 그리스도를 닮은 프란치스코의 삶은 그 잣대를 구체화했다.

나중에 저술된《탁발 수도자의 옹호》와는 달리 〈복음주의적 완전함에 대한 논쟁적인 질문들〉은 어떠한 논쟁의 여지가 없을 정도로 완벽한 논문이었다. 이 논문의 표현 스타일은 고전적인 학술 논문이며, 겸손과 청빈에 대한 보나벤투라의 논의는 이 논문의 첫 번째 주제이자 주요 부분을 차지한다. 이 책은 '그리스도를 위하여 자신을 낮추는 것'을 지지하는 성경 본문과 교부들의 주장과 기독교적 완전성과의 관계로 시작하며, '겸손은 모든 완전성의 뿌리'라고 주장한다.[22] 따라서 보나벤투라가 생각하는 자발적인 청빈 정신은 바로 내적인 겸손함의 표현이다. 이를 지지하는 논거로는 어린아이와 같이 되고, 종의 모습으로 살아가라는 그리스도의 명령이 포함되어 리더로 부름받은 사람들은 사실상 모든 사람의 종이 되어야 한다고 보았다(마 18:3, 20:27; 눅 22:26 참조). 가령 예수님이 제자들의 발을 씻기신 행위와 그들에게도 그렇게 하라고 명령하신 것은 나중에

사도 바울의 서신서에서 "자기를 비워 종의 형체를 가지신 그리스도"의 모습으로 뒷받침된다.[23]

보나벤투라는 자발적으로 자기를 낮추는 자랑스러운 겸손의 실재를 시험해보라는 논쟁을 옹호하기 위하여 성 베르나르와 아우구스티누스 그리고 그레고리우스 대제의 증언과 가르침을 수록하였다. 이것이야말로 숨겨진 교만에 대한 효과적인 해결책이기 때문이다. 또한 겸손은 항상 내면적인 것이어야 하지만, 밖으로도 표현되는 실재임에 틀림없다. 사람이 하나님 앞에서 자신을 죄인으로 정죄할 때, 그는 진실을 말하는 것이다. 선에 이르고 하늘 예루살렘에서 시민권을 얻는 다른 길은 없다. 하나님은 겸손한 사람을 통하여 영광을 받으시는데, 죄 많은 이 세상에서 진심으로 회개하고 애통하는 것은 하나님께 영광을 올려드리는 것이다.[24] 더 나아가, 이러한 선의 모범이 되는 사람은 더욱 완전한 그리스도의 사람이 되어가는 것이다. 벌거벗고 십자가에서 가혹한 형벌을 받으신 그리스도는 가장 위대한 선의 모범을 보이셨다. "그러므로 사람은 그리스도의 십자가에 가까이 가면 갈수록, 더욱더 완전한 사람이 된다."[25] 보나벤투라에게 성 프란치스코는 십자가에서 고난당하신 그리스도를 가장 빼닮은 사람이었다.

그런 다음 보나벤투라는 탁발 수도자들에 대한 비난을 공정한 관점에서 해명하기 위해 그들의 주장을 규명하고 검토하였다. 비난하는 사람들은 자기를 낮추는 것이 자연적인 존재의 긍정적 역동성에 역행하는 것이고, 비천한 자 앞에서 존귀한 자가 굴욕당하는 것은 안정된 사회 질서를 뒤흔드는 일이라고 주장했다. 자기 포기(self-abasement)의 극단적인 본질은 행동의 표준에 기초한 모든 미덕, 즉 정상적이고 적절하며 과격하지 않은 것에서 벗어난 것이다. 선한 사람이 자신을 무가치하다고 말하는 것은 거짓말이며, 하나님이 만드신 인간의 본성을 비하하는 것도 죄다. 그것은 그분이 창조하신 가장 고귀한 부분이기 때문이다. 그러한 행동은 분명 자기를 증오하는 것이므로 사랑하라는 하나님의 계명에 위배되며, 다른 사람들도 잘못된 자기 평가로 죄를 짓게 한다. 반면에 '완전함에 대한 갈망'은 우리 마음의 형상이 하나님의 형상을 닮도록 변화시킨다.[26] 만일 선함과 신실함과 숭고함을 지향한다면, 자기 비하는 이 모든 것에 반하는 것이다. 왜냐하면 하나님은 어떤 방식으로도 그분 자신을 낮추지 않으시기 때문이다.[27]

종종 겉으로 드러나는 겸손의 표현은 숨겨진 내면의 교만을 교묘하게 드러낸다. 만일 사람이 자기 자신을 겸손하다고 생각한다면 죄를 짓는 것이고, 만일 그렇지 않다면 그는 위선자다. 이러한 특정한 종교적 행위들은 교회의 선한 평판을 훼손한다.[28] 이러한 주장은 강력하고, 어떤 면으로는 꽤 합리적인 주장이었다. 게다가 가난(청빈)의 절대적인 요청에 대한 프란치스코의 가르침은 성직자의 지위를 박탈하고 그들의 사역을 위한 기부금을 내는 것도 내려놓는 것이다. 그것은 확실히 교회 제도의 부(富)에 대한 도전이었다.

제기된 각각의 반대 의견에 대해 자세히 답하기 전에, 보나벤투라는 그가 이해한 겸손이 정확히 무엇인지에 대해 전체적인 그림을 그린다. 그는 은혜, 정의 그리고 지혜는 그리스도인의 완전함의 정점을 이루는 것이라고 주장하며, 이는 요한복음 14장 6절에서 자기 자신을 길, 진리, 생명이라고 선포하신 그리스도를 나타낸다고 하였다.[29] 또한 보나벤투라는 주님이 그분의 제자들에게 마태복음 11장 29절에 근거하여 온유하고 겸손한 주로 온 자신에게 겸손을 배우도록 명하셨다고 말했다. 진실한 자기 인식이 없이는 하나님께 대한 참된 지식을 가질 수 없다. 보나벤투라에게 이것은 사람이 하나님 앞에서 자신이 아무것도 아니며, 단지 사막의 가난한 사람에 불과하다는 사실을 깨닫는 것을 의미했다.[30]

이렇게 어렵게 얻은 겸손은 참된 지혜와 정의로운 처신의 기초가 된다. 또한 겸손은 신성한 은혜 안에 거할 수 있도록 사람을 변화시킨다. 이러한 이유 때문에 성령의 은혜는 겸손한 자에게만 임하시는 것이다.[31] 겸손은 그리스도인의 완전함의 정점이며, 모든 그리스도인의 소명의 목표이다. 강요되거나, 오래 참거나, 자발적으로 받아들인 실제적인 굴욕은 겸손을 위한 역량을 개발하고 강화할 수 있다. 그러므로 그리스도를 위하여 자기 자신을 낮추는 것이 바로 온전히 선한 일이며, 그리스도인의 완전함과 조화를 이루는 일이다.[32]

그리스도인의 청빈에 대한 논쟁에는 크게 두 가지 질문이 담겨 있다. 하나는 소유물을 포기하는 본질과 그 범위에 대한 것이고, 다른 질문은 실제적인 탁발(구걸)의 적절성에 대한 것이다. 이 두 가지 질문은 기독교 역사와 신학에서 오랫동안 첨예한 논쟁거리였다.[33] 탁발은 확실히 유럽 전역에서 주요한 사회 문제였다. 보나벤투라는 다시 한번 기독교 제자도의 일부로 가난을 지지하는 주요 논리를 설명하였다. 그 논리의 근거로 그리스도 예수가 부자 청년에게 자신이 가진 모든 소유를 팔아 가난한 사람들에게 나누어 주고 당신의 제자로서 따르라는 복음서의 명령을 인용하였다.[34] 또한 성전에서 가난한 과부가 소중한 헌금을 드린 행위를 인용하면서 모든 소유와 소유권까지 포기하라는 그분의 직접적인 가르침을 제자들에게 주었다.[35] 복음서에 따르면 예수님은 세금을 내셔야 할 때 준비한 돈이 없으셨고, 잠깐 주무실 곳도 정해져 있지 않았다. 그러나 그분은 아무것도 소유하시지 않았기에 잃으실 것도 없었다.[36]

사도들의 증언은 이러한 수준의 그리스도인의 헌신을 확인해준다. 보나벤투라는 고린도후서 8장 9절을 인용한다(약 2:5 비교). "우리 주 예수 그리스도의 은혜를 너희가 알거니와 부요하신 이로서 너희를 위하여 가난하게 되심은 그의 가난함으로 말미암아 너희를 부요하게 하려 하심이라." 또한 베드로전서 2장 21절을 인용한다. "이를 위하여 너희가 부르심을 받았으니 그리스도도 너희를 위하여 고난을 받으사 너희에게 본을 끼쳐 그 자취를 따라오게 하려 하셨느니라." 그리스도는 십자가에서 벌거벗김을 당하시고 고난을 받으심으로 겸손의 모범임을 보여주신다.

보나벤투라는 암브로시우스, 히에로니무스, 아우구스티누스, 그레고리우스 대제, 요한네스 크리소스토무스 그리고 성 베르나르 등 자발적 청빈을 지지하는 강력한 교부들의 가르침을 인용했다. 이들은 스스로 가난해져서 부유해지고자 하는 유혹에서 완전히 자신을 멀리했다. 만일 복음전도자들이 다른 사람들에게 기꺼이 그리스도께 순종하고 자선을 베풀도록 가르치려면 그들 자신이 온전히 헌신해야 한다. 또한 수도 생활에서의 자발적 가난도 그리스도에 대한 참된 순종의 일부다. 가장 완전한 헌신은 개인 소유나 공동 소유를 모두 기꺼이 포기하는 것이다. 이것은 공동체에 정착하여 생활하는 수도사들과의 차이를 보여준다. 결국 인간의 삶에서 보면, 가장 높은 수준의 청빈은 인생의 시작 지점과 끝 지점에 있다. 사람은 빈손으로 와서 빈손으로 가는 존재다. 그러므로 가장 가난한 삶이 곧 가장 온전한 삶이기에 청빈을 받아들인다는 것은 사실 가장 곧은 길이다.[37]

보나벤투라는 탁발과 관련하여 이에 대한 반대들을 주의 깊게 다룬 후, 탁발은 시편에 나타난 바와 같이 하나님의 섭리에 전적으로 의존하고, 그리스도가 제자들에게 주신 명령에 순종하는 것을 의미한다고 주장하였다.[38] 누가복음 9장 48절을 보면, 라틴어 각주에 '어린아이'를 '가난한 자'(pauper)로 묘사하였는데, 여기서 '가난한 자'는 바로 '그리스도를 본받는 자'(imitator of Christ)로 받아들이는 것을 의미한다. 이는 확실히 탁발하는(또는 고행하는) 그리스도인을 묘사한 말이라고 할 수 있다.[39] 탁발 수도자는 그가 설교하는 그리스도인의 도움을 기대해야 한다(눅 10:4, 16:9).

사도 바울의 가르침에 따르면, 이러한 상호 지원(섬김)은 그리스도의 몸 안에서의 공동 생활을 표현한다(고후 8:14). "나는 가난하고 궁핍하오나"(시 40:17)라고 말한 시편 기자의 말씀도 그리스도의 말씀과 같은 선상에서 볼 수 있다.[40] 그러므로 예수 그리스도의 모범과 경험은 그리스도인들의 탁발을 정당화한다. 복음서에는 예수님이 여러 곳에서 자주 다른 사람들의 지원(섬김)을 의지하셨던 장면들이 나온다. 베다니의 어느 가정에서, 세리장 삭개오의 집에서, 우물가에서 사마리아 여인에게 물을 달라고 부탁하시는 장면에도 나온다(막 11:11, 눅 19:5, 요 4:7). 보나벤투라는 구약성경의 엘리야부터 시작해(왕상 17:3-16) 성인들의 삶에서 얻은 수많은 예를 들면서 탁발에 대한 옹호를 마무리하며 이렇게 결론을 내린다. 성 프란치스코는 바로 탁발 고행자의 모범이었다. 그는 다른 사람들에게 많은 것을 구하기도 하였지만, 여러 기적을 행함으로써 그 탁발에 내포된 가치를 확증하였다.[41] 그리스도인의 탁발은 가난을 나타내며, 자연법과 성경과 은혜에 어긋나지 않는다. 따라서 탁발은 이성적으로도 그리스도인의 완전함에 이르는 길임을 보여주는 것이다.[42] 이것은 성경과 교부들의 권위와 모범들을 통한 그의 주된 호소에서 의미 있는 변화이다.

중요한 것은 가난은 자발적으로 행해야 하고, 그리스도인의 탁발은 그리스도를 본받고자 하는 자발적인 마음에서 수행되어야 한다는 것이다. 이 두 가지는 프란치스코회의 사명으로서 복음을 진실하게 선포하기 위한 것이다. 보나벤투라가 제시한 다른 의견도 상세하게 수록되었는데, 그것도 동시대에 일어난 그리스도인의 청빈생활에 대한 여러 반대를 장기적으로 잠재우기 위한 것으로, 프란치스코의 삶과 사역 방식을 지지했던 교황청의 권위에 호소하려는 것이기도 했다.

성 프란치스코의 생애

보나벤투라가 〈복음주의적 완전함에 대한 논쟁적인 질문들〉에서 지향하고자 했던 주안점은 바로《성 프란치스코의 생애》를 포괄적이고 종합적인 입장에서 수록하고, 여러 제반 문제에 대한 해결점을 찾으려는 것이었다. 여기에는 그 성인의 삶과 경험에 내포된 중요성을 드러내려는 그의 내적인 바람이 담겨 있다.

처음 네 장은 프란치스코의 초기 생애와 회심, 프란치스코 수도회의 시작을 다루고 있다. 마지막 두 장은 성 프란치스코의 죽음과 교황에 의하여 그가 성인으로 공표되는(canonisation)[43] 내용이다. 그렇지만 중간의 아홉 장은 보나벤투라가 다른 곳에서 가르친 영적 성장의 세 가지 구조, 즉 정결을 거쳐 성령의 조명으로 그리고 마침내 완전함에 이르는 방식을 논하는 데 할애한다.[44] 그의 저작 대부분에는 이러한 삼중 구조가 등장한다. 서두에는 프란치스코의 회심에 따른 속죄를 많이 다룬다. 중간 부분에는 프란치스코가 하나님의 은혜로 깊은 깨달음을 얻고 변화되는 과정을 보여준다. 마지막에는 불가항력적인 성흔의 은혜를 입고 그가 완전함에 이르게 되었다고 밝힌다. 이는 죽음을 통한 진정한 삶으로 증명되어 거룩한 죽음과 생명을 주는 기적으로 절정을 이룬다는 점에서 이 책 전체를 이해할 수 있도록 돕는다. 이처럼 성 프란치스코의 삶은 회개와 사랑과 죽음으로써 가장 그리스도를 닮아가는 모범적인 길을 제시한다. 보나벤투라가 이 위대한 저작에서 역점을 두고 밝힌 부분은 바로 성 프란치스코가 십자가에 달리셔서 고난받으신 그리스도를 일곱 번이나 만난 것이다. 이는 프란치스코의 영적 성장과 변화의 숨겨진 역동적인 삶의 양식(pattern)을 형성하였다. 이러한 형언할 수 없는 언어의 대부분은 신약성경에서 사도 바울이 그리스도 안에서 새로운 피조물이 된다는 것이 무엇을 의미하는지를 최초로 표현한 자전적인 고백에서 가져온 것이다.[45]

보나벤투라의 《성 프란치스코의 생애》는 중세 초기의 다른 전기문(hagiographies)을 초월하는 신학서로 최고봉에 해당하는 저작이며, 다른 전기문들이 갖추지 못한 목표를 달성한 명저다. 이 전기문의 정신은 신성한 거룩함이 인간에게 미치는 놀라운 영향력을 전달하기 위해, 또한 인간은 그(신성한 거룩함)의 실체를 감지하고 반응하도록 부름받았다는 것을 전달하기 위해, 성경의 언어들이 어떻게 쓰였는지를 보나벤투라가 특유의 감각적 탁월성으로 밀도 있게 규명하고 있다.

보나벤투라는 프란치스코에 관한 수용된 전승들에 대해 충실하게 살펴보고 신중하고 사려 깊은 자세로 듣고자 하였다. 동시에 지각 있고 분별력 있는 신학자로서 아주 독특한 저작을 창안하기 위해 그의 경험, 경청 그리고 힘과 노력을 아끼지 않았다. 보나벤투라가 남긴 이 불후의 명작은 특유의 미학적 감각이 돋보이는 아름답고 기념비적인 저서이면서 그의 신학과 성 프란치스코의 고백과 간증에 내포된 신성한 아름다움의 중요성을 잘 증거하고 있다. 나중에 보나벤투라는 프란치스코의 대전기와 더불어 비교적 짧은 소전기(Legena Minor)를 저술한다. 이 소전기는 후대에 기독교 예술의 형태로 프란치스코의 초상을 드높이기 위한 보나벤투라의 비전을 인상적으로 담아낸다. 그것은 또한 최근의 위대한 성인에 관한 성인의 작품이라는 점에서도 이례적이다.

만일 《성 프란치스코의 생애》가 수많은 참고문헌으로 스며들어 있다면, 이는 명시적이든지 암묵적이든지 그리스도를 위한 청빈에 대하여 성경과 관련된 참고문헌에도 촘촘히 새겨질 것이다. 이 저서는 성 프란치스코가 하나님 나라가 가까이 왔다는 표시로서 그리스도 안에서의 하나님의 부르심을 새롭게 계시했다는 인식을 열어주었다. 보나벤투라는 '종말'에 대한 신약성경의 의미를 하나님의 때나 심판의 때 또는 영원하시고 위엄 있는 하나님께 가까이 나아가는 순간이나 영원하신 하나님의 임재하심으로 다시금 깨닫게 되었다. 그러므로 '종말'은 연대기적 한도나 유한성(finitude)을 의미하는 것이 아니라 아리스토텔레스의 철학에서 말하는 목적(telos)이며 목표를 의미한다. 그래서 예수님은 "하나님의 나라는 너희 안에 있다"(눅 17:21)라고 하신 것이다. 보나벤투라의 《누가복음 주석》 중 변화산에서 일어난 그리스도의 변모에 대한 해석에서도 그의 예리한 종말론적인 감각이 잘 드러난다.

중요한 점은 그가 그리스도의 은혜를 '우리 구주 하나님의 은혜'라고 하는 선언을 바로 프란치스코의 증언을 통해 밝힌다는 것이다(딛 2:11). 프란치스코의 증언은 '진정으로 겸손하고 그리스도의 가난함을 사랑하는 사람들'에게, 그리고 그리스도와 함께 확정된 삶을 살기로 작정하고 부름받은 사람들에게 호소할 수 있는 근거가 되는 것이다.

그들의 소명은 아직은 관상적이지만, 그러면서 하나님의 소망 안에서 변함없는 갈급한 '영적 소원을 가지고' 있는 것이다.[46] 마치 세례 요한처럼, 프란치스코도 주님의 오심을 바라는 많은 사람의 마음을 하나님께로 돌아가게 하는 빛이 되었다. 프란치스코의 증언은 참으로 초월적이며, 진정한 종말 또는 계시의 순간이었다. 그의 증거들은 또한 선지자적 사역이었고, 전도였으며, 회개의 통로로 이끄는 가장 숭고한 청빈의 길을 제시한 것이다. 구약 시대의 엘리야 선지자같이, 그는 '거룩한 불'에 휩싸여 변화되었으며, 그런 이유로 성 프란치스코는 아마도 요한계시록 7장 2절에 등장하는 '살아 계신 하나님의 인(seal)을 가지고 해 돋는 데로부터 올라오는 천사'로 여겨졌을 것이다. 그래서 그는 평생 '천사의 고결함을 닮은 존재'로 불렸다.

프란치스코는 수많은 사람을 십자가의 길로 이끌었으며, 그들의 이마 위에 또한 그들이 입은 프란치스코회 의복에도 그리스도의 도의 표(히, Thau, 타브 또는 타우)[47]를 새겼다. 마침내 프란치스코의 몸에서 '하나님의 형상이 새겨진 인'(the seal of likeness of God)은 십자가에 달리셔서 고난받으신 그리스도의 흔적, 즉 성흔이었다는 사실이 드러났다. 이는 내주하시는 하나님의 성령이 하신 일이었다.

앞에서도 서술했듯이 보나벤투라는 프란치스코의 영적 의미에 대한 논란의 여지가 있는 모든 부분을 이해시켰으며, 나아가 그의 소명과 청빈에 대한 부르심이 예수 그리스도의 복음 전통과 일치한다고 주장하였다. 그는 권위에 입각하여 프란치스코의 체험을 증명하려는 자신의 목적을 성취하기 위하여 성경의 언어를 번갈아 사용하였다.

프란치스코의 이야기는 여러 면에서 잘 알려져 있다. 보나벤투라의 저작의 가치는 그 작품의 의미를 신학적으로 다룬 데 있다. 그러므로 만일 그가 몇 가지 기존의 전통을 성문(글)으로든 구문(말)으로든 언급한다면, 이는 그가 구축하고 있는 이해의 틀로 그것을 끌어올리기 위한 것이다. 이 틀은 성경에 뿌리를 두고 있다. 예를 들어, 프란치스코는 젊은 시절 구걸하는 사람을 거절한 일이 있었는데, 구걸하는 모든 사람에게 나누어 주라는 그리스도의 명령에 순종하라는 말씀으로 인해 양심의 가책을 받고 다시는 같은 실수를 저지르지 않겠다고 어렵게 배운 일이 있었다.[48]

프란치스코가 아시시 사람들에게 '그리스도를 위한 바보'(a fool for Christ)로 인정받았던 것은 보나벤투라가 그의 '생애'를 쓰기 위해 단독으로 수집한 좋은 일화다. 유년 시절의 프란치스코는 그가 처음에 오해했던 환영(vision)의 결과로 기사(knight)가 되기로 결심했고, 귀부인에 대한 중세 유럽의 기사도적 궁정 사랑의 언어는 보나벤투라의 이야기를 관통하는 줄거리다. 마찬가지로, 프란치스코는 상업가가 되고자 하는 열망이 있었는데, 이를 위해서 그는 상업 교육을 받았다. 나중에 복음서에 나오는 값비싼 진주를 언급하면서, 이를 위해 상인은 그가 가진 모든 것을 팔아 진주를 얻는다고 함으로서 변화를 받는다.[49]

결정적인 변화의 순간은 그가 한 나병환자를 만나서 그를 포옹하고 입맞추기 위해 멈추었을 때였다. 누구나 문둥병자를 만나면 공포심을 갖고 피하고 싶어 하는데 이는 이해할 수 없는 일이다. 이 순간은 마치 예수

그리스도의 초기 공생애 사역을 비춘 거울처럼 다가왔다.[50]

프란치스코의 정결함의 토대는 기도 생활이었다. 보나벤투라가 프란치스코의 대전기를 기술할 때 성경의 어떤 한 구절을 언급할 경우 종종 성경 전체 구절을 염두에 두었는데, 이는 신약 성경이나 다른 기독교 성인전에서도 흔히 볼 수 있다. 프란치스코는 성령님에 의한 기도의 내적 고통에 대한 사도 바울의 고백을 아가서에 나오는 사랑의 친밀한 언어와 결합시키는 동시에 십자가에 달리신 그리스도와의 첫 만남을 십자가를 지라는 그리스도의 부르심과 연결시켰다.[51]

아무도 상대하려고 하지 않았던 나병환자로부터 프란치스코는 고난 받는 종이신 그리스도 예수를 발견한다(사 53:3). 그러한 사람들을 돌보는 것은 그의 연민과 십자가에 달리신 예수 그리스도에 대한 순종을 표현한 것이었다. 그는 아시시에서나 로마에서나 자신에게 오는 걸인들과 가난한 성직자들에게 거침없는 관용을 보여주었다. 심지어 젊은 시절 프란치스코는 그리스도의 십자가를 내적으로는 그의 마음으로 짊어지고, 외적으로 그의 몸에 짊어지기를 간절히 소원하였다.[52] 그는 아시시의 주교 앞에서 자신의 아버지를 대면한 후 "가장 높으신 왕의 하인은 벌거벗은 채로 남겨져, 그가 너무나 사랑하는 주님이 벌거벗김을 당하시고 십자가에 달려 고난받으신 것을 따르겠다"라고 말했다.[53]

그는 이 죽음을 앞두고 있을 때에도 자신을 바닥에 벌거벗긴 채로 눕혀달라고 부탁하였다. 그러나 그는 그의 선종에 대한 부탁을 받아들여, 다른 형제의 옷을 빌려서 몸을 가릴 수 있었다. 그는 극빈자로서 죽음을 맞이했다.[54]

프란치스코의 대전기 말미에 있는 찬사에서, 보나벤투라는 프란치스코에게 계시되었던 십자가를 일곱 번이나 짊어진 것과 그를 통해 일어난 사건들을 통해 프란치스코의 지극한 신실함을 극찬하였다.[55]

첫 번째 사건은, 전심으로 그리스도를 따르려고 했던 그의 소명의 시작을 언급한다. 늠름한 기사가 되고자 했던 그는 어느 날 밤, 자신의 화려한 옷을 그가 만난 가난한 기사에게 주었다. 그 밤에 그는 전신갑주로 가득한 큰 궁전의 환상을 보았는데, 그 모든 것에는 십자가 표시가 되어 있었고, 그것은 그와 그의 일행을 위한 것이었다. 하나님은 그가 아플리아(Apulia)에서 기사로 등록한 후 그의 오해들을 바로잡아 주셨다. 나중에 그는 아시시로 돌아와 겸허히 '주님의 뜻을 기다리기'로 작정하였다.[56]

두 번째 사건은, 십자가에 달려 고난받으신 그리스도와의 만남이다. 앞서 언급했듯이 그 만남은 그의 고독한 기도 생활을 통해 일어났다. 이 기도 생활을 통해 전적으로 하나님께 일치되었다.[57] 누가복음 2장 35절에 나온 주님의 어머니 마리아처럼, 십자가에 달려 고난받으신 그리스도를 생각할 때마다 프란치스코는 마치 자신의 마음이 칼에 찔린 것 같은 고통으로 눈물을 흘렸다.

교회를 회복하라는 부르심을 받은 것은 프란치스코가 아시시 외곽에 있는 작고 오래된 산 다미아노(San Damiano)에서 기도할 무렵이었다.[58] 이곳에서 기도할 때 무려 세 번에 걸쳐 "프란치스코야, 가서 나의 집을 수리하거라. 너도 알다시피 나의 집이 완전히 허물어지고 있구나"라는, 십자가에 매달리신 그리스도의 음성을 듣게 된다.[59] 이 음성은 단순히 '산 다미아노 교회'가 아니라 그리스도가 자신의 피로 사신 교회 전체를 일컫는 것임을 프란치스코는 깨닫는다.[60]

그럼에도 불구하고 프란치스코와 그를 따르는 사람들이 제일 먼저 회복한 예배당은 지금도 아시시에 있는데, 바로 프란치스코가 기도했던 소중한 기도의 자리에 이를 기념하기 위해 그 위에 지은 작은 교회다. 이 교회 자리는 프란치스코 교단의 정체성과 선교 사명을 근본적으로 정립한 곳이다. 이 교회가 바로 '산타 마리아 델리 안젤리 성당'이며, '포르치운쿨라'(Portiuncula, 작은 한 조각)라고도 불린다.[61] "그 거룩한 사람이 이 장소를 세상의 다른 어떤 곳보다 사랑하였고, 이곳에서 그가 겸손하게 시작하여 꾸준히 영적으로 진보하였으며, 행복하게 선종(善終)하였기 때문이다."[62]

이후 프란치스코와 십자가의 그리스도와의 만남은 그의 추종자들에 의해 세 번이나 목격되었다. 아시시의 한 성직자였던 실베스터(Sylvester)는 처음에 프란치스코와 그를 따르는 무리를 매우 못마땅해했다. 그런데 그는 마을이 용에 둘러싸여 있는 환상을 세 번이나 보았다. 그때 그는 프란치스코의 입에서 '황금 십자가'가 나오면서 그 용이 도망가는 환상을 보았다. 그 성직자는 곧바로 프란치스코 수도회에 입교했다.[63]

또 한 번은 어느 순회 음악가가 산 세베리노(San Severino) 교회에서 십자가에 대해 설교하는 프란치스코를 보려고 왔다. 그때 그는 '그리스도의 십자가를 증거하는 전도자 프란치스코를 통해 두 개의 빛나는 검으로 된 십자가를 보았는데, 그중 하나는 그의 머리에서 발까지 뻗어 있었고, 다른 하나는 한 손에서 다른 손으로 가슴을 가로지르고 있었다'고 하였다. 그는 육신의 눈으로 프란치스코를 본 것이 아니라, 환상 가운데서 프란치스코의 위엄을 본 것이다. 이후 그도 프란치스코 수도회에 입교했다. 그의 이름이 바로 '파시피코'(Pacifico)이며, 나중에 1217년부터 1223년까지 프랑스에서 주교를 지냈다.

프란치스코의 다른 환상은 그의 이마에 번쩍이는 '타우'(Thau)에 의해 변모되는 환상이었다.[64] 파도바의 안토니오(Antony of Padua)는 아를레스(Arles)에 있는 프란치스코 수도회의 집회에 모여 있는 사람들에게 십자가에 대한 설교를 하던 중이었다. 이때 모날두스(Monaldus)라는 형제가 집회 도중 프란치스코에게 임한 놀라운 영적 임재(presence, 현현)를 목격하게 되는데, 바로 십자가에 달리셔서 두 팔을 벌리신 그리스도 예수님처럼 공중에서 두 팔을 벌리고 그 무리를 축복하는 프란치스코의 모습을 보았다.[65]

위의 이야기들은 이미 잘 알려져 있다. 그런데 보나벤투라가 보여주고자 했던 것은 프란치스코의 생애와 사역에서 영적인 토대를 구성하려는 것이었고, 더 깊은 영적인 의미의 바탕도 신학자적인 시각으로 주의 깊게 고찰하려는 것이었다.

성흔의 은사(카리스마)에 대한 보나벤투라의 반응은 매우 흥미롭다. 그리스도의 군사의 이미지를 다시 떠올리면 성흔은 지도자이자 승리자이신 그리스도의 팔이 되고, 십자가는 그 자체로 표적이며 기준이 된다.[66] 또한 성흔은 희생을 의미하는 '대제사장이신 그리스도의 인장'이기도 하다. 프란치스코는 사도 바울처럼 자신의 몸을 '그리스도의 흔적'이라고 여겼다.[67] 프란치스코의 환상에 대해 보나벤투라는 역설적으로 묘사한다. 그는 프란치스코를 "스랍(seraph)[68] 같은 환상적인 존재이며, 고난받는 겸손한 인물이다. 내적으로는 당신을 불태우고, 외적으로는 당신에게 흔적을 남긴다"라고 하였다. 그러므로 보나벤투라는 프란치스코를 계시록에 등장한 천사에 의하여 표식을 받은 인물로 묘사하며, 마치 '살아계신 하나님의 표'라고 보았다.[69]

보나벤투라는 앞에서 말한 프란치스코가 고난받으신 그리스도와 만난 여섯 가지 환상은 마지막 변화의 만남과 환상을 위한 예비였다고 보았다.[70] 그는 이 단서를 고린도후서 12장 7절에서 인용하였다. 그래서 바울처럼 프란치스코도 "육체의 가시"를 받고, "낙원으로 이끌려 간 환상"을 받게 되었다고 본 것이다. 그리스도의 변모하시는 영광과 십자가 고난을 프란치스코의 모습 속에 함께 표현한 것은 보나벤투라의 천재적인 발상이었다. 이에 대해 보나벤투라는 은유적으로 "그리스도인의 지혜의 증거가 그의 육체의 티끌 속에 뿌려져 있다"라고 말했다.

프란치스코를 변모시킨 사건은 1224년 9월 14일, 성 십자가 현양 축일(Feast of the Exaltation of the Holy Cross) 즈음에 라 베르나(La Verna)에서 일어났다. 그는 하늘로부터 불꽃처럼 강림하는 스랍(Seraph)을 보았고, 그 스랍은 여섯 개의 날개 안에 십자가에 못 박힌 사람의 형상을 품고 있었다. 그때 그는 기쁨과 슬픔에 사로잡혀 그 그리스도에 대한 사랑으로 불타오르면서 살아 있는 순교를 겪었다.[71] 그는 고난받으신 그리스도의 형상으로 변모되었다. 그렇지만 그것은 육신의 순교가 아니라, 사랑의 불꽃 가운데서 그의 영혼이 불타는 것이었다.[72] 내적으로 숨겨져 있던 성흔의 은혜가 외적으로 드러나는 순간이었다. 보나벤투라는 성흔의 실재에 대해 의심할 수가 없었다. 그는 그 성흔을 '정결케 하고, 빛을 내며, 불타오르게 하는 분이 그에게 각인하신 성스러운 표식'으로 여기게 되었다.[73]

보나벤투라는 교황 알렉산드르 4세의 설교를 듣게 되었다. 그는 그 설교에서 교황이 프란치스코가 아직 살아 있을 때 그의 성흔을 보았다는 것을 확인하게 되었다.[74] 프란치스코의 몸과 영혼은 모두 십자가에 붙들린 바 되었다. 그는 프란치스코는 하나님을 향한 지고지순한 사랑으로 불탔을 뿐만 아니라, 인류를 구원하시려고 고난받으신 그리스도를 깊이

품게 되었다.[75]

관상(묵상)과 중보기도는 그리스도인의 기도 생활에서 같이 묶여 있는 것이다. 성흔은 프란치스코가 죽은 후에도 여전히 그의 몸에 증거가 된다. 그는 새로운 피조물이 되었으며, 부활과 영원한 영광의 선구자로서 그의 죽은 몸은 이제 영광스러운 아름다움으로 변화되어 밝게 빛나고 있다.[76] 그의 죽음 이후 일어난 여러 기적은 프란치스코가 하나님의 얼굴에서 발산하는 빛을 반사하는 표징이었으며, 이는 시편 36편의 약속을 성취하는 것이었다.[77] 또한 이는 사도 바울의 로마서 8장 17절 말씀에서도 드러난다.[78] 프란치스코의 성흔과 죽음에 대한 보나벤투라의 주의 깊은 설명에서 그의 신학의 핵심을 찾을 수 있다.

제3장

가난

"여기 사막에 있는 한 가난한 남자의 성찰이 시작되다"(Incipit speculatio pauperis in deserto). 이 문장은 보나벤투라의 《순례기》를 한 구절로 요약해 준다. 이 문장을 통해 보나벤투라가 말하고자 하는 숨은 의도는 무엇이며, 프란치스코회 안팎의 동시대 사람들에게는 어떻게 받아들여졌을까? 13세기 서구 교회에서는 기독교에서 말하는 청빈의 개념에 대해 많은 논쟁이 있었다. 그렇다면 소명으로서의 그리스도인의 청빈은 실제로 어떤 의미일까? 보나벤투라는 프란치스코 교단의 수장으로서 이러한 질문에 어떻게 접근했을까?

기독교 수도원 생활의 핵심에서 반복되는 역설은, 종종 극심한 빈곤 속에 있는 몇몇 거룩한 사람들이 금욕적인 노력으로 시작한 것이 급속도로 많은 사람이 따르는 훌륭한 기관이 되어, 교회와 사회의 구조 안에서 좋든지 나쁘든지 공식적인 자리를 차지할 수 있다는 것이다. 그러나 프란치스코 수도회의 초기 동료들은 청빈에 대해 다소 극단적인 해석을 하여, 초기에는 어떠한 소유물이나 고정적인 거주지 없이 맨발로 순례하면서 아무런 준비물 없이 살았는데, 이는 마치 예수 그리스도가 직계 제자들에게 처음에 주셨던 명령을 문자 그대로 이행한 것이다.[79]

프란치스코와 관련하여 두 가지 '원칙'이 존재하였는데 이는 청빈한 삶에 대한 필수적이고 근본적인 헌신에 대하여 분명하고 철저한 입장을 취했다는 것이다. 하지만 모든 상황에서 그것의 실질적인 의미에 대해서는 모호한 점이 많았다. 프란치스코의 생애 동안 그러한 삶을 기대하는 것은 많은 부분에서 어려운 것이었다.[80]

1220년 이후 '추기경의 보호자'로서 프란치스코와 아주 밀접하게 지낸 교황 그레고리오 9세는 1230년과 1237년 사이에 그 교회 내 개혁 운동으로서 프란치스코 수도회가 삶의 방식을 정규화하는 노력을 기울이기 시작하였다.

그는 효과적인 복음 전파를 위한 필수 토대로서 수도회의 구성원들에게 학습의 정당성을 언급했고, 생활에 필요한 필수품의 '사용'과 '소유'를 구분하여 다른 사람들이 프란치스코 수도회를 신뢰할 수 있도록 했다. 나중에 청빈과 더불어서 학습권과 삶의 필수품을 소유하는 것은 프란치스코 수도회가 성장하면서 더욱 심화되었다. 프란치스코 수도회는 점차 교육을 많이 받은 성직자들이 주도하게 되었고, 평신도 후원자들의 열정과 후원은 말할 것도 없고, 유럽 전역에서 그들이 거처할 주택과 교육적 필요성으로 인해 불가피하게 증가하는 현실적 문제에 직면하게 되었다. 청빈에 대한 헌신이 지극한 일부 회원이 몰려들었고, 이로 인해 심각한 비판을 불러일으키는 학대가 발생하기도 했다. 보나벤투라는 어떻게 하면 이러한 문제를 극복하고 프란치스코 수도회의 신념을 정의하고 유지할 수 있을까를 고민하였다.

보나벤투라가 그의 인생 초기에 가르치고 사역했던 파리대학 내에도 여러 '탁발 수도회'가 존재하였다. 그런데 두 가지 이유로 분노가 고조되었다. 첫째, 프란치스코회와 도미니크회는 모두 교황에게 호소하여 대학 당국으로부터 여러 가지 면제를 받게 되었다. 교황은 세속의 학위자들보다 아주 저렴한 학비로 많은 수의 수도회 학생들을 유치하고 가르쳐주길 부탁하였다. 둘째, 탁발 수도사들의 생활방식은 많은 비판을 받았는데, 그들은 마치 교회의 생명에 빌붙어 기생하는 사람들로 인식되었다. 그래서 많은 학생을 끌어들임으로써 기존의 성직자들에 대한 정당한 기대감을 훼손하고, 그들에게 매장지도 주고, 낮은 수업료 혜택을 주고 기부금까지 주는 일들이 벌어지면서 지역 교회에 해를 끼쳤다.

1256년, 보나벤투라와 토마스 아퀴나스는 윌리엄 생타무르와 그의 추종자들에게 혹독한 논쟁적인 도전을 받았다. 이 내용은 보나벤투라의 〈복음주의적 완전함에 대한 논쟁적인 질문들〉이라는 논문에서 그가 밝힌 청빈의 진정한 의미에 대해 처음으로 논의하게 된 배경이 되었다.[81] 토마스 아퀴나스와 보나벤투라 및 다른 사람들이 항의한 결과, 교황 알렉산드르 4세는 윌리엄 생타무르를 정죄하고 교회 생활 내에서 탁발 수도회의 성실성과 대학 내에서의 자치권을 옹호하였다. 그렇지만 보나벤투라의 논문에서 다룬 '청빈의 진정한 의미에 대한 고민'은 다른 수도회의 순종과 순결에 대한 서약의 고전적인 맥락 안에서 공공연한 논쟁을 피하고자 신중하게 설정되었다.

청빈한 삶으로의 부르심에 대한 논쟁은 프란치스코 교단 안에서도 소용돌이치게 되었다. 청빈의 의미에 대해 급진적으로 해석하는 일부 사람들의 경향으로 더욱 악화되었다. 이는 프란치스코의 근본 정신으로, 그 당시 사람들이 하나님 나라의 새로운 시대가 도래하기를 간절히 기대하고 있었기 때문이었다.[82]

1274년 보나벤투라의 선종 이후, 그의 헌신적인 노력에도 불구하고 프란치스코 수도자들은 그들 스스로를 '영적인 사람들'이라고 부르면서 프란치스코 유산의 제도에 반기를 들었다. 프란치스코의 유산은 그가 그토록 지키고자 했던 가치였으며, 보나벤투라의 리더십과 실제적인 개혁의 결과였다. 그러나 오랜 세월 동안 프란치스코 수도원 운동은 불가피하게 쓰디쓴 분열과 갈등을 겪게 되었다.

보나벤투라의 《성 프란치스코의 생애》는 그가 1257년 교단의 수장이 되기 전에 수도회에서 의뢰하여 집필하게 되었고, 1263년에 가서야 출판되었다.[83] 그는 자신을 따르는 사람들의 연합뿐만 아니라 그들의 존재 가치를 드높이기 위하여 영적 거장인 프란치스코의 삶을 주의 깊고 면밀하게 살펴보고, 진지하고 신중하게 작성하려고 노력하였다. 그가 이 탁월한 저서에서 '청빈'(poverty)을 167회나 강조하였다는 것은 주목할 부분이다. 또한 프란치스코 수도회의 생활방식이 더 많은 교회에 알려졌다. 이후 아시시의 성 프란치스코의 생애에 대한 이 책은 수 세기 동안 대중적이고 영향력 있는 작품으로 자리를 잡았다.

이런 맥락에서 1260년, 보나벤투라의 지도 아래 프란치스코회 전체에 발표된 '나르본 헌법'(The Constitutions of Narbonne)의 독특한 정신을 살펴볼 필요가 있다.[84] 이 헌법은 보나벤투라가 이전의 모든 규정 요소를 정리하여 매우 명확하고 실용적인 규정으로 정리한 것으로, 프란치스코회의 생활방식의 공통된 핵심이 되었다.

보나벤투라가 쓴 《성 프란치스코의 생애》는 한 성인의 삶과 가르침에 대한 당대의 프란치스코회에서 통용되는 윤리와 어떻게 부합되는지를 보여줌으로써 모범적인 자료임이 입증되었다.

보나벤투라의 《누가복음 주석》은 청빈에 대한 해석을 더욱 뒷받침해 준다.[85] 이 책은 프란치스코를 복음의 빛 안에서 정확하게 보여줌으로써 그의 설교와 실천을 복음서 본문에 확고하게 고정시켰다.

청빈의 타당성에 대한 더 큰 갈등은 1268년에 일어났다. 프란치스코 교단의 생활방식은 아베빌의 제라르(Gerard of Abbeville)가 이끄는 파리대학의 일부 성직자에 의해서 다시 도전을 받게 되었다. 이를 계기로 보나벤투라는 1268년에 청빈의 의미에 대한 가장 완전한 고찰인 《탁발 수도자의 옹호》(The Defence of the Mendicants)를 완성하는 계기가 된다.[86]

철학자 에티엔느 질송(Etienne Gilson)은 "프란치스코가 정말로 느끼고 살았던 것을 보나벤투라는 생각해야 했고, 그의 천재적인 조직력 덕분에 그의 철학 속에서 청빈(Poverello)이 내부에서 흘러나와 구체화되었다"라고 말했다.[87]

이러한 해석의 틀 안에서 보나벤투라의 다른 많은 저작 역시 프란치스코의 영적 유산에 대한 그의 이해를 더욱 잘 드러내 보여주었다. 또 기독교적 청빈의 영적 의미를 내적으로 더욱 부각시켰으며, 이는 겉으로 드러나는 청빈의 생활양식이 청빈이 가진 내적인 영적 의미를 잘 보여준다는 것을 말하였다. 이러한 믿음이 바로 보나벤투라의 영성신학의 핵심이다.

감독의 서신

이 서신은 보나벤투라가 1269년 라 베르나(거기서 그는《순례기》를 집필함)에서 피정하는 동안 성녀 클라라의 제자들이었던 아시시의 '가난한 자매회'(The Poor Sisters)에 쓴 아름다운 서신이다.[88]

성녀 클라라에 대한 기억은 여전히 푸르렀다. 그녀는 1253년에 선종하였고, 2년이 지나서 교황 알렉산더 4세에 의하여 시성을 받았다. 보나벤투라의 서신은 그가 그녀에게 받은 은혜에 대한 중요한 통찰력을 담고 있다. 또한 비록 남성 프란치스코 신자들에게서 필요한 지원을 항상 받지는 못했던 프란치스코의 여성 추종자들에 대한 그의 동정심과 존경심을 잘 나타내 보이고 있다. 여러 가지 면에서 클라라는 프란치스코에 대한 기억과 가르침에 뿌리를 두고 그녀의 영성신학을 발전시켰다. 그 방법들은 보나벤투라의 것들보다 앞섰고, 확실하게 그에게 큰 영향력을 미쳤을 것이다.

1260년 10월 3일, 보나벤투라는 성녀 클라라를 기리기 위해 그녀의 시신을 아시시의 새로운 교회로 옮기는 현장에 있었다. 보나벤투라의 짧은 서신의 문체와 내용은 마치 성녀 클라라가 프라하의 아그네스(Agnes)에게 보낸 네 번째이자 마지막 서신과 매우 비슷했다.[89]

보나벤투라는 그리스도인의 청빈 정신은 마치 한 처녀가 천국의 신랑이신 그리스도와 성혼하는 것과 같다고 썼다. 이러한 순결한 개념은 '십자가에 달리신 가난한 그리스도'를 날마다 따름으로써 결정되는 것이다. 솔로몬의 아가서에서 가져온 사랑의 밀어 속에서, 클라라 자매회는 보나벤투라에게서 그리스도의 피의 향기를 따르라는 제안을 받았다.[90] 만일 그들이 이렇게 한다면, 그들은 '그리스도의 향기'로 충만해질 것이다(고후 2:15).

보나벤투라는 청빈이 영혼을 위한 거울이고, 겸손을 격려하며, 오래 인내하고 순종하는 것이라고 말하였다. 그것은 "우리는 우리 자신을 도울 힘이 없나이다"라는 진리를 드러낸다.[91] 영적 청빈(가난)의 표지는 흘러넘치는 사랑이고 기쁨이며, 우리를 사랑하시는 그리스도의 불타는 열정에 합당하게 반응하는 것이다. 이것을 클라라 자매회는 '우리의 영원한 선(善)이 되시는 그리스도에게 매달리기'라고 불렀다. 그들이 성찬례식(성체성사, Eucharist)을 받아들일 때, 그들은 이미 천국 잔치에 참여한 것이다. 그 연회에는 생명의 떡, 죽임당한 어린양, 십자가 위에서 구워지고 그의 사랑의 불로 요리된 물고기이신 그리스도가 계시다. 폰 발타자르(Von Balthasar)의 말을 빌리면, "십자가의 청빈한 결혼식은 하나님의 마음을 드러낸다"라고 하였다.92) 그러므로 클라라 자매회는 '하나님의 사랑의 불에 정화되고, 십자가에서 우리를 위해 자신을 하나님 아버지께 바치신 분께 온전히 마음을 드리도록 부탁을 받았다. 이것이 보나벤투라가 영적 청빈의 본질에 대해 가르치고자 했던 가장 분명한 주장 중 하나다.

보나벤투라가 여전히 파리에서 가르치고 있던 1254년에서 1255년경에 쓰였다고 추측되는 초기의 서신이 있다. 이 서신은 프란치스코 수도회나 도미니크 수도회에 입회하려고 고려 중인 한 무명의 신학생에게 보낸 것이다. 그는 아마도 옥스퍼드 출신의 존 페캄(John Pecham)이라는 영국인이었을 것이다. 그 신학생은 얼마 지나지 않아 프란치스코 수도회에 입회하였고, 나중에는 캔터베리의 대주교(the Archbishop of Canterbery)가 된다.93)

보나벤투라는 그의 질문자가 제기한 세 가지 질문에 대해 답변하려고 하였다. 그 당시 탁발 수도사들의 삶에 대하여 논란의 초점이 된 세 가지 영역은 청빈의 본질, 육체노동의 장소, 그리고 프란치스코 수도회의 내규 안에 있는 학문의 역할이었다. 프란치스코회 수도사들은 재산을 헌금하는 성도들로 인하여 물질적 자원에 접근할 수 있었고, 그 결과 여러 건물과 교회가 생겨났으며, 수도사 중 일부는 사치를 일삼는다는 사실에 대한 비판이 주를 이뤘다. 모든 프란치스코회 형제는 실제로 어떤 종류의 노동에도 종사하지 않았고, 심지어 자신들을 위해 책을 필사하지도 않았다. 프란치스코회의 모든 형제는 학문적인 가르침과 글쓰기에 참여해야 하는가? 프란치스코회가 실제로 그리스도의 모범을 따르고 있다면, 어떻게 '지도자' 라는 칭호가 그러한 관행을 피하라는 주님의 명령과 부합되겠는가?[94] 보나벤투라는 이러한 질문은 그 자체로 정당한 질문이었지만, 그렇다고 해서 모든 프란치스코회의 생활에 적용할 수 있는 비판은 아니었다.

그는 먼저 가난한 사람은 굶어 죽고 싶어 하지 않는 한 누구나 구호품(구제 의연금)을 받을 수 있다고 주장한다. 그렇지만 이러한 구호품은 현물뿐만 아니라 금전의 형태로 간접적으로 주는 것이 더 적절할 수 있다. 그러나 그러한 기부금은 여전히 기부자의 재산이다. 프란치스코 수도회는 기부금을 낸 사람들을 통해 그러한 간접적인 기부를 받아들였으므로 어떤 구호품도 수혜자 개인의 재산이 될 수 없다. 보나벤투라는 1230년 프란치스코 수도회의 요청에 따라 그러한 합의를 교황 그레고리오 9세의 권한으로 승인받아 내려진 칙령 '교서'(라틴어, *Quo elongati*)에 언급했다.

여러 책을 부지런히 읽고 배우는 것과 관련하여, 프란치스코 수도회는 설교(복음 전파)할 소명이 있다. 부지런히 배우고 익히지 않으면 그들은 성경에 무지한 채 우화의 전달자가 될 것이다. 그들은 기도 생활을 위한 책들도 필요하다. '소유'와 '사용'을 구분하고 지킨다면 이 모든 것은 프란치스코의 가르침의 정신에 어긋나지 않는다. 그 책들은 어느 개인에게나 프란치스코 수도회 전체에 속하지 않는다. 만일 그 책들이 누구에게 속한다면, 공식적으로 그 책의 발간을 승인한 교황에게 속한 것이라고 말할 수 있다. 그러므로 수도원의 책들은 교황이 프란치스코 수도원 운동을 이끄는 지도자들의 목회를 돕기 위한 방편으로 맡긴 것이다. 그러므로 누구도 그 책들을 멀리하거나 팔 수 없다. 또한 누구도 그 책들을 어느 때든지 개인들이 사적으로 사용할 수도 없다.[95]

프란치스코 수도회에 속한 이들의 삶과 예배를 위한 재산에도 동일한 소유의 원칙이 적용된다. 여전히 교단의 목적을 위해서 사용되도록 기부하고 헌정한 것은 기부한 사람의 소유로 남아 있다. 만일 특정한 경우에 이 원칙이 지켜지지 않는다면, '그 한 사람의 경솔함이 모든 사람을 향한 비난으로 왜곡되어서는 안 된다.'

프란치스코회는 이 세상 어떤 장소도 고정된 의미에서 '집'이라고 여겨서는 안 된다. 그 이유는 수도회에 속한 사람은 모두 천국의 본향을 찾아가는 사람들이기 때문이다. 그들이 사는 곳은 그저 '잠시 머무는 집'이다. 그렇다고 해서 그들이 방랑자도 아니며 정처 없는 나그네도 아니다. 그 당시 유럽에서는 종교적인 동기나 정당성을 주장하는 많은 수의 단체가 존재했다.

프란치스코는 자신을 따르는 사람들에게 육체노동에 대한 헌신을 강조하였다. 그의 원칙에 따르면, 이런 방식으로 헌신하려는 사람들만 그렇게 해야 한다. 보나벤투라는 '프란치스코는 게으름을 피하는 수단으로 일하려는 것을 제외하고는 육체노동에 큰 가치를 두지 않았다'고 믿었다.[96] 진정 중요한 것은 바로 기도 생활이며, 이에 우선순위를 두었다.

그럼에도 불구하고 프란치스코 수도회의 삶의 방식에는 많은 힘든 노동이 수반되었다. 학문을 수련하기, 병든 자를 돌보기, 가사일 등만이 아니라 필요하면 탁발 행위나 육체노동자로 고용되어 일하기 등이 포함되어 있었다.

교단에 속한 성직자들은 학문 수련을 계속해야 하는 의무가 있다. 반면, 교육받지 않은 평신도 형제들은 반드시 학문에 매달릴 필요는 없었다. 이것은 프란치스코가 세운 방침이다. 그렇지만 프란치스코는 기도와 독서(여기서는 성경 연구)의 결과로 성경을 터득하는 방식에서 큰 모범을 보였다. 그는 신학자 출신의 성직자들을 깊이 존중했으며, 나중에는 프란치스코 수도회를 세우게 되었다. 한번은 신약성경을 여러 부분으로 나누어 다른 형제들이 불편함 없이 읽을 수 있도록 하였다. 이러한 정신으로 프란치스코는 파도바의 안토니오(Anthony of Padua)의 설교와 교육 사역을 지원했던 것처럼 보나벤투라 같은 성경 교사들의 역할을 확실히 인정했다. 주님은 복음서에서 교육받은 성직자들이 자주 추구하는 야망과 외식을 비난하셨다. 그렇지만 산상수훈 설교에서, 주님은 자신의 계명을 지키고 가르치는 사람들을 칭찬하셨다(마 5:19).[97] 그러므로 교사는 그들 스스로 겸손함과 청빈의 정신으로 다스림을 받으면서, 다른 사람들에게 모범을 보여야 한다는 측면에서 기독교 내에서 반드시 필요하고 가장 중요한 역할이다.

그렇다면 프란치스코회 성직자들은 대학에서 무엇을 배우고 익혀야 할까? 이 부분은 그 당시에는 토론의 여지가 있는 부분이었으며, 보나벤투라는 단순한 호기심과 추측을 비난했다. 그러나 그는 아리스토텔레스 같은 철학자들의 문헌을 선택적으로 활용하는 것을 옹호하였고, 다음과 같이 말하기도 하였다. "사람들은 왕겨가 없이는 알곡을 얻을 수 없고, 인간의 말이 없이는 하나님의 말씀을 얻을 수 없다. 그러나 왕겨가 쪼개져 그 속에서 진리의 알곡이 나오는 것은 뉘우침과 헌신의 불로 분리되는 것이다. 이는 곧 언어의 왕겨에서 나온 진리의 알곡이다."[98]

이것은 눈에 띄는 보나벤투라의 전형적인 이미지로, 성경의 드러난 진실, 즉 계시된 진리를 해명하는 것 외에 학문에 대한 인간의 자기 확신을 약화시킨다. 그 자신도 이런 방식을 옹호하면서, 보나벤투라는 성 아우구스티누스의 사례를 들었다. 그는 "폭 넓은 공부와 연구에 익숙하지 않으면 성경을 깊이 이해할 수 없다"고 굳게 믿었다.[99] 그렇지만 보나벤투라는 철학자들과 더불어 성인들(saints)을 더 신뢰할 만한 기독교 진리를 신뢰할 수 있는 교사들로 여겼다.

프란치스코회에서는 어느 누구도 학문 수련을 하는 것에 대해 강요하지 않았으며, 어느 누구도 교육받지 못한 형제들을 비난하지도 않았다. 보나벤투라는 프란치스코회 운동으로 '단순하고 글을 모르는 무지한 사람들'이 신약성경을 거울로 삼아 학식 있는 사람들이 되어가는 것을 보았다. 보나벤투라가 프란치스코의 삶의 방식을 그토록 사랑하게 된 이유는, 처음에는 단순한 어부들에게서 시작되어 나중에는 가장 저명하고 학식 있는 스승으로 변모했다는 것이 교회가 시작되어 완성되어가는 과정과 같았기 때문이다.[100] 그러한 발전은 진실로 섭리적(providential, 즉 하나님의 뜻에 의한)인 것이며, 그리스도가 직접 하신 일이었다. 결론적으로, 보나벤투라는 '완전하고 온화하게 복음서에 나타난 법칙을 압축된 형태로 지혜롭게 전달'하고자 했던 프란치스코의 역할을 옹호하였다.[101] 이것은 매우 놀라운 개인적 증언이며, 그의 신학 저술과 가르침 전반을 지배하는 원칙이기도 하였다.

얼마 후 1260년에 '나르본 헌법'(Constitutions of Narbonne), 즉 프란치스코 교단의 교회법이 조직되었다. 보나벤투라는 프란치스코 교단에 입회한 지 얼마 안 된 성도들을 안내하기 위하여 짧은 논문을 작성하였다.[102] 이 안내서는 수도원에서는 수행과 교부(教父)의 지혜, 청빈의 정신적 의미, 그리고 어떻게 종교적인 삶의 목적을 달성할 수 있는지에 대해 아주 잘 분석하고 있다. 보나벤투라는 그 헌법(교단법)의 개회 성명을 반복하면서, '자발적 청빈(가난)은 전체 영적인 체계의 가장 우선적인 기초'라고 분명히 주장했다.[103]

그는 이와 관련하여 "하나님 나라에서 외면당하지 않으려면, 언제나 이 땅에서는 가난해지려고 노력하라"라며 정말 필수적인 것만 허용하였고, 가장 엄격하게 자발적 청빈에 대한 훈련을 받도록 강권하였다.

"하나님 나라의 실체와 약속에 대한 관상(묵상)만이 세상의 덧없는 것들에 잘못된 방식으로 가치를 부여하지 않도록 영혼을 보호할 수 있다."[104] 따라서 진정으로 필요한 것이 무엇인지 일관되게 구별하려면 '필요하다고 생각되는 것이 실제로 불필요한 것이 아닌지 두려워하라'는 것이 핵심적인 원칙이다. 이것은 작은 것에도 적용된다. 따라서 작은 것을 사랑하는 것은 마치 모래처럼 영혼을 질식시킬 수 있기 때문에 '진정으로 필요한 것만 혼자만의 방에 두라'고 했다.

보나벤투라는 잠언 3장 13-19절에 기록된 것과 같이 영적 청빈(심령의 가난함)을 신적인 지혜와 동일시한다. 그것을 얻으려면 일생 피나는 노력과 인내가 필요하다고 강조한다.[105] 그는 산상수훈에 나오는 주님의 말씀을 결론적으로 두 번이나 인용한다. "심령이 가난한 자는 복이 있나니 천국이 그들의 것임이요"(마 5:3). 그러한 영적 청빈(심령의 가난함)은 오직 겸손에서 흘러나온다. 겸손이 깊어질수록, 그 위에 올라가는 영광도 더 커진다.

탁발 수도자의 옹호

보나벤투라가 교회 생활에서 실제적인 청빈으로의 부르심이 중요하다는 것을 완벽하고 성숙하게 해석한 것이 바로 《탁발 수도자의 옹호》(*Defence of The Mendicants*)이다.[106] 공개적 논란이 많은 저서이지만, 매우 성경적이고 교부들의 해설이 잘 곁들어진 걸작이다. 그는 자신의 영적이고 목회적인 경험으로 그의 학문이 폭넓음을 훌륭하게 드러낸다.

그는 아베빌의 제라르드(Gerard of Abbeville)가 유럽 전역에서 그리스도인의 삶을 지속적으로 폄하하고, 10여 년 전에 내려진 교황청의 판결을 어긴 것에 대해 용서할 수 없는 것으로 여겼다.[107] 보나벤투라는 신앙과 도덕의 문제에서 '그리스도의 대리자에게 부여된 전권'에 대해 의심의 여지가 없었기 때문이다.[108] 그는 제라르드의 종교적 소논문을 복음주의의 완전성, 그 변호, 그 기초, 그리고 수행자들의 성실성에 대한 공격으로 여겼다. 그는 네 가지 반론을 구성했는데, 각 주장에는 세 가지 측면이 있다. 이것은 열정적으로 신학을 탐구했던 보나벤투라의 분석적 접근 방식의 특징이다.

보나벤투라는 제라르드의 종교적 소논문에서 네 가지 근본적인 오류를 찾아낸다. 그 오류는 다음과 같다. 불완전한 그리스도인에게만 적합한 금욕과 금식에 대한 폄하하는 태도, 박해(핍박)로부터의 도피에 대한 옹호, 가난한 자를 경시하는 번영신학, 그리고 이전의 생타무르의 윌리엄과 같은 노선을 따라 여러 탁발 수도회에 대한 신뢰성과 진실성에 대한 전면적 공격. 제라르드는 사실상 팔복의 가르침에서 벗어나 "박해를 피하고, 금식을 피하고, 재산을 축적하고, 높은 명예를 얻는 완벽하고 복된 사람들을 칭송한다"라고 하였다. 그것은 남을 고치는 의사가 아니라 중상모략자의 태도다. 이 함축된 표현은 그리스도가 모든 사람에게 겸손함의 모습을 보여주셨고, 그 겸손으로 사람들의 모범이 되셨지만, 그리스도인들은 때때로 이와 반대되는 행동을 할 수도 있다는 의미가 들어 있다. 보나벤투라는 아우구스티누스, 암브로시우스, 크리소스토무스, 그레고리우스 대제 그리고 성 빅토르의 위그의 가르침을 인용하여 제라르드의 그럴듯한 해석을 조목조목 반박한다. 따라서 그리스도와 제자들이 공동의 지갑을 가졌다면, 그것은 인간의 나약함을 수용하는 행위다. 그러므로 모두가 무소유 가운데로 행하는 것이 더 칭찬할 만한 일이라는 것이다.

보나벤투라는 '완전한'과 '불완전한'의 본질을 분석하고, 상황에 따라 그리고 그 자체로 어떻게 다르게 사용되는지를 면밀하게 분석하였다. 그런 다음, 예를 들어 예수님이 배고픔을 경험하시고 죽음을 두려워하시기도 한 것처럼 비록 예수님의 외적인 행동 중 일부가 명백하게 '불완전한' 것으로 보일지라도, 그분의 내적인 사랑과 인격이 그 행동을 완벽하게 만들었다고 결론지었다. 그리스도는 더 자비로우시기 때문에 더 숭고하시다는 것이다. 그리스도는 모든 이름 위에 가장 뛰어나시며 가장 완전하신 분이다.[109] 그분은 최고의 모범이시며, 자애로운 겸손으로 하나님의 사랑을 드러내시고, 우리를 그 사랑에 가까이 가게 하신다.

전체적인 논쟁의 주안점은 그리스도를 따른다는 것이 실제로 무엇을 의미하는가 하는 것이었다. 보나벤투라의 논쟁의 초점은 복음서를 올바로 해석하는 것이었다. 그것은 "그리스도께서 말씀을 전하실 때, 그 말씀을 사람들이 받아들일 수 있도록 균형 잡힌 태도로 전하셨고, 동일한 방식으로 그분 자신이 스스로 그 말씀의 모범이 되셨다"는 확신이다.[110] 보나벤투라의 탁월한 《누가복음 주석》을 면밀히 살펴보면 이와 같은 신중한 행실에 있어서 동일하고 세심한 분별의 원리가 행동에 적용되고 있음을 알 수 있다.[111] 절제와 균형은 그리스도의 모든 가르침과 활동의 특징이다. 이는 신적 지혜가 그것을 추구하는 사람들로 하여금 '완전함의 정상'에 오를 수 있게 해주기 때문이다.

따라서 모든 소유를 포기하는 것은 시간이 지나도 지속된다면 완전한 행위다. 그렇지만 그리스도를 적절하게 따르는 것은 많은 다양한 형태로 나타나는 힘든 도전이다. 그리스도의 모범은 두 가지로 볼 수 있다. 영원한 측면과 시간적으로 표현된 측면이다. 말씀이신 하나님의 다양한 창조적 지혜를 나타내는 창조의 다양성과 마찬가지로, 교회에는 다양한 직업적 소명과 사역이 있으며, 그 어느 것도 그리스도의 신비를 완전히 반영하지는 못한다.

그러므로 '그리스도는 우리의 모든 구원의 모범이시며 근원'이시다.[112] 복음서에 나오는 그분의 행동 중 일부는 그분의 근원적인 힘에서 비롯되고, 다른 일부는 그분의 빛나는 지혜에서 비롯된다. 일부는 그분의 엄격한 판단력을 표현하고, 다른 일부는 그분의 제사장적 위엄을 표현한다. 그리스도가 보이신 행동 중 일부는 인간의 연약함과 나약함의 수준까지 자신을 낮추시는 겸손함을 보여주신다. 그러나 그러한 행동은 완전한 삶을 드러내시기 위한 길을 준비하시는 것이었다. 이는 자발적 가난과 순결, 그리고 하나님 아버지와 다른 사람들에 대한 순종에서 비롯되었다. 다른 한편으로는, 원수들과 박해자들을 위해 중보하는 순결한 기도를 올리셨으며, 궁극적으로 십자가에서 사랑으로 자기를 희생하셨다. 오직 이 마지막 소명만이, 그리스도가 가르치신 대로 완전함을 추구하는 그분을 따르는 자들이 본받을 만한 것이다.

한편, 그리스도인의 삶에서 '불완전함'조차도 그 목표가 더 큰 선(善)이기 때문에 완전함을 위한 준비가 될 수 있다. 그래서 가령, 결혼은 어떤 면에서는 비혼보다 덜 완벽할 수도 있지만, 결혼을 용서하거나 비난할 필요가 없다. 결혼은 복음서에 나타난 그리스도의 권위에 근거한 기독교 내에서 그 자체의 은혜와 소명이 있기 때문이다.[113] 보나벤투라 이전의 인물인 그레고리우스 대제(Gregory the Great)의 경우를 보면, 그리스도인의 삶은 불완전함 속에서도 완전함을 추구하는 것임을 인식했다. 그리스도인의 완전함은 결말의 상태가 아니라 점진적인 성화의 과정이다.[114]

보나벤투라에게 그리스도인의 완전함은 본질적으로 신성한 계명에 대한 순종, 예수 그리스도의 가르침에 기꺼이 반응하여 자기희생을 통해 하나님의 뜻을 묵상(관상)하는 최종 목표에 이르기까지 사랑 안에서 승화하는 것이다. '복음주의적 완전함'이라는 표현은 앞의 두 가지에서 중간 상태에 적용되는 것이다. 이것은 실제적으로 악을 피하고, 선을 구하며, 역경을 참는 것을 의미한다.[115]

"이는 세상에 있는 모든 것이 육신의 정욕과 안목의 정욕과 이생의 자랑이니"라고 요한일서 2장 16절에 언급된 것처럼, 혼탁한 이 세상의 방식으로 살아가는 것을 지속적으로 거부해야 한다. 복음서에 나오는 예수님이 받으신 시험에서 나타나는 이러한 시험은 하나님의 영원한 선하심과 그분에게서 흐르는 가치를 외면하게 만든다. 모든 소유와 모든 자기 의지를 내려놓고, 성적 순결을 받아들이라는 그리스도의 조언은 이 세상의 유혹과 시험, 즉 많은 사람이 길을 잃게 하는 악의 근원에 대한 완벽한

해독제다.[116]

이러한 '복음적 완전함'의 척도는 이웃 사랑이 원수를 사랑하는 것으로 확장되고 있는지의 여부이며, 그러한 삶의 열매는 하나님의 사랑을 체험함으로써 맺게 되는 영적 비전이다. 이러한 헌신에 대한 시험은 바로 자신이 받는 고난과 시련들을 기꺼이 수용하려는 데서 발견된다. 심지어 그리스도 안에서 드러난 하나님의 사랑을 구할 때에도 찾을 수 있다. 그리고 '온전한 사랑은 두려움을 내어 쫓는다.'[117]

보나벤투라는 산상수훈의 팔복(Beatitudes)이 이러한 사랑의 모든 성장 단계를 어떻게 말하고 있는지 설명한다. 보나벤투라는 순종, 청빈 그리고 순결의 기초를 놓았던 프란치스코의 가르침을 인용하였다. 그리고 그 가르침 위에 '우리 주님의 성령'에 붙들릴 수 있도록 하는 조언까지 담겨 있다. 그 조언들은 순수한 마음으로 드리는 기도, 겸손, 고통 중에 인내하며 원수까지도 사랑하라는 것이다. 보나벤투라는 "처음 세 가지 가르침으로 완전한 사람이 세상에서 고난당하나, 다음 세 가지 조언으로 그는 하나님께 온전히 순종하게 된다. 이로 인해 마치 여섯 날개가 달린 스랍(seraph)처럼 세상에서 높이 올라가 하늘 하나님께로 올려졌다"라고 하였다.[118]

복음의 완전함을 보여주는 완벽한 실례로 프란치스코에게 새겨진 성흔의 세라핌적 은혜(Seraphic Charism)는 하나님께로 돌아가는 길에 대해 그리스도가 주신 분명한 표시였다. 순종과 선행은 그리스도와 같은 완전함에 이르는 핵심적인 기초다. 그러므로 '가치를 매길 수 없이 선하고, 가장 사랑받으며 개인적인' 것인 하나님께 드리는 의지의 희생은 '완벽하고 완전하며, 그분이 가장 받으실 수 있는 것'이다.[119] 보나벤투라는 이러한 근본적인 원리와 진리를 성 아우구스티누스, 안셀무스, 그레고리우스 대제 그리고 또한 성 베르나르의 명백한 가르침으로 다시 확증한다.[120]

보나벤투라는 수도사 서원(monastic vow)은 궁극적이고 완전하게 자기 자신을 제물(self-offering)로 드리는 것이라고 하였다. 수도사의 길에서 직면하는 어려움과 장애, 그리고 그리스도인의 생활과 예배에 대해 매우 현실적이고 정직하면서 적절하게 표현했다. 그럼에도 불구하고 자신을 거룩하게 구별하여 드리는 그 의지의 성별(축성, 祝聖)[121]은 회심과 성화의 열쇠가 된다.

박해(핍박)에 대한 그리스도인의 반응과 금식의 본질과 기독교 내에서의 목적을 분명히 한 후, 보나벤투라는 자발적인 청빈에 대한 소명의 기초를 세우는 데 큰 관심을 기울인다. 그는 초기 저서인 〈복음주의적 완전함에 대한 논쟁적인 질문들〉(Disputed Questions on Evangelical Perfection)에서 취했던 접근 방식을 더욱 확대하고 적용한다. 기독교의 근본토대는 믿음과 사랑으로 이해되며, '사랑을 통하여 역사하시는 믿음'으로 표현되는 그리스도 그 자체시다.[122] 인간의 삶을 너무 자주 지배하는 반대 원리는 불안과 헛된 교만에서 비롯된 탐욕이다.[123] 가난과 삶의 방식에 대한 그리스도의 설교는 이 치명적인 태도에 대한 직접적인 도전이며 그 해독제다. 탐욕은 정신적으로나 물질적으로 뿌리 뽑혀야 한다.[124] 심령의 가난함이 그리스도인의 완전함의 토대가 되는 것은 바로 이런 이유에서다(마 5:3).

예수님이 마태복음 19장 21절에서 부자 청년에게 분명히 말씀하셨다. "예수께서 이르시되 네가 온전하고자 할진대 가서 네 소유를 팔아 가난한 자들에게 주라 그리하면 하늘에서 보화가 네게 있으리라 그리고 와서 나를 따르라 하시니." 그러나 그리스도인의 청빈의 삶은 필요한 것을 사용하지 않는 엄격함을 의미하지 않는다. 수도원처럼 공동체 생활을 통해서 가난의 형태를 취할 수도 있고, 또는 탁발 수도회들처럼 다른 사람들의 자비에 완전히 의존하는 형태를 취할 수도 있다. 첫 번째 삶의 형태는 사도행전의 초대교회에 그 실마리가 있다.[125] 두 번째 삶의 형태는 그리스도가 사역하시면서 친히 제자들에게 돈과 식량과 여벌 옷들, 샌들(신발)과 지팡이 없이 다니도록 부탁하셨던 것에서 찾을 수 있다.[126] 그들은 그들의 행위와 삶의 방식에서 거룩한 가난을 완전하게 되는 기준으로 삼았다.[127] 게다가 복음서에는 예수님이 어떤 고정된 거처를 가지셨다는 증거도 없다.

보나벤투라는 크리소스토무스, 히에로니무스, 베르나르 그리고 안셀무스 등의 성인들의 가르침으로 다시 한번 자신의 주장을 뒷받침한다. 그는 십자가에서 벌거벗고 죽으신 예수의 가난을 프란치스코회의 특유의 그림으로 묘사한다.

> 그리스도는 태어나시면서 가난하셨고, 그의 생애 동안 내내 가난하셨으며, 죽을 때까지 가난하셨다. 가난을 세상에서 사랑할 만한 것으로 만드시기 위하여 그분은 가장 가난한 어머니를 선택하셨고, 의도적으로 가난의 고통을 겪으셨으며, 가난하고 아무 자원이 없는 사람으로서 가난하게 생활하셨다.[128]

그러므로 그리스도가 세우신 기준은 그분을 따르는 무리와 그 기준에 맞추어 살았던 사도들에게 절대적인 기준이었다. 그 핵심 원리는 "거저 받았으니 거저 주어라"라는 예수님의 말씀에 고스란히 나와 있다.[129]

모든 것은 사실 하나님에게서 나온 것이며, 인간은 어떤 권리도 가지고 있지 않다. 보나벤투라는 기독교에서 아무것도 새로운 것을 말하고 있지 않기 때문에, 암브로시우스와 베데(Bede)와 다른 성인들의 가르침을 고수하는 해석을 지지한다. 그 가르침의 내용은, "재화나 부요함이 거의 없는 극빈의 삶은 완전함에 이르는 행위이며, 십자가에 달려 고난받으신 예수 그리스도께 가장 잘 순응하는 합당하고 안전한 방법이다."[130] 또한 보나벤투라는 "우리 주 예수 그리스도의 은혜를 너희가 알거니와 부요하신 이로서 너희를 위하여 가난하게 되심은 그의 가난함으로 말미암아 너희를 부요하게 하려 하심이라"(고후 8:9)라고 한 사도 바울의 말을 인용한다.[131] 바울 사도도 사역 과정에서 온갖 가난을 경험하였다.

보나벤투라는 다양한 교부들의 말을 인용한 후, 그리스도와 사도들을 문자 그대로 본받는 것이 교회의 삶에서 '허용되고 칭찬받을 만하며 완전하다'는 결론을 내린다. 그러한 삶은 모든 그리스도인의 표징이자 기준이다. 대다수 그리스도인은 그것을 열망할 수 없지만, 그것으로 자신의 삶과 가치를 판단할 수 있다. 그것은 하나님 나라의 실체와 가까움을 보여준다는 점에서 교회 안에서의 성례적(즉, 신성한) 삶의 방식이 된다. 그렇지만 자신이 소유하지 않은 다른 사람의 선(virtue)을 경멸하는 것은 전혀 정당화될 수 없다. 영적 청빈의 원리는 모든 그리스도인이 추구하고 따라야 하는 것이다. 반면, 실제적인 청빈의 삶은 자유롭게 받아들여야 하는 구체적인 소명인 것이다.[132] 그러나 그리스도의 권고는 필요한 자선을 받는 것을 배제하지 않으셨다.

중요한 진리는 '벌거벗음에도 많은 수준이 있다는 것이다. 왜냐하면 마음과 몸의 벌거벗음 사이에 차이가 있고, 그 마음의 벌거벗음에도 각

각 차이가 있기 때문이다. 마음의 벌거벗음은 가능한 한 탐욕과 정욕의 비틀린 집착을 영적으로 벗겨내는 데서 온다.' 여기서 바울의 말이 떠오른다. "내가 내게 있는 모든 것으로 구제하고 또 내 몸을 불사르게 내줄지라도 사랑이 없으면 내게 아무 유익이 없느니라"(고전 13:3). 진정으로 자신을 내어주는 사랑이 영적 청빈의 목표다.

그럼에도 불구하고 보나벤투라는 그리스도인의 삶의 방식으로서 몸과 마음의 실제적인 벌거벗음을 세 가지 수준으로 구별한다. 필요 이상의 소유물에 대한 거부와 모든 성직자와 모든 그리스도인에게 실제로 관계된 소유욕에 대한 거부의 수준이 있다. 그리고 소유권에 대한 모든 주장을 포기하고, 수도원 공동체에서처럼 다른 사람들에게 개인적인 의지를 복종시키는 수준이 있다. 또한 프란치스코 수도회 사람들이 살았던 것처럼 완전한 궁핍과 의존의 사도적 삶의 수준이 있다. 이러한 것은 이 세상 사회 어디서나 존재하는 부유하고자 하는 욕망과 무엇인가를 소유하고자 하는 집착에 대한 직접적인 도전이다.

하나님 앞에서 완전해지고자 하는 사람은 어떤 것을 소유하려고 하는 사소한 성향을 반드시 제거해야 한다. 그들은 부유해지고자 하는 유혹을 넘어서야 한다. 그러면 그들은 아우구스티누스가 "온 세상의 부요함이 신실한 자들에게 속하였도다"라고 묘사한 것을 해방됨으로 발견하게 될 것이다.[133] 왜냐하면 하나님의 섭리에 대한 감각은 거짓된 안전인 탐욕을 위한 해독제이기 때문이다. 부유함은 기독교가 지향하는 바람직한 목표로 비추어져도 안 되며, 하나님의 축복의 표시가 되어서도 안 된다. 그 이유는 그리스도와 제자들은 공통의 지갑(자루)을 사용했고, 그것은 현실적인 필요에서 비롯된 것이었기 때문이다. 그것은 또한 그들의 믿음의 연약함을 재확인시켜주는 것이기도 하였다. 또 그러한 실천을 비난하는 사람들의 거짓된 금욕에 대한 책망이었으며, 복음 사역 안에서 모든 것을 공동체에서 나누어 사용하는 완전한 사람들에 대한 표징이었다.

보나벤투라는 기독교에서 돈(재정)의 적절한 사용에 대한 논의에 많은 시간을 할애하면서, 교회의 사고와 실천을 명확하게 하기 위하여 다양한 교부와 수도회의 권위를 끌어들였다. 그의 결론은 다음과 같다.

> 그리스도는 청빈의 상태에 머무르셨지만, 부의 상태에 대해서 비난하지 않으셨다. 돈을 소유한 사람들에게 기꺼이 순응하기도 하셨지만, 완전한 청빈의 형태를 완벽하게 지키셨다.…그리스도의 재산은 탐욕을 채우려는 동기로 사용된 것이 아니라 경건과 청빈의 모범으로 사용되었다.… 이는 우리가 완전한 청빈을 위한 사랑으로 불타오르게 하기 위함이셨다. 그분이 이 세상에 오셨을 때…그분은 가장 가난한 자의 모습으로 오셨으며, 가장 가난한 어머니에게서 나셨다.…그분의 모든 삶은 철저한 가난의 길이었다.…그러니 우리는 가난하고 십자가에 못 박히신 그리스도의 이름으로 원수들의 모욕을 참아야 한다.[134]

보나벤투라는 이러한 청빈한 삶이 그리스도인의 믿음을 더욱 성장시키는 것과 더불어 복음을 더 진정성 있게 선포할 수 있게 한다고 믿었다. 물론 이것은 그가 프란치스코 수도회를 이끌고 지도하는 데 있어서 중점적으로 몰두한 일이었다. 예수님이 제자들의 발을 손수 씻기신 것은 그분의 겸손함을 보여주신 것으로 그들도 이 겸손함을 실천하도록 하는 비결이었다.[135]

겸손한 행동은 진정한 마음의 겸손으로 이어져야 하며, 자발적인 청빈은 복음서에서 밝힌 아주 비싼 진주에 묘사될 수 있다. 왜냐하면 이 진주를 사기 위하여 자신이 가진 모든 소유를 다 팔아서 얻으려고 했기 때문이다(마 13:46).

자발적인 육체적 빈곤은 영혼을 정화시키는 효과가 있으며, 오랫동안 묵은 죄와 잘못된 가치관들을 몰아내며, 부하고자 하는 욕망과 집착 때문에 교만해지고 죄를 짓게 되는 것을 막을 수 있다. 이러한 가정 아래 청빈의 결핍이 더 순전하고 더 깊은 선(virtues)으로 이끌어가는데, 이는 성전에서 가난한 과부가 자신의 마지막 동전을 넣은 사례에서 잘 드러난다(눅 21:1-4). 그러한 순전함에서 오직 하나님에 대한 신뢰에 뿌리를 둔 내면의 기쁨이 솟아난다. 보나벤투라는 자신의 주장을 뒷받침하기 위하여 크리소스토무스와 베르나르의 가르침을 폭넓게 인용하였다.

그는 또한 자발적인 가난이 보여주는 모범의 힘이 더 신뢰할 수 있고 효과적이며, 특히 가난한 사람들에게 그렇다고 믿었다. 이것의 분명한 증거는 가진 것이 없고 심령이 가난했던 극소수의 사도들에 의해 전 세계에 복음의 진리가 퍼졌다는 사실이다.[136] 성 프란치스코와 성녀 클라라를 따르는 겸손한 무리는 사회의 많은 가난한 사람들 사이에서 봉사와 연민의 삶을 증거하고 실천하는 교회의 아낌없는 지원을 받을 자격이 있다. 교부 히에로니무스의 말을 빌리면, "복음서에 나타난 우리 주님의 가르침을 실천하여 그분이 헐벗었을 때에 옷을 입혔고, 병드셨을 때에 돌보았으며, 그가 머리 두실 곳 없을 때 거처를 주었고, 특히 믿음의 가정들이 그렇게 하였다는 것은 바로 그리스도인이 이를 위해서 부르심을 받았다는 것임을 보여준다"라고 하였다.[137] 그런 의미에서 자발적 가난을 받아들이는 사람들은 가혹한 가난을 짊어진 많은 사람과 동일시하고 그들을 옹호한다. 그리스도가 그들 가운데에서 함께 사셨으며 함께 죽으셨다.

제4장

순례기(1)

하나님께 가까이 나아가기

보나벤투라는 1257년 40세의 나이로 프란치스코 교단의 수장이 되었다. 1259년 초가을에 그는 프란치스코가 성흔(stigmata)을 받은 지 33년을 기념하기 위해 아레조(Arezzo) 인근 산에 있는 프란치스코 성지인 라 베르나에서 피정을 하였다. 그는 "신성한 충동에 이끌려, 나는 조용한 라 베르나 산에 올라가 거기서 평화를 향한 내 영혼의 갈망을 채웠다"라고 말했다.[138] 보나벤투라는 이 일의 의미를 되새기며《순례기》를 저술했다.

그는 십자가에 달려 고난당하신 그리스도를 보여준 여섯 날개를 지닌 스랍(Seraph)이 프란치스코에게 진정한 관상과 평화를 따르는 길을 가르쳐주었다고 결론지었다.

'평화'는《순례기》의 서두를 여는 주요 단어다. 프란치스코는 늘 모든 사람에게 문안하면서 "평화가 여러분들과 함께하기를"이라는 말을 항상 전했다. 이 평화는 바로 죽은 자들로부터 부활하신 그리스도가 친히 주시는 선물이다(요 20:19). 이는 모든 영혼이 존재의 가장 깊은 곳에서부터 갈망하는 것이다. 아우구스티누스는 자신의《고백록》(Confessions)에서 "주여, 당신께서 우리를 당신을 위한 존재로 창조하였사오니, 우리가 주님 안에서 안식을 발견할 때까지 마음의 평안을 얻을 수 없습니다"라고 말했다.¹³⁹⁾ 또한 보나벤투라는 시편 말씀에서도 '평화'라는 단어를 찾았다. 시편 76편 2절에서 "그의 장막은 살렘(the peace)에 있음이여 그의 처소는 시온에 있도다"라고 하였다.¹⁴⁰⁾ 이 평화는 모든 선의 근원이신 하나님의 마음에서 흘러나오며, 그리스도가 친히 묵상하신 것으로, 그분을 믿는 무리의 기도에서도 나타난다. 특히 그분의 어머니와 프란치스코의 기도가 가장 주목할 만하다. 그리스도인의 관상의 목적은 이 평화 속으로 들어가는 것이며, 또한 그 평화에 의해 현재와 영원까지 변화되는 것이다.

보나벤투라는 여섯 날개를 지닌 스랍이 평화의 문턱에 다다르는 신성한 도약의 사다리를 구별되는 여섯 단계로 뚜렷하게 보여주었다고 《순례기》에서 추측한다. 이것은 '기독교적인 지혜의 황홀한 흘러넘침을 통해' 일어난다. 여기서 보나벤투라는 '흘러넘침'(excessus)이라는 라틴어 단어를 황홀경(ecstasy)에 빠져서 자기 자신을 초월하는 마음으로 이끄는 영적 체험을 의미한다고 하였다. 이것은 그리스도 안에 계시된 거룩한 진리에 반응하여 자신의 인식을 영원히 변화시키는 방식이다. 그러므로 그리스도인의 기도 생활은 죽음에서 생명으로, 그리고 어둠에서 빛으로, 시간을 지나 영원으로, 더 깊은 사랑의 세계로, 즉 평생에 걸쳐 하나님께로 돌아가는 것을 말한다. 이 평화의 길은 오로지 십자가에 달려 고난당하신 그리스도를 향한 불타는 사랑을 통해서만 찾을 수 있다.¹⁴¹⁾ 여기서 사도 바울의 증언이 중요하다. 그것은 보나벤투라가 갈라디아서에서 밝힌 사도 바울의 정직한 증언과 고린도후서 12장에 나온 천국의 환상에 대한 비밀스러운 증언들과 연결시켰기 때문이다. "내가 그리스도와 함께 십자가에 못 박혔나니 그런즉 이제는 내가 사는 것이 아니요 오직 내 안에 그리스도께서 사시는 것이라"(갈 2:20).

바울은 고린도후서 12장에서 자신의 환상에 직접적으로 수반되는 고통이 어떻게 피할 수 없었고 당혹스러웠는지에 대해 이야기하는데, 결국 이것을 하나님이 주신 은혜의 선물로 받아들여야 했다. 이에 대한 그의 거듭된 기도에 대한 응답으로 하나님이 이렇게 확신을 주셨다. "나에게 이르시기를 내 은혜가 네게 족하도다 이는 내 능력이 약한 데서 온전하여짐이라"(고후 12:9). 보나벤투라에게 프란치스코는 사도 바울의 영적인 체험과 그리스도의 모범에 비견될 수 있는 사람이었다. 그가 인생의 마지막 2년 동안 그토록 고통스럽게 지녔던 성흔을 통해 그의 영혼의 생명이 빛났다. 그 성흔은 그리스도의 임재 속으로 들어가는 열린 창문이었으며, 그것을 통해 치유가 흘러나왔다.

그러므로 십자가를 떠나서는 하나님과 연합할 수 없다. 보나벤투라는 "자기 두루마기를 빠는 자들은 복이 있으니 이는 그들이 생명나무에 나아가며 문들을 통하여 성에 들어갈 권세를 받으려 함이로다"라는 요한계시록 22장 14절을 그의 판단의 근거로 인용한다. 다시 말하면, 어린양의 피가 없으면 어느 누구도 천상의 예루살렘으로 들어갈 수 없다는 것이다. 더욱이 관상의 길은 인간의 가장 깊은 갈망을 포함한다.[142] 시편 63편 1절을 보면, "하나님이여 주는 나의 하나님이시라 내가 간절히 주를 찾되 물이 없어 마르고 황폐한 땅에서 내 영혼이 주를 갈망하며 내 육체가 주를 앙모하나이다"라고 말씀한다. 이것이 그리스도인의 고행의 의미다. 이것은 자기를 드림으로써 하나님께 예배하는 것이며, 마음과 목숨과 힘을 다하여 드리는 것이다. 마가복음 12장 30절은 "네 마음을 다하고 목숨을 다하고 뜻을 다하고 힘을 다하여 주 너의 하나님을 사랑하라 하신 것이요"라고 말씀한다. 이는 "말씀이 육신이 되신 그리스도 안에서"[143] 자신의 육신을 포함하여, 전적으로 자신을 드리기 위해서였다. 그리고 이것은 다시금 하나님과의 사랑의 연합 속으로 들어가는 것과 더불어 그 사람 안에서 하나님의 임재가 나타나기 위함이다.

프란치스코에게도 이를 분명히 볼 수 있었다. 그의 온전한 소원은 그리스도와 연합하는 것이었다. 보나벤투라는 선지자 다니엘처럼 프란치스코를 '거룩한 소원의 사람'이며 '모범적인 사람'(role model)으로 보았다.[144] 또한 시편 63편의 언어에서 알 수 있듯이, 영혼과 마음은 하나님을 찾는 데 연합해야 한다. 기도는 '애통하는 마음'에서 흘러나와야 하고, 반면에 마음은 하나님에게서 흘러나오는 빛으로 조명을 받아야 한다. 보나벤투라는 《순례기》의 첫 문장에서 그분을 모든 존재하는 것의 '근원'이시며 '시작'이라고 표현한다. 야고보의 서신에 나온 말씀에서는, "온갖 좋은 은사와 온전한 선물이 다 위로부터 빛들의 아버지께로부터 내려오나니"(약 1:17)라고 말씀한다. 보나벤투라는 자신의 신학 전체에서 이 말씀을 중심 소재로 삼았다.

보나벤투라는 《순례기》에서 자신이 겪은 영적 체험을 직접적으로 말하지 않았는데, 그것은 그의 의도도 아니고 문체도 아니다. 그렇지만 그는 경험 많은 신학 교수이자 프란치스코회 사제로서 자신의 개인적 경험을 바탕으로 분명하게 이야기한다. 《순례기》 서문에서 네 번째 문단을 보면 그가 사용한 접근 방식의 정신과 언어를 정확하게 파악할 수 있다. 그는 이 문단에서 그리스도인의 기도의 본질과 하나님께 가까이 나아가는 여정에 그와 함께 참여하라는 설득력 있는 초대를 하고 있다. 그 방법은 지속적인 회개다. 그리스어로 '회개'는 '메타노이아'(metanoia)라고 하는데, 이는 영혼과 마음의 완전한 변화를 의미한다. 동시에 십자가에 달려 고난당하신 그리스도를 따르는 신실한 태도다. 또한 죄에 대해 애통해하는 것이다. 이것은 '십자가에 달려 고난당하신 그리스도를 바라보며 애통해하는 기도'로 표현된다.[145] 그분의 보혈만이 우리를 죄에서 깨끗케 한다.[146] 회개하라는 부르심은 복음서에서 예수님의 사역과 가르침의 근간이 되었다(막 1:15). 사도 바울의 말에서도 회개의 의미를 중점적으로 살펴볼 수 있으며, 마찬가지로 보나벤투라도《순례기》에서 나아갈 길을 제시한다.

> 나는 하나님의 자비로 여러분 자신을 하나님이 받으실 만한 적합하고 헌신된 산 제물로 하나님께 바치기를 간청한다. 그것이 영혼과 마음을 제물로 바치는 예배다. 더 이상 현세의 보이는 것에 순응하지 말고 마음의 새로움으로 변화를 받아야 한다. 그러면 여러분은 하나님의 뜻을 분별할 수 있고, 무엇이 선하고 받아들일 수 있으며 완전한지 알 수 있을 것이다.[147]

순전한 지적인 열망만으로 하나님의 신비에 접근하려는 것은 결코 충분하지 않을 것이며, 비판적이고 냉철한 정신으로는 성경을 이해할 수 없을 것이다. 성경을 읽을 때는 그 영적 의미를 간절하게 찾아야 한다. 그리고 하나님에 대한 생각은 반드시 그분에 대한 진지하고 열렬한 사랑으로 가득 차 있어야 한다. 우주의 본질에 대한 탐구로 인해 경이로움이 억눌려서는 안 되며, 창조물에 대한 지식이 창조주에 대한 사랑을 식혀서도 안 된다.

부지런하게 학문을 추구하는 것은 그분의 영적 '기름 부으심'[148]을 통해 하나님을 더 깊이 아는 감각으로 이어져야 한다. 기독교적 '이해'의 진정한 의미는 겸손의 정신으로 더 큰 것 아래에 '서는' 것을 의미한다. 그리고 '겸손'은 시간, 공간, 지각의 모든 한계를 지니고 '땅에 닿아 있다'는 것, 즉 현실에 뿌리를 두고 있다는 것을 의미한다.

기독교 신학 연구는 하나님의 은혜가 없이는 절대 발전할 수 없다. 그 이유는 다음과 같은 시편 기자의 고백에 담겨 있다. "진실로 생명의 원천이 주께 있사오니 주의 빛 안에서 우리가 빛을 보리이다"(시 36:9).[149]

기독교 관상의 목표는 영혼의 거울에 비추어져 깨닫게 되는 하나님의 지혜다. 바로 이러한 목적을 위해 인생들이 "하나님의 형상과 모양대로"(창 1:26) 지음받은 것이다.[150] 만일 우리 영혼의 거울이 완전히 정화되고 밝게 빛나지 않는다면 하나님의 창조된 세계에서 발견되는 하나님의 거울은 불투명한 채로 남아 있게 된다. 그러므로 학문에 대한 사랑과 하나님을 향한 소원은 반드시 함께 가야 한다.

보나벤투라는 이미 하나님의 은혜에 의해 감화된 겸손하고 헌신적이며 하나님의 성령으로 기름부음을 받은 사람들에게 호소하고 있다. 그러한 사람들은 하나님의 지혜를 원하며, 진실로 하나님을 열렬히 추구한다. 또한 예배와 사랑을 통하여 그분을 '맛보려는'(taste) 소원을 가진 자들이 갖는다. 그러나 그들에게 회개하는 태도와 양심의 뉘우침이 없다면, 하나님의 지혜를 만나더라도 눈 먼 맹인이 될 수 있다.[151]

보나벤투라는 면책 조항과 더불어 경고로 결론을 맺는다. 그가 저술한 《순례기》는 단순히 필기용이나 형식적인 읽기에 치중하는 것이 아니라, 서두르지 않고 더 깊이 사색하기 위한 것이다. 그뿐만 아니라 그리스도인의 영적 생명이 성장할 수 있는 틀을 제공한다. 이 저서는 보나벤투라가 인간의 본성과 능력과 결함을 어떻게 이해했는지를 보여준다. 그는 아우구스티누스의 《고백록》에서 시작하여 그의 신학에서 이러한 심오한 통찰력을 이끌어왔다. 그는 그것들을 하나님의 은혜가 사람을 어떻게 재창조하시는지 고찰하는 분석적인 도구로 바꾸었다.

존재

보나벤투라는 《순례기》 1장에서 사람의 영혼과 마음이 올라야 할 거룩한 성장의 사다리를 나타내 보이려고 시도하였다. 사람은 하나님의 축복을 받기 위해 지어졌으며, 이 축복은 오로지 하나님의 지고한 선하심 가운데 그분의 완전함 속에서만 발견되는 것이다. "우리는 스스로를 도울 수 있는 힘이 없다." 그래서 우리는 하나님의 은혜의 손길로 일으켜져야 한다. 보나벤투라는 이를 시편 84편 5-6절을 인용하여 말한다. "주께 힘을 얻고 그 마음에 시온의 대로가 있는 자는 복이 있나이다 그들이 눈물 골짜기로 지나갈 때에 그 곳에 많은 샘이 있을 것이며 이른 비가 복을 채워 주나이다."[152] 진실로 겸손하고 경건한 마음으로 구하는 모든 사람에게 그리고 그들의 기도가 눈물의 골짜기에서 생수의 샘이 되는 모든 사람에게 하나님의 손길이 항상 가까이 있다는 것이다. 이는 기도가 영적 상승의 어머니이며 원천이기 때문이다.[153] 오직 기도를 통해서만 그 길의 각 단계를 오르기 위한 빛을 받을 수 있다.

"인간은 창조된 우주가 하나님께 올라갈 수 있는 사다리가 되도록 창조되었다."[154] 이것은 보나벤투라의 신학 사상에서 가장 중요한 원리 중 하나다. 그는 실체적인 면에서 창조 내용의 삼중 구조를 구별하고 있다. 어떤 것은 창조주 하나님의 발자국이나 지문이기도 하고, 다른 것은 하나님의 본성과 목적을 더 온전히 반영하거나 형상화한다. 어떤 것은 물질적이고 눈에 보이는 것도 있지만, 다른 것은 영적이고 눈에 보이지 않는다. 어떤 것은 시간 안에 존재하는 것의 일부분이지만, 다른 것은 영원히 존재하기도 한다. 그러나 하나님만이 유일하게 영원하시며 지존자이시다. 또한 인간 존재와 영적 상승의 목적이 되신다. 보나벤투라는 시편 86편 11절 말씀을 인용하여 그 길로 나아갈 방법을 규정한다. "여호와여 주의 도를 내게 가르치소서 내가 주의 진리에 행하오리니 일심으로 주의 이름을 경외하게 하소서."

하나님의 지혜는 사람을 다양한 창조 세계로 인도하여 그가 자신의 마음과 영혼 속으로 들어갈 수 있도록 한다. 그들의 마음과 영혼 안에는 영원한 영적 잠재력과 존재의 본질인 하나님의 형상이 감추어져 있다. 이러한 인식은 최고의 '첫 번째 원리'로 하나님께 드릴 참된 예배로 인도한다.

보나벤투라는 존재의 실재 안에서 하나님의 질서에 대한 예리한 감각으로 창조의 내용상 삼중 구조가 어떻게 진행되는지를 개략적으로 설명한다. 사막에서의 성경적 여행과 각각의 창조된 '날'(day)의 전개와 물질적이고 개념적인 존재 자체의 구성에 이르기까지 설명한다. 이 모든 것이 하나님의 지성 또는 '영원한 예술' 안에 포함되어 있다. 그리스도의 본성 자체가 이 진리를 구체화하는데, 그것은 주님이 육체적으로나 정신적으로 인성을 가지시면서 동시에 영원한 존재로서 신성을 지니고 계시기 때문이다. 그분은 하나님 같은 사람이며, 사람 같은 하나님이시다. 그 결과, 인간의 지각은 주변 사물에 대한 물리적 지각에서 나아가 내적 성찰을 거쳐 영적 분별력을 갖게 되는 것이다. 결론적으로 그 지성은 바로 하나님의 은혜로 말미암아 자신을 초월할 수 있게 되는 것이다. 이로써 하나님을 마음과 성품과 뜻을 다하여 사랑하라는 위대한 계명을 이룰 수 있게 되는 것이다. 이것만이 기독교의 지혜의 길을 구성하는데, 이것이 바로 보나벤투라의 《순례기》와 그의 다른 저작들에서 밝히는 가장 중요한 관심사였다.[155]

보나벤투라는 이 세 가지 운영 방식(modes of operation)을 취하여 그 방식들의 시작과 끝을 하나님께 관련시키고, 그 후 그것을 서로 관련지음으로써 이 상승의 중요한 여섯 단계를 확립한다. 소우주(microcosm)로서의 인류는 창세기 1장에서 묘사된 우주 창조의 여섯 단계를 반영한다.[156] 그 창조의 목적은 바로 거룩한 관상 안에서 안식하는 일곱째 날에 있다. 이러한 6가지 단계는 성경에 나오는 몇 가지 중요한 하나님의 계시의 순간들을 반영한다. 즉, 솔로몬의 왕좌의 여섯 계단, 성전에서 이사야 선지자가 보았던 여섯 날개를 가진 스랍들의 환상, 시내산에서 여섯 날 후에 모세와 하나님의 대화, 그리고 복음서상에 나타난 여섯 날 후에 예수님의 변모가 있다.[157]

인간의 본성에 대하여 살펴보면서, 보나벤투라는 인간의 정신에 내재된 6가지 능력을 구별한다. 그 6가지는 감각, 상상력, 이성, 이해, 지성 그리고 하나님께 나아가는 영혼의 끌림이다.[158] 이 모든 것은 죄로 인해 뒤틀렸기에 하나님의 은혜로 재창조될 필요가 있다. 그러므로 진정한 기독교는 지혜의 완전함에 이르기 위하여 무엇이 옳고 참된지에 관한 도덕적 회복과 영적 교육에 중점을 둔다. 인간의 타락은 가장 높고 지존하신 하나님보다 다른 썩어질 것들을 취함으로 낙원(즉, 에덴 동산)에서의 관상의 평화에서 의지적으로 떠난 결과다. 그 결과, 인간은 한가지로 치우쳤으며, 올려다볼 수도 없고, 똑바로 생각할 수 없게 되었으며, 무지와 탐욕에 이끌려 이리저리 헤매게 되었다. 플라톤이 말한 동굴 속의 사람들처럼 인간은 물려받은 원죄와 습관적인 죄악에 갇혀버렸다. 그로 인해 하나님의 빛에서부터 멀어져 어둠의 구렁텅이에 강제적으로 깊이 매몰되었다. 오로지 하나님의 은혜만이 이러한 비극적인 곤경의 늪에서 건져주며, 진정한 도덕성과 하나님의 지혜에 대한 이해를 심어줄 수 있다. 이것이 완전한 지혜이시며 진리이신, 예수 그리스도의 사역과 가르침의 의미다.[159] 그리스도만이 삼중 구조 방식으로 되어 있는 신성한 진리를 이해할 수 있도록 인간의 영혼을 바로잡아 주실 수 있다. 이것은 창조된 세계에 대한 상징적 이해, 믿음의 이유에 대한 지적 이해, 영혼을 초월하는 하나님을 아는 신령한 지식을 통해 일어난다.

실제로 이것은 죄를 피하는 것을 의미하고, 또한 기도와 도덕적 선행, 묵상과 관상을 통하여 인간 삶의 모든 부분을 하나님의 은혜의 역사에 참여하도록 부지런히 복종시키는 것을 의미한다. 거룩함은 하나님의 특별한 은혜, 선함과 진리에 지속적으로 스며드는 것을 말한다. 오직 은혜만이 인간의 제어하기 힘든 의지와 죄를 사랑하는 마음을 바로잡아 주고, 그것이 올바른 삶과 참된 생각의 토대가 된다. 성경 전체에서 하나님은 인생들이 그분에게 '돌아오도록'(pass over) 부르시고 있다. 아담과 하와에게 "너가 어디에 있느냐?"라고 하신 그분의 외침은 인간의 모든 세대를 거쳐 울리는 음성이다.

보나벤투라 사상의 근본은 솔로몬의 지혜서 중 한 구절에서 그 중요한 점을 찾을 수 있다.

만일 사람들이 이 창조된 것들의 아름다움을 보고 기뻐하며 그것을 신이라고 여겼다면, 그 모든 것의 주인이신 분이 얼마나 더 훌륭하신지를 알아야 했을 터이다. 왜냐하면 그들을 창조하신 분이 바로 모든 아름다움의 주인이시기 때문이다. 또 그들이 이런 것들을 만드신 분의 힘이 얼마나 더 큰가를 깨달아야 했을 터이다. 피조물의 웅대함과 아름다움으로 미루어보아 우리는 그들을 만드신 분을 알 수 있다(공동번역, 지혜서 13:3-5).[160]

《순례기》에서 보여주고자 하는 것은 이 본문에 대한 해설로써, 신성의 기원의 탁월한 표징인 창조의 아름다움을 강조한다. 보나벤투라는 창조주의 위대한 힘, 지혜, 선하심이 피조물을 통해서 밝게 빛난다고 확신하였다. 인간의 육체적 감각이 이성, 믿음, 관상에 의해 마음에 알려줄 때 인간이 이것을 깨달을 수 있다. 인간의 이성은 모든 과학적 연구와 수학적 계산의 토대가 된다. 이러한 존재의 이성적 구조는 마치 창조주의 마음을 지문처럼 가리킨다. 또 세상이 어떻게 만들어졌는지를 이해하는 것은 세상이 왜 지금처럼 되었는지를 분별하는 데 직접적으로 도움이 된다.

믿음의 눈으로 이 세상의 존재 과정, 그 의미와 목적을 깊이 생각해볼 수 있다. 성경은 자연과 계시와 은혜가 나타나는 것을 삼중 구조로 가르치는데, 이것이 모두 함께 인간 존재의 역사와 숨겨진 의미를 구성한다. 믿음은 또한 하나님의 심판의 순간으로 종말을 인식한다. 세상의 기원은 말씀이신 하나님의 목적 안에 그 뿌리를 두고 있다. 세상의 기원은 모든 것을 적절한 목적으로 인도하는 섭리의 말씀이신 하나님의 목적에 뿌리

를 두고 있으며, 이는 하나님의 정의(justice)와 일치한다.[161]

지적인 관상은 단순히 물질적으로 존재하는 것과 변화하는 것들, 인간처럼 육체를 가지고 있으면서 영적인 존재를 구별한다. 또한 천사와 같이 전적으로 영적인 존재도 구별한다. 오직 영적인 것만 부패하거나 변화되지 않는다. 이러한 식으로 영혼은 하나님의 능력과 지혜와 선하심에 대하여 깊이 관상하게 된다.[162]

성경에서 7은 하나님의 완전함을 표시하는 숫자다. 그리고 보나벤투라의 신학 사상에서도 동일하게 등장한다. 그러므로 창조의 7가지 특징은 그분의 힘과 지혜 그리고 선하심의 측면에서 하나님의 영광을 증언한다. 다양한 영광 안에 있는 모든 피조물의 기원, 빛이 가장 돋보이는 현상인 우주의 광대함, 종의 다양성 그리고 그 피조물들의 질서 있는 상호작용은 하나님의 능력과 본성을 보여준다. 마찬가지로 이 창조 세계의 타고난 아름다움 그리고 시간과 공간을 통하여 펼쳐지는 각기 창조된 요소들 안에 있는 광대한 잠재력은 가장 뛰어난 예술가이신 하나님의 풍부한 창조성을 표현해준다.

마지막으로, '창세기'(The Book fo Creation)는 만물의 제1원리이자 결정적 원인인 하나님의 우월성과 최고성을 드러낸다. '성경'(Book of Scripture)은 하나님의 법칙, 진리와 판단, 신성한 지혜를 전해주고 있다. 구속적인 성찬(성례)과 함께하는 교회의 존재는 하나님의 자비, 은혜 그리고 관대한 선하심을 드러낸다. 이것은 하나님이 거룩하게 하신 질서 있는 방식이다. 이 방식은 인간으로 하여금 완전한 힘과 지혜와 선하심으로 가득 찬, 시작이시자 가장 높은 실체이신 하나님을 발견하도록 이끈다.[163]

보나벤투라는 시편 기자와 성경의 지혜 문학 저자들의 저항(개혁)의 메

아리를 들려줌으로써 결론을 맺는다. 오직 고의적인 영적 맹인과 청각장애가 된 자들만이 하나님을 아는 영광의 비전에 어둡고 무지하다. 그리하여 결국에는 하나님의 다양한 선하심에 반응하는 어떤 말도 못하는 벙어리가 되어버린다. 그러한 완악함은 인간의 악습에 저항하고자 하는 창조의 본질과 충돌하게 된다.[164] 그 대신 보나벤투라는 사람들에게 그들의 영적인 눈과 귀를 열고, 그들의 입술을 닫지 않도록 하고, 그들의 마음을 돌이켜 그들 주변에 있는 진리에 가까이 다가가도록 촉구한다. 이는 그들이 프란치스코가 행한 대로 하나님을 올바로 찬양하며, 모든 피조물 가운데서 창조주 하나님을 보도록 격려하기 위해서다.

창조

《순례기》의 2장에서 보나벤투라가 이해한 창조의 중요성에 대한 핵심이 드러난다. 그는 피조물들이 하나님을 실제적으로 드러내며, 하나님을 만물 안에서와 만물을 통하여서 볼 수 있다고 믿었다. 만물은 하나님 안에 있기 때문에 존재한다. 그 만물의 나타남은 그것을 있게 하신 그분의 존재에서 유래한다. 그리고 만물의 생명은 그것들이 계속 존재하기를 원하시는 하나님의 의지와 능력으로 유지된다. 따라서 만물은 오직 그분 앞에서만 존재한다.

인간의 지각은 물리적인 감각의 경험을 거쳐 마음을 통해 계속해서 나아가는 것이다. 따라서 만물의 '대우주'(macrocosm)는 인간 영혼의 '소우주'(microcosm)로 들어간다.[165] 보나벤투라가 어떻게 이러한 일이 일어났으며, 인간이 어떻게 하나님의 형상과 모양을 따라 지음받았는지를 이해하는 데 이것이 하나의 핵심이기도 한다. 이 부분에서 그의 주장은 아우구스티누스의 사고에서 비롯되었다.

인간의 지각은 그리 수동적이지 않다. 그 지각은 의식적으로 만물을 파악하고 즐기며, 또한 만물의 중요성과 의미에 의문점을 던지고 분별하는 데 적극적이다. 이것이 바로 인간과 동물의 다른 점이다. 또한 만물이 창조 역사에서 하나님의 존재와 목적을 인식하는 능력을 길러준다. 이 세상이 어떻게 존재하는지에 대한 질문은 그것이 왜 존재하는지에 대한 질문을 보완한다. 물리적 사물은 불, 물, 공기 그리고 흙이라는 네 가지 원소의 결합체라고 할 수 있으며, 그것들은 창조의 주요 도구인 빛 그 자체에 의해 서로 결합되어 있다.[166] 살아 있는 생명체는 숨겨진 영적 힘들에 의해 지배되며, 인간의 경우 이성에 의해 지배된다.

보나벤투라는 또한 창조의 여러 측면을 질서 있게 하려고 하나님께 위임받은 권한을 가진 영적인 존재로서 천사들의 실재를 믿었다. 그리스 철학자들도 이것을 분별하여 '지성체'라고 불렀다. 그러나 기독교 신학에서는 천사의 일을 주로 인간의 구원과 창조된 세계의 회복을 증진시키는 것과 관련짓는다.[167]

인간의 오감은 사물의 아름다움을 보고, 물리적인 촉각을 느낄 수 있게 해준다. 미각, 청각, 후각은 시각 및 촉각과 협력하여 창조된 현상을 정의한다. 오감을 통해 인간은 주변 세계의 규모, 크기 및 형성 측면에서 그 속성과 구성에 대한 정확한 인식을 형성한다. 그리고 자연 세계와 우주 전체에서 역동적인 움직임을 감지한다. 그러나 "보이든 보이지 않든 움직이는 모든 사물은 다른 무엇인가에 의해 움직이다."[168] 그러므로 인간의 지성은 사물의 원인을 알아내고, 왜 이런 일이 일어나는지 의문을 제기하도록 동기를 부여받는다. 결과에 대한 지식은 원인에 대한 이해로 이어지며, 이는 물론 과학 연구의 기본 원칙이다.

인간은 자신이 실제로 보는 것을 어떻게 분별할까? 보나벤투라는 만물의 인상이 빛에 의해 인간의 마음에 비추어지고, 또 시각에 의해 뇌로 전달된다고 생각했다.[169] 이런 방식으로 영혼은 어떻게 만물이 실제로 존재하게 되었는지에 대한 지워지지 않는 개념을 형성할 수 있다.[170] 이성적(합리적) 이해는 아름다움, 달콤함, 맛 그리고 느낌에 대한 즐거움과 감탄으로 이어진다. 보나벤투라는 예술가의 안목을 가지고 있었으며, 창조된 세계의 아름다움을 볼 줄 아는 상당한 감각을 지니고 있었다. 그가 창조된 세계의 아름다움은 그 본래 목적을 넘어서 하나님의 영광과 아름다움을 반영하는 초월적 의미를 지닌다고 한 말에서 이를 알 수 있다. 또한 그에 대한 반응으로 각각의 인간 본성이 독특하게 꽃을 피울 수 있었다. 이렇게 받은 무언가에 대한 인상은 그 비율과 구성을 정확하게 전달한다. 그리고 비율에 대한 감각은 아름다움과 기쁨을 인식하는 열쇠가 된다. 보나벤투라는 다시 한번 성 아우구스티누스의 사상에 크게 의지한다. 극단적인 것은 충돌하므로 그것을 품어주고 기쁨을 주는 인간의 포용력으로 균형을 잡아야 한다.[171] 미학적 논증은 기독교 신학자요 철학자로서 보나벤투라의 인식의 핵심이다.

보나벤투라의 주장에서 중요한 점은 분별력과 판단력을 발휘하는 것이다. 그의 논쟁은 외적인 특징만 아니라 어떤 것이 해로운지 유익한지에 대한 분별력과 판단력도 중요하다. 다시 한번 '왜?'라는 질문이 중요하다. 이것은 창조된 존재들 속에 본래 모든 것을 담고 유지할 수 있는 조화를 이루는 힘이 있다는 것을 드러낸다.[172] 이러한 지각은 시간과 공간의 제약 안에서 인식되는 모든 것을 측정할 수 있는 수학의 기초가 된다. 인간의 판단력은 만물이 어떤 이유로 계획되었는지 이해하기 위해 영적이고 불변하는 실재를 따라야 한다.[173] 그러므로 수학은 이 세상이 순전히 우연에 의해 창조되지 않았음을 보여주는 가장 중요한 신호다.

보나벤투라는 '지식이론'이 하나님의 실재를 비추는 거울로 작용한다고 생각했다. 사물의 실체는 빛에 의해 눈으로 전달되고 뇌로 전달되어 그 본성과 원인을 성찰하게 하고 아름다움 속에 있는 기쁨을 불러일으킨다. 이와 마찬가지로 시간과 공간 안에 있는 이러한 역동적인 구조는 만물을 지으시고 유지시키시는 영원하신 하나님의 말씀 속에 나타난 이성적(로고스적) 목적의 영원한 선포(utterance)를 반영한다. 하나님의 영원한 빛은 그 자체로 동등하고, 실질적이며, 영원한 유사성(likeness)과 광채(splendour)를 만들어낸다.[174]

하나님의 말씀이자 영원한 실재이신 그리스도는 그 자신이 사람의 형상을 지닌 피조물의 모습이 되셨다. 이는 인생들을 모든 만물의 근원이시며 처음이신 아버지 하나님께로 돌아가도록 인도하시기 위함이었다. 만일 존재하는 것들이 자신과 닮은 것을 태어나게 할 수 있고, 질서 있는 인간의 지각을 가능하게 할 수 있다면, 이 과정은 하나님을 알리기 위하여 영원히 같은 모양으로 나아가는 것을 암시한다. 이는 하나님의 말씀이자 하나님의 형상으로서 하나님의 영원한 세대인 그 자신을 넘어서야 한다.[175]

아름다움에 대한 기쁨은 영원히 아름다우신 하나님을 가리킨다. 성 아우구스티누스는 《고백록》에서 "당신을 너무 늦게 사랑했습니다. 아름

다우신 하나님은 태초부터 계셨고, 지금까지 계십니다"라고 하였다.[176]

아무리 아름답더라도 창조된 것은 아름다움에 대한 인간의 갈망을 충족시킬 수 없다. 인간의 본질적 특징을 결정하는 하나님의 형상과 모양은 하나님과 인간 사이의 근본적인 일치점을 보여준다. 이 하나님의 형상과 모양은 태초부터 하나님의 지으신 목적을 받아들일 수 있는 능력이다. 오직 하나님만이 인간의 마음과 영혼에 아름다움을 향한 더 깊은 갈망을 충만하게 채우실 수 있다. 그 이유는 바로 '하나님만이 진정한 기쁨의 원천'이시기 때문이다. 아름다움에 대한 모든 경험은 하나님께로 가는 길을 열어준다.[177] 그러므로 아름다움에 대한 인식은 하나님의 실존과 본성의 탁월한 표징으로서 보나벤투라에게는 매우 중요한 부분이었다.

인간 이성의 작용은 매우 적절하고 바른 감각에 의하여 인도되어야 한다. 이 기준은 어떻게 도출될 수 있을까? 이렇게 유동적인 세계에서 어떻게 전체의 일부만을 보고서 인간의 사고가 나아갈 수 있을까? 사물을 판단할 수 있는 원리가 하나님의 영원한 존재와 마음에 그 뿌리를 두지 않는 한, 어떤 것에 대한 명확하고 신뢰할 수 있는 인간의 판단은 있을 수 없다.

"하나님은 모든 것의 이유이자 틀림없는 규칙이며 진리의 빛이시다." 이미 시편 기자는 "진실로 생명의 원천이 주께 있사오니 주의 빛 안에서 우리가 빛을 보리이다"(시 36:9)라는 말씀으로 이를 증거한다. 이는 마치 빛이 창문을 통하여 들어오면서 모든 것을 안팎으로 비춰주는 것처럼, 인간의 지각도 그 지각의 원천인 빛에 의해 지배를 받는다. 인간의 지각은 처음에는 그 기원을 인지하지 못하여도 그 빛의 영향력은 모든 곳에 미친다. 결과적으로, 도덕적으로나 실제로 옳은 것에 대한 지각은 기억과 영혼에 지울 수 없이 새겨지게 되고 남는다. 우리가 수학적으로든, 미학적으로든 혹은 도덕적으로든 깊은 지각의 원리를 '생각하지 않고는' 어떤 것도 인식할 수 없다.[178] 예를 들어, 중력이나 사랑과 같은 것의 필요성은 그 자체로 보편적인 중요성을 지니므로 피할 수 없다는 것을 암시한다.

보나벤투라는 물리적, 영적 현실에 내재된 깊은 원리가 하나님의 마음 안에 있는 영원한 예술에 기원을 두고 있다고 믿었다. 이 영원한 예술은 하나님에 의하여, 하나님을 통하여 그리고 하나님에 따라서 모든 아름다운 것이 형성된 것을 가리킨다. 이 진리는 모든 신뢰할 만한 인간의 사고에 숨겨진 기초다.[179]

보나벤투라는 과학적인 사고 능력과 수학적 기능에 관심을 가지고 있었는데, 그 상징적 의미는 종종 그의 신학적 가르침의 여러 요소가 사용되었다. 아우구스티누스와 보에티우스[180]의 사상을 밀접하게 따르면서, 현실의 수학적 구조를 신적 진리를 인식하기 위해 매우 중요한 것으로 여겼다. 그는 성 아우구스티누스가 다양한 유형의 숫자와 그 기능을 분류한 것을 요약하였다. 그와 동시에 인간은 본질적으로 그러한 수학적인 원리를 통해서 세상에 일어나는 많은 현상, 가령 '물이 떨어지는 것' 등과 같은 것을 측정한다. 수(Numbers)는 춤을 추는 것이나 음악의 리듬에 반응하는 것과 같은 인간 신체의 움직임을 지배할 수 있다. 더 깊은 수준에서 인간의 지성은 수학적 과정에 의한 수(Numbers)를 지니고 있으며, 창조된 실체의 근원이신 하나님의 지성 안에 있는 수와 창조된 실체에 내재된 수를 구별한다. 이러한 것은 인간의 지성으로 다양한 분야에 특별히 적용된다. 가령 어떤 사물을 설계하는 것이나 예술 작품을 만드는 것이 포함된다. 이러한 것들은 사실상 수(Numbers)의 범주 안에서 이루어지는 단계적 변화라는 중요성을 갖고 있다. 수의 기능은 그 자체를 넘어서 하나님의 수학적인 창조성까지 올라가게 해준다. '최초의 교부'라 불리는 보에티우스는 "수는 창조주의 지성 안에 담겨 있는 가장 중요한 본보기다"라고 주장하였다.[181] 보나벤투라는 수를 모든 만물 안에 있는 하나님의 존재와 지혜를 밝게 드러내는 가장 중요한 것으로 여겼다. 왜냐하면 그것은 우리를 그분께 더 가까이 인도하기 때문이라고 보았다.

그러므로 창조된 세계 전체가 하나님의 영광을 드러내며, 창조 세계를 부지런히 지적으로 탐구할 때 그것의 본질과 아름다움을 드러낼 수 있다. 보나벤투라가 이 글을 쓰고 있을 때, 빛의 우월성(또는 우선성)에 대한 프란치스코회의 확신을 따라 영국의 옥스퍼드 대학과 다른 곳에서 로버트 그로세테스테(Robert Grosseteste)와 로저 베이컨(Roger Bacon)과 같은 사람들에 의해 진지한 실험적 과학 연구가 시작되었다.[182] 세계가 어떻게 창조되었고 운영되는지에 대한 부지런한 연구 활동이 13세기 동안 촉발되었다. 자신들이 만든 용어로 창조 세계를 더 깊이 이해하고 올바르게 인식할수록 그들 자신의 인식을 넘어 하나님의 본체를 더 확실하게 알게 되었다. 왜냐하면 학자들은 하나님의 본체를 마치 상징(symbols)처럼 여기고 연구하기 때문이다. 이러한 사고의 과정은 단순히 인간 지성의 물리적인 한계를 넘어 지적이며 영적인 하나님의 실존 세계와 창조의 목적으로까지 이어지게 되었다. 창조의 목적으로 인해 만물들이 나타나게 되었고, 이 목적에 의해 만물이 유지되는 것이다.[183]

보나벤투라의 신학 사상은 항상 성경의 권위 있는 가르침에 근거를 두고 있으며, 더욱 충만하게 확대하기 위해 성경에 눈을 돌린다. 창조는,

보이지 않으시지만 모든 존재하는 것의 근원이시고, 본체가 되시며, 목적이 되시는 하나님의 존재를 증거한다. 성경의 빛에 비추어볼 때 창조된 것들은 하나님에 대해 말할 뿐만 아니라 어떤 경우에는 하나님의 계시와 구원의 본보기[184]로 받아들여졌다. 그러므로 구약에 등장하는 유월절 어린 양은 그리스도의 오심을 상징하였다. 참된 유월절이시고 하나님의 어린 양이신 그리스도는 세상의 모든 죄를 지고 가셨다. 마찬가지로, 신약에 등장하는 성령 하나님은 비둘기의 모습으로 오셨다. 교회에는 그리스도 안에서 인간의 구원을 기억하게 하는 도구로 물과 빵과 포도주를 봉헌하는 두 가지 복음적 성례가 있다. 이 모든 방법으로 창조된 실체의 신성함과 중요성이 확인되며, 이로써 인간은 성육신하신 그리스도에 의해 하나님의 빛과 지식으로 인도될 수 있다.

인간 지성

보나벤투라는 《순례기》 제3장에서 어떻게 인간의 마음이 삼위일체 하나님의 실존을 드러내는지에 대한 아우구스티누스의 가르침을 매우 명확하게 표현한다. 보나벤투라는 사람들이 하나님의 실존에 대해 외적으로 드러나는 증거를 밝히려는 사색에서 속히 벗어나야 한다고 촉구한다. 하나님의 존재에 대해 알려면 내면의 신비, 즉 인간의 마음을 헤아리라고 촉구한다. 인간의 인식 능력은 이미 보나벤투라의 책 《순례기》에서 입증하였다. 그는 이를 설명하면서 구약성경에 나오는 성막(회막, 증거막)의 비유를 사용한다. 그 성막은 바깥마당과 성막의 성소 그리고 지성소의 삼중 구조로 되어 있다.

창조된 실체들의 '바깥마당'을 지나 성막 안에 들어가면, 인간 마음의 거울 속에서 삼위일체의 영광을 드러내는 신성한 진리의 빛이 비칠 것이다. 보나벤투라는 이 장에서 '마음'과 '영혼'을 거의 상호 교환이 가능한 것으로 말한다. 그리고 그것을 이해하기 위해 필요한 것은 그 둘의 친밀함과 연대성이라고 말한다. 그러나 이것은 공허한 은유가 아니다. 왜냐하면 마음의 역동성은 삼중 패턴을 반영하는 내면 구조를 드러내기 때문이다.

영혼은 자기 자신을 끈기 있게 사랑하고, 자신을 알지 못하면 그렇게 할 수 없다. 이러한 인식의 근원은 기억에 묻혀 있으며, 기억이 없으면 이해가 있을 수 없다. 그러므로 마음의 눈으로는 마음의 세 가지 능력, 즉 기억, 이해, 의지 또는 사랑이 어떻게 조화를 이루는지 분별이 가능하다. 인간 내면에 있는 이러한 역동성은 성부, 성자 그리고 성령 하나님과의 영적인 관계성을 일정 부분 반영한다.[185]

성 아우구스티누스처럼 보나벤투라도 기억의 힘에 최고의 의미를 부여한다. 이 기억을 통해 과거, 현재, 미래를 회상하고, 언어와 수학의 단순한 원리가 사고의 도구로서 유지되기 때문이다. 기억은 또한 과학의 근간이 되는 더 깊은 진리를 흡수한다. 예를 들어, 한 번 이해하면 의도적으로 잊을 수 없다. 시간이 지남에 따라 기억이 습득되고 보존되어 하나님의 영원한 존재를 반영한다. 그 기억의 질서의 원리는 더 높은 진리에서 비롯되며, 이러한 기억이 없다면 감각적 지각(sensory perception)이 결코 이해될 수 없다. '부분보다 전체가 더 크다'와 같이 반박할 수 없는 더 깊은 원리는 '변함없는 진리를 회상하는 변함없는 하나님의 빛'의 영향을 반영한다.[186] 이렇게 영혼과 하나님 사이의 관계와 친밀감이 너무 가까워져서 결국 '신성한 성품에 참여하는 자'가 될 수 있다.[187] 보나벤투라가 《순례기》를 저술한 이유가 바로 이 목적 때문이다.

인간의 지성은 사물의 본질적인 정의와 개념을 파악했을 때 그 사물을 제대로 이해하게 된다. 그리고 그 정의와 개념으로 인해 사물을 구분할 수 있는 분별이 생기는 것이다. 사물의 정의와 분별에 의해 이루어지는 분석은 맥락과 연결하여 보다 폭넓은 정의로 나아가게 된다. 예를 들어, 집은 인간이 손으로 만든 건물이며, 건물은 인간이 만든 더 폭넓은 범주의 일부분이다. 인간은 그 자체로 큰 실체인 '인류'의 개별적인 표현이다.

그렇다면 인류는 무엇인가? 궁극적으로 보나벤투라는 존재에 대한 확고부동한 정의는 바로 지존하신 하나님의 존재에 의존한 자라고 했다. 하나님 없이는 어떠한 정의를 내릴 수 있는 안정적인 근거가 전혀 있을 수 없다고 믿었다. 비록 그 지식이 인간의 기억 속 깊은 곳에 오랫동안 숨겨져 있어 재발견되기를 기다리고 있다 하더라도, 실제로 알려진 첫 번째 존재는 하나님이시다. 하나님의 진리, 연합 그리고 선하심은 숨겨진 기준이며, 이 기준에 의해 다른 모든 존재는 그들이 가진 역량과 결함이 무엇인지 평가된다. 어떻게 인간의 마음(지성)이 어떤 존재에 대한 완벽한 지식 없이 그 존재가 가진 결함을 알 수 있겠는가?[188]

오로지 참되다고 인정된 지식만이 참된 지식이다. 그러한 진리는 변함없으신 하나님의 영원한 진리에 근거한다. 그러나 인간의 마음 자체는 변하기 쉽다. 만일 절대적이며 절대 변하지 않는 다른 빛이 없었다면, 그 마음은 변치 않는 방식으로 빛나는 진리를 볼 수 없었을 것이다. 이 빛은 변할 수 있는 창조된 빛이 아니다. 이 중요한 서술은 직접적으로 아우구스티누스의 사상에서 비롯된 것이며, 보나벤투라의 이 지성적인 고찰의 권위는 바로 요한복음의 서문이다. 요한복음 기자는 하나님의 말씀을 "세상에 와서 각 사람에게 비추는 빛"이라고 말한다.[189]

인간의 마음이 진리를 추구하며 나아가는 순서도 중요하다. 연기가 난다는 것은 반드시 불이 있어야 한다는 것처럼 어떤 전제가 있어야 결론이 도출된다. 이것은 개념적으로 적용되며 또 수학의 기초가 된다. 비록 이러한 일을 실제로 겪지 않았을지라도, 이미 수립된 원리들에 의해 그 실체를 추측할 수 있다. 이것은 단순히 인간 지성의 허구가 아니며, 이것은 특히 현대 천문학과 우주학에서는 사실로 입증되고 있다. 보나벤투라는 이러한 가능성을 신성한 진리의 빛에 대한 증거라고 하였으며, 영원하신 하나님의 마음 안에 있는 선(virtue)에 의하여 인간의 지성이 인도함을 받는다고 결론지었다. "그러므로 당신의 내면을 들여다보면 당신 안에서 당신을 가르치는 진리를 볼 수 있다."[190]

인간의 이해는 욕구에 의해 일어나고, 또 사고하고 판단해야 할 필요성에 의해 일어난다. "무엇이 더 나은 일일까?" 이 질문은 무엇이 최선인지에 대한 직관에 의해서만 답할 수 있다. 이는 지고의 선이 되시는 하나님 안에서 해답을 찾을 수 있다. "이를 위해 무엇을 하는 것이 올바른가?" 이 질문에 답하기 위해서는 이것이 맞는지 틀리는지에 대한 여러 원리와 법칙에 대한 지식이 전제되어야 한다. 인간 지성은 그 자체만으로 근본적인 바른 법칙이라고 인정받을 수 없다. 그러므로 이것은 인간 지성을 넘어서는 다른 법칙이 있어야만 가능한 것이다. 그리고 그 모든 법칙의 기초는 그 영혼 깊은 곳에 자리 잡고 있는 하나님의 법칙에 있다.

이를 증거하는 것이 바로 양심(conscience)이다.

인간의 욕구는 보나벤투라의 주장에서 중요한 부분을 차지한다. "당신은 무엇을 가장 진정으로 원하는가?" 아우구스티누스와 함께 보나벤투라는 모든 인간은 행복을 구하고, 그 행복이 그들이 가장 사랑하는 것을 주관하고 있다고 믿었다. 그렇지만 인간의 행복은 최고로든 최상으로든 하나님을 떠나서는 얻을 수 없다. 자석처럼 하나님은 한 인간의 영혼을 그분 자신에게로 다시 이끄신다. 만약 인간이 하나님의 은혜의 대체품처럼 사랑하는 작은 재물에 자신의 영혼을 빼앗기지 않는다면 가능하다. "그러므로 인간의 영혼이 하나님께 어떻게 가까이 가게 되는지, 그리고 어떻게 인간의 지성의 활동인 기억을 통하여 영원으로 이어지는지를 보라. 그 기억은 진리의 생활을 위한 지성이고, 가장 높은 선에 가까운 것을 선택할 수 있는 능력이다."[191]

기억과 지성 사이의 관계도 중요한 부분이다. 왜냐하면 기억은 지성을 만들어내고, 그 내재적 통일성은 개념적 사고를 하는 힘에 의해 입증되기 때문이다.[192] 기억과 지성은 또한 그것이 서로 연합하고 완벽하게 일치된 유대를 통해 욕망이나 사랑을 만들어낸다. 그러므로 인간의 마음은 강한 힘이 있어서 기억에서 생성하는 것과 사랑 그 자체 사이의 역동적인 관계를 유지할 수 있다. 그리고 이것은 어떤 면에서 하나님의 삼위일체를 그대로 반영하여 볼 수 있게 한다. 왜냐하면 하나님은 기억과 지성과 의지이시기 때문이다. 성부로서 그분의 존재는 그리스도이신 그분의 말씀(His Word)과 성령이신 사랑으로 온전히 표현된다.[193]

보나벤투라는 기독교 철학이 사상과 신념을 형성하고 유지하는 데 어떤 역할을 하는지 확인하고자 하였다. 그는 프란치스코회 청중뿐 아니라 대학도 염두에 두었다. '자연철학'은 존재의 원인을 규명하는 것이어서 성부 하나님의 권능을 드러낸다고 보았다. '이성철학'(합리론)은 인간 이성의 토대를 형성하는 데 관여하며, 이는 그리스도 안에 체화된 하나님의 지혜를 드러낸다고 보았다. 또한 '도덕철학'은 삶의 바른 질서를 수립하고 행동을 다루는 것이기에 이는 선함과 사랑의 원천이신 성령 하나님의 역사를 드러낸다고 보았다.

이 세 가지 형태의 철학에 대한 구분은 또한 삼위일체 하나님의 세 가지 본질을 암시한다. 자연철학에서 형이상학은 사물의 본질을 다루는 것이며, 이는 결국 성부 하나님과 관련된다. 사물의 수치적 구조를 연구하는 수학은 성자 하나님의 신적 지혜를 표현한다. 다양한 사물의 힘을 연구하는 물리학은 성령 하나님의 다양한 관대함과 관련이 깊다.

이성철학에서 문법은 인간의 표현을 좌우하며, 논리는 사상의 명확성을 확립한다. 반면, 수사학은 다른 사람을 설득하는 데 유용하다. 이러한 각각의 활동과 그것들의 주제와 '작업하는 방식'(modi opernadi)[194] 모두 삼위일체의 뚜렷한 반영이다. 성부 하나님은 말씀을 하신다. 말씀이신 성자 하나님은 믿음의 사고(생각)를 가르치신다. 보혜사 성령 하나님은 무엇이 옳은 것인지를 설득하시려고 임하신다.

도덕철학의 성격은 개인과 가정 그리고 사회의 관계를 다루며, 이는 삼위일체를 반영한다. 이는 가장 먼저 제1의 유일한 원칙(First sole Principle, 로고스)으로서의 성부 하나님, 인간과의 친밀한 교제를 만드시는 성자 하나님, 그리고 인간의 마음속에 널리 하나님의 사랑을 펼치시는 성령 하나님을 나타낸다.[195]

그러므로 인문 철학과 인간 지성의 모든 활동은 여전히 기독교 신학의 진리들과 영성 생활에 필요한 것에 영향을 받는다. 철학과 사상의 각 분야는 본질적으로 진실해야 하는 특정 신념과 이치에 의해 좌우된다.

보나벤투라는 그러한 학문들은 인간 지성의 노력으로 비추어진 신성한 빛의 결과라고 믿었다. 중요한 문제는 인간 존재는 그 빛을 환영하는지, 아니면 회피하거나 심지어는 거부하는지다.[196] '주님의 빛 안에서만 우리가 빛을 본다면', 인간의 맹목과 완악함은 어떻게 고칠 수 있을까?[197]

제5장

순례기(2)

하나님의 은혜

《순례기》 제4장에서 보나벤투라는 영혼이 본질적으로는 하나님과 매우 가까운데도 자신의 영적 생명에 대해 진지한 관심을 보이는 사람이 거의 없다는 것이 얼마나 이상한 일인지를 언급한다. 이에 대한 설명으로 그는 첫째, 하나님에 대한 기억을 소홀히 하게 하는 인간의 산만함을 강조하고, 둘째, 인간의 지성을 흐리게 하는 시각적 이미지의 범람을 언급한다. 마지막으로 다양한 욕망에 끊임없이 유혹당하는 인간의 연약함을 강조한다. 이러한 모든 것은 인간 내면의 평화와 기쁨을 채우지 못하게 하는 결핍이라고 할 수 있다. 이러한 감각적인 기억의 바다에 빠진 인생들에게는 하나님을 찾기 위해 자신의 내면으로 들어가는 길이 사실상 막혀 있다.[198] 보나벤투라는 이 부분에서 그의 다른 저서들에서 이를 확장하여 많은 영적 가르침의 대부분을 압축하여 설명한다.

인류의 타락은 너무나 비참하여 스스로 도울 힘이 없다. 그래서 자기 자신을 보고, 자기 안의 영원한 진리를 보기 위하여 새롭게 보고 기능할 수 있도록 일으켜 세워야 한다.[199] 이것이 바로 복음서에 묘사된 그리스도의 사역이다. 누가복음에는 18년 동안이나 귀신 들려 앓으며 꼬부라져 조금도 펴지 못하는 사람이 등장한다. 이것이 보나벤투라가 그 여인처럼 꼬부라져 가고, 물질에 집착하며, 자기 자신의 그늘에 빠진 수많은 인생이 있다는 것을 인식하게 된 생생한 예다. 그리스도는 그분 스스로 아담의 타락으로 무너진 것들을 회복시킴으로써 하나님께로 올라가는 사다리를 제공해주셨다(눅 13:10-17). 일부 사람이 생각하는 것과는 달리, 자연철학과 타고난 지성의 능력을 가지고는 어떤 사람도 주님의 기쁨 속으로 들어갈 수 없다. 복음서에서는 오직 그리스도만이 '그 문'이 되심을 선포하고 있고, 길, 진리, 생명이 되신다고 선언하기 때문이다.[200] 사람은 그분을 신뢰하고 소망하며 사랑해야 한다. 그리스도는 우리 인생들을 천국의 동산으로 다시 회복시키실 수 있는 유일한 중보자이시며, 진실로 그리스도는 천국의 동산 한가운데 있는 생명나무이시다.

믿음, 소망, 사랑은 그리스도에 의해 새롭게 되는 영혼의 세마포 옷이 된다. 이렇게 새롭게 되는 소생의 길은 삼중 구조를 갖고 있다. 바로 정결(정화, purification), 조명(계시, illumination)과 완전함(perfection)이다. 이러한 방식으로 우리 영혼은 삼위일체의 형상으로 닮아가고, 천국의 예루살렘 시민이 되기에 합당한 모습으로 변화된다. 영혼이 소생되는 이 세 가지 과정은 직선적인 성장이 아닌 나선형의 역동적인 성장으로 진행되며, 영적으로 깊어진다. 이것이 이 저작뿐만 아니라 다른 저작들에서 보여지는 보나벤투라의 신학과 신앙적 가르침의 핵심이다.

그리스도는 근본 하나님의 아들이시며 창조되지 않은 말씀이신 하나님이신데, 도리어 육신을 입고 인간 역사 속으로 들어오셨다. 그리고 지금도 성령으로 말미암아 그리스도인의 삶에 역사하고 계신다. 하나님의 말씀이시며 하나님의 빛이신 그리스도를 믿는다는 것은 영적인 귀와 눈을 회복시킨다. 하나님을 향한 갈망은 그리스도의 영으로 하여금 하나님의 임재에 대한 민감한 영적 감각을 회복시켜준다. 복음서는 이에 대한 여러 증거를 제시한다. 프란치스코가 그러하였듯이, 겸손한 종의 인성을 지니신 성육신 하신 그리스도를 사랑하는 마음으로 받아들이면, 구약성경에 나오는 솔로몬의 아가서에서 그토록 감동적으로 표현하는 황홀한 기쁨을 누릴 수 있는 영적인 미각과 촉각을 되찾게 된다. 보나벤투라는 성경의 이 부분이 특히 관상수도(contemplation)의 단계에 적합하다고 여겼다. 그러나 이 풍성한 은총은 전적으로 하나님의 은혜로 말미암은 것이며, 그것으로 인간의 완전한 영적 능력을 회복시켜 그리스도 안에 계시된 하나님과 진정으로 관계를 맺게 해준다. 따라서 "내적 감각이 회복되었다"라고 말할 수 있는 것이다.[201] 아가서에 등장하는 시적인 언어 표현들은 바로 이러한 내적 헌신, 경이로움 그리고 새롭게 된 영혼의 환희를 분명하게 드러낸다.

이러한 내적인 소생의 과정은 영혼이 천국의 실체와 점점 더 조화를 이룰 수 있도록 해준다. 하나님의 은혜가 사람의 생명 속에 내려와 이를 가능하게 한다.[202] 그리스도 안에서의 영적인 삶은 더욱 정결해지고, 깨달아지고, 완전해지는 점진적인 성화의 과정이다. 그레고리오 대제는 불완전함 속에서도 완전함을 추구하는 것에 대해 이야기하였다.[203]

기도하는 사람의 운명은 인간의 모든 능력이 적절하게 질서를 잡으면서 천사 같은 속성으로 굳건해지는 것이다. 결국, 천사들의 사역이 하나님의 모든 다양한 권능 안에서 하나님의 사역이라는 것이 명확해질 것이다. "그러므로 우리가 마음속 깊이 아낌없이 사랑의 선물을 베푸시는 하나님을 묵상할 때 하나님은 모든 만물 가운데 계심을 볼 수 있을 것이다."[204]

은혜가 사람의 마음을 회복시키므로 성경은 새로운 중요성을 갖는다.

보나벤투라는 성경 전반에 나타난 하나님의 계시의 주된 목적은 바로 인간의 구속과 회복에 대한 것이라고 가르쳤다. 성경의 지배적인 주제는 바로 모든 세대를 향한 믿음, 소망 그리고 사랑의 본질과 요구를 나타내는 것이다. 하나님과 이웃에 대한 사랑은 모든 하나님의 율법과 선지자들의 가르침의 요약이다. 그리스도에 대한 사랑은 이 두 가지 큰 계명을 정확하고 완전하게 성취한다.

> 그리스도는 우리의 이웃이자 우리의 하나님이시며, 우리의 형제이자 주님이 되신다. 우리의 왕이시며 친구가 되시고, 창조되지 않으셨으나 우리를 위하여 육신을 입어 종의 형체로 오셨다. 그분은 처음이자 나중이신 분으로 우리의 창조자이시며 또한 우리를 재창조하신다. 가장 높은 위계(hierarch)에 계신 분이며, 그분의 신부, 즉 교회와 모든 성도를 정결케 하시고, 깨닫게 하시며, 완전케 하신다.[205]

보나벤투라는 그리스도와 교회의 관계에 대한 신비와 관련된 성경의 목적에 따른 자신의 시각을 요약하여 설명한다. 그는 하나님의 계시를 삼중 구조로 구별한다. 이는 자연법칙, 성경의 법칙 그리고 은혜의 법칙이다. 이는 모두 정결(정화)하게 하는 모세의 율법과 깨달음을 주는 선지자들의 계시와 완전한 복음에 반영되어 있다. 그러므로 성경은 그것의 문자적인 의미를 넘어서 세 가지 방식으로 해석될 수 있다. 바로 정화하는 도덕적(moral) 해석,[206] 이해를 명확하게 하는 비유적(allegorical) 해석, 영적 황홀경과 지혜를 전달하는 유추적(analogical) 또는 성찬적(sacramenta) 해석이 있다. 이러한 모든 소견 안에 있는 은혜의 사역은 성경에 내재되어 있는 역동성과 함께 조화를 이루어서 일한다. 그래서 인간의 마음은 그리스도 안에 계시된 하나님의 마음과 연결되고 변화를 받는 것이다.[207]

아우구스티누스가 쓴 《하나님의 도성》(City of God)에 보면 다음과 같은 말이 나온다. "안식하는 동안 우리는 보고, 보는 동안 우리는 사랑하며, 사랑하는 동안 우리는 찬양하고, 마지막 때에는 다함이 없다."

지금까지 《순례기》에서 그리스도인의 영혼에 영향을 미치는 세 가지 주요한 충동이 있음을 확인했다. 먼저, 이성 그 자체와 적절하게 질서 정연해진 마음의 모든 자연적인 능력은 관상 수도를 행할 때 기본적으로 필요한 것이다. 그러나 영혼이 하나님의 은혜에 의해 개혁되고 회복되는 것은 중요하고 필수불가결한 것이다. 이는 영혼이 관대하신 하나님의 긍휼하심을 부여받아서, 성경을 통해 그리스도 안에서 계시되고, 천사의 사역으로 도움을 받는 하나님의 목적인 정화, 조명, 완전함의 역동적인 과정을 훈련함으로 시작된다. 일단 그것이 신적인 위계와 영적 질서에 순응하게 되면, 그 영혼은 천국 성 안에서 살기에 적합해진다.[208]

보나벤투라는 전적으로 성경에서 가져온 많은 이미지를 보여줌으로써 결론을 맺는다. 인간 개인의 운명은 하나님의 지혜가 거주할 장소가 되고, 하나님의 딸이 되며,[209] 하나님의 신부요 친구가 되는 것이다. 이러한 내주하심은 바로 사람이 하나님의 왕국의 자매이자 공동상속자인, 하나의 살아 있는 구성원으로서 교회의 머리가 되시는 그리스도와 연합되어 있음을 말한다. 사도 바울은 고린도전서 6장 19절에서 "너희 몸은 너희가 하나님께로부터 받은 바 너희 가운데 계신 성령의 전인 줄을 알지 못하느냐"라고 말했다. 사람의 몸은 성령의 전으로 그분의 거처가 되도록 설계되었다. 그리스도의 반석 위에 높이 올려진 이 거룩함은 소망으로 세워지고, 마침내 하나님께 자신을 산 제물로 드리게 한다. 그리스도 안에 계신 성령 하나님의 한량없는 사랑의 부어주심은 이러한 변화를 가져오며, 그분 없이는 우리 중 누구도 하나님의 신비를 알 수 없다.[210] 그러므로 하나님의 사랑은 모든 것의 핵심이자 모든 위엄 가운데 계신 가장 높으신 하나님의 지혜의 발현이다.

하나님의 존재

《순례기》의 5장에서 보나벤투라는 파리대학에서 강의하면서 쌓은 심도 깊은 사상들을 풀어낸다. 지금까지 《순례기》에서 그는 피조 세계와 인간 마음의 구조 안에서 하나님을 어떻게 분별할 수 있는지를 말한다. 그리고 그의 사상의 근간이 되는 아우구스티누스의 가정, 즉 인간 마음이 오직 하나님의 빛 안에서만 지성적인 어떠한 것을 이해하고 본 것을 확신하는 것이 가능하다는 것을 다시 한번 확증했다. 인간의 정신을 형성하고 깨닫게 하는 것은 바로 영원한 하나님의 진리다.

다시 한번 보나벤투라는 구약에 등장하는 성막으로 주의를 환기시킨다. 창조된 세계의 바깥뜰에서 인간 마음의 성소를 거쳐 나아간 자들은 성스러운 지성소 안으로 나아간다는 것이다. 가장 거룩한 장소인 지성소에는 하나님의 언약궤가 있고, 두 개의 그룹 모형이 하나님의 시은좌(자비의 자리, 속죄소)를 덮고 있다.[211] 보나벤투라가 여기서 가리키려는 것은 하나님의 본질적 본성과 그분의 세 위격 안에 있는 하나님의 보이지 않는 임재와 본성에 대하여 관상하는 것이다.[212] 그러므로 언약궤는 성경에 나타난 하나님의 자기 계시(self-revelation)를 상징한다고 할 수 있다.

구약성경을 보면, 하나님의 존재에 대한 중심적인 가르침은 시내산 떨기나무에서 하나님이 모세에게 당신의 거룩한 이름을 계시하실 때 이루어졌다. "나는 스스로 있는 자니라(I AM WHO I AM)."[213] 신약에 와서 하나님의 이름은 성부, 성자, 성령으로 계시된다.[214] 그렇지만 그리스도는 당신을 따르기 원했던 한 열정적인 부자 청년의 말에 "하나님만이 오직 선하시다"라고 단언하셨다.[215]

보나벤투라의 생각에는 하나님의 존재에 접근하는 방식은 다르지만, 그것들이 서로 충돌하지 않는다는 것이다. 여기서 그는 자신의 접근 방식을 뒷받침하는 다메섹의 요한(John Damascene)의 권위 있는 주장을 인용한다. 그는 "스스로 있는 자"라는 말이 하나님의 첫 번째 이름이라고 주장한다. 반면, 교부 디오니시우스(Dionysius)는 그리스도에게 이끌린 바 되어서 "선하신 이"가 하나님의 첫 번째 이름이라고 결론을 내린다. 보나벤투라는 디오니시우스의 저작들을 번역하면서 그의 사상에 깊이 매료되었다. 그의 영향은 보나벤투라의 다른 저작들 곳곳에서 드러난다.[216] 그에게 하나님의 선하심은 그분의 존재에 내재되어 있으며, 그분의 존재를 결정짓는 성품이라고 보았다.

그러므로 이 장에서 보나벤투라는 오직 하나님의 존재하심에 집중한다. 그는 캔터베리의 안셀무스(Anselm)가 쓴 《신 존재 증명》(Proslogion)에 나오는 가르침에 깊이 의존하여 "존재 자체가 절대적으로 확실하기 때문에 존재하지 않는다고 생각할 수 없다"라고 주장한다.[217] '무'와 '유' 사이에는 비교할 수 있는 것이 아무것도 없다. 왜냐하면 '무'는 단순히 비어 있는 상태이거나 존재가 상실된 상태일 뿐이며, '무'나 '유'는 오직 존재 또는 존재 자체와 관련해서만 구분하는 것이다. 하나님의 존재는 모든 다른 존재하는 것들을 위한 토대다. 하나님의 존재는 다른 모든 존재의 근원이다. 그러나 모든 존재는 그들의 잠재력, 생성 과정, 또는 존재 자체에 의해 각각 특정지어진다. 그 어떤 존재도 하나님과 같이 완전한 존재는 없다. 오직 하나님만이 진실로 어떠한 한계(제한) 없이 존재하신다. 또한 하나님은 아무리 고상하더라도 단순히 인간의 관념 속에 계실 수 없다. 관념은 그것이 실제로 존재하는 현실에서 너무 동떨어져 있다. 그러므로 하나님은 다른 모든 존재를 측정하시고 이해하시며 보실 수 있는 궁극적 존재시다.[218]

보나벤투라는 사물을 비추는 신성한 하나님의 빛이 없으면 아무것도 볼 수 없다는 것을 알지 못하는 채 살아가는 수많은 인간의 고의적인 무지에 대해 경악한 아우구스티누스의 심정에 깊이 공감하였다. 인간은 그들 위에서 밝게 빛나는 빛에 머무르지 않고 그저 육신의 눈으로 특정한 사물에 대하여 비추는 빛만 보고 있다. 그래서 인간의 마음은 모든 의식의 근원에 묻혀 있는 하나님의 존재에 대해 의식하지 못한다. 그저 인간의 생각은 물질적인 개념으로 사고하는 데 익숙하고, 보이는 현상을 쫓아가는 데만 급급하다. 그렇기에 그들이 하나님의 빛을 향해 돌이킨다고 해도 그들이 보는 모든 것은 명백하게 '어둠'일 것이다. 시편 139편 12절은 이렇게 말씀한다. "주에게서는 흑암이 숨기지 못하며 밤이 낮과 같이 비추이나니 주에게는 흑암과 빛이 같음이니이다." 이로 보건대, 신성한 어둠과의 만남도, 곧 '우리 마음의 가장 높은 조명'이 될 것이다. 그렇지만 자연 세계에서는 빛이 보이지 않고 오로지 사물의 색깔로부터 반사되는 것을 육안으로 볼 뿐이다. 빛 그 자체는 직접 볼 수 없다.[219]

하나님의 존재는 그 이상을 넘어서는 기원이 없다. 시작도 끝도 없이 항상 존재하신다. 하나님은 본질적으로 단순하지만, 다른 모든 존재는 다양할 정도로 복잡하다. 하나님만이 진정 존재하시며, 다른 모든 존재는 그것이 일시적인 존재이든지 영원한 존재이든지 간에 실제로 존재하게 될 가능성으로부터 나타난 것이다. 하나님의 존재는 완전하다. 그렇지만 그 존재의 양상은 그저 단순하면서 유일하다. '하나님이 존재하신다'는 말이 인간의 마음속에 들어오는 순간, 피할 수 없는 결론이 내려진다. 바로 인간이 그 존재의 본질을 달리 이해할 수 있는 지성이 없다는 것이다.[220] 이러한 논리로 하나님의 존재를 느끼는 감각은 하나님의 존재(being)가 실재하심(existence)을 나타내며, 이 감각이 없다면 인간의 존재는 무의미하다.

이러한 하나님 존재의 특성들은 또한 서로 관련이 있고, 서로 함축되어 있기도 하다. 따라서 하나님은 완전한 존재로서 다른 무엇에 의해 기원되거나 다른 것에 의해 창조된 것이 아닌 첫 번째 존재여야 한다. 이는 영원하며 절대적일 수 없기 때문에 도리어 가장 단순하다. 그 존재는 어떤 특정한 변화나 발전의 가능성 없이 그 자체로 부족함이 없으며 변하지 않는 완전함을 지녔다. 또한 고유한 연합의 힘을 갖고 있다. 그러므로 만일 '하나님'이라는 존재의 이름이 최초로, 영원히, 가장 단순하며, 가장 완전한 존재라는 특성이 있다면, 그러한 존재는 전혀 존재하지 않는다고 생각할 수 없다. 또한 하나 이상의 그와 다른 존재가 더 있을 것이라고 생각할 수도 없다.

신명기 6장 4절에서 모세는 "이스라엘아 들으라 우리 하나님 여호와는 오직 유일한 여호와이시니"라고 말했다.[221] 오로지 순수하고 단순한 마음만이 하나님의 영원한 빛에서 흘러나오는 이러한 진리를 헤아릴 수 있다. 그러므로 하나님에 대한 인식은 도덕적일 뿐만 아니라 지성적인 가능성이며, 진정으로 인간을 변화시키는 소명이자 비전이다.

보나벤투라에게 하나님의 존재하심은 이론적으로 규명하는 문제가 아니었다. 그는 찬미와 경이로움 그리고 예배의 관점에서 하나님의 본질에 대한 진리를 설명하고, 하나님의 모든 속성이 찬미, 경이로움 그리고 예배의 영광과 일치 속에서 어떻게 펼쳐지는지를 보여준다.

보나벤투라의 이성적 사유를 뒷받침하는 하나님의 조명하심의 원리는 다음과 같다. 태초부터 하나님은 모든 존재하는 것의 목적이시며 목표가 되신다. 영원하신 하나님은 알파와 오메가시다. 시간은 하나님과 관련하여 흐르고, 그 시간의 중요성도 물론 하나님에게서 발원한 것이다. 하나님의 위대하심은 하나의 무한한 존재에 집중된 모든 힘을 완전히 부여받은 그 단순성(simplicity)에 있다. 그러므로 하나님의 존재는 그 완전성이 크시며, 모든 다양한 존재의 배후에 널리 퍼져 있는 원리 또는 원인이시기 때문에 변할 수 없다.[222]

바퀴의 축과 같이, 하나님은 모든 존재하는 것의 중심이 되신다. 하나님의 빛에서 발산된 모든 것은 마치 시작이 있으면 끝이 있듯이, 결국 중심이 되시는 하나님에게로 다시 돌아갈 것이다. 하나님은 만유의 시작과 만유의 종말, 그 중심이 되신다. 따라서 존재하시는 하나님은 어떤 것에도 구속되지 않고, 모든 것에 스며들어 계신다. 하나님은 "모든 곳의 중심이 되시고, 그 범위가 어디까지인지 알 수 없으나 지성으로 알 수 있는 영역에 충만하시다."[223]

교부 보에티우스의 말에 따르면, "하나님은 자신은 움직이지 않으시며 만물을 움직이신다."[224] 그러므로 창조된 피조물 안에 내재하시는 하나님의 존재는 그분의 존재의 초월성을 결코 손상시키지 않는다. 그분은 제한되어 있지 않으시며, 결코 배제되지도 않으신다. 그분은 모든 만물 위에 계시지만, 그렇다고 해서 만물로부터도 동떨어져 계시지 않는다. 그분은 만유의 주재로서 만유에 의존하지 않으시며, 만유를 지탱하신다. 그러므로 사도 바울의 말과 같이, 그분은 참으로 '만유 안에 계신 만유의 주'가 되신다.[225] 하나님의 단순한 단일성(unity)은 그분의 권능과 그분의 진리로 모든 만물을 판단하고 그 만물에 의미를 부여하신다.[226] 이러한 그분의 선하심은 넘치도록 풍성하시다. 그러므로 사도 바울이 로마서 11장 36절에서 "이는 만물이 주에게서 나오고 주로 말미암아 주에게로 돌아감이라"라고 한 말은 풍부한 의미를 지닌다. 2세기 때 '신학의 아버지'라고 불렸던 이레네우스(Irenaeus)의 말을 빌리면, "하나님의 비전은 사람의 생명이고, 하나님의 영광은 살아 있는 사람이다." 그러므로 보나벤투라는 이 장의 결론을 이렇게 맺는다. "하나님을 온전히 바라보는 것이 가장 큰 축복이다."[227] 그것은 하나님은 시내산에서 이미 모세에게 "여호와께서 이르시되 내가 내 모든 선한 것을 네 앞으로 지나가게 하고 여호와의 이름을 네 앞에 선포하리라"라고 약속하셨기 때문이다(출 33:19).

관상[228]

《순례기》의 마지막 두 장은 매우 짧지만, 보나벤투라의 신비주의 신학의 정점을 담고 있다. 이 두 장의 초점은 '삼위일체에 대한 그리스도인의 믿음'이다. 보나벤투라는 이 삼위일체의 신비를 인간의 이성으로는 증명할 수 없으며, 또한 나타내 보일 수도 없다고 굳게 믿었다. 그러나 그는 성경을 통해 드러난 삼위일체에 대한 진리가 하나님의 존재의 본질에 전적으로 적합한 것으로 인식되어야 한다고 생각하였다. 만일 '존재하심'이 하나님의 존재의 핵심이라면, 그분의 선하심은 삼위일체의 신비를 감싸고 있다. 그는 하나님의 선하심의 특질에 대해 안셀무스의 논리 정연한 주장을 적용한다. 가장 높은 지고의 선은 반드시 존재해야 하고, 그 선은 본성상 자아를 확산시키거나 자아를 내어주는 것이어야 한다. 이를 '하나님의 경륜'이라고 할 수 있다. 보나벤투라 사상의 가장 핵심적인 특징은 '선은 자기 확산적이다'(Bonum est sui diffusivum)라는 것이다.

이 지고한 선은 성자와 성령의 세대에서 사랑하는 자와 사랑받는 자들 사이의 영원한 관계라는 측면에서 영원히 표현된다. 그리스도의 성육신은 세상의 창조와 마찬가지로 시간 속에서 이 영원한 관계를 드러낸다. 그러나 보나벤투라는 시간과 영원성, 창조의 관계에 대해 언급하며, 시간이 지나가면서 영원한 관계가 드러나고, 이는 세상의 창조와 유사한 방식으로 나타난다고 하였다. 보나벤투라는 "이 세상의 창조에서 시간 속에서 일어난 '확산'은 영원한 선의 거대한 파동과 비교했을 때, 그것은 단지 초점이나 짧은 순간에 불과하다"라고 말한다.[229]

창조 행위인 '무로부터'(ex nihilo)는 영원한 창조성을 가리키며, 이는 삼위일체의 내적 생명에서 흘러나온다. 이것은 또한 하나님의 지고한 자기희생이 '그분의 모든 본질과 존재'를 다른 존재에게 내어주시는 것임을 말한다. 이는 말씀 안에서 하나님은 자신을 충만하게 드러내시며, 성령 안에서 자신을 완전하면서도 다양한 방식으로 나누어주신다. 이렇게 되기 위하여, 반드시 관계 면에서 완전히 진실하고, 영원하며, 상호 동등하신 삼위일체의 세 분 사이에 완전한 의사소통과 공유된 특질이 있어야 한다. 아버지, 아들 그리고 성령의 교제인 신성한 사랑의 친밀함은 그 세 분의 행동이 하나이면서 나눌 수 없다는 것을 의미한다.

보나벤투라는 "당신은 이해할 수 없는 것들을 이해할 수 있다"라고 생각하지 말라고 경고한다. 삼위일체에 대한 믿음은 그 자체로 역설적이다. 각 위(位)의 하나님의 성격과 독특함(구별)은 본질적인 일체성의 표현이다. 만약 최고의 의사소통과 진정한 확산이 존재한다면, 진정한 기원과 진정한 차이점도 존재한다. 삼위일체는 하나의 부분으로 각각 떨어져 있는 것이 아니라 서로 이어져 있으므로, 소유된 모든 것은 무엇이든 각 부분에도 온전히 주어진다.[230]

삼위일체 각 세 분 하나님은 자기 자신을 나누어주실 때 자신의 일부가 아닌 전체를 주신다. 하나님은 자기희생조차도 완전하시기 때문이다. 실제로 삼위 하나님은 본질적으로 하나이시기 때문에 본질, 형태, 위엄, 영원성, 존재, 무한함의 일체성을 지니셔야 한다.[231] 이러한 전망은 보나벤투라의 마음에 창조된 세계의 광대함과 아름다움에 대한 사색보다 더 놀라운 경이로움을 불러일으켰다. 그리고 이러한 경이로움은 그 마음을 하나님에 대한 진정한 관상의 기쁨으로 끌어올렸다. 시편 8편의 말씀처럼 "주의 손가락으로 만드신 주의 하늘과 주께서 베풀어 두신 달과 별들을 내가 보오니 사람이 무엇이기에 주께서 그를 생각하시며 인자가 무엇이기에 주께서 그를 돌보시나이까"(시 8:3-4).

보나벤투라는 구약성경에 묘사된 언약궤(법궤) 양쪽 끝에 앉아 있는 두 그룹과 그 사이에 있는 시은좌에 대한 상징적 해석을 상세히 설명한다.

둘 중 한 그룹은 '처음이요 나중' 그리고 '영원한 현재'이며 '단순하면서도 한계가 없는', '무소부재(無所不在)' 하시며, '실재하시나 변함없으시며', '완전하시나 무한하시며', '초월적이시나 또한 내재하시며', '만유 가운데 자신을 나타내시는', 하나님의 존재의 신비를 묵상하도록 초대한다.

성육신하신 그리스도를 상징하는 시은좌(속죄소, mercy-seat)를 묵상한다는 것은 경이로움의 깊이를 더한다. 그분 안에서 창조의 첫째 원리는 마지막으로 창조된 종(species)으로서, 인간 본성에 결합되어 있다. 영원한 존재는 시간 안에서 인간의 실존과 결합하고, 가장 단순한 존재는 가장 복합적인 창조물과 결합하는데, 이것은 인간이 물질적 존재인 동시에 영적 존재이기 때문이다. 이는 영적 차원과 물질적 차원 모두에서 인간과 영원하신 하나님 사이에 깊은 연결이 존재한다는 개념을 전달한다. 그리스도는 영원히 존재하는 하나님이시지만, 우리를 구원하기 위해 인간의 형태로 오셔서 십자가에서 고통을 당하고 죽으셨다. 주님은 자기 자신을 비우시고 겸손한 모습으로 낮아지셨다. 이는 사랑과 희생으로 우리를 구원하시려는 주님의 마음을 나타낸다. 이러한 행동은 주님이 영원하신 하나님이시면서 가장 높은 보좌에서 내려오셔서 우리와 깊이 연결되어 있음을 나타낸다. 모든 만물을 유지하시는 하나님이시면서 동시에 인간이 되신 복합적인 분이 바로 예수 그리스도시다. 이것이 성육신의 위대한 역설이며 신비다.

다른 그룹은 삼위일체의 각 위격을 구별하는 관상으로 우리를 초대한다. 특히 구별되는 세 분 사이의 완벽한 의사소통의 신비를 묵상하게 한다. 표현상으로 삼위는 하나의 공통된 복수로 계신다. 세 위격은 하나의 단일한 본질을 가지고 있고, 서로 간에 질서가 있다. 성육신하신 하나님은 영원하신 말씀으로 계신다. 자기 자신을 내어주시는 성령 하나님은 친밀하신 분이다. 성자 하나님과 성령 하나님은 성부 하나님과 함께 완전히 거룩한 하나의 연합을 이루고 계신다.

이러한 관점에서, 그리스도의 성육신은 신성과 인성이라는 두 본성이 한 인격적인 개체로 나타난다. 각각 독립적으로 보존된 신성과 인성은 의지의 조화로 나타난다. 이는 예수 그리스도의 본성에 대한 설명이 될 수 있으며, 그분의 신성과 인성이 조화롭게 결합되어 있음을 나타낸다. 그리스도의 신성과 인성은 그리스도인의 경배와 찬양의 중심이 된다. 이는 진정한 하나님의 형상을 지니시고 육신을 입으사 변형되신 그리스도를 향한 더 깊은 관상으로 나아가게 한다. 또한 하나님의 형상과 모양대로 지음받은 인간을 '영광에서 영광으로' 그분의 형상(모습)을 닮아가게 변화시킨다.[232] 그러므로 그리스도 안에서 처음과 마지막, 가장 높은 것과 가장 낮은 것, 둘레와 중심, 원인과 결과, 창조주와 피조물의 일치가 일어날 때 신성한 상승의 정점에 도달한다고 설명한다. 그리스도 안에서는 상반된 것들의 결합을 볼 수 있다.[233]

솔로몬의 왕좌로 올라가는 여섯 계단, 그룹의 여섯 날개, 창조의 여섯 날은 모두 인간에게 하나님의 은혜로 초월적인 일곱째 날이자 영원한 날을 향해 나아갈 수 있게 한다는 것을 의미한다.[234] 일곱 번째이면서 영원한 날에 각 사람의 몸은 하나님의 은혜로 말미암아 황홀경에 들어가게 된다.

보나벤투라는《순례기》에서 제시한 고난의 길을 걸어갈 때 사람은 "이 눈에 보이는 세계뿐만 아니라 자기 자신까지도 초월하고 지나가야 한다"고 주장한다.[235] 그리스도는 바로 이 영혼의 여정에서 열쇠이자 문이 되신다. 또한 하나님의 시은좌까지 오르는 사다리가 되신다. 그리고 모든 영원한 존재이신 하나님 안에 감춰진 신비가 되신다.[236] 십자가에 달리신 그리스도를 관상하는 것은 진정한 '하나님의 유월절'(Pasch of God) 속으로 들어가는 것이다. 이 하나님의 유월절은 바로 이스라엘 백성이 하나님 안에 숨겨진 만나를 얻기 위하여 이집트에서 광야로 나아간 것을 말한다.[237]

자아를 죽이고 그리스도와 함께 무덤에 누워 외부 세계에 대해 죽은 상태로 있음으로써 사람은 지금 여기서 "오늘 네가 나와 함께 낙원에 있으리라"(눅 23:43)라는 그리스도의 약속을 어느 정도 체험할 수 있다.

보나벤투라는 이것이 프란치스코가 성흔을 받았을 때의 경험이라고 믿었다. 그가 《순례기》를 쓴 바로 그 장소에서 프란치스코가 성흔을 받았다. 그는 자신의 저서에서 다른 많은 사람, 즉 프란치스코의 동료들과 그 장소에 그와 같이 있었던 사람들에게서 이러한 놀라운 사건을 직접 들었다고 주장한다. 프란치스코는 깊은 관상과 영적 경험을 통해 심오한 교감을 나누었고, 그로 인해 하나님과 깊은 유대감을 쌓고 영적인 경지에 도달하였다고 한다.[238] 이것은 아주 중요한 역사적 증언이다. 그러므로 보나벤투라에게 프란치스코는 관상의 완전함을 대표하는 인물이다. 이는 마치 창세기의 족장 야곱이 금욕적으로 고행하는 사람들을 대표한 것 같이, 프란치스코가 하나님과의 교감에서 관상의 완전함을 나타내는 사람들을 대표한다고 여겼다.

프란치스코는 말보다는 행동으로, 예시로, 본인의 삶을 통해 사람들에게 더 많은 영향을 미쳤다. 하나님은 그와 같이 영적인 변화를 얻고자 주님을 따르려는 사람들을 초대하신다. 이러한 과정을 넘어설 때 모든 지적인 활동은 포기해야 하고, 가장 고귀한 애정은 하나님께로 향해야 하며, 하나님에 의해 전적으로 변화의 기적을 얻어야 한다.[239] 그렇지만 그러한 경험은 사람 안에 내주하시는 성령의 불로 타오르는 열정적인 소원을 가진 극소수의 사람만이 받을 수 있다. 이 경험은 그 소원에 대한 하나님의 응답으로 주어진 그분의 비밀스러운 선물이다. 여기서 "자연은 아무런 도움이 되지 않고, 인간의 노력은 거의 소용이 없다."

보나벤투라는 교부 디오니시우스의 저작에서 기도에 대한 중요한 구절을 인용한다.[240] 이는 기도에서 경험하는 하나님의 계시의 형언할 수 없는 본질을 잘 설명하기 위해서다. 보나벤투라의 분명한 조언은 다음과 같다.

> 학문이 아닌 은혜를 찾고 구하며, 이해가 아닌 열망을 가지며, 독서의 근면함이 아닌 기도 속에서 탄식해야 한다. 인간의 선생이 아닌 신부의 신랑(그리스도)을 찾으며, 사람이 아니라 하나님을 찾아야 한다. 또한 명료함이 아닌 어둠을 찾아야 하며, 빛이 아닌 하나님의 소멸하시는 불을 찾아야 한다. 그리스도는 가장 타오르는 수난의 흰 불꽃으로 불을 붙이신다. 이러한 죽음을 사랑하는 사람은 실제로 하나님을 볼 수 있다.[241]

보나벤투라가 이 글을 쓸 때만큼 프란치스코의 제자다운 순간이 없었다. 이 순간에 그는 자신의 영적 경험을 소중하게 엿볼 수 있었다. 그는 "그러니 우리는 죽어서 이 어둠에 들어가자. 우리의 걱정과 욕망, 생각을 모두 잠잠하게 하고 십자가에 달리신 그리스도와 함께 우리가 이 세상을 떠나 아버지에게로 나아가자"라고 하였다.[242]

제6장

그리스도인의 삶(1)

보나벤투라의 저작들에는 영성신학이 스며들어 있다. 중세 후기, 보나벤투라는 종종 '헌신된 박사'(Doctor Devotus)라고 불렸고, 특히 그의 영성 서적들은 당대 사람들에게 지대한 영향을 끼쳤다.[243] 나중에는 중세 후기의 경건주의에도 큰 영향을 미쳤다. 보나벤투라는 기도의 관상수도는 모든 그리스도인에게 열려 있으며, 이것은 그리스도 중심으로 살기 위해 반드시 필요한 것이라고 굳게 믿었다. 그가 쓴 논문들은 그의 영적 비전의 명확성과 깊이를 보여주고, 또한 목회적 역량의 범위를 잘 드러내준다.[244] 기도에 대한 그의 가르침은 성령의 사역에 대한 큰 중요성을 부여한다. 그의 저작들은 성경과 서양 수도원의 영적 전통에 뿌리를 두고 있으며, 프란치스코와 아시시의 클라라의 최근 사례를 염두에 둔 매우 실용적이고 많은 지혜를 선사하는 작품이다.

세 가지 접근방식

이 논문은 아마도 프란치스코 교단의 한 성직자를 위해 작성된 것으로 보이며, 보나벤투라의 가장 영향력 있는 저작 중 하나였다. 이 논문은 하나님의 은혜가 어떻게 한 사람의 일생을 변화시키는지에 대한 그의 믿음을 명확하게 드러내준다. 그는 논문 서문에서 몇 가지 가정을 설정한다. 그 가정들을 보면, 성경 속의 모든 지식과 가르침은 그 성격상 삼위일체의 특성을 나타내는 삼중 구조로 되어 있다는 것이다. 이에 해당하는 것은 정화, 조명 및 완전으로 묘사되는 역동적인 재정렬(reordering) 과정이다. 그는 이것을 교부 디오니시우스의 가르침에서 착안했다. 그렇지만 여기에 담긴 과정은 '위계적 특성'이라기보다는 '역동적'이라고 밝혔다. 그리스도인의 완전함은 이 땅의 삶에서 성취되는 상태라기보다는 점진적인 발달 과정을 통해 이루어지는 것이다. 그리고 이 과정 속에는 지속적인 정화와 성령의 조명(영적 각성)이 있어야 한다. 그러므로 그리스도인은 묵상과 함께 성경 읽기, 기도 그 자체 그리고 관상으로 구성된 세 가지 형태의 기도가 필요하다.[245]

보나벤투라는 기도란 하나님께 더욱 민감해지는 것이며, 하나님을 기억하고 죄에 대하여 현실감을 불러일으키는 양심의 가책을 주는 것이라고 말한다. 보나벤투라는 '죄'를 태만, 무질서한 욕망 그리고 악 그 자체에서 일어나는 것으로 묘사한다. 진지한 기도의 토대는 마음을 살피고, 시간을 적절히 사용하며, 기도의 목표인 하나님께 집중하는 것에 있다. 그는 사람 마음의 욕구가 안락함, 쓸데없는 호기심, 소유욕, 칭찬에 대한 사랑을 추구함으로 잘못된 길로 빠져드는 것을 주의 깊게 분석한다. 또한 분노, 질투, 게으름이 다른 사람을 향한 악한 생각을 유발할 수 있으므로 이로부터 완전하게 정결해야 한다. 이러한 경향들과 싸우려면 반드시 인생의 죽음, 값을 매길 수 없는 그리스도의 고난 그리고 하나님의 최후 심판에 대한 깊은 사색으로 양심의 쐐기를 단단히 연마해야 한다. 그리스도의 보혈은 인생들을 치유하고, 정결케 하며, 인간의 완악한 마음을 부드럽게 한다. 그리하여 생명의 회복을 이룬다. "이 세상 어느 누구도 하나님의 지혜를 속일 수 없고, 그분의 공의를 피할 수 없으며, 그분의 심판에서 도망갈 수 없다."[246] 이 궁극적인 진리에 의해 악의 현혹과 거짓된 욕망들이 드러난다.

평생에 걸쳐 값진 회개를 수반하는 한결같은 노력이 없는 기도는 진정한 기도가 아니다. 이 노력의 귀중한 결과는 영혼의 숨겨진 감미로움에 뿌리를 둔 선의(인자하심, kindness)에 대한 확고한 헌신으로 맺어진다. 왜냐하면 "모든 깨끗한 양심은 기쁘고 행복하다. 그것은 사랑으로 완성되기 때문이다."[247] 보나벤투라는 항상 인간의 죄에 대해 이처럼 관용을 보이시는 하나님의 인자하신 사랑을 강조한다. 이러한 통찰력 있는 진리를 인식할 때 이해의 광선이 솟아나 감사를 불러일으킨다. 이 깊은 감사는 그리스도인의 기도 생활과 예배의 수준을 보여준다.

그러한 진심 어린 감사에서 기독교 윤리의 전체 모범이 생겨난다. 기독교 윤리의 모범은 인간 전신에 내려진 풍부한 은사를 창조 때부터 계획된 선한 목적을 위해 사용하는 것이다. 세례의 성찬은 회개의 은혜를 받게 하며, 이를 통해 이 세상을 사는 동안 자유롭게 옳은 선택을 하며 살 수 있도록 한다.

하나님은 인생들이 모든 충만함 속에서 살게 하시려고 이 세상을 설계하시고, 피조된 세계의 전부를 주셨다. 하나님은 또한 인생들에게 그들의 형제요 친구로서 자신의 유일한 독생자를 주셨고, 그 아들을 힘입어 인생들을 구속하셨다. 하나님이 이렇게 기꺼이 자기를 내어주심은 그리스도의 성육신과 고난 안에서 그리고 성만찬 속에서 지금도 여전히 멈추지 않는다. "하나님은 거룩한 성령을 통해 영접의 인장과 양자의 특권 그리고 혼인의 결합을 인증하는 반지를 주셨다." 그리하여 그리스도인의 영혼은 하나님의 친구가 되고, 딸이 되며, 신부가 된다.[248] 보나벤투라에게 너무나 놀라운 것은 하나님의 한량없는 인애(仁愛)였다. 진실로 하나님을 사랑하고, 다른 무엇보다도 그분을 간절히 소망하는 영혼들에게 그분은 관대한 인애를 베푸신다.

보나벤투라는 그리스도인이 드리는 기도의 핵심 비밀을 '지혜의 작은 불꽃'으로 묘사하였다. 기도는 하나님께 온전히 드려지기 전까지 성장해 나가야 한다. 기도는 피조물에게서 창조주께로 그 사랑을 향하게 함으로써 이루어진다. 왜냐하면 하나님은 결혼관계에서의 사랑과 같은 더 깊은 사랑과 헌신을 받으셔야 하기 때문이다. 이러한 사랑을 통해 인생이 가장 바라는 오직 하나이신 분의 임재 안에 우리가 있게 된다.[249] 역설적인 것은 하나님은 인간 이해의 한계를 넘어서, 절대 파악하거나 말로 설명할 수 없는 분이지만, 전심으로 바랄 때 깨달을 수 있다는 것이다. 이것이 바로 보나벤투라가 연구한 영성신학의 핵심 교리다.

하나님의 형상과 모양대로 만들어진 인생들은 그들 안에 하나님의 진리에 반응할 수 있는 능력을 갖고 있다. 그리고 그들의 삶과 영적 성장을 결정할 수 있도록 하나님의 진리를 받아들일 능력도 갖고 있다. 보나벤투라는 이러한 능력을 이성, 도덕적인 통찰력(synderesis, 토마스 아퀴나스의 도덕철학에서 사용하는 개념), 양심과 의지가 함께 작용한 것으로 묘사한다. 이는 이성이 진리를 분별하고, 양심의 찔림이 도덕적 선택을 불러일으키며, 의지가 그것을 실천할 때 일어난다.

보나벤투라는 기도가 회개, 자비 그리고 은혜라는 세 가지의 역동적인 구조로 이루어져 있다고 생각하였다. 은혜 없이는 어느 누구도 하나님께 예배드릴 수가 없다. 자비를 위해 기도할 때 은혜를 받는다. 그렇지만 그러한 기도에는 반드시 정직한 회개가 수반되어야 한다.[250] 회개는 자신의 죄를 슬퍼하고 부끄러워하며, 죄책을 느끼고 두려워하는 것이다. 반드시 과거의 죄에 대해 슬퍼해야 하며, 잃어버린 영광의 상실을 아파해야 한다. 누가복음 15장에 등장하는 탕자처럼 그는 처음에는 자유로운 아들이었으나 나중에는 비참한 노예가 되었다. 그리고 자신의 삶이 얼마나 깊은 구렁텅이에 빠졌는지를 깨달았을 때 부끄러워했다.[251] 두려움은 사람들이 마지막 때 자신들이 영원한 유죄 판결을 받을 위험이 있다는 것과 하나님의 심판을 피할 수 없다는 것을 기억할 때 생겨난다.

죄로 인해 무너지고, 악에 의해 착취당하는 것에 대한 보나벤투라의 가르침의 핵심에는 인간의 고귀함과 존엄성에 대한 그의 고상한 비전에서 비롯된 통렬한 책임감이 들어 있다. 그는 항상 심오한 목회적 도덕과 영성신학을 주장했다. 그렇지만 본질적으로는 하나님의 사랑에 대한 응답으로 다른 사람들에게 애정과 긍휼을 베푸는 사랑과 희망으로 가득 차 있다.

자비를 위한 개인적 기도는 반드시 하나님을 사랑하는 갈망을 품어야 한다. 이것은 우리 가운데 내주하시고, 함께하시는 성령이 탄식하며 기도하신다는 성령의 임재를 나타내는 표시다.[252] 이 성령의 기도는 그리스도의 사랑이 희망 안에서 새롭게 불타오르게 하고, 성도들의 기도와 온 교회의 기도를 하나로 묶어준다. 그러므로 진정한 기도는 세례를 통하여 그리고 교회 안에 있는 신령한 교제 가운데 한 영혼을 회복시키시는 성령님의 사역이다. 그 사역은 그리스도의 십자가에 초점이 맞추어져 있다. 그리스도는 십자가에 달리셔서 인생들을 위하여 중보자로서 아버지 하나님께 자기 자신을 끊임없이 온전하게 드리셨다. 우리는 이를 성찬을 통해 깊이 묵상할 수 있다. 그리하여 마침내, 개인의 기도는 이 땅과 하늘에 있는 교회의 멈추지 않는 중보와 성도들의 기도와 천사들의 기도로 지원을 받는다.

보나벤투라는 기도의 목적이 바로 그리스도인이 드리는 예배의 본질과 관련이 깊다고 자주 언급했다. "주님을 향한 두려운 마음으로 하나님을 항상 경외하고 예배해야 한다." 예배의 대표적인 특징은 감사와 하나님의 선하심을 받아들이는 것이다. 이것은 항상 도덕적인 차원이 있다. 또한 솔로몬의 아가서에 등장한 성령이 가르쳐주신 사랑하는 신랑과 신부처럼 하나님과 친밀한 사랑의 교제가 있어야 한다.[253] 그래서 예배의 목적은 사랑이신 하나님의 임재 안에 있는 기쁨이어야 한다. 위대하신 하나님과 그분의 관대하심과 그분의 뜨거운 사랑의 풍성함을 묵상하는 것은 진정한 예배의 불꽃을 지피는 일일 것이다. 예배한다는 것은 하나님을 진실로 높여드리는 행위이기 때문이다. 그러나 하나님을 기쁘게 하는 즐거움은 자기중심적인 탐닉이 아니다. 그것은 하나님을 기뻐하는 것은 사람을 하나님의 기쁨이 되게 하는 것이며, 다른 사람들과 사랑과 기쁨을 나누는 데 관대하게 만들기 때문이다.

그러므로 사랑은 세 가지 구조로 되어 있다. 은혜에서 흐르는 사랑이 있고, 자기 자신의 변화에서 표현되는 사랑이 있으며, 다른 사람을 향한 흘러넘치는 사랑이 있다. 첫 번째 사랑은 세상이 당신을 못 박는 것이고, 두 번째 사랑은 당신이 세상을 못 박는 것이며, 세 번째 사랑은 당신이 세상을 위해 못 박히는 것이다. 세상을 위해 못 박힘은 모든 사람을 위하여 기꺼이 죽는 것을 말한다.[254] 이는 모든 사람이 하나님의 기쁨이 되게 하기 위해서다. 이것이 프란치스코회가 그리스도를 위해 순교하고자 하는 내적 의미다.

보나벤투라는 하나님의 사랑을 6단계로 구분하여 설명한다. 첫 단계는 영혼 깊은 곳에서 아름다움을 가져오는 하나님의 사랑을 묵상하는 것이다. 규칙적으로 하나님을 위하여 시간을 떼어 놓는 '안식의 시간'(Sabbath Time)은 아주 중요한 시간이다.[255] 둘째 단계는 하나님을 향한 간절한 소원과 갈망을 갖는 것이다. 이는 이 세상에서는 결코 완전하게 될 수 없더라도 하나님 한 분만으로 만족해야 한다. 셋째 단계는 이러한 하나님을 맛보아 아는 것과 비길 만한 다른 욕망에서 멀어지는 것을 넘어 근절하는 것이다. 넷째 단계는 하나님을 향한 열렬한 사랑으로 영혼이 황홀해져 기꺼이 그리스도를 위하여 고통을 감수하게 만드는 것이다. 다섯째 단계는 그러한 포옹 가운데 '두려움을 물리치는' 하나님을 깨닫고 완전하게 하시는 하나님을 신뢰하는 것이다.[256] 마지막 단계는 사랑의 완성이신 그리스도가 직접 약속하신 완전한 평안을 누리는 것이다. 그러므로 은혜, 자비, 평안은 그리스도인이 드리는 기도의 대표적인 특징이자 목표다.

보나벤투라는 위대한 관상 신학자였다. 그는 사람의 깊은 내면에는 숨겨진 장소인 마음의 제단이 있는데, 이곳이 바로 그 영혼이 하나님을 만날 수 있는 장소라고 믿었다. 이러한 영적 구조는 교회의 구조를 반영한다. 교회는 그 자체로 천국의 예루살렘을 보여준다. 천국의 영광 속에는 영원히 지속되는 평화를 소유하고, 가장 높은 진리에 대한 명확한 비전이 있으며, 궁극적인 선함 또는 사랑을 온전히 누리는 이 세 가지 선물이 있다.[257] 이를 얻기 위해 준비해야 할 것은 우선 죄를 도말하는 정결함이 있어야 하고, 그리스도를 닮아가는 영적 각성이 필요하며, 그리스도의 신부로서 주와 연합하려는 목표가 있어야 한다.

보나벤투라는 '진리의 빛난 광채'를 향한 7단계를 설명하기 전에 평화를 위한 7단계를 반복하여 말한다.[258] 이러한 단계는 그리스도를 향한 깊은 묵상을 구성한다. 첫째, '이성의 동의'(ascent of reason)로서 이는 하나님의 아들이시요 구원자 되신 그리스도를 믿는 믿음의 기초가 된다. 둘째, 인자가 되신 그리스도에 대한 인식으로서, 그리스도는 우리 인생들과 함께 기꺼이 고통을 겪으심으로 '인간에 대한 깊은 연민의 애정'을 나타내셨다. 셋째, 그리스도가 죽기까지 자신을 비우신 그 위대한 희생으로 우리 눈에 '감탄과 경이로움'을 불러일으킨 것이다. 그 희생은 그분의 사랑을 보여주는 척도다. 넷째, 왜 그리스도가 고난받으셨는지에 대한 인식이다. 이는 주님이 우리의 구속, 영적 각성, 성화와 영화를 위해서 고난받으셨음을 깨닫는 것이며, '헌신의 고조되는 기쁨'을 가져온다.[259] 다섯째, 그리스도가 고난받으신 모형은 그리스도를 본받기 위한 모범이 된다. 그리스도인은 '우리 주 예수 그리스도로 옷 입은 자들'이다.[260] 그리스도는 죄 많은 형제들을 위해서 값없이 가장 고통스럽게 순교하셨다. 아버지 하나님께 온전히 순종하셨고, 동시에 그분을 대적하는 원수들까지도 용서하셨다. 그리고 이는 어느 누구에게나 진정으로 그리스도를 본받는 모형이 된다. 여섯째, 그리스도의 고난의 깊이를 깨닫고 그리스도를 위해 기꺼이 자발적으로 고통받고자 십자가를 받아들여야 한다. 이것이 프란치스코회가 강조하는 큰 특징이며, 헌신적인 수도회 전통의 핵심이다.

마지막으로, 보나벤투라는 그리스도의 고난은 요한계시록 5장에 등장하는 일곱 봉인을 푸는 열쇠가 된다고 믿었다. 이것은 깊은 관상으로 얻어지는 진리의 광선이며, 그리스도의 십자가가 인생들 속에 숨겨진 신적 지식을 밝게 드러내는 열쇠임을 계시하는 것이다. 이는 일부 프란치스코 교단과 많은 사람 사이에 퍼져 있던 극단적인 종말론에 대해 사람들이 지나치게 과장된 기대를 갖고 있는 것에 대한 그의 비판적 의견이었다. 보나벤투라가 고난받으신 그리스도 안에 계시된 하나님의 지혜, 공의, 자비를 이해하기 위한 유일한 구심점으로 십자가를 붙잡고 있다는 것은 놀라운 일이다. 천사들은 인생들의 유익을 위하여 십자가에서 그리스도가 죽으시는 것을 묵인하였다. 또한 그리스도의 죽으심은 악의 세력을 그것들의 영역에서 완전히 물리치는 것이었다. 십자가는 악에 눈이 가려진 타락한 세상의 황폐함을 보여준다. 또한 낙원에 대한 영광과 약속을 계시하고 드러낸다. "모든 인생에게 낙원을 열어주기 위해서 하나님은 불결하고, 비천하며, 가난한 사람이 되셨다. 가장 높은 곳에서 내려오셔서 죽음까지 떨어지셨다."[261] 그 십자가는 그리스도의 엄청난 고통의 증거이면서, 지옥의 끔찍한 현실을 드러낸다. 그분의 죽으심으로 음부의 마지막 권세가 소멸되었다. 십자가는 또한 이 세상에 속한 인생들을 재창조하시기 위한 하나님의 귀하고 신실하며 아름다운 자기희생을 보여준다.

마지막으로, 그리스도의 고난은 인간의 죄악을 위한 속죄 사역이었다. 죄인들의 죄를 속죄하기 위해서 그리스도는 상상할 수 없는 값을 치르셨다. 이런 엄청난 희생을 치르시고도 또 그 속죄를 위하여 하나님 아버지께 간구하셨다.[262] 그러므로 '십자가는 열쇠이고, 문이며, 통로이고, 진리에 이르는 빛이다.' 십자가는 그 자체로 생명의 빛으로 나아가는 길이다.[263]

부활의 빛 안에서, 하나님의 사랑과 자비를 구하는 7가지 단계가 더 있다. 이 단계들은 모두 깊은 관계의 언어로 표현된다. 그 단계들은 다음과 같다. 그리스도의 임재로 향하는 마음의 각성 상태, 주의 사랑 안에서 확신하는 평안함, 주를 향한 사랑의 헌신, 천국의 실재를 깨닫는 황홀감, 그리스도 안에서 누리는 사랑의 기쁨, 주와 교제하며 누리는 즐거움, 그리고 마지막으로 사랑 안에서 분리될 수 없는 연합이다.

보나벤투라는 이것을 설명하기 위해 다윗의 시편과 솔로몬의 아가서 등의 성경 말씀에서 풍성한 교훈과 근거를 찾았다. 각각의 단계는 다음 단계로 이어지며 서로 막힘이 없다. 그의 영적 가르침의 윤리는 이 말씀 속에 잘 나타나 있다. 그는 이 말씀을 간결한 사랑의 기도문으로 사용하라고 권면하였다.

나는 당신을 찾고 당신 안에서 소망을 갖습니다. 나는 당신을 갈망하며 당신 안에서 높이 세워집니다. 나는 당신을 껴안고 당신 안에서 크게 기뻐합니다. 그리고 마침내 나는 당신에게 매달립니다.[264)]

삶의 완전함에 대하여

보나벤투라는 그가 《순례기》를 작성한 해인, 1259년에 프랑스 롱샹에 있는 가난한 클라라 자매회를 위해 이 논문을 작성했다.[265)] 이 논문은 그리스도 안에 있는 생명에 대한 보나벤투라의 이해를 엿볼 수 있는 심오하고 명쾌한 창이다. 그 견해는 또한 실용적이고 인도적이다. "나는 성령의 기름 부으심을 받지 않는 한 아무도 지혜롭다고 생각하지 않는다. 또한 하나님의 법은 그분을 경배하려는 경건한 사랑의 마음 안에 새겨져야 한다"라며 자신의 명확한 견해를 밝혔다.[266] 이는 평생 전심으로 바라보아야 할 것이다. 오로지 성령님만이 외적인 하나님의 엄격한 율법을 내적인 감미로움으로 변화시키실 수 있다. 그리고 믿는 자들의 모든 순종의 길에는 반드시 온 마음과 영혼을 그리스도를 향하여 돌리는 단 하나의 분명한 목표가 있어야 한다.

먼저는 자기 자신을 아는 것이다. 이것은 보나벤투라가 논문의 첫 장에서 밝힌 주제다. 자기 자신을 안다는 것은 숨겨진 죄악들과 자신의 약점들을 드러내는 양심의 정직한 내적 성찰이 있어야만 한다. 그의 저작 〈세 가지 길 - 윤리, 묵상 그리고 지혜〉(The Threefold Way)에서 보면, 보나벤투라는 모든 숨겨진 죄악과 약점이 태만, 난잡한 욕망, 잘못된 도덕적 선택 등에서 나오는 것으로 보았다. 태만의 치료법은 적절한 시간과 우선순위의 질서를 찾으면서 마음을 지켜나가는 데 있다. 부지런한 기도 생활과 성경 읽기 그리고 다른 사람들에게 호의와 친절을 베푸는 행위들은 또 다른 탁월한 해독제가 된다. 정직함은 진지하고 반복적인 회개로 나아가게 한다. 그 회개가 없이는 어느 누구도 은혜 안에서 진보해나갈 수 없다. 그리스도께 진정으로 사로잡힌 사람은 반드시 그들이 세상에 대한 지나친 관심과 욕망들에 미혹받을 수 있는 모든 것을 피해야만 한다. 대신, 모든 형태의 분노와 시기에서 발행하는 악을 뿌리 뽑는 단호한 결단력이 있어야 한다. 또한 게으름은 그 영혼을 쇠약하게 하는 것으로써, 비싼 대가를 치르더라도 반드시 막아야 하는 것이다.

보나벤투라는 시편 기자의 말씀에서 "밤에 부른 노래를 내가 기억하여 내 심령으로, 내가 내 마음으로 간구하기를"(시 77:6)라는 구절을 지침으로 인용한다. 오로지 마음의 밭을 정성들여 경작해야 그 안에 숨겨져 있는 하나님 나라의 보화들이 드러난다.267)

자기 자신을 알지 못하고 자신의 존엄성에 대해 성찰하지 않는 사람은 옳은 판단을 내릴 수가 없다. 자신의 영혼에 대해 먼저 생각하지 않는 사람은 하나님이나 천사에 대해 알아야 할 것을 모른다. 만약 당신이 자기 자신에게로 돌아갈 수 없다면, 어떻게 당신 위에 있는 것들을 살펴볼 수 있다고 생각할 수 있는가?268)

천국에 들어가는 길은 인간의 마음속에 놓여 있다. 여기서 핵심 질문은 우리가 어떻게 하나님을 닮아갈 수 있느냐는 것이다. 인생들은 각자 삶 속에서 그렇게 할 수 있도록 기회가 주어졌다. 주의를 분산시키는 요소들이 기억을 혼란스럽게 하고, 상상력을 왜곡시키며, 이로 인해 사람들은 잘못된 욕망에 쉽게 속아 넘어간다. 이것은 바로 무지와 비참함 그리고 혼란을 초래한다. 왜냐하면 인생들은 자기 스스로를 알지 못하기 때문이다.

보나벤투라는 이 논문의 두 번째 장에서 겸손의 본질에 대해 기술한다. 프란치스코의 사례는 그러한 자기 자신을 아는 데서 비롯된 겸손의 모범이었다. 그는 예수님의 겸손과 온유의 길을 배우라는 부름을 진지하게 받아들였다.269)

그는 자기 자신을 수치스럽게 여겼으며, 신앙생활의 시작부터 끝까지 겸손을 사랑하고 추구했다. 그는 겸손함으로 세상에서 떠나 거리에서 벌거벗은 채로 스스로를 괴롭혔다. 그는 겸손함으로 세상에서 배척당하는 사람들을 섬겼으며, 강단에서 설교하는 동안 공개적으로 자신의 죄를 고백하였다. 심지어 다른 이들에게 그를 솔직하게 비판해주기를 요청하기도 하였다.[270]

겸손만이 하나님을 기쁘시게 한다. 겸손은 그분의 선하심을 드러내며, 모든 것을 그분의 은사와 은혜로 인한 것으로 돌린다. 이런 근본적인 인식은 바로 그리스도의 겸손과 낮아지심을 기억할 때, 심지어 십자가 위에서 돌아가시기까지 하신 그리스도를 기억할 때 즉각적으로 일어난다.[271] 그리스도가 멸시를 받으시고 질고를 당하셨는데, 사람들은 나병환자를 보듯 주님에게서 얼굴을 돌렸다. 그러나 주님은 그 사람들 대신 희생양이 되시려고 오신 것이다.[272]

그러므로 기독교 안에는 어떤 자랑이나 교만이 있을 수 없다. 흙으로 지어진 인간의 타락과 그것의 육신적인 부패의 결말은 현실을 바로 깨닫는 유익한 결과를 가져와야 한다. 현실을 깨닫는 것은 헛된 교만의 망상에 대한 효과적인 해결 방법이다. "어찌하여 너는 그렇게 교만한가, 먼지와 재여?"[273]

겸손은 하나님의 은혜와 사랑이 지속적으로 내려오는 길을 열어준다. 그 이유는 성령님의 은혜는 위로부터 그렇게 낮아진 자들에게 흘러 내려가기 때문이다.[274] 보나벤투라는 그의 독자들에게 그리스도와 그분의 어머니 마리아의 모범을 먼저 보여주고, 프란치스코와 클라라의 모범을 보여준다. 진실하고 깊은 겸손함을 드러내는 시험은 오래 참음이다. 그리고 그러한 겸손에 대한 순결함은 마치 금에 새겨진 보석과 같다. 따라서 아직도 교만하여 자신을 자랑하는 사람은 어떤 희생을 치르더라도 피해야 한다. 하나님은 교만한 자를 낮추시고 겸손한 자를 높이시는 분이기 때문이다.

보나벤투라는 이 논문의 제3장에서 그리스도인의 청빈에 대한 그의 이해를 잘 요약하고 있다. 그리스도의 가난에 대해 서술한 이 글은 '가난한 클라라 자매회'의 서약으로 헌신된 사람들을 향한 것이다. 청빈의 덕은 바로 완벽하게 흠이 없기 위하여 필요한 것이다.[275] 이는 복음적인 완전함의 정점을 구성한다. 그리스도가 보이신 모범은 가장 최고의 모범이다. 그분은 가난한 자로 태어나셨고, 가난하게 사셨으며, 가난하게 돌아가셨다. 보나벤투라는 여러 복음서에서 이에 대한 증거들을 드러내고 있다고 설명한다. 이로 인하여 소유와 부에 집착하는 것은 곧 가난 속에서 그리스도를 따르고자 하는 프란치스코회의 방침에도 완벽하게 양립할 수 없음을 보여준다. 대신 이러한 삶의 방식은 인간에게 하나님의 섭리의 관대함을 열어준다. 그렇다면 "하나님이 그렇게 자비로우시다면, 왜 기독교인은 일시적인 것들에 대해 걱정해야 하는가?", "만약 우리가 진정으로 열정적이라면, 우리는 벌거벗은 채로 벌거벗은 그리스도를 따를 것이다."[276] "오, 하나님의 축복받은 친구여, 가난한 주 예수 그리스도의 가난을 마음에 초청하고, 가난한 아버지 프란치스코의 가난을 마음에 새기며, 가난한 어머니 클라라의 가난을 생각하고, 너의 모든 힘을 다해 가난에 매달리기로 결심하며 가난을 기꺼이 받아들이라."[277]

보나벤투라는 서정적인 용어로 기독교적인 가난을 칭송하며 말을 이어간다.

"오, 축복받은 가난이여, 얼마나 하나님의 사랑을 받는가. 너를 사랑하는 그 하나님으로 인하여 세상에서 너는 얼마나 안전한가!"

제4장에서 보나벤투라는 종교생활에서의 침묵에 대해서 말한다. "말이 간결하고 적을 때 인간은 많은 죄에서 면제된다."[278] 또한 "정의는 침묵 속에서 자양분을 얻고, 그것으로부터 평화의 열매는 나무에서 맺어지듯 수확된다"라고 하였다.

보나벤투라는 절제되지 않은 혀가 초래하는 많은 악행을 신랄하게 열거하며, 신앙 공동체에서의 생활에서 나온 날카로운 경험을 바탕으로 분명히 말한다. 그는 복음서에 등장한 여러 사람 중에서 동정녀 마리아를 모범으로 꼽는다. 복음서 기자는 동정녀 마리아가 침묵하며 다른 사람들과 거의 대화하지 않았고, 단지 몇 사람과만 대화를 나누었다고 증언하고 있다. 침묵은 양심의 가책을 불러일으키고, 천국의 시민으로서의 감각을 갖추어준다. 하나님과 연합하는 고독한 소명은 진리의 표징으로서 특별히 높게 평가된다. 그리스도의 신부는 배우자인 그리스도와만 깊은 대화를 나누어야 한다. 그러므로 "하나님의 친구여, 말은 적게 하고 조용히 하라"고 말하는 것이다.[279]

이 논문의 제5장에서는 기도의 본질을 다룬다. 기도에 대해 미지근한 태도를 가진 사람은 마치 '몸은 살아 있으나 영혼은 죽은 것'과 같다. 기도에 대해 미지근한 태도는 결국 다른 유혹에 침범당하게 된다. 보나벤투라는 자신이 너무나 익숙했던 규칙적인 종교생활의 특정한 위험성에 대해서도 언급한다. 대신, 기도 생활은 모든 상황에서 유익하다고 주장한다. 또한 "한 시간 이상의 기도는 온 세상보다도 더 가치가 있다"라고 주장하였다. 왜냐하면 마음에서 우러난 짧은 기도만으로도 하늘나라를 얻을 수 있기 때문이다.[280]

보나벤투라의 가르침은 그의 저작 〈세 가지 길 - 윤리, 묵상 그리고 지혜〉(*The Threefold Way*)에서 설명한 패턴을 밀접하게 따른다. 과거에 지은 죄와 허물에 대한 통회와 자복은 반드시 감사로 가득한 기도로 이어져야 한다. 이러한 감사는 인생들을 구속하시기 위해 고난받으신 그리스도 안에서의 하나님의 자기희생, 겸손, 가난에 초점을 맞추게 된다. 진정한 기도를 드리려면 산만하지 않은 상태를 만들어야 한다. 이러한 기도를 드리는 것은 어려운 일이다. 마치 맨손으로 우물을 파는 것과 같은 과정이 필요하기 때문이다. 예수님이 기도하시기 위해 은밀한 장소를 찾으라고 명령하실 때, 기도가 '닫힌 마음 문'의 빗장을 푸는 길임을 말씀하신 것이다.[281] "기도는 지극히 복되신 삼위일체 하나님에게서 흘러나오는 깊은 우물이며, 성령의 은혜가 솟아나는 무한하고 감미로운 샘이다."[282] 그러한 기도는 오직 하나님을 향하도록 계속 마음을 돌이키는 것이다.

기도하는 자에게 사모하는 하나님에 대한 환상이 주어진다. 마치 불이 일어나듯 그분의 사랑이 쏟아질 때까지 자기 자신을 하늘로 끌어올려야 한다. 때로 기도는 헌신의 열정일 수 있고, 신성한 사랑과 진리의 계시에 대한 감탄일 수도 있으며, 큰 환희와 기쁨의 결과일 수도 있다. 이 점에서 기도는 하나님의 형상과 모양대로 지어진 사람에게 자연스러운 것이며, 또한 하나님의 극진하신 사랑과 그리스도의 보혈에 의한 구속으로 사람들 안에 회복이 일어나게 한다. 이것이 바로 그리스도의 고난이 기도의 구심점이 되어야 하는 이유다. 하나님의 제단은 인간 마음 깊은 곳에 있고, 그 나무 십자가와 고난의 기억이 헌신의 불꽃을 지핀다.[283] 예수님의 다섯 군데의 상처에서 생명수와 은혜가 흘러나와, 회개와 깊은 감동과 감사로 인한 은혜의 눈물을 흘리게 한다.

십자가 고난의 모든 부분은 중요한 의미를 지닌다. 이를 통해 주님이 옆구리에서부터 심장까지 관통하는 상처를 입으신 것의 의미를 각 사람이 통찰할 수 있게 된다. 그리고 십자가 고난을 받으신 주님에 대한 뜨거운 사랑으로 그리스도를 닮아갈 수 있다는 중요한 사실을 드러낸다. 그러므로 "내가 그리스도와 함께 십자가에 못 박혔나니"(갈 2:19-20)라는 사도 바울의 말씀은 진실임이 드러난다. 또한 그 상처가 프란치스코에게도 나타난 것이다. 예수님이 고난과 겸손 그리고 죽음으로 인하여 당하신 모욕에 대한 깨달음을 희석해서는 안 된다. 주님의 죽으심은 '연약함에 더해진 고통'이기 때문에 더욱 고통스러웠다.[284] 사랑에 대한 주님의 민감성은 고통을 더하였다. 또 주님은 흠이 없으신 분이다. 주님의 보혈을 완전하게 쏟아 부으신 것은 우리를 구속하시는 그분의 사랑의 척도였다. 이로 인해 모든 그리스도인은 자기희생과 헌신을 보답으로 하는 완전하고도 심오한 사랑의 의무를 지게 된다. 왜냐하면 예수님은 우리 안에 사랑의 불을 지피시기 위해 이 모든 것을 참으셨기 때문이다.[285]

　　그런데 인간이 어떻게 이러한 형언할 수 없는 고통과 사랑에 대해서 이리도 둔감할 수 있단 말인가? 우리 대신 십자가에 못 박히신 그리스도께 헌신하는 사람은 반드시 인을 새긴 것처럼 주님을 마음에 두어야 한다. 그리고 주님의 십자가 빛 안에서 선악 간에 일어나는 모든 일을 판단할 수 있어야 한다. 그리하여 삶과 고통 그리고 죽음에서 우리가 주님을 닮아가야 한다.

　　마지막 두 장에서 보나벤투라는 하나님의 사랑의 본질과 끝까지 오래 참고 견디는 인내의 필요성에 대해 말한다. 그는 이 사랑과 인애를 다음과 같이 정의한다. "하나님의 이름을 위하여 다른 무엇보다 하나님을 사랑하고 이웃을 사랑하는 것이다."²⁸⁶⁾ 이것은 우리의 모든 것을 다하여 하나님 사랑의 거룩한 계명을 끝까지 붙잡아 뒤로 후퇴하지 않고 잘 이행하는 것이다. 이것은 성도에게 그리스도와 그분의 위대한 사랑에 대한 생생한 기억으로 뒷받침되는 존재의 지배적인 원칙이 된다. 그리스도인의 완전함은 그 궁극적인 상태에 다다르기까지 오랜 과정이 걸린다. 이 삶에는 '끝'이 없기 때문이다. 그러므로 마지막까지 오래 참고 견디는 인내가 필요하다. 따라서 기독교 안에는 안주함이 없어야 한다. 약속하신 믿음의 상을 위하여 오래 참아야 하기 때문이다.²⁸⁷⁾ 주님은 이렇게 말씀하셨다. "네가 죽도록 충성하라 그리하면 내가 생명의 면류관을 네게 주리라"(계 2:10).

하나님의 부르심은 바로 천국 혼인잔치로 오라는 부르심이다. 그곳에는 주님을 진실로 사랑하는 사람들을 위한 혼인예식이 준비되어 있다. "하나님의 아들이시며 가장 높은 지존하신 왕이 가난하고 사회적으로 버림받은 이들에게 얼마나 큰 영광인가."²⁸⁸⁾ 주님은 스스로 성도들의 믿음의 양식, 곧 생명의 양식이 되셨다. "그러니 이제 당신의 마음과 영혼을 일깨우고, 당신의 마음을 하늘에 두고 최대한 열심히 하나님을 생각하라. 모든 선함과 완전한 선을 갈망하고 만족하라."

보나벤투라는 《신학서설》(*Breviloquium*)과 〈독백〉(*The Soliloquium*)에서처럼, 캔터베리의 안셀무스의 저작인 《신 존재 증명》(*Porslogion*)의 마지막 부분에서 광범위하게 인용하며 이 논문의 결론을 맺었다.

영혼을 다스리는 것에 대하여

보나벤투라는 10개의 단락으로 된 이 짧은 저작에서 그의 영적 가르침의 정수를 담은 핵심 원리를 제시한다. 이 저작은 1264년에서 1274년에 스페인의 블랑쉬(Blanche) 여왕을 위하여 쓰였을 것이다.[289] 이 문서는 성경의 여러 부분에서 특히 중요하다고 판단되는 부분을 깊이 탐구한 것이다. 여기서 주목할 점은 프란치스코 교단의 기독교 정신 안에 담긴 평신도 소명에 대한 정의와 그에 따른 책임을 자세히 기술하고 있는 것이 이 문서라는 것이다.

그리스도인의 영적 삶의 첫째 원리는 하나님을 마땅히 존경하는 것이다. 이는 건전한 믿음을 갖는 것이고, 마음 깊이 자신을 성찰하며, 그리스도에 대하여 계시된 진리들을 자신의 직감과 사랑의 감탄으로 깊이 묵상하는 것이다. 이는 광대한 우주의 규모에 반영된 우리 주님의 광대하심과 이 우주를 설계하시고 유지하시는 하나님의 지혜와 함께, 선과 악에 대하여 판단하시는 하나님의 공의를 올바르게 묵상하는 데서 얻어지는 것이다. 인간 안에는 이미 하나님의 형상과 모양이 새겨져 있다. 그래서 자신의 주변을 볼 수 있는 능력 그리고 자신의 내면과 자신을 넘어서는 초월적인 것을 볼 수 있는 능력을 갖추고 있다. 이것이 바로 보나벤투라의 사상과 영적 가르침을 위한 중요한 틀이었다.

하나님의 사랑과 자비하심의 척도는 바로 하나님의 사랑하는 아들이신, 십자가에 달려 죽임당하신 그리스도 안에 이미 계시되었다. 그리고 성찬을 통해 성령을 부어주시고, 성만찬의 풍성함이 흘러넘치는 관대함에서 드러난다. 하나님의 초월적인 거룩함은 "거룩하다! 거룩하다! 거룩하다!"라고 외친 천사들의 경배의 합창 속에 담겨 있다.[290] 첫 번째 '거룩하다'는 하나님 자체의 지고한 거룩하심과 그분의 거룩하신 뜻과 관련이 있다. 두 번째 '거룩하다'는 다른 사람들에 대한 하나님의 거룩한 사랑과 관련이 깊다. 하나님은 그 영혼들에게 은혜의 선물과 영광의 보상을 안겨주신다. 그렇지만 세 번째의 '거룩하다'는 하나님이 죄와 거룩에 반하는 모든 것을 미워하시며, 냉혹하게 심판하고 징계하시는 것을 말한다. 왜냐하면 빛이 어둠과 양립할 수 없듯이, 거룩함은 죄와 악과 양립할 수 없기 때문이다.

하나님의 거룩하심에 대한 민감함은 그리스도인이 하나님께 드리는 예배의 기초다. 그러려면 겸손한 마음이 필요하며, 겸손한 마음은 언어와 행실로 하나님께 대한 경외심과 순종과 합당한 존경심으로 표현된다. 예배는 깊은 헌신과 인내의 기도로 말미암아 하나님의 은혜로 많은 은사를 받은 것에 대한 감사함으로 드리는 것이다. 하나님의 사랑은 삶의 모든 측면에서 완성되어야 하며, 다른 어떠한 사랑도 하나님이 주시는 사랑을 대신할 수 있는 것은 없다. 이를 위하여 육신의 즐거움을 구하고, 세상적인 가치관을 따르며, 악한 생각과 행동을 끌어내는 인간적인 애정에서는 멀어져야 한다. 예배는 가장 가치 있는 것에 대한 집중이기 때문이다. 이러한 진정한 예배는 사람들의 삶에서 진정 나타난다. 이것은 전적으로 하나님의 신성한 은혜의 사역이다. 또한 예배는 깊은 감사에서 나오는 성도들의 성숙함의 표시다.

인생이 짧은 것을 고려하면 반드시 신실하고 값비싼 회개가 필요하다. 영혼의 죄악에 대해서 아파하는 이러한 마음은 하나님의 심판에 대한 두려움과 더불어서 하나님을 향한 불타는 사랑으로 영혼을 정화시킨다. 하나님의 겸손하신 사랑이 없다면, 어느 누구도 설 수 없기 때문이다. 하나님의 오래 참으심은 자비하심의 척도다. 인생들의 통회하는 마음에서부터 나오는 하나님을 향한 갈망은 성령님을 풍성하게 부어주시기를 추구하게 한다. "당신은 십자가의 고난을 받으신 그리스도를 분명히 본받음으로써 그분의 신성을 닮아가려고 더욱 격렬히 갈망해야 한다."[291] 프란치스코가 생전에 꾸준히 가르쳤던 것처럼 최고의 소원은 반드시 아버지 하나님의 비전을 위한 것이어야 한다.

거룩한 소원은 반드시 표현되어야 하고, 거룩한 삶으로 지켜져야 한다. 왜냐하면 보나벤투라는 예배와 윤리를 함께 세워지기도 하고 약해지기도 하는 것으로 보았기 때문이다. 겸손은 그 만능열쇠가 된다. 겸손은 생활방식의 단순함, 생활과 언어의 절제, 주의 깊은 인생의 질서와 도덕적 성실함 등에서 비롯되는 것이다. 여기서 의지의 올바른 질서는 지배적인 원칙이다. 이는 하나님의 영광을 위한 열심, 거룩한 율법에 대한 순종 그리고 다른 영혼들을 구원하려는 열정으로 표현된다. 이 말은 "당신 자신에게 하지 않았을 일은 다른 사람들에게도 하지 않는 것"을 의미한다. 그리고 "당신이 갖기 원하는 것을 다른 사람들이 원할 때 거절하지 않는 것"을 의미한다.[292]

그리스도인의 삶을 위한 이러한 기초는 정기적인 신성한 예배, 개인적으로나 공적으로 드리는 기도, 죄에 대한 회개와 규칙적으로 성찬식에 참여하는 것이다. 또한 다른 사람들을 위해 기도하고, 말과 행동으로 그들을 가르치는 것이다. 다른 이들의 필요에 민감하게 대처하고, 겸손하고 즐거운 마음으로 그들을 섬겨야 한다. 이러한 것은 내면에 지닌 생명을 하나님을 예배하는 것으로 표현하는 것이다. 사도 바울은 갈라디아서 6장 2절에서 "너희가 짐을 서로 지라 그리하여 그리스도의 법을 성취하라"라고 말씀한다. 즐겁게 서로 짐을 지는 방식은 보나벤투라가 그 자신의 경험에서 제안한 것이다. 이는 사랑하는 독생자를 십자가에 내어주시기까지 인생들을 사랑하신 주님의 아픔을 기억하는 것이다. 이는 그분이 당신의 가슴 사이에 있는 '몰약 향주머니'처럼 계속해서 마음의 안식을 취할 수 있게 하시려는 것이다.[293]

제7장

그리스도인의 삶(2)

독백

이 저작의 전체 제목은 〈네 가지 영적 실천에 대한 대화〉(*Dialogue on the Four Spiritual Exercises*)이다.[294] 보나벤투라는 이 저작을 《순례기》를 작성하던 1259-1260년 무렵에 지었다. 반면, 《신학서설》(*Breviloquium*)은 비교적 젊은 프란치스코 교단의 신학생들을 위해 학술적인 가치를 담아서 저술한 것이다. 그리고 이 〈독백〉은 그러한 배경이 없는 성도들을 위해 쓴 것이다. 이것은 저명한 암브로시우스, 아우구스티누스, 그레고리우스 대제, 안셀무스, 클레르보의 베르나르 그리고 성 빅토르의 위그 등 다른 선배 학자들의 여러 영적 가르침을 많이 인용하여 서구 프란치스코 수도원 신학의 진정한 '필로칼리아'(*Philokalia*, 문자적으로 '아름다움에 대한 사랑'을 의미함)를 구성했다. 이 책에서는 그 인용된 가르침에 반응하여 사람의 가장 깊은 곳(*Homo interior*)에서 영혼과 마음의 대화가 이루어진다. 이는 조용히 개인적으로 묵상하게 하려는 것으로, 영혼이 평생에 걸쳐 단계적으로 겸손하게 하나님께로 돌아가는 것을 의미한다.

〈독백〉은 요약본은 아니고, 그리스도인의 영적인 삶을 발전시키기 위해 만든 완벽한 '안내서'(vade mevcum)이다. 이 책은 보나벤투라의 마음에서 일어나는 여러 작용을 드러내며, 또한 영적 교사로서 그의 뛰어난 능력과 탁월한 기억력을 담고 있다.

그는 이전의 영적 가르침들을 접하기 어려웠던 사람들을 위해 풍부한 가르침을 제공하고, 이를 알기 쉽게 소화할 수 있도록 하는 데 크게 기여했다. 그렇게 함으로써, 그는 서구 수도원 운동의 경건과 영성의 주된 흐름 속에서 프란치스코 교단의 영적 토대를 견고하게 하였다. 또한 〈독백〉은 보나벤투라가 어떻게 자신이 다른 저작들을 저술하게 되었는지, 그리고 개인적으로 터득했던 이전의 유익한 지혜들의 정수를 어떻게 뽑아내어 명확하게 요약하였는지, 그리고 얼마나 자신의 영성 신학과 가르침에 열중하였는지에 대해 자세하게 언급한다. 특히 영혼과 그 속에 있는 사람과의 대화를 기록한 〈속사람〉(homo interior)은 매우 놀라운 저작이다. 기독교 전통 내에서 영적 스승의 정확하고 예리한 가르침을 그대로 반영하는 것 같은 인상을 준다. 보나벤투라의 접근방식에 내포된 포괄적 본질은 〈독백〉을 무한한 영적 자원으로 만들었다.

보나벤투라가 직접 작성한 개요는 이 저작의 전반적인 내용을 파악할 수 있게 해준다. 그는 먼저 인간의 영혼이 죄로 말미암아 슬프게도 부패되었지만, 하나님의 은혜로 회복되고 있는 자신의 본성에 대하여 내적으로 성찰할 것을 간청한다.

이후 그는 인간의 외적인 현실에 대해 심사숙고하도록 촉구한다. 인간의 외적인 현실이라는 것은 첫 번째로 창조된 것들의 허망함과 덧없음에 대한 것이며, 두 번째로 인간이 영적 맹인이 된 이유에 대한 내용이다. 그리고 세 번째는 신성한 위로의 약속과 그것을 받는 방법에 대한 내용이다. 그런 다음, 그는 영혼의 아래에 있는 것에 대해 심사숙고 해보기를 간청한다. 이는 죽음의 필연성, 하나님 심판의 심각성 그리고 영원한 고통으로 가득 찬 지옥의 놀라운 모습이다. 마지막으로 보나벤투라는 위로 천국의 실재와 영원한 축복에 대한 약속을 폭넓게 고찰하고 이를 설득력 있게 풀어낸다. 이 부분에서는 단테의 《신곡》에 등장하는 〈낙원〉(*Paradiso*) 과 흥미로운 유사점을 보여준다. 보나벤투라가 교부 안셀무스에게 여러 가지로 영향을 받은 것이 〈독백〉 전체에서 분명히 드러난다. 그의 저작은 안셀무스의 《신 존재 증명》(*Proslogion*)의 마지막 부분과 긴밀한 관련이 있으며, 거기서 광범위하게 내용을 인용하여 자신이 말하려는 주요 내용을 강조했다.

보나벤투라의 〈독백〉의 서문도 주목을 끈다. 《신 존재 증명》에서처럼 에베소서에 등장한 사도 바울의 위대한 기도를 그의 핵심 본문으로 삼고 있다.[295] 보나벤투라는 이 구절을 통해 삼위일체 하나님께 먼저 그리고 자주 기도하며 성부 하나님으로부터 힘을 얻고, 성자 하나님께 지혜를 구하며, 성령 하나님께 위로를 구하라고 하였다. 모든 선은 성부 하나님, 성자 하나님, 성령 하나님에게서 흘러나오기 때문이다.[296] 여기서 사도 바울은 영적 성찰과 순례의 범위, 즉 그것의 높이, 길이, 깊이, 넓이에 대해서 말한다. 사도 바울의 말씀은 〈독백〉의 내용을 결정지었으며, 그리스도의 신부인 성도는 관상 속에서 그리스도와 함께 나란히 못 박힌 회개한 강도처럼 그리스도와 함께 십자가에 매달려야 한다고 말한다.[297] 그 약속된 목표는 하나님의 모든 풍성하심에 힘입어 충만해지는 것이다. 보나벤투라는 이것을 천국 그 자체와 하나님과 함께하는 영원한 생명을 얻을 충분한 징조로 여긴다. 이는 하나님이 만물 가운데 완전히 계실 때 이루어진다.[298] 그렇지만 오직 하나님의 은혜만이 인간의 정신적인 능력이 적절하게 발휘될 수 있게 하며, 이로 인해 하나님의 사랑의 정도를 깨달고 그분을 깊이 묵상할 수 있게 된다.

〈독백〉에는 보나벤투라의 영적 삶과 비전의 핵심을 드러내는 설득력 있는 구절이 나온다. 이러한 구절들은 독자들에게 보나벤투라의 내면세계와 그의 영적인 탐구에 대해 통찰력을 제공해준다.

> 오, 가장 미쁘신 예수님, 당신의 사랑이 담긴 상처를 치유하는 능력으로 내 영혼의 골수를 관통해주소서. 이로써 나는 진심으로 당신만을 위한 열망으로 불타오르고, 당신을 동경하며, 당신에게 완전히 녹아들었습니다. 그리고 당신과 함께하기 위해 이 세상을 떠나기를 간절히 소망하면서 당신만을 바라며 쇠약해졌습니다. 오직 당신만을, 천국의 생명의 떡인 당신만을 바라며 굶주리게 하옵소서! 생명의 샘과 영원한 빛인 당신만을, 진정한 즐거움의 시냇물인 당신만을 바라며 목마르게 하옵소서! 당신을 끌어안고, 당신을 찾으며, 당신을 만나고, 마지막에 당신 안에서 안식하게 하옵소서![299]

보나벤투라의 인간적이고 목회적인 감각은 성경과 교회의 위대한 선진들과 성인들이 회개에 대해 확신했던 것을 강조함으로써 그러한 영적 열정을 조화롭게 해준다. "그분들은 자신들이 범한 큰 죄에서 깨달음을 얻고, 이를 통해 죄인들에게 긍휼과 이해를 보여주어야 한다는 것을 깨달았다."[300] 예수님의 고통스러운 얼굴은 계시의 거울이 된다. 그 계시는 주님이 조롱받으심으로써 당신이 영광을 받게 하셨고, 주님이 채찍에 맞으심으로써 당신이 위로를 받게 하셨으며, 주님이 십자가에 못 박히심으로써 당신이 자유를 얻을 수 있도록 하셨음을 가리킨다.[301]

하나님의 음성은 친절하고 친근하게 영혼들이 하나님께 돌아올 수 있도록 부르신다. 하나님은 원래 잃어버린 양을 찾아다니시는 선한 목자이시기 때문이다. 예수 그리스도는 십자가 위에서 펴신 팔로 우리를 품으신다. 우리가 이성적으로 헤아릴 수 없는 삼위일체 하나님은 우리가 하나님께 돌아오기를 기다리신다. 이것은 우리를 사랑하시는 하나님이 우리를 초대하시는 목소리다.[302] "우리를 자유하게 하신 하나님 아버지는 거룩하시도다. 우리를 지혜로 구속하신 하나님의 아들은 거룩하시도다. 우리를 지키시고 용서를 베푸시는 하나님의 성령은 거룩하시도다."[303]

주님의 어머니, 성모 마리아에 대한 보나벤투라의 깊은 헌신은 그의 저작에서 드러난다. 다음은 그 한 예다.

> 자비의 어머니를 보는 기쁨을 누가 헤아릴 수 있겠는가. 그녀는 더 이상 구유 안에 누워 울고 있는 어린 아기와 함께 있지 않으며, 이제는 더 이상 그와 함께 이집트로 도피하지 않으며, 이제는 유일하신 아들이 십자가에서 죽어가는 곁에서 울지 않아도 된다. 우리를 위해 극도로 비참하고 슬픈 삶을 살아온 그녀는 이제 모든 천사와 만물보다 높은 곳에 올라가, 이제는 성 삼위일체의 궁전에서 그녀의 아들인 그리스도와 함께 다스리고 계시기 때문이다.[304]

보나벤투라는 그리스도인의 영혼에 대하여 다음과 같이 주장하면서 결론을 맺는다. "창조주이신 그 인자와 창조주의 어머니이신 그 여인을 보고 있을 때 아름다움으로 가득하여 당신의 기쁨이 될 것이다. 우리의 형제이신 예수님이 한때는 잃어버려지고 비참해지고 멸시를 받으셨으나 새롭게 세워지고 회복되어 모든 권세를 얻으셨다."[305]

생명나무

이 걸작은 그리스도 중심의 보나벤투라의 신학과 헌신의 깊이와 강도를 여실히 드러낸다.[306] 지금의 페루지아(Perugia)에 보관되어 있는 그의 초기 원고를 보면, 본문 앞에 책의 내용을 묘사하는 섬세한 그림이 있다. 이 도식은 종종 다른 원고에서도 반복되었으며, 때로는 시각적 상징으로 '생명나무'를 들고 있는 보나벤투라가 묘사된다.[307] 이 그림은 또한 14세기 피렌체 지역에 있는 산타 크로체(Saint Croce) 수도원의 식당 벽(refectory wall, 과거 수도원의 식당 벽에는 성화나 아이콘들이 자주 그려졌음)에 그려졌다. 이러한 보나벤투라의 깊고도 깊은 묵상에서 나온 영향력은 기독교 예술과 프란치스코 교단의 영성을 더욱 깊게 해주었다. 가장 눈에 띄는 예는, 1305년 우베르티노 디 카살레(Ubertino Di Casale)가 그린 "십자가에 달린 예수의 생명나무"다. 보나벤투라가 예수님의 생애 각 단계에 대해 말하고 있는 내용을 뒷받침하기 위하여, 명시적 또는 암시적으로 다양한 성경구절을 언급하는 방식은 매우 우아하면서도 선별적이라는 것이 눈에 띄는 점이다. 그는 이 저작에서 불가피하게 공관복음을 기초로 하는 방식으로 사복음서에 접근했다.

이 저작의 서문은 "내가 그리스도와 함께 십자가에 못 박혔나니"라는 사도 바울의 말씀으로 시작된다.[308] 신학에서 십자가는 가장 중심적인 기준점이다. 그리고 그리스도와 일치된다는 것은 그분의 십자가를 함께

짙어지는 것이다. 그래서 이 말씀은 우리의 삶을 결정하시는 그리스도의 사랑으로 실현된다. 보나벤투라는 이 논문을 '우리 안에 이 사랑의 빛을 비추기' 위하여 작성하였고, 더욱 날카롭게 이에 대한 이해의 폭을 넓힌다. 그것은 이 기억을 마음 판에 새기도록 하기 위해서다. 그는 '간단하면서도 친숙하고, 그러면서 복잡하지 않은 용어들'로 복음서의 내용을 잘 드러내기 위해 최대한 노력하였다. 그 내용은 그리스도의 삶, 고난 그리고 그분의 영광에 대한 성숙한 기도와 묵상에 초점을 맞추었다. 이는 갈라디아서 2장 20절 말씀과 같다. 그의 저작 〈생명나무〉(*The Tree of Life*)는 그 자체로 섬세한 시각적 도움을 제공한다. 이 저작에 수록된 그림을 보면 요한계시록에 묘사된 것처럼 열두 가지에 열두 열매가 맺혀 있는 것을 볼 수 있다.[309] 이 그림은 원래 한 편의 송영시와 함께 완성되었으나, 지금은 조각만 남아 있다. 이 생명나무의 열매는 '타락한 아담의 후손'에게 치료제라고 증거한다. 그렇지만 이 생명나무에 접근하는 방식과 그 나무의 치유하는 은혜로 인한 유익은 '이성보다 신앙을', '탐구보다 순전한 헌신을', '호기심보다 단순한 열정을', 그리고 '육신의 감정과 지혜보다 그리스도의 십자가를' 더 추구하게 한다.[310] 보나벤투라는 "우리에게 이 열매들을 먹이시고, 우리의 생각에 빛을 비추어주시며, 우리를 하나님의 빛으로 충만하게 하소서"라고 기도한다.

이 책은 세 부분으로 나뉜다. 네 개의 '열매'는 그리스도의 오심과 그분의 공생애 사역, 고난받으심, 그리고 그분의 부활과 영광의 측면으로 생각할 수 있다. 각각의 '열매'는 복음서를 기초로 하여 상세한 네 가지 구체적인 묵상으로 구성되어 있다. 여기에 48가지 묵상이 수록이 되어 있는데, 이는 바로 신약성경과 구약성경의 도움을 받아 복음서의 전통을 생생하고 인상적으로 요약했다. 보나벤투라는 많은 기도와 묵상 후 그 기도에 대한 응답과 성찰을 기록하였다. 이 모든 것을 고려할 때 이 저작은 사순절, 고난주간 및 부활절을 지키는 데 훌륭한 동반자가 될 것이다. 보나벤투라는 "오, 그리스도께 헌신된 자여, 일어나라. 그리고 예수님께 대하여 말한 모든 것을 부지런히 살피고, 주의 깊게 생각하며, 신중하게 숙고하라"라고 말하였다.[311]

풍부한 묵상의 기틀은 쉽게 요약될 수가 없다. 이 책의 진면목은 복음서의 가장 두드러진 특징을 탁월한 시각으로 요약하면서 예수님의 인성을 밀접하게 연관시키는 능력에 있다. 그것은 심도 있는 그리스도인의 믿음을 핵심적으로 요약하는 능력도 포함한다. 이 저작은 기도를 중심으로 한 시적 언어를 사용하는데, 이러한 언어는 안셀무스의 영향을 일부 받았다는 것을 암시한다. 이 시적 언어로 인해서 사람들이 복음의 드라마에 공감할 수 있게 된다. 예를 들어, 보나벤투라는 그레시오(Greccio)에서 프란치스코가 만든 구유의 정신을 따라 예수 그리스도의 탄생을 고대하는 사람들에게 구유를 받아들이고, 예수님의 발에 입을 맞추며, 양치기들과 함께 기도하는 새로운 방식으로 '영광의 찬가'(Gloria in Excelsis)[312]를 고백하도록 초대한다. 기독교인들은 구유 안에 누이신 겸손하신 하나님을 고백하고 찬양하도록 부름받은 사람들이다. 보나벤투라는 성숙한 상상력으로 주님의 어머니에 대한 자신의 감수성을 다시금 드러낸다.

예수님이 광야에서 사탄의 시험을 이기시기 위해 기도하신 모범은 '감추어진 침묵', '헌신된 기도와 금식'으로 고취되어야 하고, 대제사장이신 예수님의 긍휼하심이 뒷받침되어야 한다.[313] 그리스도인들은 반드시 다양한 필요를 가지고 예수님께 오는 사람들을 친밀하게 공감해주어야 한다. 이에 대해 보나벤투라는 자신의 저서에서 세 번이나 "예수께서 우시니라"라고 한 복음서의 말씀을 설명한다. 예루살렘에 있는 감람산 근처에서, 나사렛에 사는 친구 나사로가 죽어 무덤에 묻혔을 때, 그리고 십자가에 달리셨을 때 예수님은 우셨다(참조. 히 5:7). 이것이 사람들의 마음을 녹였으며, 더 깊은 헌신과 겸손함으로 이끌었다. 종려주일 동안에 수많은 그리스도인은 '하늘과 땅의 모든 권세를 가지고 계시지만, 겸손히 나귀 등에 타신 그리스도'를 외친다.[314]

보나벤투라는 최후의 만찬에서 제자들의 발을 씻겨주시는 예수님의 겸손 그리고 그분의 제자이지만 결국 배신한 가룟 유다를 향하신 연민을 기록한다. "슬프도다. 유다는 최후의 만찬에서 주님의 친밀함을 경험하고도, 주님의 겸손함이나 말씀의 친절함을 알면서도 결국 그가 계획한 악에서 떠나지 못하였도다." 예수님의 사랑은 끝까지 유다를 향하셨고, 어떤 방법으로라도 마지막까지 회복시키려 하셨다.[315]

이 저작은 우리 주님의 고난에 대해 매우 자세하게 고찰하고 있으며, 이 부분이 프란치스코 교단의 복음 전파와 헌신에서 진실한 특징이 되었다. 예수님의 고통은 깊은 동정심과 슬픔을 불러일으킨다.

보나벤투라는 글을 쓰는 방식에 있어 위대한 예술가적 소질을 발휘하는데, 그것은 쉽게 잊히지 않는 단어와 삽화로 장면을 묘사하는 데서 드러난다. 그는 예수님이 몸이 상하셔서 사람들이 시선을 피하는 나병환자처럼 보일 정도로 극한 모욕을 받으시는 것을 보았다. 그는 또한 누가가 자신의 복음서에서 십자가를 가리켜 표현한 독특한 말들을 특히 강조한다. 예수님은 십자가 위에서 자신에게 고통을 주는 자들을 위하여 기도하시고, 자신과 함께 매달려 죽어가는 강도가 회개하자 그에게 위로의 말씀과 구원의 약속을 주셨다. 이는 모든 죄인에게 희망을 주는 것이라고 강조한다. "슬픔의 성모"(Stabat Mater)[316]라는 동시대의 위대한 찬송가의 정신에 따라, 보나벤투라는 주님의 어머니가 아들의 죽음을 목격하는 과정에서 겪는 고통을 오랫동안 묵상하였다. 그는 이 장면을 묵상하는 사람들이 마리아와 막달라 마리아가 겪었던 깊은 연민의 감정을 경험할 수 있기를 기도했다. 이러한 감수성은 그에게 그리스도인의 회개, 사랑 그리고 헌신을 보여주는 궁극적인 시험대가 되었다.

보나벤투라는 예수님의 부활과 승천을 강조하여 다루는데, 이는 예수님의 죽음 이후에 일어난 중요한 사건들이다. 부활하신 예수님의 '신비롭고 초월적이며 불멸의' 영광스러운 몸은 아름다움의 극치를 보여주며, 영광으로 옷을 입고 있다. 보나벤투라는 그리스도의 부활과 승천에 대해서도 다루는데, 이 부분도 다른 부분 못지않게 두드러진다. 부활하신 주님의 영광스러운 몸은 신비롭고 날렵하며 불멸하시며, 매우 아름다우시고 영광으로 옷 입으셨다. 그리고 그것은 예수님을 믿는 성도들이 삶과 죽음을 통과할 때 그들이 맞이할 운명을 드러내준다.[317] 천국은 하나님을 신뢰하는 영혼이 가야 할 본향이며, 그리스도인의 제자도와 기도의 목적이다. 성령의 능력으로 정화되고, 빛나고, 완전해진 교회는 교회의 머리이자 대제사장이 되시는 그리스도의 풍부한 다양성으로 하나의 공동체가 될 희망을 보여주고, 그것이 현실로 이루어지리라는 예표가 된다. 교회의 일곱 가지 성사는 성령이 사람들의 죄와 질병을 치유하기 위해 주신 것이다. 전 세계 교회가 겪는 고통은 실제로 하나님이 역사하시고 계시는 재창조의 표시다.[318]

보나벤투라는 하나님의 심판의 성격과 그 엄중함에 대해서 자신의 주장을 굽히지 않는다. 그렇지만 마무리 부분에서 그는 몇 가지 흥미로운 사상을 드러낸다. 그가 사용하는 단어들은 매우 운율적인데, 그 말들은 주로 아가서와 요한계시록에 등장하는 말씀에 영감을 받았다. 하나님 나라의 영광은 진리, 평화, 사랑, 생명 그리고 영생의 법이다. 하나님 나라의 영광은 그 나라에서 다스리는 사람들의 수에 따라 나뉘지 않는다. 또한 그들에게 땅을 분배해준다고 해서 줄어드는 것도 아니다. 하나님의 영광은 그분 나라 안에 사는 백성에 의해 침해받지 않으며, 계급의 불평등으로 인해 무질서해지지도 않는다. 그것은 시공간의 제약을 받지 않으며, 다른 어떤 변화에 의해 깎여나가지 않는다.[319]

보나벤투라는 일부 대중적인 종말론적 희망과 추측을 바로잡으면서, 그리스도를 '안팎으로 기록된 책', 즉 신성한 지혜의 생명의 법을 담고 구현하는 '새겨진 책'으로 말한다.[320] 그리스도는 '창조되지 않은 하나님의 말씀'으로서, 그분은 가장 최고의 장인(Craftsman)이신 하나님의 마음속에 있는 영원한 원리들로 충만하신 분이다. 그리스도는 '영감의 말씀'으로서 성도들과 천사들의 지적 능력을 다스리신다. 그리스도는 '성육신하신 말씀'으로서 인간의 육신을 포함해 인간의 본성과 영원히 하나로 결합된 분이다. 그리스도는 '빛들의 아버지'에게서 오는 신성한 빛을 한없이 부어주고 계시므로, 모든 아름다움은 그분을 통하여 그리고 그분으로부터 한없이 빛난다.[321] 이로써 창조된 세계 안에 그분의 아름다움을 밝히 드러내고 계신다. 그러므로 그리스도는 모든 인간 사랑의 목표가 되신다. 이것이 보나벤투라 신학의 핵심이며, 아래의 글이 바로 보나벤투라의 신학에서 비롯된 것이며, 그 전형을 보여준다.

그 기원은 영원하고, 그 본질은 부패하지 않으며, 그 지식은 생명이고, 그 문장은 지워지지 않는 이 책을 찾을 수 있다면 얼마나 좋겠는가. 그 학문은 바람직하고, 그 가르침은 쉬우며, 그 지식은 감미롭고, 그 깊이는 헤아릴 수 없으며, 그 말씀들을 말로 다 표현할 수 없지만, 여전히 그 모든 것은 하나의 말씀이다. 진실로, 이 책을 찾는 사람은 생명을 찾을 것이고 주님으로부터 구원을 얻을 것이다.[322]

신비한 포도나무

보나벤투라의 영성신학의 핵심에는 엄청난 인적 비용이 담겨 있는데, 이는 아마도 설교나 수련 모임에서 전해진 짧은 묵상으로 표현되었을 것이다.[323]

십자가에서 고난당하신 그리스도는 보나벤투라의 사상과 기도의 정점에 서 계신다. 그에게는 프란치스코에 대한 기억이 여전히 생생하다. 사도 바울은 "내가 그리스도와 함께 십자가에 못 박혔나니"(갈 2:20)라고 말했다. 사도 바울의 이 말은 새로운 방식으로 울려 퍼졌고, 보나벤투라는 다른 저작에서와 마찬가지로 여기에서도 이 말을 친밀하게 표현하려고 노력하였다. 그것은 그리스도와 함께 십자가 고난을 받음으로써 그분과 연합하여 이 세상을 구속하는 사역에 큰 전환점이 일어나기 때문이다. 이러한 확장된 비유의 성경적 근거들은 바로 요한복음에 나오는 '참 포도나무'에 대한 예수님의 가르침에 있으며, 요한계시록에 나오는 생명 나무의 상징에서도 찾을 수 있다. 보나벤투라는 이를 그의 논문의 서두

에서 명확하게 언급하였다(요 15:1-8, 계 2:7).[324]

보나벤투라는 포도나무의 특성과 재배 방법을 설명하면서 글을 시작한다. 포도나무는 원가지에서 잘라내 주의 깊게 심어야 한다. 이와 유사하게 그리스도는 아버지 하나님에게서 나온 '가지'가 되신다. 그분은 거룩한 어머니의 사랑의 토양에 심겨지셨고, 성령 하나님의 손길로 경작되셨다. 포도나무를 잘 자라게 하려면 과감하게 가지치기를 해야 한다. 그와 같이 예수님은 할례를 받으시고, 우리의 슬픔을 치유하시려고 상처를 입으셨다. 다른 방식으로 이해한다면, 예수님이 사람들에게서 하나님의 아들로서 받으셔야 할 영광을 거부당하신 것은 '가지치기를 당하고' 계신 것이라는 말이다.[325] 그분의 '자기 비움'은 일종의 가지치기였다. 치욕, 겸손, 가난은 그분의 몫이었다. "그분은 태어날 때부터 가난하셨으며, 십자가에 달리실 때는 모든 사람 중에서 가장 가난한 자의 모습이셨다. 십자가에서 죽으시고 나락에 떨어지실 때 그분의 가족과 친구들에게서도 철저히 외면을 받으셨다."[326] 그분의 원수들은 자주 그분을 짓밟으려 하였고, 그분을 함정에 빠뜨리려고 주변에 적대감의 구덩이를 팠으나, 결국 그 구덩이에는 자기 자신들이 떨어지고 말았다. 그들의 사악함은 그분의 처절한 고통으로 이어졌고, 이미 겸손하신 사랑으로 상처를 입으신 주님의 심장을 찔렀다. 다음 말씀으로 보나벤투라는 풍부한 가톨릭 신앙의 정신을 세우도록 도왔다. "오, 가장 선하신 예수님. 당신의 마음에 머무르는 것은 얼마나 선하고 기쁜 일인지요! 예수님과 나는 한 마음을 나눕니다."[327]

십자가 위에서 찔리신 그리스도의 옆구리는 하나님의 구속의 사랑으로 들어가는 열린 문을 계시한다.[328] 그러한 사랑은 신랑과 신부의 사랑에 비견될 수 있다. 보나벤투라는 솔로몬의 아가서를 인용하여 "열정적인 연인은 항상 사랑의 상처를 받는다"라고 선언한다. 그리스도인은 이러한 엄청난 대가를 치르신 하나님의 한량없는 거룩한 사랑에 응답하도록 부름받았다.

포도나무 덩굴은 손질을 해야 하는데, 종종 가지에 있는 세 개의 성장 지점 바로 아래를 제거하고 지지대를 세워 묶어주어야 한다. 이러한 손질 과정은 덩굴의 생장을 통제하고, 좋은 열매를 수확하기 위해 필요하다. 그리스도는 아버지 하나님 앞에 자신의 의지를 복종하시려고 포도나무 덩굴같이 묶이셨고, 또한 육신의 부모에게도 순종의 모범을 보이셨다. 주님은 마리아의 자궁 안에서 압박당하시고, 좁은 요람 안에 갇혀 계셨다. 주님의 생애 마지막에는 포로처럼 묶이시고 죽음의 자리까지 끌려가셨다. 예수님은 긍휼하심으로 자신의 자유와 권세를 완전히 상실하시기까지 참으셨다. 그분은 기둥에 묶여 가혹하게 채찍질당하셨다. 이는 마치 지지대에 묶인 포도나무 덩굴처럼 되신 것이다. 그분은 인간들의 조롱을 받아 가시관을 쓰셨고, 그분이 당하신 수치는 모든 사람의 겉치레를 벗기셨다.

예수 그리스도의 십자가에 직면한 사람은 누구도 슬픔을 누를 수 없을 것이다. 쇠못에 깊이 박히신 그리스도는 여전히 우리 구원의 양식(bread)이 되신다. "그는 우리를 위하여 성육신하셨다. 자신을 우리의 육신으로 변화시키셨을 뿐만 아니라 그분의 성령으로 우리를 변화시키신다. 그리스도는 한 몸 안에 인성과 신성을 동시에 가지고 계신 분이다."[329]

그러므로 예수님의 전 생애는 모범이며 순교였다. 그분의 가난은 그분의 기도와 일치된다. 그의 배고픔은 사랑으로 인한 배고픔이었다. 그러나 "누가 그분의 버림받은 몸에서 흠모할 만한 아름다운 것을 찾을 수 있겠는가?" 포도원에서 쓰레기 더미 위로 던져진 예수님은 벌거벗겨진 채 수치스러운 죽음을 당하셨다. 누가 그분의 고난에 감동받지 않을 수 있겠는가? 그분이 채찍에 맞으심으로 우리가 나음을 입은 것은 우리가 '그분의 영광의 몸으로 변화되기' 위함이다.330)

보나벤투라는 자신의 논문 두 번째 부분에서 십자가에 달려 죽으시며 하신 마지막 말씀에 대해 묵상한다. 이 마지막 말씀은 생명의 포도나무에서 떨어진 '이파리들'에 비유된다. 십자가는 마치 포도나무 덩굴을 매다는 틀과 흡사하다.

다른 인상적인 비유를 들면, 십자가 위에 펼쳐진 그리스도의 몸은 마치 현이 달린 비파와 같고, 그분의 마지막 말씀인 가상칠언(架上七言)은 일곱 줄의 현과 같다. "아버지여, 저들을 용서하여 주옵소서"라고 하신 주님의 말씀은 용서하는 믿음의 방패가 된다. "네가 나와 함께 낙원에 있으리라"라고 죽어가는 강도에게 하신 낙원의 약속은 예수님과 함께하는 죄인들의 완전한 관계 회복을 증언하신다. 이 말씀은 그리스도인에게 솟아나는 희망의 샘이다. "어머니여, 보소서 아들이니이다"는 가슴이 찢어지는 고통 중에 있는 어머니를 향한 예수님의 깊은 연민을 표현한다. 끔찍한 고통은 그분의 무력함으로 인해 더욱 악화되었다. 하나님을 향한 슬픔의 쓰라린 울부짖음은 예수님의 내면적 고통과 그분에게 가해진 영적 폭력을 나타낸다. 그러나 주님은 비슷한 고통, 버림받음 그리고 죽음을 겪는 그리스도인에게 사랑으로 손을 내미신다. "내가 목마르다"라고 하신 그리스도의 부르짖음은 그분의 신체적 고통과 인생들을 향한 그분의 열렬한 사랑과 구원의 열망을 드러낸다. 즉, 사람을 구속하기 원하시는 그분의 멈출 수 없는 소원이다. "다 이루었다"는 '완성되었다'는 의미다. 그러므로 그분의 죽으심으로 말미암아 성경대로 영혼 구원의 사역이 완전히 성취되었다. 그분의 마지막 영혼을 향한 권면은 그분을 따르는 모든 사람에게 본보기가 되며, 그들의 삶과 죽음을 사랑하는 아버지 하나님의 손에 맡겨야 한다는 것을 의미한다. 십자가 위에서 쏟으신 예수님의 보혈은 그분을 사랑하는 신실한 성도들의 음료가 된다. 예수님의 전 생애는 죽음을 통한 삶의 표시였다. 삶의 첫 순간부터 마지막 가혹한 죽음에 이르기까지 예수님은 죽음을 겪고 계셨다.[331]

그다음으로 보나벤투라는 복음서에 기록된, 그리스도가 값진 보혈을 흘리실 때의 순간을 성찰한다. 그 성찰의 첫 번째는 바로 할례를 받으심으로 우리를 구원하실 '구주'로서의 이름을 얻으셨다는 것이다(눅 2:21). 또한 보나벤투라는 겟세마네('기름 짜는 곳'이라는 뜻) 동산에서의 예수님의 고뇌를 깊이 성찰한다. 주님은 그 동산에서 영적 고통의 압박으로 마음이 찢어지셨다. 예수님은 그분을 조롱하는 자들에게 공격을 받으셨을 때 그분의 피가 다시 흘렀는데, 가시 면류관이 머리에 박히셨을 때와 같았다. 예수님은 채찍에 맞으셔서 찢어지는 고통을 당하시며 더 많은 물과 피를 흘리셨다. 그렇지만 그분은 오래 참으심으로 가혹한 채찍질을 하는 사람들을 위하여 기도하셨고, 이는 제자로서 그분의 발자취를 따르는 모든 사람에게 모범이 되셨다. 왜냐하면 "사랑은 자신을 아끼지 않으며, 도리어 자신의 구원을 위해 탄원하기 때문이다."[332]

십자가에서 못 박히신 예수님은 피로 물드셨고 상처로 뒤덮이셨는데, 그곳에서 피와 물이 흐르면서 성찬의 사랑과 재창조의 샘이 되셨다. 예수님의 모든 고난의 길은 하나님께로 돌아가는 길이다. 하나님은 예수님 안에서 우리에게 사랑으로 손을 내미시고 당신께로 돌아오라고 부르신다. 십자가에 달리신 그리스도의 몸을 관상하는 것은 바로 인간의 마음을 하나님의 사랑으로 향하도록 열어준다.

마침내 그분의 상처 입은 옆구리를 통하여 우리는 가장 겸손한 마음, 지극히 높으신 예수님의 마음으로 들어간다. 의심할 여지없이 여기에는 말로 표현할 수 없는 보물인 우리가 항상 갈망해온 사랑이 놓여 있다. 이렇게도 큰 사랑이 우리의 마음을 갈망하고 간절히 바라고 있다. 더불어 그 사랑은 우리를 품어주고 싶어 한다.[333]

보나벤투라의 이 아름다운 묵상은 하나님의 형상대로 지어진 인생들을 재창조하려고 그 인생들을 향하여 외치시는 고통받는 예수님의 목소리를 담아내며 결론을 맺는다.

> 내가 보이는 모습으로 이 세상에 온 이유는 네가 나를 보고 나에게 사랑을 줄 수 있도록 하기 위해서다. 나는 나 자신을 너에게 주었건만, 너는 너 자신을 내게 주겠느냐?[334]

소년 예수의 다섯 가지 절기

보나벤투라는 피정 기간 동안 자신의 저서 〈독백〉의 문헌을 참고한 후 이 짧은 단편 묵상들을 기록하였다. 이 묵상의 기록들은 보나벤투라의 직접적인 영적 가르침의 중요 개념들에 대해 적절한 결론을 제공한다.[335] 그의 생애 말기에 쓰인 이 기록은 성경에 대한 그의 심오하고 섬세한 접근법으로 하나님의 말씀이신 그리스도를 잘 드러낸다. 보나벤투라는 라틴어 성경에 주어진 텍스트인 공인본문(받아들여진 텍스트, textus receptus)의 신실성에 대하여 민감성과 깊은 지식으로 존중하고 받아들였다. 이 공인본문은 신학적으로 그리스도에 대한 의미의 깊이를 얼마나 잘 드러내게 할 수 있는지 깨닫게 해준다. 이는 그리스도인으로서 영적 삶을 살아가기 위해 부족하지 않도록 하는 데 중요하다. 그리스도는 인간 영혼의 실재와 소명을 이해하는 데 열쇠가 되신다.

이 논문에서 다루는 신학은 예수님의 말씀의 영으로 결정된다. 마태복음 12장 50절은 다음과 같이 말씀한다. "누구든지 하늘에 계신 내 아버지의 뜻대로 하는 자가 내 형제요 자매요 어머니이니라 하시더라."[336] 모든 그리스도인은 하나님의 뜻을 받들도록 부름받았다. "너희 속에 그리스도의 형상을 이루기까지"(갈 4:19, 고후 11:2)라고 한 사도 바울의 말씀에서 그 이유를 찾을 수 있다. 프란치스코는 생전에 다음과 같이 가르쳤다. "우리가 사랑과 순수한 마음 그리고 거짓 없는 양심으로 우리 몸과 마음에 그리스도를 모실 때 우리는 그리스도의 어머니들이 된다."[337] 성 클라라는 체코 프라하의 축복받은 아그네스(Blessed Agnes of Prague)에게 프란치스코와 유사한 관점으로 서신을 썼다. 클라라는 아그네스에게 "성부 하나님의 아들의 자매이자 신부 그리고 어머니"가 되도록 부름받았다고 말했다. 클라라의 전기를 보면 그녀는 '하나님의 어머니의 발자취'를 대단히 아름답게 묘사한다.[338] 그래서 보나벤투라는 기독교 내에서 영적인 모성(motherhood)에 대한 풍부한 가르침의 오랜 전통을 내세운다. 이 전통은 보나벤투라 이전의 교부시대로 확장되었고, 12세기 시토 수도회(Cistercian) 영성으로 발전하였으며, 나중에는 노리치의 줄리안(Julian of Norwich)

의 가르침과[339] 중세의 신비주의로 이어진다.

　이 논문에서 두드러지는 특징은 견고한 기독론이다. 보나벤투라는 우리 주님의 다섯 가지 주요 절기를 이야기한다. 그분의 잉태, 탄생, 이름 짓기, 마기(magi, 페르시아의 동방박사)의 경배 그리고 성전에서의 변론이다. 그리고 그 다섯 가지 절기를 그리스도 안에서 살아가는 그리스도인의 영적 성장을 위한 무대로 세운다. 보나벤투라의 심오한 주장은 다음과 같다. "성령님의 은혜에 의하여 그리고 가장 높으신 지존하신 하나님의 은혜에 의하여 하나님께 헌신된 영혼은 거룩하신 하나님의 말씀이신 하나님의 독생자를 영적으로 잉태할 수 있다."[340] 교회에서 행하는 절기들은 그리스도 안에서 내적 성장을 축복하려는 것이다. 게다가 이 절기들은 예수님의 인간적인 어린 시절에서 중요한 순간을 기념하며, 이를 교회에서 정기적으로 열리는 예배에서 매년 기념한다.

　그리스도인의 삶의 기본은 내적 회심에 있다. 이를 통해 성령님은 각 사람이 진정으로 통회하고 하나님의 사랑으로 불타오르도록 그 사람 안에 그리스도의 말씀의 씨를 뿌려주신다. 그 기쁨의 잉태는 세상을 사랑하는 것에서 떠나 천국을 향한 불타는 열망을 가질 때 일어난다. 마리아처럼, 그 영혼이 모든 산만함에서 멀어져서 주님의 성산에 오르는 순례가 있어야 한다. 마치 성령님에 의해 그 영혼이 밝게 불타오르는 세례 요한의 어머니 엘리사벳처럼 말이다.

　보나벤투라는 불신앙이나 믿음에 굳게 서지 못하는 소심함으로 인하여 영적인 노력의 가치에 이의를 제기하는 친구들과 조언자들의 거짓된 궤변에 대해 목회적으로 대응하기 위해 시간을 보냈다. 실제로 어떤 사람들은 이러한 높은 길은 오로지 소수의 사람만을 위한 좁은 길이라고 조언하였다. 보나벤투라는 이에 이의를 제기하면서 이 책의 서문에서 그의 영적인 지식이 목적하는 바를 잘 드러낸다. 그는 사도 바울이나 막달라 마리아도 죄가 없는 사람들이 아니지만, 이들은 주님의 부활과 교회 안에서 지속적으로 주님의 임재를 증언한 사람들이라고 하였다. 진실로 하나님이 중요하게 생각하시는 것은 외적인 형식보다 경건한 영혼의 지속적인 열정과 더욱 뜨거운 사랑이다.[341]

우리 영혼이 전심으로 그리스도의 사랑을 받아들였을 때 그분이 우리 안에서 태어나신다. 그리스도인은 영혼의 양심의 가책과 회개 속에서 우리 주님의 어머니 마리아와 같이 되도록 부름받았다. 이는 복음 전파와 다른 사람들에게 베푸는 선행, 그리고 올바른 이성으로 감각을 절제함으로써 이루어진다. 그 후 인간의 본성은 무엇이 그것에 자연스러운지에 대하여 자각하게 된다.[342] "우리가 기도로 그를 기르고, 사랑의 눈물로 그를 씻겨주며, 거룩한 사랑의 품으로 그를 안고, 큰 열망으로 그에게 다시 입맞추며, 우리 마음 가장 깊은 곳에서 그를 소중히 여기면" 자신의 영혼 안에서 그리스도의 임재를 맛보고 크게 기뻐하게 된다.[343] 이러한 놀라운 말들은 마리아의 모범을 따르고, 아들을 소중히 여기는 매우 세심한 헌신의 일생을 묘사한다.

이 저작의 3장에서는 예수님의 이름을 "모든 이름 위에 뛰어난 거룩한 이름"이라고 선언한다. 보나벤투라는 이 장에서 그 이름의 권세와 충만한 은혜, 기쁨과 희락 그리고 영광스러움을 설명한다. 그리스도인은 모든 일에 그리스도를 중심으로 두고 생각하고 행동하도록 부름받았다. 그리고 이를 지속적인 기도로 채워나가야 한다. 그분의 이름은 '구원자'(Savior)시다. 그 이름을 지니신 그리스도는 지금도 변치 않고 죄를 용서하시고, 그 영혼에 하나님을 아는 지식을 부여하시며, 각 사람에게 은혜와 힘을 공급해주신다. 복음서에 등장한 그리스도의 사역은 오늘날 교회에서 성찬 사역으로 이어지고 있다.

세 명의 동방박사는 인간 영혼의 세 가지 힘을 상징한다. 그 세 사람은 그들을 비추는 숨겨진 존재로부터 별의 인도함을 받았고, 결국 베들레헴에 나신 우리 주님을 찾아서 경배드렸다. 보나벤투라는 이것을 애정 어린 관점에서 표현하는데, 그분의 목소리를 듣고, 그분의 달콤함을 맛보며, 그분 존재의 은밀한 향기를 맡는 것이라고 묘사한다. 그리스도는 회개와 복음의 말씀을 듣고 그에 따라 행동할 때 발견된다. 관상과 성찰은 우리를 주님과 그분의 거룩한 어머니께 이끈다. 진정한 예배는 창조주요, 구속주요 그리고 모든 것의 보증이 되어주시는 그리스도를 경외하며 지극히 높여드리는 것을 포함한다. 동방박사처럼 우리 영혼은 그분에게 경의를 표하며, '극진한 사랑의 황금', '헌신의 유향' 그리고 '슬픔의 몰약'을 기꺼이 드려야 한다.[344] 이러한 행동은 창조주 하나님이신 그리스도와 그분의 거룩함과 고난당하심에 대한 적절한 반응이다.

궁극적으로 그리스도인은 반드시 하나님의 아들을 마음의 중심에 품고 천성의 예루살렘으로 올라가야 하며, 성 삼위일체 하나님의 보좌 앞에서 겸손과 사랑으로 무릎을 꿇어 자기 안에 계신 하나님의 아들을 아버지 하나님께 나타내 보여야 한다. 하나님 아버지는 우리에게 거룩해지기를 결심하는 동기를 고취시켜주시고, 하나님의 아들은 은혜로 이 결심을 완전하게 만들어주시며, 하나님의 성령님은 그 영혼의 노력을 끝까지 지탱해주신다. 보나벤투라는 삼위일체 하나님이 우리를 그분 자신에게 돌이키게 하시려고 부르신다고 말한다. 이에 대해 그는 아가서의 "돌아오라, 돌아오라"라는 말씀을 인용한다.[345] 예수님의 멍에는 쉽고 가벼우며, 예수님은 진정한 행복과 구원의 유일한 통로시다. 그리고 "당신 안에서는 나는 아무것도 아니며, 아무것도 할 수 없다"라는 고백과 모든 선함은 각 사람 안에 내주하시는 성령님의 사역으로 이루어진다.[346]

보나벤투라는 창조, 구속, 성화에서 베푸신 놀라운 은혜에 대한 감사로, 성 삼위일체의 각 분에게 진심 어린 기도를 바치고, 마침내 성령님께 "당신의 사랑과 자비로, 당신은 나를 죄에서 은혜로, 세상에서 거룩한 생활로, 먼 유배지에서 아버지의 땅으로, 수고에서 안식으로, 슬픔에서 하늘의 장엄한 행복과 즐거움으로 부르셨다"라고 고백한다.

제8장

하나님의 말씀

보나벤투라는 그의 모든 사상과 신학의 중심을 성경 말씀에 두었다. 그는 성경학자로서 그리고 성경교사로서 말씀에 관한 한 최상의 스승이었다.[347] 프란치스코 수도회의 복음전도자들과 교사들이 사용하도록 그가 누가복음에 대해 쓴 포괄적인 주석 외에도 두 개의 주석이 있다.[348] 구약성경 중 솔로몬의 전도서에 대한 그의 주석은 당대에도 가장 인기 있는 주석이었으며, 그 후 중세 시대에도 인기 있는 주석이었다.[349] 이 주석은 1257년 이전에 파리에서 신학 강의를 하는 동안 집필되었다. 그의 요한복음 주석은 파리대학에서 강의하는 동안 집필되었으며, 대학에서 오랫동안 강의한 경험에서 나온 잘 정리된 문서다. 이것은 전통적인 해석학적 방법을 명료하게 밝히는 안내서로 구성되었는데, 대학에서 강의하는 동안 복음서를 두고 공식적으로 나눈 토론에 참여한 수많은 학생이 제기한 여러 질문을 다룬다.[350]

위에서 말한 두 개의 주석과 누가복음 주석은 문체의 형식에서 대조적이다. 이는 보나벤투라가 이렇게 광범위한 해설을 담은 걸작을 창조함으로써 기존의 관행을 깨뜨렸음을 보여준다. 결과적으로 그의 누가복음 주석은 현대의 독자들에게도 매우 적합한 명저다.[351] 그렇지만 다른 두 개의 주석은 보나벤투라의 성경에 대한 접근방식에 따라 학술적인 대학 환경에서 기록되었으므로 이를 활용할 때 약간의 조정과 주의가 필요하다. 그의 학술적인 노력은 13세기에 파리와 다른 지역에서 성경해석학이 발전하는 데 다른 폭넓은 운동들의 중요한 요소가 되었다.

보나벤투라는 성경을 해석할 때, 주로 성경 자체를 참고하고 기준으로 삼아야 한다고 굳게 믿었다. 성경에 사용된 풍부한 라틴어 어휘 레퍼토리는 그에게 텍스트의 의미를 밝히는 데 좋은 도움이 되었다. 그는 유사한 단어와 생각들이 다른 곳에서 어떻게 표현되었는지를 보여주기 위해 여러 참고문헌을 고찰하였다. 보나벤투라는 역사의 모든 부조리와 인간의 타락에 대한 성령의 의지로 성경이 최종 형성되었으며, 그 결과 그 시대의 라틴어 성경 텍스트인 '공인본문'의 완전성과 권위를 존중하고 옹호하였다. 그는 성경의 모든 부분에 대해 완벽하게 이해하고 기억하고 있다고 생각했고, 실제로 그것을 보여주었다. 비록 그가 본문에 내제된 역사적인 맥락과 세부 내용에 대해서 무관심하지는 않았지만, 신약성경의 기초가 되는 그리스어와 구약성경의 기초가 되는 히브리어는 잘 알지 못했다. 그런데도 그는 라틴어 성경의 고유한 구조와 일관성에 대해서는 상당한 실력이 있었다. 그는 여러 언어의 성경들이 마치 각 현이 전체 연주를 뒷받침하는 악기같다고 여겼다. 따라서 그가 쓴 대부분의 주석은 성경 전체에서 인용된 참고자료의 도움을 받았다. 복음전도자들과 교사들은 마치 섬세한 악기를 다루는 음악가와 같은 존재들이다. 그들의 언어는 또한 다양한 의미를 가진 정교한 악보와 유사하다. 이렇게 할 수 있었던 비결은 잘 훈련되고 체계적으로 성경을 암기하는 데 있었다.

그렇지만 보나벤투라가 취한 접근방식의 기본 원칙은 먼저 역사적인 문서로써 실제 텍스트를 정의하기 위한 것이다. 문자적 의미를 아는 것은 필수적이었고, 문자들이 단어를 이루듯이 텍스트의 단어들이 가진 의미를 신중하게 기억했다. 역사적 의미와 문자적 의미에 대한 신중하고도 정확한 판단이 이루어져야 텍스트에 함축된 도덕적, 영적 및 성례적 의미가 신뢰성 있게 펼쳐질 수 있다.

이 기본적인 해석 방식 외에도, 각각의 구절을 풍부한 성경적 연관과 의미 안에 포함시키는 방식도 가미하였다. 또한 보나벤투라는 두 가지 다른 교수법을 사용했다. 첫 번째는, 그가 앞서 질문에 대한 중요성을 주장했듯이, 《전도서 주석》과 《요한복음 주석》에는 많은 탐색적인 질문이 담겨 있고, 이 질문들은 종종 매우 비판적이었는데, 보나벤투라는 이에 정면으로 맞섰다. 이 형식은 당시 대학에서 사용한 교수적 접근방식을 요약한 것으로, 세미나에서는 공식적인 강의 이후 명확한 질문을 장려하는 형태로 진행되었다. 두 번째로, 보나벤투라는 종종 영적이고 도덕적인 입장에서 자신이 전한 짧은 설교들을 수록한다. 이는 보나벤투라가 자신의 누가복음 주석에서 해당 요소를 더욱 깊이 있게 발전시켰다는 것을 의미한다. 그리하여 텍스트의 이해와 해석을 더욱 풍부하게 하였다.

이러한 두 가지 교수법은 결국 성경을 전하게 될 사람들이 성경의 가르침을 받아들이고 적절히 습득할 수 있는 방식을 풍부하게 만들었다. 그러므로 보나벤투라에게 모든 기독교 신학은 영적인 삶을 깊이 이해하고 선을 실천하는 것이었다. 프란치스코회 신학의 목적은 학문적이거나 추상적인 것이 되어서는 안 되었다. 그는 높이 평가받는 설교자이자 경험 많은 성경교사였으며, 이 두 가지 사상과 가르침 속에서 그의 영성신학의 금맥을 발견할 수 있다.[352]

전도서 주석

　전체 신·구약성경 안에 위치한 솔로몬의 전도서는 오늘날 현대 교회에서보다 중세 교회의 영적인 삶에서 더 중요한 역할을 하였다. 이 책을 처음 읽으면 이 세상의 삶에 대한 깊은 비관주의와 냉소적인 태도가 보이기 때문에 성경의 다른 책들과 정서상 일관적이지 않은 책으로 보일 수 있다. 이 책은 세상의 거짓되고 덧없는 가치에 대한 경멸을 가르치는 측면이 많다. 즉, 세상의 풍요나 자만과 같은 임시적인 가치에 의존하지 않고, 영적인 진실과 영원한 가치를 강조하는 경향이 있다. 이러한 가르침은 수도원 전통에서 오랫동안 전해져왔으며, 수도사들이 세속적인 유혹과 미로에 빠지지 않도록 도와주는 역할을 했다. 중세 시대의 그리스도인은 하나님의 섭리와 그분의 피할 수 없는 심판에 대해 거론하고 있는 전도서의 결론부를 통해 속죄받게 되었다. 전도서 12장 13-14절을 보면 "일의 결국을 다 들었으니 하나님을 경외하고 그의 명령들을 지킬지어다 이것이 모든 사람의 본분이니라 하나님은 모든 행위와 모든 은밀한 일을 선악 간에 심판하시리라"라고 하였다. 하나님은 우리가 행하는 모든 것, 모든 비밀, 그것이 좋든 나쁘든 심판을 내리실 것이기 때문이다. 이 전도서는 흔히 이슬람 경전의 정신이나 성경의 시편과 다른 지혜 전통과도 멀리 떨어져 있지 않다.

　보나벤투라는 정경에 기초한 틀을 중심으로 초기 교부 히에로니무스나 성 빅토르의 위그가 쓴 당시 존재하던 성경 주석이나 해설서에 깊이 의존하였다. 보나벤투라는 동시대 사람인, 중세 시대의 도미니코 수도회 신부이자 나중에 추기경이 되었으며, 1263년에 사망한 성 셰르의 위그(Hugh of Saint-Cher)가 쓴 《전도서 주석》을 밀접하게 따랐다고 말한다.[353] 보나벤투라는 많은 곳에서 다양한 성경적 문서를 교부 위그와 동일한 범위에서 사용하고 있으며, 또한 고전 작가들과 교부 위그의 저작들을 인용한 신학자들의 문서들도 사용한다. 하지만 아주 중대한 의문점이나 질문거리가 생길 경우 그는 교부 위그의 접근법을 넘어서기도 하였다. 그의 모든 성경 주석에서 두드러지는 점은 그가 배우고 능숙하게 가르쳤던 전통을 창의적으로 발전시켰다는 것이다. 프란치스코 수도회의 윤리를 따르며 기도와 기독교적 덕목을 증진하려는 열정은 그의 독특한 성경해석 방식을 유지하고 깊게 발전시켰다.

보나벤투라는 전도서에 들어 있는 도덕적인 과제를 다루면서 그의 주석을 시작한다. "만일 하나님이 세상을 그렇게 아름답고 선하게 만드셨다면 왜 또는 어떻게 이 세상이 멸시를 받아야 하는가?"라는 의문이다. 그는 영원한 것을 추구하는 참된 사랑과 그 자체로 일시적이고 허무한 거짓된 세상적 욕망을 구별한다. 보나벤투라는 교부 아우구스티누스의 사상을 따르면서, 인간의 삶과 역사에 깊이 있는 구분이 있다는 것을 강조한다. 이 이분법적인 분리는 인간의 목표와 가치의 충돌을 나타내며, 그 결과로 두 가지 서로 다른 부류의 사람들이 존재하게 되었다는 것을 의미한다. 여기에는 잘 정돈된 사랑과 불규칙한 욕망은 양립할 수 없는 원칙으로 작용한다.[354] 그리스도인은 삶 가운데 그리스도가 중보하시는 하나님의 축복에 참여하도록 부름받았다. 하나님의 선하심과 은혜는 흘러넘치며, 그 본성은 절대 변하지 않으신다. 그러므로 '완벽한 평온은 오직 하나님께만 존재'한다. 그분의 평화는 영원하며, 그분 안에 있는 생명도 영원하다. 왜냐하면 그분의 뜻 안에 우리의 평화가 있기 때문이다.

이 세상 어느 것도 우리가 의지할 수 있는 영원한 것은 없다. 이 세상은 영원하지 않으므로 인간은 사물의 헛됨이나 사건의 덧없음에 속임을 당하고 산만해지고 있다. 인간의 내면에 있는 영적 필요는 그것들로는 전혀 충족시킬 수 없다. 세속적인 것들은 고작해야 영원한 실재의 그림자에 불과하다. 그 그림자들은 인생들에게 만족을 줄 수 없으며, 그저 그들이 도피하기 위해 필요한 겉옷에 불과하다. "이 세상에는 진정한 안식이 없다. 그 이유는 이 세상이 영원히 지속되지 않기 때문이다. 그저 회전하는 그림자일 뿐이다."[355] 또한 예수님은 우리 인생들에게 '세상의 것을 얻으려는 자들'은 자신의 영혼이 구덩이에 빠져드는 큰 위험에 처하게 될 것이라고 경고하셨다.[356] 그러면 교만이 공허함을 채우게 되고, 교만은 치명적인 망상이다. 탐욕과 방종은 그 뒤를 따라오며, 사람의 마음을 빼앗아간다. 예수님은 마태복음 6장 21절에서 "네 보물 있는 그곳에는 네 마음도 있느니라"라고 말씀하신다. 인간의 호기심은 진정한 실체의 본질을 구별할 수 없는 거짓된 지혜로 나아가게 한다. 결과적으로 인간의 번잡한 삶은 바쁨과 고단함으로 가득 차 있지만, 그 안에는 진정한 가치나 의미가 별로 없다. 이러한 황폐한 삶은 분주하고 강박적인 성격을 띠게 되고, 그 결과 인간의 삶은 빈곤하고 허무한 상태가 되며, 모든 것이 변덕스럽고 피상적인 것으로 여겨지게 된다.

보나벤투라는 '전도서'를 지혜의 왕 솔로몬의 작품 3부작 안에 배치했다. 잠언은 사람들이 세상에서 지혜롭게 살 수 있도록 이끌어주는 반면, 전도서는 '현재의 보이는 현실에 대한 경멸'을 가르친다. 그러나 솔로몬의 아가서는 하늘의 신랑에 대한 사랑을 가르친다.

본질적으로, 전도서는 보이는 것에 대한 거짓된 사랑의 실재를 올바로 인식하지 못하게 방해하는 문제를 다룬다. 이 책은 현실에 대한 진실을 찾는 과정에서 인생의 의미를 탐구하는 데 중점을 둔다. 이것이 바로 보나벤투라가 전도서에 부여한 특별한 의미다. 전도서야말로 그가 신성한 진리와 영광의 거울로서, 또한 하나님께로 가는 사다리로서, 창조된 세계에 대한 자신의 높은 기대에 비추어 해석하도록 해주었다. 전도서 기자가 이렇게 부정적인 접근방식을 취한 것은 '허영심'이나 '공허감'으로 묘사되는 잘못된 매력에서 사람들이 벗어나게 하려는 의도가 담겨 있다. 어떤 것들은 이면적으로는 좋아 보일 수 있지만, 다른 면에서는 쉽게 열정적인 집착의 대상이 될 수 있다는 점에서 나쁘다. 이러한 집착은 우리의 현실을 왜곡하고, 우리에게 정신적인 고통을 초래하며, 우리가 진정한 행복과 만족을 얻는 것을 방해할 수 있다.

보나벤투라는 전도서 기자의 접근과 설교자[357]의 접근이 서로 동일해야 한다고 생각한다. 이는 설교자가 설교를 듣는 사람들에게 유익을 주기 위해서 그들에게 진실을 전달하고, 그들을 이해하며, 그들을 동참시키기 위해 여러 대안을 고려하는 것을 말한다. 솔로몬은 지혜로운데다가 세상의 물질적인 것과 방탕한 것에 대해서도 경험이 많았으므로 그의 말은 권위가 있다. 그는 이런 것들이 함정임을 알았다. 그래서 그의 충고는 정말로 쓰디쓴 개인적인 경험과 철저한 실망에서 나오는 것이다. 그는 "모든 것이 헛되도다"라는 결론을 내렸다.

보나벤투라가 《전도서 주석》의 도입부에서 제기하는 첫 번째 질문은 야고보서와 요한일서에 기초하여 자신의 가르침을 확증하는 것이다. 그 서신들은 하나님을 적대하고, 세상을 사랑하는 사람들에게 경고한다.

"그런즉 누구든지 세상과 벗이 되고자 하는 자는 스스로 하나님과 원수 되는 것이니라"(약 4:4, 요일 2:5). 그렇다면 다음과 같은 질문이 즉각 나올 것이다. "이 세상을 경멸하는 것은 곧 세상을 창조하신 하나님을 경멸하는 것이 아닌가?" 이에 대한 답으로 이렇게 되묻는다. "세상의 원인이자 목표가 되시는 하나님을 사랑해야 하지 않겠는가?"[358]

보나벤투라는 교부 아우구스티누스와 성 빅토르의 위그의 저작들을 인용하면서, 신부에게 주어지는 결혼반지에 대해 언급한다. 이것은 남편을 사랑하는 표시로서 적절하고 순결하게 사랑받을 수 있다. 그러나 부적절하게 결혼반지를 사랑하게 되어 그것을 준 신랑보다 더 가치 있게 여기게 되면, 그러한 사랑은 거짓되고 간음과 같은 것이다. 마찬가지로 만일 반지를 중요하게 여기지 않고 무시한다면, 이는 반지를 준 사람을 경멸한다는 반증이다. 그 반지를 상징으로 받아들이고 신랑의 사랑과 비교하면 아무것도 아닌 것으로 여긴다면, 이는 반지를 준 남편에게 적절한 영광을 돌린 것이 된다.[359] 그러므로 세상은 이처럼 신성한 사랑과 영원한 실체의 표시와 상징으로서만 사랑받고 소중히 여겨져야 한다.

솔로몬의 전도서를 읽다 보면 풀기 어려운 많은 질문이 생겨난다. '정확히 누가 말씀하고 있는가? 그리고 그의 말에 어떤 무게를 두어야 하는가?' 하는 것이다. 보나벤투라는 이 책의 독특한 문체를 언급하면서, 설교자로서 말하는 저자가 여러 사람이 다양한 의견을 제시하는 방식으로 자신의 주장을 엮어가고 있다고 말했다.[360] 가령, 하나는 육체적인 성향을 가지고 있으며, 다른 하나는 지혜롭고 영적인 성향을 가지고 있음을 나타낸다. 그렇지만 이렇게 말한 모든 구절은 이미 인용된 이 책의 결론인 판단에 오류가 없으신 '하나님을 경외하라'는 명제에 좌우되어야 한다고 설명한다.

그러다 보니 결과적으로 어떤 것은 분명하게 말하고 있는 반면, 어떤 것은 반어적인 어조로 이야기한다. 어떤 것은 찬성의 의미로 말하며, 어떤 것은 사실을 고백하거나 유혹하기 위해 말한다. 전도자는 항상 듣기 좋은 말만 하는 것이 아니다. 이 책은 솔로몬이 깊이 묵상한 결과물이다.[361] 결국, 경험한 모든 것은 하나님에게서 오는 선물이다. 그에 따라 사용하고 누려야 한다. 그 안에 의미와 진리가 담겨 있다.

보나벤투라의 독특한 접근법의 두 번째 요소는 주석 전반에 걸쳐 엮여 있으며, 성경이 말하는 내용에 대해 보다 넓은 의미를 제공하는 소(小)설교들이나 여러 성찰을 제공한다. 이러한 접근법은 그의 많은 설교에서 분명히 드러날 뿐 아니라, 누가복음 주석에서는 더 높은 수준으로 발전된 모습을 보여준다. 전도서 1장 5-7절에서[362] 전도자는 생명, 바람과 물, 그리고 태양 자체의 반복적이고 자연적인 주기에 대해 이야기한다. 전도자는 바람이 끊임없이 순환하며 원점으로 돌아오고, 강물이 바다로 흐르지만 바다가 넘치지 않는 것을 관찰한다. 태양도 예측 가능한 주기로 떠오르고 지며, 그다음 날 다시 떠오르는 것을 기록하였다. 보나벤투라는 원저자의 의도와는 상당히 다르게 복음서의 관점에서 전도서를 해석하여 신앙적인 의미를 부여한다.[363] 복음서의 빛 아래에서 태양을 그리스도의 상징으로 이해하며, 그리스도의 삶과 역사에 대한 영적 해석을 제시한다. 태양이신 그리스도가 성육신하심으로 일출에서 떠오르심과 동시에 삶의 고통과 역경을 겪으신 후 일몰하셨고, 다시 원래 자리로 돌아가셔서 성도들의 기도를 통해 여전히 영향력을 미치시는 그리스도를 상징한다. 마찬가지로 '바람'은 모든 것을 살피시고, 인간에게 필요한 은혜와 하나님의 영광의 부르심을 일깨워주시는 성령님을 가리킨다.[364] 요한복음에 있는 예수님의 가르침을 해석하면서, 보나벤투라는 모든 생명의 물이 흘러나오는 은혜의 강물과 하나님의 인애의 바다를 말한다. 보나벤투라는 성경 구절을 사용하여 각각의 주장을 뒷받침하고, 이를 통해 하나님의 섭리(divine operation, 신성한 힘의 작용이나 활동)가 자연 세계에 반영되며, 성경 전반에 나타난다는 것을 보여준다.

보나벤투라는 성경의 상징적인 이해에 대한 다른 예를 들면서 솔로몬을 그리스도를 상징하는 인물로 보았다. 그리스도의 가정은 솔로몬의 왕국처럼 능동적이고, 동시에 사려 깊은 종들로 구성되어 그 풍성함을 드러낸다.[365] 관상수도자들은 평화로운 양심을 내면의 집으로 삼아 안정을 누리며, 포도원 같은 헌신과 포도나무 같은 덕이 있고, 풍성한 포도원에서 맺는 향기로운 열매와 같은 선행을 행하며, 그들의 눈물의 웅덩이에서 물을 끌어내어 그것들을 기른다. 능동적인 종들은 겸손함, 소와 같은 힘든 일을 하는 노력, 양과 같은 순박함이 특징이다. 그들에게 금은 사랑이고, 은은 그리스도를 증거하는 웅변이며, 그들의 부는 주님을 본받고자 하는 너그러움에 있다. 이러한 해석은 아름다운 아가서의 언어로 물들어 있다. 아가서의 언어는 사랑과 열정, 깊은 감정을 담고 있어서, 이를 통해 겉으로 드러나는 그리스도인의 삶이 어떻게 하나님의 사랑 안에 깊이 뿌리내리고 있는지를 상징적으로 전달한다.

보나벤투라는 전도서 저자가 말한 "태어날 때와 죽을 때"라는 시간과 존재의 역설을 설명하는 유명한 구절을 언급하면서, 이를 그리스도인의 다양한 삶의 단계에 적용하여 비유로 바꾸어 설명한다.[366] 따라서 세례받은 그리스도인은 거듭나기 위하여 죄에 대하여 죽어야 하는 것이다.

반면, 참회하는 사람들은 뉘우치고 회개하는 과정에서 슬픔과 위로의 기쁨을 동시에 경험한다. 때때로 의인들은 앞으로 나아가도록 행동해야 하지만, 그러나 다른 때에는 관상의 자리로 물러서야 한다. 때때로 의인들은 자선을 베풀도록 부름받을 수도 있다. 심지어 기독교적인 이상과 가치를 추구하면서 그리스도인의 완전함이라는 작품에 이르고자 자신이 가진 모든 것을 포기하도록 부름받을 수도 있다. 감독들과 교회의 지도자들은 침묵을 지켜야 할 때가 있고, 말하고 가르쳐야 할 때가 있다. 그들은 반드시 악을 미워하고 선을 사랑해야 한다. 때로 필요하다면 피를 흘리기까지 죄악과 싸우지만, 항상 평화를 추구해야 한다. 보나벤투라는 성경을 이렇게 해석하면 창조된 세계의 숨겨진 의미가 드러난다는 확신을 가지고 있었다. 성경과 창조 세계가 함께 교회의 신비와 그리스도 안에 숨겨진 생명을 밝혀준다고 확신했다. 그래서 성경, 창조 및 교회는 모두 그리스도 안에서 확실히 드러나는 하나님의 실재를 매개하고 표현한다고 생각했다.

 보나벤투라는 교부 히에로니무스로부터 오리게네스에 이르기까지 잘 구축된 해석학적 전통을 따르면서, 전도서에 등장한 한 지문 안에 숨겨진 하나님의 말씀이신 그리스도를 그려내는 작업을 하였다.[367] 그 지문에서 전도자는 감옥에서 나와 나중에는 왕이 된, 가난하지만 지혜로운 젊은이와 자신의 길을 고집하는 늙은 통치자를 대조적으로 드러낸다. 그리스도는 순진한 어린아이였으나 하나님의 지혜와 함께한 현명한 소년이셨다. 그분은 가난하게 태어나셔서 악에 직면하셨고, 죽음의 감옥에서 나오셔서 전혀 교만하거나 거만하지 않고 온전히 겸손한 그리스도의 모습으로 나타나셨다. 또한 그분은 자신의 온갖 부요함도 내려놓으셨다. 이런

식으로 모든 성경은 하나님의 진리가 그분의 성육신과 수난에서 구체화되고 계시된 그리스도를 가리킨다.[368]

모든 성경은 또한 남성과 여성이 어떻게 살아야 하는지를 말씀한다. 보나벤투라는 나중에 그의 《전도서 주석》에서 저자 솔로몬이 삶이 지속되는 동안 즐거운 참여를 권하는 구절을 언급할 때, 그것을 관상의 기쁨과 기독교적 행동의 긴요함에 대한 작은 강론(homily)으로 바꾼다.[369]

관상은 먼저 성경에 대한 깊고 체계적인 묵상, 순수한 양심과 내적 헌신을 요구한다. 그 각각은 성경기자의 언어로 상징적으로 나타난다. 가령, 빵과 포도주는 상징적으로 하나님의 지혜를 나타낸다. 흰 옷은 깨끗한 양심을 가리키며, 이 양심은 기쁨의 기름으로서, 머리의 향 기름처럼 퍼져나간다. 각각의 이러한 연관성은 다른 성경 본문에서도 확증된다. 수도사적 헌신은 마치 결혼과 같아서, 삶의 안정과 더불어 수많은 인내를 필요로 한다. 더욱 헌신적인 활동으로 부름받은 사람들은 자신이 살아가는 동안 일생 끝까지 부지런히, 열정적으로 그리고 성실하게 자신에게 주어진 사명을 다하려고 해야 한다. "선을 쌓을 시간은 짧다."[370]

성경은 지속적으로 사람들에게 하나님께 진정한 마음으로 예배하도록 강조한다. 보나벤투라는 전도서 마지막 12장의 도입부를 해석하면서, 전도서 기자의 권고의 메시지를 인용한다. "너는 청년의 때에 너의 창조주를 기억하라"(전 12:1).[371] 사람들은 반드시 모든 존재하는 것들의 창조주(히, 보레에카)이시며 인생들에게 관대히 나누어주시는 하나님을 기억해야 한다. 하나님은 인생들에게 살아갈 힘과 능력을 공급하시며, 선한 것을 추구하도록 도우신다. 그리고 그리스도의 성육신 사건과 함께 그리스도가 십자가에서 죄인들을 구속하시기 위해 치르신 헤아릴 수 없는 희생은 기억되어야 한다. 하나님은 우리가 마땅히 받아야 할 것이나 바라는 것보다 더 많은 것을 주시는 선하신 분이라는 사실을 상기할 때 감사가 흘러나오고, 그분에 대한 변함없는 충성과 순종 그리고 그분을 향한 사랑이 넘치게 된다.

전도서 기자나 보나벤투라, 둘 다 죽음의 필연성에 위축되지 않는다. 죽음이라는 것은 모든 인생이 생각하지 않을 수 없고 반드시 한 번 죽는 것은 인생에게 정해진 운명이다.[372] 전도서 12장 5-7절은 말씀한다. "이는 사람이 자기의 영원한 집으로 돌아가고 조문객들이 거리로 왕래하게 됨이니라 은 줄이 풀리고 금 그릇이 깨지고 항아리가 샘 곁에서 깨지고 바퀴가 우물 위에서 깨지고 흙은 여전히 땅으로 돌아가고 영은 그것을 주신 하나님께로 돌아가기 전에 기억하라."

보나벤투라에게 이 가슴 아픈 말들은 하나님이 내리시는 심판의 결과와 결정적인 결말을 의미한다. 은줄(silver cord)은 인간의 말의 힘을 상징하지만, 여기서는 하나님의 존재 앞에서 말을 줄여 침묵하도록 권고한다. 금 그릇(golden fillet)[373]은 주교들의 권력과 지위가 약해지면서 그리스도가 교회를 다시 다스리시게 되는 것을 상징한다. 깨어진 항아리는 세상적인 지혜의 샘을 두드려서 찾으려는 인간의 모든 호기심이 깨진 것을 상징한다. '터진 웅덩이'[374]는 재물을 쌓아두었다가 운명의 수레바퀴에 의해 부서지는 헛된 노력을 나타낸다. 흙은 회개하지 않은 죄인들이 저주받아 땅의 어두운 곳으로 내려간다는 것을 상징하고, 반면 의인들의 영혼은 하나님과 영원히 함께하는 곳으로 간다는 것을 의미한다.

보나벤투라는 인생들이 한때는 거룩한 존재였는데, 타락하여 그저 육체로 전락했다고 보는 견해를 부인한다. 대신, 그는 '인생은 하나님에게서, 하나님을 통해 오며, 하나님께로 돌아간다'고 가르친다. 이것이 바로 인간 존재의 이유이며, 하나님의 형상과 모양대로 지어진 각 사람의 진정한 운명이다. 하지만 이제 전적인 그리스도의 은혜로 말미암아 구속함을 받은 존재가 되었다. 사도 바울은 이렇게 말한다. "우리 생명이신 그리스도께서 나타나실 그 때에 너희도 그와 함께 영광 중에 나타나리라"(골 3:4)라고 하였다.[375]

그러므로 전도서 기자는 듣는 무리에게 세상의 허망한 것들의 진흙탕에서 하나님의 심판, 진리, 그리고 책임감의 안식처로 인도한다. 보나벤투라는 "그리스도는 모든 것을 심판하실 것이다. 왜냐하면 그분은 모든 것을 보시기 때문이다"라고 말했다. 그는 교부 보에티우스의 〈철학의 위안〉(Consolation of Philosophy)에서 나온 몇 가지 중요한 구절을 인용한다. "우리는 모든 것을 잘 행해야 한다. 왜냐하면 우리는 모든 것을 보시는 심판주의 목전에서 모든 일을 수행하기 때문이다."[376]

보나벤투라가 자신의 주석에서 이런 방식으로 결론을 맺고 있다는 것이 흥미롭다. 보에티우스는 고위직으로 공직 활동을 하다가 배제되어 감옥(그가 〈철학의 위안〉을 쓴 곳)에 투옥되었고, 죽음을 기다리는 경험을 하였다. 보나벤투라는 인간의 삶과 운명, 하나님의 영원한 가치를 준수하는 것에 대해 성찰하게 되었고, 그의 논문을 통해 중세 교회와 사회에 중요한 사상과 성찰의 강력한 도구를 제공하였다. 솔로몬의 전도서와 보에티우스의 〈철학의 위안〉은 놀라울 만큼 유사성이 두드러진다.[377]

요한복음 주석

보나벤투라의 《요한복음 주석》은 그가 파리대학에서 폭넓게 강의한 내용에서 나온 것이며, 1256년경 완성되었을 것으로 추정된다.[378] 이 주석의 특징은 414개의 질문이 전체에 들어가 있고, 그 질문들은 요한복음에서 찾은 매우 날카로우면서도 까다로운 질문들과 쟁점들을 다루고 있다는 것이다. 이 외에도 요한복음 주석의 영적인 의미를 더하기 위해서 누가복음 주석에서 사용했던 광범위하게 발전시킬 수 있는 기록 방식으로 24개의 풍부한 해설도 추가하였다. 이런 면에서 그의 요한복음 주석은 파리대학의 학생들을 지도할 목적으로 쓰였지만, 효과적인 설교를 위한 안내서로도 손색이 없다. 이것은 프란치스코 수도회 수도자로서, 또 나중에는 교단을 이끄는 수장으로서 가져야 할 가장 우선적인 관심사였다. 따라서 이 주석과 그가 했던 수많은 설교와 저술에서 이 복음서의 구절을 어떻게 설명했는지를 비교해보면 유익한 정보를 얻을 수 있다. 보나벤투라의 요한복음 주석은 13세기에 가장 인기가 많은 학술적인 주석으로 알려졌다.[379]

어떤 의미에서 보나벤투라의 요한복음 주석은 매우 전통적인 주석 작성 방법을 따랐다. 그는 제자들을 위하여 유명한 선배 교부들인 크리소스토무스와 아우구스티누스의 지혜를 담아 정제된 주석으로 만들었다. 또한 직접적으로 그레고리우스 대제의 강론들을 이끌어 내거나 그가 접할 수 있었던 중세 시대의 다른 주석들을 인용하기도 하였다. 그 이면을 보면 그에게 상당한 영향력을 미친 성 셰르의 위그가 등장하는데, 그는 도미니카 수도회의 선배 동료이면서 뛰어난 주석가였다. 그런데도 보나벤투라는 앨퀸(Alcuin)처럼 요한복음에 대한 그의 주석에서 독특하고 창의적인 방식으로 자료를 선택하고 다루었다.[380] 그는 당시 대학 강의의 형식적인 절차에 얽매이지 않았다.[381] 대신, 보나벤투라는 두 복음서 주석에서 "영적인 것을 문자적인 것에 내재시켰다"라고 말했는데, 그 이유는 "영적인 의미는 문자적인 의미와 일치하기 때문이다."[382] 그의 이러한 독창적인 접근방식은 부분적으로는 프란치스코의 기억과 가치관에 대한 그의 헌신에서 비롯되었을 가능성이 높다. 그는 누가복음 주석이나 요한복음 주석에서도 이를 완전히 발전시키고 확증한다. 가령, 그는 예수님과 그분의 제자들이 자신들 앞에 오천 명의 가난한 군중이 있었고, 이들을 오병이어로 먹이신 사건을 제시한다. 그때 예수님과 제자들은 그들을 먹일 수 없는 가난한 상태였다는 것을 보여준다. 보나벤투라가 쓴 누가복음 주석과 요한복음 주석은 복음서에 나오는 '가난'에 대한 논문임이 증명된다.[383] 그렇지만 그의 영적인 적용들은 성 셰르의 위그의 견해들을 뛰어넘는 것이었다. 그리고 이 주석에서 나온 수많은 질문과 그에 대하여 답변하기 위한 그의 독창적인 접근방식은 그가 파리대학에서 경험했던 것을 기초로 하고 있는 것이 분명하다.[384]

보나벤투라의 요한복음 주석에서 가장 눈에 띄는 부분은 요한복음이 그리스도의 감추어진 본질과 영광을 드러내고 있기 때문에 기독론의 중심이라고 밝히는 것이다. 보나벤투라는 이 복음서를 두 가지로 구분 짓는다. 바로 본질적인 말씀이신 하나님(요 1:1-5)과 성육신하신 말씀이신 하나님(요 1:6-21:25)이다. 후반부에서 그는 그리스도의 성육신(요 1:6-11:46), 그리스도의 고난(요 11:47-19:42), 그리고 그리스도의 부활(요 20:1-11:46)이라는 세 가지 부분으로 다시 나누었다. 또한 그는 그 이유를 요한복음 주석의 서문에서 밝힌다.

보나벤투라는 사도 요한의 거룩한 삶과 성경교사로서 그가 가진 성경에 대한 분명한 이해와 탁월함에 감탄하고 극찬하였다. 또한 사도 요한이 주님이 십자가의 고난을 받으시는 현장에서 예수님의 어머니 마리아를 보살피는 일을 맡는 모습에서 주의 종으로서 그의 신실함이 확증되었다고 말하였다. 그 복음서 기자는 예수님의 직접적인 가르침과 성령으로 기름부음을 받은 수혜자였다. 그의 삶은 그리스도께 전적으로 헌신되었으며, 그리스도는 그를 친구로서 매우 특별한 방식으로 사랑하셨다. 보나벤투라와 동시대의 신학자들은 요한복음과 요한의 서신서들 그리고 계시록을 모두 같은 저자가 기록한 것으로 보았고, 그 저자는 위대한 거룩함과 지혜를 지닌 선지자적 인물일 뿐만 아니라 가장 권위 있는 사도적 교사라고 평가하였다.

요한복음은 아주 숭고한 복음서다. 그 이유는 "말씀이 육신을 입었다"라는 그리스도의 두 가지 본질(한 몸 안에 신성과 인성을 동시에 갖고 계심)을 장엄하게 보여주고 있기 때문이다.[385] 사도 요한은 죽으시고 부활하신 예수님과 나눈 직접적이고 개인적인 경험에 기초하여 성경을 기록한 예수님의 위대한 증인이다. 그는 요한복음 결론부에서 믿음과 구원에 이르는 확실한 길을 증언하였다.[386] 그리스도인들에게 사복음서가 성경 중 가장 중요한 부분이라면, 요한복음은 그리스도의 이중성(신성과 인성)에 대한 가르침 때문에 복음서 중 가장 중요한 복음서라고 할 수 있다.[387] 요한복음은 다른 복음서에서는 감추어진 비밀들을 명확하게 다루었으며, 그 복음서들의 의미를 해석하고 이해하는 데 큰 도움을 준다.

복음서 사건들에 내포된 윤리적 또는 영적 의미들에 대한 보나벤투라의 해설은 그의 주석을 통하여 더욱 견고한 영성신학의 진수를 제공하기에 충분하였다. 가령, 갈릴리 가나에서 예수님이 일으키신 첫 이적의 중요성에 대한 상세한 해석이 그것이다.[388] 그 셋째 날에 율법을 상징하는 물이 포도주로 변화되었다는 이적은, 율법을 대신하는 은혜의 시대가 왔음을 보여준다. 그 안에 숨겨진 의미는 지금 '두려움이 변하여 사랑'이 되었음을 분명하게 보여주는 것이다. 신성한 하나님의 약속은 복음서 전체를 통해 성취되었다. 요한복음 2장의 혼인잔치는 예수님이 문 밖에 서서 두드리는 것처럼 하나님과 인간 영혼의 혼인을 상징한다. 마리아의 기도는 영혼들에게 회개의 눈물을 흘리게 하여 정결함의 샘들이 열리도록 해준다. 양심의 가책은 회개로 이끄는 정직한 성찰로 생겨나고, 인간의 허무함과 죄와 악에 대한 취약성을 인식하게 한다. 오로지 은혜로 정결케 하시는 생명의 물만이 영원한 생명의 포도주로 변할 수 있다.

보나벤투라의 주석에는 관련 질문에 대한 대답으로 많은 것을 드러내는 부수적인 단락이 있다. 보나벤투라는 그리스도의 죽음의 방식을 다루는 니고데모의 질문에 대한 주님의 답변을 해석하면서, 광야에서 뱀처럼 '들림을 받으시는' 그 존재의 신비를 '경외할 만하고 믿음직하며 비밀스럽다고 표현한다.[389] 이것은 니고데모를 추문에서 보호하고, 그에게 믿음을 불러일으키며, 신중한 묵상을 통해 사랑 안에서 소중히 간직해야 할 신비가 되는 것이다.[390] 이는 니고데모라는 인물에 대하여 예수님이 특별한 관심을 가지고 중요하게 생각하신다는 것을 시사하며, 그가 이러한 경험을 하게 될 것임을 암시한다.[391]

보나벤투라는 사마리아의 수가성에서 우물가에 앉아 계신 예수님을 언급하면서, 그리스도에게서 흘러나오는 은혜의 생수의 본질을 조명하기 위해 많은 말씀을 인용하여 묘사하였다.[392]

이것은 정화, 지혜, 은혜 그리고 생명의 사중주다. 이러한 은사들은 오로지 위로부터 겸손한 사람들에게로 흘러내려오는 것이다. 예수님은 전도자로서 사마리아 여인에게 그분의 약속을 받고 그분의 뜻을 잘 이룰 수 있도록 위로와 믿음의 불꽃이 타오르게 해주셨다.[393]

보나벤투라는 예수님이 제7시에[394] 왕의 고위직 신하의 아들을 치료하신 '시간'에 대한 긴 토론을 제시하며, 그리스도는 '높은 곳에서 시작되는 새벽'이심을 드러낸다.[395] 그는 자신의 가르침과 복음 전도의 목적을 위하여 특징적이고 유용한 기억의 구조적 틀을 제공한다. 제1시는 겸손에서 비롯된 성육신의 자기 비움이다. 제2시는 우리를 그리스도의 가난함으로 인도하는 그분의 성탄(nativity)이다. 제3시는 그분의 할례(circumcision)다. 이는 우리를 순종으로 이끈다. 제4시는 모두를 위한 그의 관대한 가르침을 받는 이방인들을 비추는 평강의 빛이다.[396] 제5시는 성전 안에서 예수님이 변론하신 내용이다. 이는 우리를 감사 기도의 자리로 안내한다. 제6시는 예수님이 세례받으신 사건이다. 이는 죄로부터 정결하게 하는 것이며, 우리를 신성한 빛과 생명으로 이끈다. 제7시는 예수님의 시험받으심이다. 이는 금식을 통하여 육신을 억제하는 행위다. 제8시는 예수님이 받으신 고난이다. 이는 인간의 분노를 소멸시키고 차분하게 인내의 길을 걷는 것이다. 제9시는 십자가에서 쏟으신 예수님의 한량없는 자비와 긍휼로, 지하세계로 내려가셔서 자신의 잃어버린 영혼을 찾으시는 것이다. 제10시는 평온 가운데 무덤에 머무심이다. 이는 마지막까지 평화와 안식을 주시려는 뜻이 담겨 있다. 그리고 제11시는 그분의 부활이다. 이 부활은 죄로 인해 죽은 과거의 생명에서 인생들을 자유롭게 하여 궁극적으로는 영생의 문을 열어주시기 위함이다. 제12시는 그리스도의 승천을 나타낸다. 그 승천으로 우리는 세상의 것들을 사랑하는 것에서 돌아서 영원한 천국의 영광을 위한 소원으로 나아가게 되었다. 이러한 각각의 시간적 단계는 보나벤투라가 성경을 적절하게 인용하면서 확증한다.

장막절(초막절, 수장절 The Feast of Tabernacles)에 예수님이 성전 안에서 선포하신 것은 몇 가지 날카로운 의문점들을 불러일으켰다.[397] "어떻게 성령이 '그 배'에서 흘러나올 수 있습니까?" "오직 하나님만이 성령을 주실 수 있으며, 아무리 거룩한 사람이라도 그것을 줄 수 없다." 보나벤투라는 하나님의 은혜는 마치 흐르는 강물과 같고, 해류와 같다고 한 크리소스토무스의 주장을 인용한다. 이는 하나님에게서 흘러나와 사람을 하나님께로 흘러갈 수 있도록 한다는 것이다. 성경에서 '배'(belly)는 심장(마음)을 상징한다. 보나벤투라는 그 심장에서 주님의 은혜가 발원하여 흘러넘친다고 확신하였다. 성령의 임재하심은 분명하게 성경 전반을 통해 드러난다. 그리고 선지자들과 여러 기적을 통해서도 확인된 것이다. 예수님의 공생애 사역에서도 자주 나타났으며, 죽은 자 가운데서 부활하신 후 예수님은 제자들에게 성령을 받도록 영적인 호흡을 불어넣어 주셨다. 가장 중요한 성령의 나타나심은 승천하신 후 오순절에 일어났다. 성령님이 인간의 본성 안에 충만하게 내주하시는 역사가 일어난 것이다. 이 사건은 누구나 믿음으로 성령을 받을 수 있도록 예수님이 십자가에서 죽으신 결과로 예언된 바로 그 보편적 부어주심이다.

보나벤투라는 세상의 빛 되신 예수님을 깊이 사색함으로써 성경에 대한 확고한 믿음과 함께 다양한 전통적 가르침을 조화롭게 구성한다.[398] 요한복음 12장을 보면, 그리스도는 숨겨진 방식으로 세상에 태어난 모든 사람을 가르치시지만, 이제는 공개적인 가르침으로 매우 명백하게 깨우치신다. 그리스도를 따르는 사람들은 자신의 생각을 그분께 순종해야 한다. 이제 그분을 따르는 자는 어두움에 다니지 않고, 하나님의 영광의 비전으로 나아가게 될 것이라는 약속이다. 이는 미래를 위한 약속이다. 그렇지만 이는 일정 부분까지만 가능한 제한적인 일이다. 시편기자는 36편 9절에서 "진실로 생명의 원천이 주께 있사오니 주의 빛 안에서 우리가 빛을 보리이다"라고 말씀한다. 그리스도인은 눈에 보이는 것이 아니라 믿음을 따라 걷는 사람이다. 그리스도의 빛이 그분의 육체로 가리어져 있는 것과 같다. 인간은 주님의 신성을 타인을 통하는 것이 아니라 주님을 통해 직접 이해해야 한다. 그렇지 않으면 인간은 그분의 신성을 이해할 수 없다. 우리는 믿기 위해 이해해야 하는 것이지 이해하기 위해 믿어서는 안 된다.

요한복음 10장에는 도둑과 삯군 목자 그리고 선한 목자가 대조적으로 등장한다. 보나벤투라는 10장을 주해하면서, 삯군 목자는 자신의 계약을 이행하려고 돈을 받고 일하는 것이며, 도둑이 온다는 것은 바로 이단자들이 와서 거짓말로 분열시키고 파괴한다는 의미다. 삯군 목자도 두 종류가 있는데 기본적으로 돈을 받고 일한다는 측면은 같다. 한 종류는 돈을 받고 일하지만, 인내심이 부족하여 인정을 못 받는 사람이다. 다른 한 종류는 돈을 받고 일하지만, 영원한 보상을 받기 위해 인내하면서 일하고 섬기는 사람이다. "그렇지만 이러한 종류의 삯군들은 완전히 칭찬받을 만한 존재는 아니다. 오직 사랑으로 섬기는 사람들만 높이 올려질 것이다."[399] 그렇다면 기독교 사역자는 자신의 삶과 사역이 모두 희생하도록 부름받은 것이므로, 주가 맡기신 양 무리를 위해 기꺼이 죽고자 하는 자발적인 의지가 있어야 한다. 양 무리가 절박한 위험에서 벗어나게 해주어야 할 때도 있으며, 때로는 양 무리를 대신하여 죽음의 자리까지 나아가야 할 수도 있다. 이 직책의 대의는 가난한 사람들을 돌보기 위하여 기꺼이 자신의 소유와 재산을 다 팔 수 있는 즉각적인 자발성과 의지다.[400] 그러한 사역은 희생적이기 때문에 기쁨이 되고, 기쁨이 되기 때문에 희생할 수 있다.

보나벤투라는 예수님이 질병으로 고통받아 죽어가는 나사로의 집에 가시는 것을 미루신 이유를 생각하면서, 그 고통의 본질과 의미를 흥미롭게 분석한다. 은혜에 의한 완전한 회복은 인간의 겸손, 회개, 인내 그리고 긍휼을 고통 속에서도 기꺼이 받아들임으로써 이루어진다. 이는 탐욕과 육체적인 쾌락, 오만과 고집에서 발생하는 죄로 인한 고통에서 벗어나는 것을 의미한다. 그렇지만 그리스도인의 제자도는 거룩하신 성령님을 힘입어 선을 추구하고 끝까지 인내하는 큰 희생이 뒤따르는 길이다. 때로는 다른 사람들에게서 거짓말과 중상모략을 당할 수 있다. 그렇지만 그러한 고난은 그리스도와 연합하고, 영혼이 정결해지기 위한 구속적 과정에서 피할 수 없는 부분이다. 이로 인해 종국에는 하나님의 영광에까지 다다르게 된다.[401] 보나벤투라는 이렇게 되는 방법의 각 단계를 해설하면서 지속적으로 성경을 인용하고, 더 넓은 가르침을 위해 요약적 성격으로 묘사하였다.

보나벤투라는 요한복음 11장에 나오는 무덤에서 일어난 나사로의 부활에 담긴 중요한 영적인 의미를 설명하면서 앞에서와 유사한 통찰력을 적용한다.[402] 바로 에덴동산에서처럼 "네가 어디에 있느냐?"라고 예수님이 죄인들을 부르시는 장면이 연상된다. 그러므로 이것은 영적인 죽음의 상태를 반영한 질문이다. 그 후 주님은 무덤의 돌을 치운 것처럼 죄로 인한 죄책감의 짐을 진 인생을 일으키신다. 예수님은 그 인생들에게 다가가셔서 그들의 죄를 공개적으로 고백하고, 더 이상 숨지 말도록 당부하신다. 마지막으로 그분은 제자들에게 나사로를 풀어놓아 다니게 하라고 하신다. 이는 죄인이라는 자백을 통하여 죄에서 용서받은 것을 기념하는 성찬을 상징한다. 보나벤투라는 나사로가 세 가지 측면에서 무덤에서 나오는 것에 여전히 방해받고 있었음을 가르친다. 먼저 그의 얼굴을 덮고 있는 천은 그가 무엇인가를 보고 분별할 수 있는 것이 가려져 있다는 것을 말한다. 발을 묶은 끈은 올바른 일을 할 수 있는 의지의 어려움을 말한다. 또 손을 묶은 끈은 올바른 일을 할 때의 어려움을 의미한다.

이 지문을 보면, 보나벤투라가 아우구스티누스와 성 셰르의 위그[403]와 같은 이전의 성경 주석가들의 글에서 자료를 선별하여 인용하면서도 자신의 목회적이고 영적인 해석을 강조하고 발전시키는 전형적인 방식을 보여주고 있다. 다시 한번 그는 성경의 여러 이야기를 상세하게 살피면서 그 안에 숨겨진 의미에 대한 자신의 확신을 드러낸다. 이 성경 연구를 통해 그는 그리스도와 성령님을 통한 하나님의 임재의 본질과 신성과 인성, 또한 하나님이 인간을 구속하시는 방법을 이해하기 위한 열쇠를 확신하기 원했다.

보나벤투라는 요한복음 15장을 주해하면서 포도나무이신 그리스도, 그분의 신성과 인성에 대한 깊은 통찰력을 보여준다. 한편으로 우리 인생들은 그분께 연합하고 그분의 생명을 자양분으로 얻을 수 있다. 다른 한편으로 그 생명은 그분의 신성에서 오는 것이다. 어떻게 이러한 것이 가능한가?[404] 보나벤투라는 예수 그리스도에 대한 자신의 독특한 이해를 설명할 수 있는 기회를 갖게 되었다. 참으로 그리스도는 한 몸 안에 하나님의 신성과 인간의 인성이 같이 공존하시므로 그리스도만이 중보자로서 하나님과 인간을 하나로 묶으실 수 있다. 그리스도는 참 포도나무시다. 그분 안에 있는 인성과 신성의 연합을 통해 하나님의 생명을 인간의 생명 안에 불어넣을 수 있게 되었음을 나타낸다. 그들은 포도나무이신 주님 안에 접목되어 있기 때문에 "은혜의 수분이 모든 성도에게 넘쳐 흐른다"라고 설명할 수 있다.[405]

이 지문은 그리스도를 통하여 깨달은 하나님 사랑의 본질을 함축한다. 그리스도는 "아버지께서 나를 사랑하신 것 같이 나도 너희를 사랑하느니라"라고 말씀하시면서 자신이 아버지 하나님께 받은 무한한 사랑을 인생들에게 베푸셨다.[406] 보나벤투라는 인생들을 향하신 그리스도의 지극한 사랑의 본질에 대하여 말하기를 주저하지 않고 섬세하게 그려냈다.[407] 보나벤투라는 "그는 자신의 생명을 번제물로 드리심으로 독생자를 내어주신 아버지의 사랑을 드러내셨다"라고 말했다.[408] 그리스도의 사랑은 자녀를 위한 어머니의 사랑 혹은 부인에 대한 남편의 사랑을 넘어서는 것이다. 심지어 그리스도의 부활로 인하여 확인된 것처럼 자신의 영혼에 대한 사랑도 넘어서는 것이다. 솔로몬의 아가서 말씀에, "사랑은 죽음처럼 강하고"라고 하였다.[409] 요한복음 17장에 나오는 예수님의 기도에 대한 보나벤투라의 자세하고 훌륭한 주해는 이러한 주제들을 상세하고 정교하게 설명한다.

복음서의 본문과 함께 이 주석서를 주의 깊게 읽음으로써 보나벤투라의 사상과 풍부한 통찰력을 알 수 있다. 교부신학과 수도원 신학의 해석 전통에 대한 보나벤투라의 충성심은 결코 의심할 여지가 없으며, 그는 자신의 해석에서 많은 경우 그 출처를 밝히면서 다른 해석들과 공개적이고 비판적으로 비교한다. 이는 성경에 대한 보나벤투라의 철저한 지식을 강조하면서도, 원본 과라키(Quaracchi)판 라틴어 텍스트의 많은 참고 문헌들과 19세기 말에 이탈리아에서 출판된 것, 그리고 최근 카리스(Karris)의 영어 번역을 인용하면서 보나벤투라의 해석전통에 대한 숙련도(학문적인 능력과 권위)를 한층 더 극대화시켰다.

그의 성경에 대한 이해는 성경교사로서 그리고 기도자로서 위대한 은사들을 보여준다. 이와 더불어 모든 신학은 그리스도 안에서 드러나듯이, 하나님의 사랑 안에 근거를 둔 거룩한 삶으로 인도해야 한다는 그의 결단도 위대한 것이었다. 프란치스코에 대한 기억이 성경의 살아 있는 목소리에 대한 즉각성, 권위 및 긴급성을 부여했다. 보나벤투라는 자신이 쓴 모든 글에서 성경의 내용을 명확히 해설하고 표현하기 위해 모든 능력을 집중했다. 그의 목표는 독자에게 성경의 가르침을 이해할 수 있도록 돕는 것이었다.

제9장

믿음과 이해

지식과 신학

보나벤투라에게 기도와 신학은 하나였다. 그가 쓴 이전의 학술 논문들을 살펴보면, 그의 전체적인 이해에 결정적 역할을 한 영적 가르침이 명확하게 녹아 있는 끈이 이어지고 있는 것을 볼 수 있다. 이 끈은 기독교 신앙이 예수 그리스도 안에서 드러나듯이, 하나님에 대한 경험적인 지식으로 이끄는 방식을 결정한다. 보나벤투라에게 이것은 기독교 신학의 목적이다. 그는 지속적으로 아우구스티누스, 그레고리우스 대제와 성 베르나르의 사상을 접목한다. 보나벤투라가 그 기독신학에 접근하고 가르치게 된 결정적인 계기는 사실 교부 안셀무스와 성 빅토르의 위그 덕분이었다. 그가 이해한 요지는 〈예술을 신학으로 환원하는 과정에 대하여〉(*On the Reduction of the Arts to Theology*)라는 탁월한 짧은 논문에 담겨 있다.[410] 이 논문은 아마도 보나벤투라의 생애 마지막 시기에 작성된 것으로 추정된다. 이 논문은 그의 신학적 방법과 비전에 대한 간략하면서도 명철한 통찰과 본문에 대한 상세한 설명을 제공한다. 이 논문은 라틴어로 영어 번역과 함께 인쇄되었다. 이 논문의 라틴어 제목은 'reductio'로 이는 환원(leading back), 즉 모든 분야의 지식을 그 근원인 그리스도로 연결하는 것을 의미한다. 이는 모든 학문이 하나님의 말씀인 성경을 통해 그리스도를 깊이 이해할 수 있도록 해야 함을 의미한다.

　여러 가지 면에서 이 논문은 "온갖 좋은 은사와 온전한 선물이 다 위로부터 빛들의 아버지께로부터 내려오나니"(약 1:17)라는 보나벤투라가 가장 좋아하는 말씀 중 하나에 대한 의미와 중요성을 묵상한 것이다. 이 단 하나의 근원에서 창조물 전체에 반사된 다양한 빛이 흘러나오며, 우리가 육안으로 보는 빛들은 하나님의 빛 안에서만 볼 수 있다.[411] 그러므로 모든 존재하는 것의 통일성과 다양성은 지속적으로 하나님이 자기 자신을 드러내시고, 자기 자신을 내어주시는 본성의 관대함에서 흘러나오는 것으로 확정된다.

　보나벤투라는 논의의 틀로 인간의 통찰력에 대한 네 가지 방식을 제시했다. 그 네 가지는 외부의 빛으로 일상적인 사물을 구별하는 것, 하위의 빛으로 사물을 개념적으로 이해하기 위해 감각으로 지각하는 것, 내면의 빛으로 철학적으로 사고하는 지성으로 이끄는 것, 그리고 상위의 빛으로 이는 성경을 통해 하나님의 은혜의 역사에 의해 구원으로 인도하는 것이다. 이러한 접근방식에 따라 보나벤투라는 완벽한 지식 이론을 발전시킬 수 있었다.

　이로 인해 보나벤투라는 인간의 모든 활동, 특히 인간의 창조적 활동을 긍정적인 시각으로 바라보게 되었다. 이러한 방식으로 물질적인 공급, 주거 그리고 안락함 등 인간의 모든 필요를 근본적으로 충족시키는 것이다. 그는 또한 인간의 감각지각을 통하여 창조된 사물들을 올바르게 이해할 수 있도록 해주는 오감의 중요성을 크게 확신하였다. 오감은 어떤 면에서는 열등하며, 하나님의 질서 안에서는 인간의 마음에 종속되어 있다. 오감은 시각, 청각, 촉각, 미각 그리고 후각을 의미한다. 그렇지만 이러한 오감은 창조된 피조물과 친화력을 갖고 있으며, 그 실체를 감각으로 매개한다. 시각은 가장 우월한 감각이다. 시각은 모든 사물 안에 투영되어 있는 신성한 빛의 완전함과 순수함을 분별할 수 있도록 해준다. 감각 경험(impression)은 모든 실용적인 인간의 지식에 있어서 유일하게 확실한 토대를 형성한다. 이 시기에 프란치스코회의 주도 아래 옥스퍼드 대학과 다른 대학들이 빛의 현상에 특별히 초점을 맞춘 실험적 과학 연구를 시작하였다.

철학적인 지식의 내적인 빛은 인간 마음에 고유한 학문의 원리와 자연의 진리를 통하여 내적이며 숨겨진 이유들을 찾도록 해준다. 이 둘은 인간 지성과 거의 동질적인 것이다.[412] 인간의 경험에서 진리는 언어, 사물 그리고 도덕의 세 가지 측면에서 표현된다. 이성철학은 언어를 고찰(考察)하는 것이다. 자연철학은 근대 과학의 기초이며, 이는 사물을 있는 그대로 고찰하는 것이다. 도덕철학은 인간의 행위를 고찰하는 것이다. 이성(reason)은 사물들이 존재하는 원인을 고찰할 때 물리학의 형태를 취하며, 논리(logic)는 이해의 원리를 질서 있게 살피는 것이지만, 도덕철학은 인간의 행동이 올바르도록 이끌고 동기를 부여한다. 인간의 의사소통은 진리를 인식하고 적절하게 표현하는 것을 말한다. 또한 사실적으로 가르치고 판단하며 설득력 있게 변론하는 것과 관련이 깊다.[413] 보나벤투라는 물리학이 사물들의 자연적 원인을 어떻게 조사하는지를 살펴보았다. 또한 수학은 이성으로 이해할 수 있는 보이지 않는 원리들을 설명한다고 하였다. 반면, 형이상학(methphysics)은 창조된 실체와 그것들을 궁극적으로 있게 한 제1원인, 즉 창조주 하나님에 대한 여러 생각을 반영한 것이다. 도덕철학은 그 자체로 각 개인, 가족 그리고 국가에 대한 윤리적 적용이다. 이러한 모든 지적 능력은 인간의 마음 안에 내재된 것이며, 또한 이러한 결과를 얻기 위하여 부지런히 개발되어야 한다.

　대조적으로 상위의 계시의 빛은 하나님에게서 직접 흘러나오는 빛이다. 이 빛은 하나님이 베푸시는 은혜의 표현이며, 이는 성경을 통해서 매개되어 인간의 이성을 초월하는 진리들을 분별할 수 있게 해준다. 보나벤투라는 논문의 나머지 부분을 이 주제에 할애하였다. 이는 성경의 문자적인 의미를 넘어서 성경의 통일성과 완전무결함을 부여하는 세 가지 영적인 감각이 포함된다. 비유적(allegorical) 감각은 영적인 의미를 더해준다. 도덕적 감각은 인간이 선한 행동을 하도록 인도한다. 그리고 비유적 감각이나 성례적 감각은 사람이 하나님께 연합할 수 있도록 한다. 그러므로 모든 성경은 그리스도의 영원하심과 성육신의 신비를 가르쳐준다. 그리고 인간이 어떻게 살아야 하는지와 어떻게 영혼이 하나님과 연합하는 인간 존재의 목적을 이룰 수 있는지를 가르쳐준다.

　이 분석의 결과, 보나벤투라는 인간 경험의 계발 방식을 빛의 스펙트럼처럼 여섯 가지로 잘 정리하였다. 그 여섯 가지는 성경, 감각 지각, 실제적인 분별력, 이성철학, 자연철학 그리고 도덕철학이다. 그렇지만 종국에는 이 여섯 가지 방식은 '영광의 빛'으로 대체될 것이다.[414] 그리고 이 여섯 가지 방식은 창세기 1장에 등장한 창조의 6일을 각각 반영한다. 각각의 것은 하나님이 계시하신 하나의 빛 안에서 기원한다. 그렇지만 거기서 파생된 인간의 모든 지식 분야는 성경을 더 깊이 이해하게 하였다. 또한 그렇게 함으로써 그 목적이 완전해져야 한다. 이로써 "원이 완성되었다"[415]라고 할 수 있다. 인간의 지식을 조명하는 빛은, 결국 그것의 근원이신 하나님께로 그 지식을 다시 이끌어간다. 왜냐하면 "하나님은 빛

이시고 그 안에는 어둠이 전혀 없으시기 때문이다."⁴¹⁶⁾

이러한 인식을 통해 보나벤투라는 창조된 실체 안에 하나님의 진리가 반드시 숨겨져 있다고 믿는 방식을 설명할 수 있었다. 모든 피조물은 자신의 이미지를 투사하며, 그 이미지는 인간의 마음과 이해력에 지속적으로 영향을 끼쳐 창조된 실체를 관찰하는 사람들에게 적절한 감각을 자극한다. 이러한 개념적인 실체들은 사물에 대하여 인간이 지성을 가지고 깊이 사색하고 탐구하도록 인도한다. 이 근본적인 과정은 하나님의 형상, 곧 하나님의 말씀이 하나님의 영원한 마음에서 흘러나오는 방식을 반영한다.⁴¹⁷⁾ 하나님의 참 형상이신 그리스도가 하나님을 믿는 믿음을 통해 인간의 마음을 하나님께로 인도하기 위하여 인간 본성과 하나가 되셨다. 이것은 보나벤투라의 지식이론의 핵심이자 그의 신학을 지배하는 원리다. 그의 마음에 이것은 또한 그리스도인의 경험에서도 입증 가능한 진리였다.

인간의 도덕성이 태만하지 않고, 자신에게 해를 끼칠 수 있는 것을 피하며, 또 자신의 행복에 적절하지 않은 것을 불평하지 않을 때 육신의 욕망과 교만의 덫에서 벗어나 번성하게 된다. 그러한 도덕적 감각은 소원과 기쁨으로 동기화되고, 이러한 도덕적 갈망은 인간 존재에 이미 내재되어 있다. 그러나 이것이 완벽히 충족되는 것은 오직 하나님 안에서만 가능하다. 어떤 인간의 감각도 이 삶에서 영원한 충족을 찾을 수 없다. 그래서 우리는 하나님을 만나는 것에서 기쁨과 즐거움을 맛보며, 그분을 계속 찾고 또 찾아야 한다.⁴¹⁸⁾

신체적 감각들은 내면의 영적 감각들을 그대로 반영하며, 그 감각의 속성도 유사하다. "우리의 영적인 감각들은 반드시 갈망하는 마음으로 찾고, 기쁨으로 구하며, 또 시간과 노력을 들여서 아름다움, 조화로움, 향기로움, 감미로움을 계속 경험해야 한다. 그것은 또한 감동하는 기쁨이 있어야 한다."[419] 그러므로 감각 지각의 본질은 아름다움 그 자체와 마찬가지로 그리스도와 인간의 행동 양식 그리고 인간 삶의 목적이라는 삼중 구조를 드러낸다. 인간 삶의 목적은 영원히 하나님과 연합하는 것이다. 보나벤투라에게 세상의 아름다움은 하나님의 실재와 창조의 목적을 보여주는 결정적인 표시다.[420]

인간 본성에 대한 보나벤투라의 긍정적인 평가는 인간이 실질적으로 어떻게 사물들을 창작해 나가는지에 대한 흥미로운 탐색 과정 속으로 흘러가게 되었다.[421] 이것도 역시 동일한 삼중구조를 반영한다.

인간의 모든 창조성은 마음에서 비롯되는 것이며, 무엇인가를 인식하게 되면 이를 가장 정확하게 표현하는 물리적 형태를 찾으면서 발휘된다. 실제로 "만약 그것(작품이나 창작물을 의미)이 그것을 창조한 예술가(또는 창조자)를 알고 사랑하도록 하는 효과를 낼 수 있다면, 그 예술가는 분명히 그렇게 할 것이다."[422] 만일 이러한 효과가 실질적으로 일어나려면, 반드시 피조물이 창작자의 마음을 투영하고 체화하는 창조 원리를 정확하게 이해해야 가능하다. 그렇지만 만일 어떤 것이 이러한 인식을 방해하거나 손상시킨다면, 그 창의적인 예술가는 자신의 손상된 피조물을 회복시키기에 적절한 시야인 피조물과 같은 낮은 수준으로 스스로를 낮추어야 한다. 그러므로 인간을 창조하신, 영원한 말씀 되신 주님은 타락한 인간을 다시 회복시켜 그들을 하나님께로 인도하기 위해 겸손히 친히 육신을 입으신 것이다.

인간의 예술적 창작의 실제 작업은 어떤 방식으로든 성육신적 과정에 참여하는 것이다. 이 대담한 주장은 보나벤투라의 미학(美學)에 대한 논의에 독특하고 영속적인 의미를 부여한다. 예술가의 목적은 아름답고, 유용하며, 내구성 있게 창작하는 것이다. 이것은 지식과 응용력 그리고 인내를 요구한다. 이러한 면에서 인간에게는 세 가지 힘이 존재한다. 지식, 욕구 그리고 에너지다.[423] 이 세 가지는 건설적인 목적을 달성하기 위해 함께 활용된다. 예술가는 마치 하나님의 말씀이신 그리스도의 성육신 안에서 계시된 것과 같이 하나님의 창조의 에너지 속으로 들어가 부지런히 모방한다. 사람들은 예술작품을 보며 칭찬, 유익함, 기쁨으로 반응한다. 이러한 반응은 하나님을 찬양하고 그분을 섬기며 영원토록 즐거워하기 위해 창조된 영혼의 내적 역동성을 분명히 나타내준다. 그러므로 예술가가 무엇인가를 창작하고자 하는 충동과 그것을 가능하게 하는 능력은 궁극적으로 인간의 존재 목적을 그 자체로 드러내고 있는 것이다. 그 존재의 목적은 제한 없는 기쁨과 즐거움 안에서 하나님과 연합되는 것이다. 보나벤투라가 이 저작을 기록할 때는 이탈리아 초기 르네상스 시대의 위대한 기독교 예술가들이 그분을 중심으로 작품을 만들고 있었고, 그중 일부는 아시시의 성자 프란치스코를 기념하기 위해 만들어졌다.

보나벤투라는 인간이 어떻게 언어를 사용하는지를 깊이 탐색했다. 그는 인간의 언어 안에 내재된 신성한 언어의 형태를 발견하였다. 단어나 낱말의 형태는 인간의 지성 속에서 구상되며 음성으로 전달된다. 반면, 인간의 생각은 말하는 사람의 마음속에 여전히 남아 있는 것이다. 그러므로 영원한 하나님의 말씀은 신성한 지성에서 결코 분리되어 있지 않다. 성육신하신 말씀, 곧 예수 그리스도 안에 표현되어지는 것이다. 인간의 언어는 또한 내적 도덕성과 질서에서 표현되고 흘러나온다. 이는 어떤 내적 조명과 도덕적 주장이 듣는 사람의 감정과 도덕적 가치관에 호소함으로써 듣는 사람에게 강력한 인상을 주고, 그들의 생각과 행동에 영향을 미칠 수 있다는 것을 말한다. 이것은 표현된 것이 어떤 식으로든 말하는 사람의 영혼과 연합된 후 듣는 사람의 영혼과 연합되기 때문에 일어난다. 그러므로 하나님을 아는 지식은 오로지 그리스도와 연합함으로써만 가능하다. 그리스도는 사람들에게 자신을 나타내 보이셨고, 그 사람을 사랑 안에서 자신께로 이끄신다.

말씀이신 그리스도를 통해 자신을 표현하는 창조적 생각들이 하나님에게서 흘러나온다. 그래서 교부 아우구스티누스는 그리스도를 '하나님 아버지의 예술'로서[424] 묘사하였다. 왜냐하면 그분의 성육신은 창조의 모든 원리를 그분의 인격 안에 결합시켰기 때문이다.[425] 이러한 원리들을 이해하면 영원하신 하나님이면서 성육신하시고, 하나님의 말씀이신 그리스도를 이해하게 된다. 진실로 그리스도는 '알파와 오메가'가 되신다. 왜냐하면 그분은 만세 전에 태초에 나셨고, 하나님의 충만한 때가 차매 성육신하셨다.[426]

한편 영혼의 변화는 태양에서 오는 빛과 같이 그리스도의 빛을 받을 때에만 일어난다. 또한 그것은 마치 달의 보호를 받는 것처럼 주님의 어머니의 보호를 받을 때 일어난다. 그리고 하늘의 별과 같은 성인들의 삶을 주의 깊게 모방할 때 일어난다. 이러한 모든 조건이 충족될 때 영혼은 살아있는 완벽한 작품이 된다.[427]

영혼이 타고난 육체적인 호흡, 수분 및 온기에 의해 몸과 연합되듯이, 하나님이 그 영혼에 생명을 불어 넣으실 때 진정한 회개와 진정한 사랑의 눈물을 흘리게 되고, 세속적인 현실을 거부함으로써 그 영혼이 영적으로 변화되며, 천국을 갈망하게 되고, 그 영혼을 사랑하는 주님에 대한 열망으로 가득 차게 된다. 그러므로 자연철학을 구성하는 모든 것은 신성한 진리로 가는 길을 가리킨다.

    도덕철학은 교부 안셀무스가 '의지의 정직함 또는 바른 의지'라고 부른 것을 다루는 철학이다.[428] 보나벤투라는 'right'이라는 단어를 세 가지 의미로 구별한다. 첫 번째 의미는 극과 극으로 향하지 않는 중간이나 중앙이다. 그러므로 이는 안정되고 곧게 선다는 의미다. 여기에 기초하여 보나벤투라는 하나님의 말씀이신 그리스도를 삼위일체의 중간 위격이시라는 독특한 견해를 주장하였다. 하나님 아버지는 아들과 성령을 낳으시고, 한편 아들은 아버지와 아들이 사랑으로 연합되게 하는 끈이신 성령을 받을 뿐 아니라 낳는 일에도 참여하셨다고 말했기 때문이다.[429] 그리스도는 또한 창조주 하나님과 인류의 중보자가 되셨다. 그리스도는 요한복음 1장에도 말씀하듯이, 사람들을 하나님께로 다시 돌이키시려고 스스로 자기를 비워 인간의 몸으로 나셨다. 두 번째 의미로 신성한 하나님의 뜻을 따라서 살아가는 것을 의미한다. 이는 기독교 도덕성의 기초다. 세 번째 의미는 인생들이 하나님과 궁극적인 연합을 이룬 것을 보여주는 말이다. 그 마음이 오로지 하나님만을 추구하고 하나님에게서 오는 능력과 힘을 공급받으며, 선한 것을 소원하고 붙잡으려는 열망이 있을 때 그 사람은 하나님과 가까워지게 된다. 하나님께로 더 가까이 가는 영혼은 그분과 함께 하나의 영이 되는 것이며, 마침내 올바른 곳에 서게 된다. 이 논문에 대한 보나벤투라의 결론은 상당히 권위 있고, 기억에 남을 만하며 대담하다.

따라서 성경에 명백하게 나타난 하나님의 다양한 지혜가 모든 지식과 자연 속에 숨겨져 있는 것이 분명하다. 지식의 모든 분야가 신학에 종속되는 것이 명백하며, 이를 위해 신학은 모든 지식 분야에 관련된 예시와 용어를 사용한다. 이는 신학이 모든 지식과 자연의 내부에 숨겨진 하나님의 존재를 이해하는 데 도움을 주기 때문이다. 또한 이 깨달음의 길이 얼마나 넓은지, 그리고 하나님의 존재가 인식되거나 알려진 모든 것 속에 어떻게 숨겨져 있는지도 명확하게 보여준다.[430]

그러므로 모든 인간 과학의 목적은 믿음을 강화해주고 깊어지게 하는 것이다. 이는 가장 우선적으로 찾아야 할 참 지성이다. 모든 지식과 믿음의 목적은 그리스도와 연합하는 것이며, 사랑하는 배우자와 함께 하는 것처럼 하나님의 사랑 안에 거하는 것이다. 이 사랑은 성령 하나님의 선물이다. 이 사랑의 선물이 없다면 모든 지식은 헛되고 공허한 것이 된다. 왜냐하면 어느 누구도 성령으로 말미암지 않고는 그리스도를 주라고 고백할 수 없으며, 그분께로 나아갈 수 없다. 성령님은 우리에게 영원히 축복받을 진리를 가르치신다.[431]

삼위일체

보나벤투라의 논문 〈삼위일체의 신비에 대한 논쟁적인 질문들〉은 그가 대학에서 강의했던 내용을 바탕으로 한다. 이 논문은 그가 《신학서설》과 《순례기》를 저술하기 전 쓴 것이다. 이 두 편의 저작은 나중에 〈창세기의 6일 창조론에 대한 논설〉(*Collations on the Hexaemeron*, 4세기경 요한네스 크리소스토무스가 쓴 작품)처럼 삼위일체에 대한 기독교 신앙에 대한 그의 더 많은 가르침들을 재정리한 것이다. 이 저작들은 이미 그의 〈문장에 대한 주석〉(*Commentary on the Sentence*)에서 명백하게 드러나 있다. 이 저작은 1256년에 저술되었다고 추정되는 〈삼위일체의 신비에 대한 논쟁적인 질문들〉에 대한 논문의 기초가 되었다.[432] 이 논문은 삼위일체에 대한 기독교 신앙에 대한 근본적인 이유들을 매우 체계적으로 깊이 고찰하도록 하였다. 이는 사상가이자 교사로서 보나벤투라의 교수기술을 잘 보여주고 있으며, 아리스토텔레스의 '논리학'을 효과적으로 다루고 있는 것도 잘 드러내준다. 그러나 보나벤투라의 저작에서는 철학이나 논리학의 논쟁에 빠지는 것보다 이러한 것들을 기독교 진리와 신앙을 해명하고 뒷받침하기 위한 견고한 수단으로 삼고 있다. 보나벤투라에게 기독교 신학의 목적은 성령님의 내주하심을 통해 그리스도 안에서 하나님과 영혼이 연합하는 것이었다. 기독론의 근본적인 토대는 성경의 가르침에 있다.

 교부 안셀무스와 성 빅토르의 리차드에게 영향을 받은 보나벤투라는 삼위일체에 대하여, 그것이 확실하고 진실하므로 비록 증명되지 않더라도 믿어야 하는 이유가 있다고 확신했다. 하나님의 은혜로 충만한 인간의 마음은 삼위일체에 대하여 이해하고 표현할 수 있도록 고안되어 있다. 이 훌륭한 안내서의 목적은 보나벤투라가 삼위일체에 대한 믿음과 관련된 주요한 각 질문에 효과적으로 답변한다. 믿음에 도전하기 위해 그 당시 제기될 수 있었던 가능한 모든 논리적이고 합리적인 주장들을 두려움 없이 나열하고, 그에 대해 답하고 있는 훌륭한 지침서다. 왜냐하면 은혜가 성령의 역사를 통해 인간의 본성을 완전하게 한다면, 믿음은 이를 통해 즉각적으로 드러나지 않지만 이해할 수 없는 현실들을 고려하고 대응함으로써 이성을 발달시킨다. 이것은 말씀이신 그리스도 안에 있는 하나님의 계시에서 비롯된 것이다. 모든 보나벤투라의 저작에 나타나는 근본적인 영성신학과 관련하여, 이 논문은 삼위일체에 대한 심오한 믿음이 보나벤투라의 모든 가르침을 뒷받침하는 방식과 그 이유를 보여주므로 중요하다.

그는 삼위일체에 대한 믿음은 창조와 성경과 그리고 생명에 대한 세 권의 신성한 책에 이미 쓰여 있다고 믿었다.[433] 창조에서 모든 것은 그 구성과 기능에 있어서 삼위일체의 '흔적'(vestige)으로 나타난다. 종류와 순서를 측정하고, 진리와 선을 일치시키며, 숫자와 무게를 측정하는 유형적 실재의 세 가지 다각화된 구조는 삼위일체 하나님의 창조 정신을 깨닫게 할 뿐만 아니라 창조된 현실의 본질을 이해하는 열쇠가 된다. 아우구스티누스는 창조된 실체는 세 가지 방식으로 인식된다고 믿었다. 즉, 그것이 존재하는 방식, 그것이 알려진 방식, 그것이 일치하게 된 방식을 가리킨다.[434] 이러한 접근방식은 모든 실험과학의 기초이며, 또한 창조자로서 하나님의 본성에 대한 진지한 인식의 기초가 되기도 한다.

그렇지만 인간과 같은 지적인 창조물은 그 안에 '하나님의 본성의 형상'이 보다 더 정의되어 있다. 이 형상에는 기억, 지성, 의지, 마음, 지식 그리고 사랑이 있다. 이러한 것들은 하나님의 본성이 인간의 내면에 내재되어 있다는 것을 드러내는 표시다. 보나벤투라의 이러한 인식은 교부 아우구스티누스의 가르침에서 비롯되었다. 예를 들어, 마음은 생각을 낳고, 지성은 그 소산이며, 사랑은 이 두 가지를 하나로 묶는다. 그 이유는 "마음은 자신이 만들어내는 말을 사랑하지 않을 수 없기 때문이다."[435]

이 정신적인 과정에서 자기 자신과 동질적이면서도 구별되고 분리할 수 있는 능력이 인식된다. 그렇게 하여 최고의 지성이자 영이신 하나님 안에는 사랑으로써 나아가는 거룩하신 말씀이 있다. 그 말씀을 통해 사랑이신 성령이 흘러나온다. 성부, 성자, 성령은 인간의 가장 깊은 내면에 있는 구조 속에 진실하게 반영되어 있다. 이는 아우구스티누스가 그의 '삼위일체론'(*De Trinitate*)에서 가르친 것이다. 그러나 인간의 타락으로 인해 죄악의 막이 인간 내면에 있는 영적 눈을 덮어서 창조의 책에 담긴 찬란한 진리를 가렸다.

성경은 이러한 인간 본성의 무능력과 가려진 눈을 치료하시는 하나님의 구속 역사에 대한 장구한 기록이다. 이 성경은 삼위일체 하나님의 존재에 대한 증언을 담고 있다. 구약성경에서는 암묵적으로 삼위일체 하나님의 존재가 투영되어 있지만, 신약성경에서는 명시적으로 드러나 있다. 보나벤투라는 창세기 18장에 등장하는 아브라함에게 나타나신 하나님의 모습을 예로 들면서 말한다. 아브라함이 족장으로서 자신이 대접하고 있는 세 위격(사람)을 하나의 주체이자 주님으로 호칭한 것에 주목한다. 다시 말해, 이는 세 사람이 함께 하나의 주님으로서 존재함을 인식하고 그들을 동등하게 대우하는 태도를 나타내는 것이다. 이와 유사하게 시인이며 선지자였던 다윗은 시편에 나타난 동일한 진리를 암시하면서 말하였다. 시편 33편 6절은 "여호와의 말씀으로 하늘이 지음이 되었으며 그 만상을 그의 입 기운으로 이루었도다"라고 말씀한다. 라틴어 성경을 보면 '입의 기운'은 'spiritus'라는 단어로 기록되어 있다. 'spiritus'는 '호흡'이라는 의미도 되고, '정신이나 영혼'이라고도 한다. 이 단어는 창세기 1장의 창조 이야기에 이미 등장했던 삼위일체를 떠올리게 한다. 삼위일체에 대한 신약성경의 가르침은 주로 마태복음의 28장 19절에 등장하는 '세례 공식'(the baptism formula)[436]에서 두드러진다.

보나벤투라는 또한 요한일서 5장 7절의 라틴어 성경에서 삼위일체에 대한 명백한 증언을 받아들인다. 이 구절은 하늘에서 증거하는 세 사람이 아버지, 말씀(아들), 성령이라고 말한다. 그러나 이는 신약성경 전체에 나타나는 초기 삼위일체적 신앙과 예배에 대하여 말하고 있는 본문 중 겨우 두 가지 예시에 불과하다. 다른 예로는 바울이 고린도후서에서 말한 "주 예수 그리스도의 은혜와 하나님의 사랑과 성령의 교통하심이 너희 무리와 함께 있을지어다"(고후 13:13)라는 말씀에서도 찾을 수 있다.

생명책은 보나벤투라 특유의 영성신학을 이해하는 문을 활짝 열어준다. 삼위일체의 신앙은 이성을 초월하는 것이다. 그러나 그는 이 신앙이 인간의 이성과 양립될 수 없는 것은 아니라고 이 논문에서 설명한다. 천국의 비전은 바로 복된 삼위일체 하나님의 비전이다. 이 땅에서 이해하기 어려운 영적인 빛은 그 진리와 실체를 확증해준다. 시편 기자가 이미 이에 대해 말했다. 이는 시편 36편 9절에서 "진실로 생명의 원천이 주께 있사오니 주의 빛 안에서 우리가 빛을 보리이다"라는 말씀에서 나타난다. 이는 "이 세상에 오는 모든 세대에게 비추는 진정한 빛"이다.[437] 이 빛은 인간 본성 안에 내재되어 있지만, 하나님의 은혜로 인해 스며들어온 것이다. 이것의 첫 번째 표시는 가장 높으신 실체로서 하나님을 경외하는 것이다. 보나벤투라는 많은 종교에서도 이러한 증거들을 찾을 수 있다고 말한다.

기독교에서 이러한 믿음은 성부 하나님이 그 자신 안에서 성자 하나님과 성령 하나님을 낳으셨다는 인식 그 자체로 표현된다. 성자 하나님은 성부가 가장 사랑하시고, 근본적으로 하나님과 동일하시며, 하나님의 말씀이시고 성육신하신 그리스도시다. 그리고 성령 하나님은 삼위 하나님을 하나로 결합되어 나아가게 하시는, 하나님 사랑의 완전한 표현이시자 선물이시다.

'삼위일체에 대한 믿음은 거룩한 예배와 전 기독교 신앙의 기초이자 뿌리다.'[438] 삼위일체 신앙은 신학의 왕관이다. 부어주신 하나님의 은혜의 빛은 인간의 지성을 '순종의 포로'(obedient captivity)로 이끌어 전체 교회의 성도들과 성인들이 함께 일치된 마음으로 예배드리게 한다.[439]

보나벤투라에게 예배는 언제나 진정한 믿음의 시험(test)이자 표현이었다. 그리스도인은 모든 것의 창조의 근원이 되시는 하나님을 믿도록 부름받은 사람들이다. 그리고 창조 그 자체는 인간의 구속과 영화를 위한 것이다. 그 이유는 하나님은 인간 존재를 회복시키시고 완전한 근원이 되시기 때문이다. 그분은 시간과 영원과 관련하여 창조의 주재가 되신다. 그러므로 아버지가 아들과 성령을 영원하게 창조하셨는데, 아들은 아버지의 본성에 의해서, 성령은 아버지의 의지에 따라 되었으며, 하나님이 아들과 성령의 궁극적 근원이 되신다고 설명한다. 이는 기독교의 삼위일체 개념을 설명하는 방식 중 하나다. 이것은 그리스도가 명하신 영과 진리로 드리는 예배의 토대이며 필수조건이다. 그리스도는 자기 자신을 교회를 위한 완전한 희생 제물로 드리셨다. 이것이 바로 "왜 우리가 믿음으로 하나님을 예배하며, 왜 그분을 이러한 방식으로 생각해야 하는가?"에 대한 이유다. 왜냐하면 우리는 그리스도인으로서 믿음을 나타내야 하며, 그리스도를 가장 높이며 가장 사랑하는 원리로 생각해야 하기 때문이다. 그분은 믿는 자들이 최고로 경외해야 할 대상이시며, 사랑해야

할 대상이 되신다.⁴⁴⁰⁾

　하나님이 영원하고 창조된 모든 것의 원인이 되신다는 믿음은 절대 의심할 수 없다. 이것은 보나벤투라 신학의 근간이다.⁴⁴¹⁾ 하나님이 태초 전에 스스로 존재하셨다는 그 원초성(primacy)은 하나님의 완전함을 나타내고, 이는 삼위일체의 내적 생명력으로 인하여 가능하였다. 또한 이 신성한 실재를 반영하는 피조물과 인간의 생명이 그로부터 흘러나오는 것이다. 이 명확하고 분명한 주장은 보나벤투라의 신학이 얼마나 대단한 영향력을 지니고 있는지를 보여준다. 특히 동방 정교회나 로마 가톨릭 성도들에게도 큰 영향을 주었다.⁴⁴²⁾ '하나님의 원초성에 대한 가르침은 세라핌 박사의 개인적인 견해로, 이전의 교부 중 어느 누구도 이러한 구조를 말한 이는 없었다.'⁴⁴³⁾

　보나벤투라가 쓴 말, '*fontails plenitudo*'(근원 또는 기원의 풍성함)에는 하나님은 존재와 모든 완전함이 충만하시다는 의미가 있다. 이는 영원하거나 일시적인 모든 생명의 원천이나 샘을 말한다.⁴⁴⁴⁾ 이 세상의 창조는 하나님 아버지의 내적 창조성에서 비롯된 것이다. 창조는 성부와 성자와 성령의 영원한 사랑의 연합 안에서 이루어진 것이다. 창조 그 자체는 삼위일체 하나님 안에 있는 생명이 공간과 시간 안에서 발산하는 빛이다.⁴⁴⁵⁾ 그러므로 창조는 하나님의 영광의 거울이자 표현이다. 이 신성한 영광은 창조의 불완전함과 비완벽성의 과정에서 완전함을 이룬다. 오로지 삼위일체 하나님 안에서만 영원하고 변하지 않는 존재의 단순함과 무한함 속에서 완전한 연합과 최고의 권능을 발견할 수 있다.⁴⁴⁶⁾

　인간은 하나님에게서 나와서 다시 하나님께로 가는 존재다. 우리는 이 땅에 영적 여행을 하러 온 존재다. 그러나 인간은 타락하였으므로 다시 영원한 삼위일체 하나님의 사랑과 선하심 안에서 교제를 나누기 위하여 그리스도를 통하여 일으켜졌다. 기독교의 영성 신학은 그리스도를 따라가는 방식을 제시하며, 그분의 내주하시는 성령을 영접할 수 있도록 돕는다. 이는 각 사람이 내면에 지닌 삼위일체 하나님의 형상을 자발적으로 그리고 사랑스럽게 발휘할 수 있도록 하기 위함이다. 삼위일체 하나님의 형상이 바로 각 사람의 독특한 인격이고 존재의 기초이며 의미다. 그리스도는 이렇게 말씀하신다. "사람이 나를 사랑하면 내 말을 지키리니 내 아버지께서 그를 사랑하실 것이요 우리가 그에게 가서 거처를 그와 함께 하리라"(요 14:23). 그러므로 인생들은 삼위일체 하나님과의 교제의 연합 속으로 들어감으로써 신성한 하나님의 본성에 참여하는 자가 되라고 부름받았다.[447] 보나벤투라는 "영원한 생명은 영원한 생명의 근원에서 흘러나와 시간과 역사 그리고 인류의 영적 발전을 통해 거대한 강처럼 휩쓸려갔다가 그 근원으로 다시 돌아가는 것이다. 그러므로 하나님은 참으로 알파와 오메가, 시작과 끝이 되신다"라고 말했다.[448]

보나벤투라는 이 논문을 다음과 같은 말로 마무리를 짓고 있다. "영원한 생명이란 유일한 것으로, 지극히 복되신 삼위일체에게서 나온 이성적인 영이시고 삼위일체의 형상과 유사하다. 이것은 기억과 이성, 의지를 통해 지성으로 알 수 있는 범위[449]의 방식으로 하나님께 부합한 영광을 통해 지극히 복되신 삼위일체에게 돌아오게 되어 있다."[450] 교부 이레네우스의 말을 의역하면 다음과 같다. "인간의 삶은 하나님의 비전이며, 하나님의 영광은 살아 있는 인간이다."

말씀이신 그리스도

보나벤투라는 그리스도 중심의 신학을 평생 고수하였으며, 이것은 그의 모든 저작 속에 고스란히 여러 증거로 담겨 있다. 그가 저술한 두 개의 논문에는 그리스도 중심의 신학을 왜 펼치는지에 대한 통찰력이 제시되어 있다. 그 논문들은 1254년에 동시에 쓰였다고 추측된다. 그리고 얼마 후 그의 〈문장들을 위한 주석〉(*Commentary on the Sentences*)이 완성된다. 그의 첫 번째 논문은 〈그리스도의 지식에 대한 논쟁적인 질문들〉(*Disputed Questions on the Knowledge of Christ*)이다.[451] 그리고 두 번째 논문은 〈그리스도, 모든 사람을 위한 유일한 교사〉(*Christ the One Teacher of All*)로 명명된 것으로서, 그가 파리대학에서 학술적인 설교문으로 작성한 것이다.[452]

겉으로 보기에 첫 번째 논문은 상당히 수준 높은 기술적인 논쟁이 포함된 것으로 보이는데, 그 논쟁은 바로 어떻게 창조된 인성을 가지신 그리스도가 말씀이신 하나님 안에 내제된 만물에 대한 보편적인 지식에 대하여 설명하실 수 있는지에 관한 것이다. '그리스도가 이 땅에 계신 동안 즐겨 사용하신 지식은 무엇이었을까? 그리고 그런 지식의 한계는 무엇인가?' 하는 것이었다. 복음서에서는 예수님의 내면 심리에 대해 별로 언급하지 않고 있기 때문에 어떤 의미에서 이것은 매우 사변적 질문이었다. 그런데도 이 질문들은 하나님의 본성과 하나님과 연합한 인간 본성의 잠재력의 관계에서 성육신의 깊이를 이해하는 데 중요하다. 이 논문은 영성신학에 관한 연구는 아니지만, 그 논의에는 보나벤투라의 기독론에 대한 중요한 단서가 담겨 있다. 그리고 그것은 그의 기도와 사색하는 삶의 중심에 놓여 있다.

보나벤투라는 아우구스티누스의 말을 자주 인용했다. 아우구스티누스가 쓴 《성찰록》(Retractions)을 보면, 특정 분야에서 전문 지식이 없는 사람들도 불변하는 진리를 인식하는 영원한 이성의 빛을 공급받을 수 있다면 올바르게 답할 수 있다고 언급한다.[453] 이것은 확실히 어린아이들의 경우를 보면 잘 알 수 있다. 아이들의 통찰력은 그들의 단순함과 더불어서 심오하기까지 하다. 보나벤투라는 그의 마음속에 아마도 프란치스코를 염두에 두고 이러한 주장을 펼친 것 같다. 프란치스코는 겉으로 보면 정말로 '교육받지 못한 사람'처럼 보일지 몰라도, 성경에 대한 그의 깊은 인식과 이해에 있어서는 타의 추종을 불허하는 사람이었다. 반면, 철학자 플라톤은 이러한 능력은 모든 사람 안에 내재된 잃어버린 기억을 가리킨다고 믿었다. 아우구스티누스는 보나벤투라와 마찬가지로 그러한 것들은 오로지 신성하고 영원한 이성의 빛이 사물을 비추기 때문에 보이고 믿어지는 것이라고 말했다.[454] 플라톤과 아우구스티누스는 "만일 영원한 진리의 본질이 개입하지 않는다면 어느 누구도 확실한 지식을 얻을 수 없다"라고 믿었다. 이것은 그들 사상의 자명한 이치였다.[455] 보나벤투라가 평소 자주 인용한 시편 말씀은 "진실로 생명의 원천이 주께 있사오니 주의 빛 안에서 우리가 빛을 보리이다"(시 36:9)였다. 오로지 불변하는 신성한 진리와 이성의 본질만이 인간의 지식과 이해에 확실성을 줄 수 있다. 그 지식과 이해에 대한 대안들로 무신론(athesim)과 불가지론(agnosticism)이 있다고 하지만, 그 결과는 결국 상대주의(relativism)로 전락한다.

더욱이 "가장 높은 진리를 먼저 알지 못하다면 영혼은 아무것도 알 수 없다"[456]라고 했다. 무엇이 옳고 그른지, 무엇이 참이고 거짓인지에 대한 감각은 인간의 모든 추론보다 앞서며, 그 기초가 된다. 영원한 진리에 대한 지식은 창조된 존재에 의해 제한받는다. 창조된 것들에 대한 인간의 참된 지식은 신성한 빛의 신비한 영향력으로 조명받지만, 그 빛에 압도되지 않음으로써 이 땅에서 살면서도 가능하다.

하나님에 대한 인간의 지식은 항상 부분적이다. 이는 이성과 협력하여 작용하는 직관으로 인식되는 지식이기 때문이다. 보나벤투라는 이를 '관조'(觀照, contuition)라고 불렀다.[457] 이러한 능력은 인간이 하나님의 형상대로 지음받았다는 사실에서 비롯된다. 그렇지만 인간의 본성은 타락하여 하나님의 형상이 일그러지고, 이로 말미암아 하나님 앞에서 정죄받은 상태로 서 있게 되었다.[458] 그렇지만 인간 영혼은 영원함과 일시적인 실체, 곧 소우주(microcosm)로서 하나님과 창조 사이에 서 있는 존재다. 인간은 이러한 피조물들을 다루면서 지식의 상대적인 확실성을 얻을 수 있다. 하지만 오직 하나님의 진리를 받아들일 때에만 지식의 절대적인 확실성을 얻을 수 있다. "절대적으로 불변하는 진리는 궁극적으로 영혼의 가장 깊은 침묵 속으로 들어가는 사람만이 볼 수 있다. 여기에는 어떤 죄인도 올 수 없고, 오직 영원한 것을 지극히 사랑하는 사람만 올 수 있다."[459] 관상은 그러한 영적 소원으로 상승되는 것이며, 하나님의 비전은 우리의 이성을 초월하는 것이므로 오로지 사랑의 침묵 안에서 성취된다.

인간 삶의 목적은 하나님 안에 안식하며, 그분의 무한한 선하심을 경험하는 것이다. 아우구스티누스는 자신의 《고백록》(Confessions)에서 "주님은 당신 자신을 위해 우리를 만드셨고, 우리 마음은 주님 안에서 안식을 찾을 때까지 평안을 누릴 수 없다"라고 말했다.[460] 보나벤투라는 "이것은 영혼이 하나님을 이해할 수 없으므로, 만일 영혼의 능력을 초월하는 무언가가 없다면 그 영혼은 전혀 충족될 수 없기 때문이다"라고 고찰한다.[461] 신앙생활은 이성과 협력하고 경이로움으로 성숙되는 믿음의 방식으로 발전한다. 그러나 천국에서는 삼위일체 하나님께 안기는 것을 목표로 하는 환상과 황홀경을 경험하게 될 것이다. 그 과정에서 우리 인생은 하나님께로 마음이 확정된다. 교부 안셀무스의 말에 따르면, 우리 영혼은 이를 통해 주님의 기쁨에 참여하게 될 것이다.[462]

이러한 신성한 재창조와 변화의 핵심은 하나님의 말씀이신 그리스도다. 영혼이 말씀이신 그리스도와 연합된 사람은 현재 삶과 영원한 삶 속에서 하나님의 형상을 더욱 닮아가게 된다. 이 삶은 하나님의 풍성한 은혜 속으로 이어지고, 그 은혜를 더욱 깊이 인식할 수 있는 능력이 생겨나며, 또한 그 은혜로 하나님의 지혜도 볼 수 있게 된다. 비록 영원한 지혜와 그 실체를 완전히 이해하지 못하더라도 황홀감과 경이로움 속으로 그 영혼이 들어가게 된다. 그러므로 천상에서나 지상에서나 경이로움은 항상 하나님께 대한 가장 적절한 반응이다. 시편은 "이 지식이 내게 너무 기이하니 높아서 내가 능히 미치지 못하나이다"(시 139:6)라고 말씀한다.[463] 보나벤투라에게 경이로움은 예배의 근원이었다.

영원한 진리에 대한 황홀한 지식은 이러한 과정의 열쇠이며 영적 실재다. 이는 예수님의 삶에서, 특히 그분의 변형되시는 모습에서 그 증거가 드러났다. 또한 프란치스코의 체험에서도 그 증거가 드러났는데, 다른 성자들의 체험까지 모두 쓰기에는 지면이 부족하다. 그러므로 이러한 증거를 통해 인간은 더욱 절대적으로 자신을 능가하는 하나님께 이끌리게 된다. 그렇게 되면 그 영혼은 자신의 존재 자체를 넘어서게 되므로 초월한다고 할 수 있다.[464] 이러한 지식의 방식은 그리스도 안에서 완성되며,

또한 천국에 있는 성도들 안에서도 확증된다. 그렇지만 그리스도의 경우, 이 지식의 방식은 하나님의 충만한 은혜로 그분 안에서 완전함으로 실현되었다. 그분의 영혼은 신성하고 영원한 진리와 항상 친밀하셨다. 이것은 복음서에 등장한 변화산 사건에서 그 중요성을 발견할 수 있다. 그분이 이 땅에서 생활하실 때 그분의 사색과 이해가 인간으로서 그분의 유한한 존재성으로 인하여 실제로 제한되어 있었다. 그러나 그분의 신비로운 지식 안에서 하나님에 대한 지식과 비전은 완전하였다. 이는 오로지 성육신하시고 하나님의 말씀이신 그리스도만이 하나님의 감추어진 '예술'을 아실 수 있기 때문이다. 그 예술은 말로 형언할 수 없이 가장 귀한 것이며 완벽하다. 거기에는 어떤 제한도 전혀 없이 오로지 완전함만 있을 뿐이다.[465] 예수님의 삶과 관련하여, 어느 것도 그리스도의 은혜에 더할 수 없고, 그리스도의 지혜에 더할 수 없다. 왜냐하면 그분은 그분이 받으실 수 있는 최대한의 것을 받으셨기 때문이다. 그래서 다른 창조물에게 주실 수 있으시다.[466] 그러므로 예수 그리스도는 하나님과 연합된 영혼을 위한 진정한 인간성의 척도가 되시며, 또한 창조의 정점에 계신 분이다.

보나벤투라는 디오니시우스(Dionysius)의 가르침을 따르면서 다음과 같이 말한다. "황홀경은 궁극적이고 가장 찬란한 형태의 지식이다. 그리고 실제로 성경 전체가 이러한 유형의 지식을 상징적으로 말하고 있다.[467] 이러한 유형의 지식은 큰 고난이 없이는 바로 이해할 수 없다. 또한 이를 경험한 사람이 아니고서는 이해되지 않는다."[468] 보나벤투라는 "만약 그것이 경험되어야 한다면, 내면의 침묵은 어떤 외적인 말보다 더 도움이 된다"라고 고찰하면서 이 논문을 끝맺는다.[469] 지극히 높으신 예수 그리스도를 통해 그리고 상당한 정도로 드높은 프란치스코를 통해 하나님께 대한 황홀하고 변화시키는 지식의 역동성은 드러났으며, 이는 실제로 인간의 가장 고귀한 소명과 운명으로서 드러났다.

보나벤투라가 파리대학에서 설교한 것을 모은 《그리스도, 모든 사람을 위한 유일한 교사》(Christ the One Teacher of All)에서는 오늘날에도 여전히 명쾌하고 설득력 있으며, 적절한 방식으로 그가 연구한 기독론의 결정적인 요약을 제공한다. 그가 '교사'라는 단어를 쓰게 된 결정적 계기는 바로 예수님이 직접 말씀하신 마태복음 23장 10절에 나오는 권위에 기초한다.[470] 보나벤투라는 "인지적인 지성의 근본 원리는 오직 하나, 그리스도뿐이다"라고 주장한다. 이 말은 그리스도는 하나님의 지혜와 지식의 근원이시며, 모든 참된 지식과 지성의 원천이 되심을 선언하는 것이다.[471]

이 주장이 절대적이고 담대할 수 있었던 것은 요한복음 14장 6절에 나오는 예수님의 자기 선언 때문이다. "예수께서 이르시되 내가 곧 길이요 진리요 생명이니 나로 말미암지 않고는 아버지께로 올 자가 없느니라." 이 주장은 신약성경과 지혜문학에 뿌리를 두고 있으며, 보나벤투라의 신학과 영적 가르침의 중심에 있는 핵심이다. 길 되신 그리스도는 믿음의 원리가 되신다. 진리가 되신 그리스도는 이성의 원리가 되신다. 생명 되신 그리스도는 그리스도인의 관상의 원리가 되신다. 그 믿음으로 발원된 지식은 권위와 계시라는 두 가지 위에 서 있다. "만일 하나님의 계시가 먼저 있지 않다면 다른 어떤 것도 권위를 세울 수 없다."[472] 그리스도는 하나님의 거룩한 지혜의 빛이요 비전으로서 그 자신을 나타내 보이셨다. 그러나 그분의 권위는 육신을 입고 이 땅에 오심으로서 세워졌다. 그분의 권위는 그분의 말씀으로 표현되며, 그 말씀은 아버지 하나님의 말씀이신 그분의 권위와 지혜로 직접 솟아난다. 그러므로 모든 권위는 그리스도로 말미암으며, 모든 성경은 그분 안에서 성취되는데, 이는 그분이 '전체 기독교 신앙의 기초'이시기 때문이다.[473)]

이성과 탐구에 민감한 '과학적인 지식'의 관점에서 보면, 이것은 불변하는 진리와 그 확실성을 요구한다. 이것은 운동하고 변화되는 어떤 피조물에서도 발견될 수 없다. 오로지 창조하는 진리만이 완전히 불변한다.[474)] 그러므로 영원한 말씀이신 하나님의 마음 안에 존재하는 한 모든 것은 변하지 않고 불변하는 형태라고 말할 수 있다. 그리스도는 또한 창조되지 않은 하나님의 지혜의 빛이시다. "이 세상에 오셔서 모든 사람들을 비추시는 빛"이 되시기 때문에[475)] 모든 사람은 그 하나님의 지혜로 깨달음을 얻는다.

이 설교집에서 보나벤투라는 아우구스티누스의 논증을 다소 길게 인용하면서 그리스도의 지식에 관한 그의 논문에서 밝힌 가르침을 핵심적으로 요약한다.

그리스도는 관상적(contemplative) 지식의 주(Master)가 되신다.[476)] 그리스도인의 관상은 두 가지로 나아간다. 하나는 영원한 하나님의 말씀이신 그리스도의 실체 속으로 '들어가는 것'(going-in)이다. 그리고 성육신하신 그리스도의 인성으로 '나아가는 것'(going-out)이다. 이 관상은 그 자체로 영혼과 교회의 생명에 풍성함을 전해준다. 왜냐하면 이는 오로지 육신을 입으신 그리스도만이 교회를 정화시켜주시고, 그 빛으로 밝게 조명해주시며, 완전하게 하시기 때문이다.[477)] 믿음의 족장인 야곱의 사다리 환상을 보면, 주의 천사들이 사다리를 오르락내리락하였다는 표현이 나온다. 이는 위에서 말한 관상의 두 가지 역동성을 상징한다. 기독교인들은 반드시 믿음의 견고함을 가지고 신앙생활을 시작하여, 이성의 평온함을 거쳐서 관상의 기쁨에 도달하기까지 성장해나가야 한다.⁴⁷⁸⁾ 이는 기독교 진리에서 이성만이 아닌 믿음이 이해의 기반이라는 의미이며, 동시에 믿음은 항상 더 깊고 진실한 사랑을 향한 열망을 품고 이해를 추구한다.

예수 그리스도는 인간으로서 역사상 존재하셨으며 하나님과의 연합이라는 인간 삶의 완전한 목표를 품으셨다. 그분은 모든 다른 이보다 뛰어나고 유일한, 하나님의 지혜이신 최고의 교사시다. 누구보다 존경해야 하며, 믿음 안에서 충성스럽게 그분을 본받고, 자신을 낮추어 겸손한 자세로 그분의 말씀을 듣고 섬겨야 할 분이다.⁴⁷⁹⁾ 그리스도의 지혜는 진리에 대한 지식, 악을 피하고 선을 추구하는 것으로 구성된다. 그리스도의 법은 이와 관련이 깊다. 왜냐하면 그리스도의 법은 사랑의 법이며, 인간의 마음속 깊은 곳까지 관통하기 때문이다.⁴⁸⁰⁾ 말씀이신 하나님은 모든 성경에 영감을 불어넣어 주신다. 또한 성경 말씀을 따라 서로 연합하게 하시고, 역사적 다양성 속에서도 성경은 살아 있는 권위가 된다. 그리스도인의 가르침에는 잘못된 의견으로 이끄는 어떠한 추정도 있어서는 안 된다. 또한 회의주의에 빠져 다른 진리를 찾아가거나 도덕적 상대주의로 전락해서도 안 된다.⁴⁸¹⁾

보나벤투라는 사람들의 추정을 억제하기 위하여 그리스도가 그들의 교사가 되셨음을 강조한다. 그리고 그분은 그 유일한 권위를 가진 교사로서 연합에 초점을 맞추셨다. 그리스도는 자신을 따르는 제자들을 위해 헌신하시며, 그들이 절망에 빠지지 않도록 돌보는 스승이시다. 그분은 자신을 신뢰하는 사람들을 돕기 원하시며, 그 방법을 알고 계신다. 그분의 가르침은 '모든 진리 가운데로 이끄시는' 성령 하나님의 선물로 교회 안에 있는 그리스도인의 삶에서 지속되고 있다.⁴⁸²⁾

제10장

신학서설(1)

보나벤투라는《신학서설》에서 프란치스코 교단의 신학생들과 다른 성도들이 익힐 수 있도록 기독신학의 요점을 간결하게 제시하였다. 이는 그와 동시대 인물인 토마스 아퀴나스(Thomas Aquinas)가 저술한《신학대전》(Summa Theologica)과 비슷하지만, 더 간결하다.《신학서설》은 중세와 그 이후까지 기독신학에서 매우 인기가 많고 유용한 책으로 입증되었으며, 227개의 필사본이 남아 있다.[483] 이 책은 1257년에 기록되었으며, 보나벤투라가《순례기》를 기록하기 2년 전 쓰였다. 그는 프란치스코 수도회 총장으로 취임하면서 대학교수로의 경력을 마무리했다.《신학서설》은 그가 파리대학에서 강의했던 내용 중 엄선한 것이다. 이 책은 파리대학에 있는 동안 자신에게 강의를 듣는 비교적 초보 수준의 신학생들과 나눈 대화를 담았다. 그 제자 중 일부는 공식 교육으로 철학과 다른 종류의 학문들을 익혔지만, 반대로 당대의 피에르 롱바르(Peter Lombard)의《명제집》(Sentenes)을 숙달할 수 있는 적성이나 기회가 없었던 이들도 있었다.[484] 이러한 문헌들은 신학 강의를 위한 공식적인 틀(framework)이 되었다. 보나벤투라는《명제들에 대한 주석》(Commentary on the Sentences)에서 그것을 자세히 다루었다. 많은 신학생이 성경 본문을 지성적이고 질서 있으며 권위 있는 방식으로 접근하는 데 어려운 상태로 남아 있을 위험이 있었다. 보나벤투라는 이러한 어려움들을 해결하고 기독교 신학의 중요성과 기독교 신학이 무엇인지에 대한 정의적인 설명을 설득력 있게 제공하려고 애를 썼다. 오늘날 《신학서설》의 지속적인 중요성과 유용성이 바로 여기에 있다.

《신학서설》이 다른 문헌보다 더 구별되는 이유는 바로 그 기술방식에 있었다. 보나벤투라는 먼저 기독교 신학의 형식적인 내용을 언급한 후 본질적인 진실성과 의미를 자세히 설명하는 방식으로 시작했다. 문헌을 고찰하는 이러한 접근방식은 엄격한 연역법적 방식이었다. 이 방법으로 그는 《신 존재 증명》(Proslogion)을 저술한 교부 안셀무스를 따르는 제자가 되었다. 그는 《신학서설》의 결론부에서 장황할 정도로 안셀무스의 주장들을 소개하였다. 안셀무스는 기독교의 계시된 진리를 교부 신학자들의 권위에 호소하지 않고, 지극히 합리적이고 일관성 있는 그 자체의 용어로 설명하려고 애썼다. 보나벤투라는 성경을 오직 유일하게 드러난 권위로 사용하였다. 그는 자신의 저서 서문에서 다음과 같이 말했다. "나는 성경의 진리가 하나님에게서 왔고, 하나님에 대해 말하며, 하나님을 따르고, 하나님을 목표로 삼고 있다는 것을 입증하기 위해 하나님을 제1원리로 이끌어내려고 시도했다."[485] 이러한 방식으로 기독교 신학은 하나님과 인간 실재의 본질과 그 둘 사이의 관계를 구명하려는 노력 덕분에 질서 정연하고 거의 과학적인 일관성을 갖추게 되었다.

교부 안셀무스는 "믿음은 이해를 구한다"라고 하였다.[486] 이 주장은 "누구든지 먼저 믿음을 갖지 않는 사람은 결코 이해할 수 없다"라는 의미다. 또한 "누구든지 먼저 믿음을 갖지 않는 사람은 결코 하나님을 경험할 수 없다. 하나님을 경험하지 않고서는 결단코 하나님을 아는 지식을 가질 수 없다"라는 의미이기도 하다.[487] 하나님을 경험하고 하나님을 아는 지식은 근본 하나님의 말씀이신 예수님의 인성 안에서 발견된다. 그분은 성육신하셔서 사람들에게 하나님의 실체와 교통하게 하셨다. 성경은 이러한 계시를 구체화하며, 그리스도는 성경을 이해하는 핵심이다. 그리스도를 하나님의 표현으로 믿는 이러한 권위는 요한복음 서문의 마지막 구절에 있다. "본래 하나님을 본 사람이 없으되 아버지 품 속에 있는 독생하신 하나님이 나타내셨느니라"(요 1:18).

보나벤투라의 《신학서설》은 《순례기》를 보완하지만, 《순례기》는 창조와 인간 지성의 본질에 대한 관상을 통하여 하나님께로 더욱 나아가는 영적 성장에 역점을 둔다. 반면 그의 《신학서설》은 삼위일체이신 하나님과 그분에게서 흘러나오는 모든 것에 대한 믿음에 기반을 둔다. 그러므로 이 《신학서설》은 하나님을 경험하는 그리스도인의 삶의 의미와 일관성을 잘 설명해주는 탁월한 저작이다. 이 저작은 상호 밀접한 두 부분으로 나누어 소개한다. 보나벤투라는 신학서설 서문에서 성경에 접근하는 방식을 기술한다. 그 책의 첫 장은 두 번째 장을 설명하기 위한 기초다. 또한 첫 장은 두 번째 장을 위한 토대이며, 보나벤투라의 신학에서 이 저작뿐 아니라 다른 저작에서도 성경 본문에 근거하지 않은 것은 하나도 없다. 두 번째 장에서는 기독신학에 대한 자신의 이해를 전반적으로 다룬다. 그의 진면목은 그의 모든 삶과 가르침에 성경 본문에 계시된 진리에 대한 깊고 일관된 추론이 드러난다는 것이다. 그에게 성경의 의미를 이해하는 핵심 열쇠는 바로 그리스도를 하나님의 말씀으로 믿는 지적 믿음이었다.

그렇지만 보나벤투라는 사상이 형성되는 이러한 과정은 단순히 학술적인 노력으로만 가능한 것이 아니라, 성령님이 주시는 은혜의 선물로 말미암아 인간 지성을 개혁하지 않고서는 불가능하다고 믿었다. 왜냐하면 그리스도인은 보혜사 성령님의 도움을 받지 못하면 결단코 깊고 깊은 하나님의 진리를 경험하지 못하기 때문이다.[488] 하나님이 말씀이신 그리스도 안에서 드러내시는 자기계시는 이러한 목적을 위한 것이다. 하나님의 빛으로 인한 영향력 없이는 아무것도 진정으로 볼 수 없고 이해할 수 없기 때문이다. 근본 하나님의 형상이신 그리스도는 하나님의 형상과 모양대로 지어진 인간에 대한 진리를 드러내신다. 이는 사람이 그리스도와 일치함으로써 하나님의 형상이 나타나고 유사성이 회복되어, 그리스도와 깊은 연합이 가능한 상태까지 하나님의 형상이 회복되는 것을 의미한다. 프란치스코에게 일어났던 것처럼 그리스도의 존재가 어떤 사람에게 나타날 수 있는데, 그리스도가 그 사람 안에 내주하시므로 그를 통해 그리스도가 나타나실 것이다.

이러한 인간 영혼의 회복은 곧 하나님 은혜의 역사이며, 성령님의 사역이다. 그리스도 안에서 '성육신하신 말씀'이 되신 '창조되지 않으신 말씀'은 이제 성령으로 말미암아 '영감의 말씀'(Inspired Word)으로 현존하셔서 모든 만물을 새롭게 하신다.[489] 모든 성경은 인간 영혼의 구원을 위하여 무엇이 필요한지를 알려주려고 존재한다. 시편 기자는 36편 9절에서 "진실로 생명의 원천이 주께 있사오니 주의 빛 안에서 우리가 빛을 보리이다"라고 말씀한다. 이성은 그 믿음과 손잡고 참된 이해에 이르도록 협력하라고 주어진 것이다. 진정한 믿음은 오로지 인간 마음을 변화시키기 위해 주어졌다. 《신학서설》의 전체 구조를 이루는 근간에는 하나님에게서 흘러나와 다시 하나님께로 돌아가는 신성한 사랑과 그 사랑의 목적이라는 두 가지 역동성이 있다.

《신학서설》만큼 보나벤투라의 섬세한 사상을 간결하고 명확하게 가르치는 요약본은 찾아볼 수 없다. 이에 대해서는 논쟁의 여지가 없다. 그는 성경 본문과 대화하며 주옥같은 요점을 제시한다. 그는 자신보다 앞서 간 사람들, 특히 아우구스티누스, 안셀무스, 성 빅토르의 위그 그리고 디오니시우스 등 걸출한 선배 교부들의 탁월한 가르침을 능숙하게 재정리한다. 보나벤투라는 기독교 신학에서 다른 권위의 한 축을 주장하는 사람들, 즉 아리스토텔레스 철학과 논리학의 현대적이고 논쟁적인 주장에 도전하고 있다.

프롤로그

《신학서설》의 프롤로그는 더 이른 시기에 별도의 논문으로 작성되었을 가능성이 있다. 이는 바울이 에베소 교인들에게 보내는 서신에 대한 주해로서, 이 문장들이 전체 토론을 지배한다는 것을 알 수 있다. 이 문단은 사도 바울이 에베소 교회를 위해 기도하는 내용을 담고 있는 에베소서 3장 14-19절을 인용한 것이다.

이 점을 염두에 두고 바울은 하늘과 땅의 모든 족속의 이름을 지으신 아버지께 무릎을 꿇고 기도한다. 하나님이 성령을 통해 하나님의 영광의 풍성함에서 여러분의 내면에 힘과 권능을 주시고, 믿음을 통해 그리스도가 사랑으로 여러분의 마음에 머무실 수 있도록 해달라고 기도한다. 그리고 하나님의 모든 백성과 함께 사귀면서 심오하고 견고한 토대 위에서 여러분이 지식에 넘치는 그리스도의 사랑을 이해하고, 그 너비와 길이와 높이와 깊이를 알아낼 수 있도록 심령이 강하게 되며, 그 심령에 그리스도의 사랑이 가득하여 충만해지기를 바라는 것이다.

보나벤투라는 사도 바울의 권위에 근거하여 성경이 기독교 신학을 탄생시킨 본질이며, 그 기독교 신학은 삼위일체 하나님이 전적인 사랑을 부어주심으로써 솟아난다고 주장한다. 성경은 인간의 탐구에서 시작된 것이 아니라 신성한 계시에서 시작된 것이다.[490]

하나님의 자기계시는 그리스도와 성령님이 매개자가 되시며, 따라서 그리스도만이 '성경의 등불, 문, 근원'이 되신다. 게다가 성경은 우리 인생의 구원을 위해 필요한 것을 제공하는 산 지식이지 비판적으로 판단받을 보편적인 지식이 절대 아니다. 성경의 너비는 창조 세계 전체를 포함하며, 성경의 길이는 인간 역사의 목적과 상응한다. 성경의 높이는 구원의 희망을 굳게 잡는다. 그러면서 동시에 하나님의 심판과 형벌에 대한 깊이를 나타낸다. 이를 위해 성경은 때때로 문자적인 언어를 사용하기도 하고, 한편으로 상징적인 언어를 사용하기도 한다. 성경의 목적은 인간 영혼이 하나님의 신성한 생명, 곧 영원한 생명에 참여토록 하는 것이다. 이것이 우리 영혼이 성경을 깊이 연구하고, 가르치며, 그 성경을 경청해야 하는 목표와 의도다. 그러므로 기도 안에서 표현되는 믿음과 사랑은 서로 불가분의 관계다. 왜냐하면 그 목적은 하나님을 아는 지식, 즉 신성한 삼위일체 하나님에 대한 충만한 지식과 무한한 사랑에 도달하는 것이기 때문이다. 선함과 진리는 모든 성도의 소망이다. 그러므로 성경은 냉정하게 접근해서는 안 된다. 도리어 성경 말씀은 적극적인 영적 참여를 요구한다.

보나벤투라는 구약성경과 신약성경의 순서와 유사성에 주목하면서 성경의 너비를 개괄적으로 설명한다. 구약과 신약은 각각 율법, 역사, 지혜문학 그리고 예언서라는 네 가지 범주의 글이 있다. 신약성경에서 각 복음서는 새로운 율법을 구성하고, 사도들의 행적을 다룬 사도행전은 역사적인 작품이다. 특히 바울의 서신서들은 그리스도의 충만한 지혜를 드러낸다. 반면, 요한계시록은 그 성격상 명확하게 예언적 성격을 반영한다. 성경은 그 자체로 선함을 권장하고, 악에 대해 경고하는 지식을 담고 있다. 또한 경외심과 사랑의 균형을 이루고 있다. 구약과 신약은 둘 다 권위 있는 가르침과 역사적인 사례, 지혜로운 가르침과 예언적 경고를 통해 네 가지의 성격을 반영한다. 성경의 역사적 발달은 마치 여러 지류가 있는 긴 강에 비유될 수 있다. 여러 지류가 합류하여 하나의 강을 형성하는 것처럼, 여러 성경은 그리스도 안에서 성취되었다.

성경은 길이로 볼 때 인류 역사의 시작부터 하나님이 심판하시는 날 멸망할 때까지 인류 역사의 광대한 파노라마를 보여준다. 성경은 세 가지 시대로 나누어진다. 본질적인 자연법의 시대, 모세의 율법이 기록된 이후의 시대 그리고 그리스도 안에 계시된 은혜의 시대다.[491] 보나벤투라는 창세기에 기록된 6일간의 창조 기사를 사용하여, 이러한 구조가 성경 역사를 해석하는 데 얼마나 도움이 되는지를 보여준다. 특히 인간의 모습으로 태어나신 하나님의 참 형상이신 그리스도의 성육신에서 절정을 이루고, 인류 역사에서 여섯 번째 시대가 열리는 것을 설명해준다. 인간의 삶 역시 유아기를 거쳐서 노년기, 그리고 죽음과 심판에 이르기까지 이 여섯 가지 패턴을 따른다. 그래서 성경에는 인간의 삶이 마치 능숙하게 작곡된 곡조처럼 아주 질서정연하게 태초부터 종말까지 계시되어 있다. 어떤 곡조도 정확하고 완전하게 듣지 않으면 제대로 감상할 수 없듯이, 인간은 과거, 현재, 미래의 삶과 역사가 어떻게 하나님의 섭리 아래 있고, 의미가 있으며, 하나님에 의해 성취될 것인지를 조금 엿볼 수 있을 뿐이다.[492]

보나벤투라는 성경의 높이를 생각하며 디오니시우스의 저작들을 매우 비중 있게 활용하였다.[493] 그의 저작에서는 세 가지 영적인 위계가 언급된다. 바로 교회, 천사 그리고 거룩의 위계다. 천사의 위계와 거룩의 위계는 성경에 오로지 약간의 암시만 되어 있다. 반면 교회의 위계는 명백하게 드러난다. 가령 제사장적 위계나 사도적 위계가 있다. 신·구약의 여러 곳에서 이 위계가 등장한다. 인간의 지식도 엄격하게 위계가 나뉘어 있다. 왜냐하면 존재하는 모든 것은 질서가 있고 '영원한 예술', 즉 하나님의 지성 안에서 각자의 자리와 위치를 차지하고 있기 때문이다. 자연만물에 존재하는 것들은 인간 철학의 대상이자 주제다. 그 당시 철학은 물리학을 포함하고 있었다. 지식은 아마도 인간의 마음과 영혼의 구조에서 나왔을 것이다. 보나벤투라는 《순례기》의 처음 부분에서 이를 소개하였다. 그렇지만 기독교 신학은 성령의 인도하심을 받아 하나님의 은혜와 영광을 인식하는 믿음과 계시된 진리를 주로 다룬다. "기독교 신학은 그 자체로 향하는 철학적 지식을 다루기도 하고, 창조된 세계의 본질을 일정 부분 빌려오기도 하는데, 이는 신성한 실체를 보여주는 지성의 거울을 구축할 필요가 있기 때문이다."[494] 이러한 구축은 하나님께로 나아가는 영적 성장의 사다리가 된다.

세 가지 영적 위계는 모두 유일한 위계자(Hierarch, 주재)이신 그리스도에 의해 통합되고 다스림을 받는다. 그분의 성육신으로 말미암아 지상의 것들, 천사들 그리고 하늘의 모든 것은 하나가 되었다. 하나님의 은혜는 모든 영적 위계질서를 통해 임한다. 그리스도가 삼위일체 하나님의 중앙에 계시기 때문에 이 은혜는 한 분 그리스도로 말미암지 않으면 안 된다. 창조된 세계 안에서의 아름다움은 교회의 더 큰 아름다움과 거룩함을 가리키며, 그 교회의 거룩함은 바로 천국의 예루살렘의 더 큰 아름다움에 참여한다. 왜냐하면 모든 아름다움은 삼위일체의 가장 지고한 아름다움에서 흘러나오기 때문이다. 성경의 목적은 바로 신성한 아름다움을 향하여 인간의 눈을 뜨게 하는 것이다. 보나벤투라에게 이 신성한 아름다움은 그의 영혼을 사로잡는 중대하고 강력한 중요성을 지닌 압도적인 실재였다.

성경의 깊이에 관해서는 여러 단계의 수준으로 그 의미를 생각할 수 있는데, 보나벤투라의 시대에 성경의 의미는 네 단계로 인식되었다. 첫째, 근본적으로 성경의 '문자적 의미'를 파악하는 단계다. 다음으로는 비유적(풍유적, allegorical) 의미를 파악하는 단계가 있다. 이 단계에 의해 하나의 사물이 지닌 보다 중요한 영적 본질을 규명할 수 있는 비유적 의미도 있다. 도덕적 의미를 파악하는 단계에서는 선을 취하고 악을 피하는 행동에 대한 지침이 도출된다. 마지막으로, 성찬적 혹은 '신비적'(anagogical) 의미의 단계가 있다. 이 단계는 인간의 마음이 하나님께로 고양됨을 말한다. 또한 인간의 마음에 하나님의 영원한 실재와 축복을 바라는 영적인 소원이 밝게 점화되고, 그 점화된 내적 불이 유지되는 단계다. 이러한 의미 단계들을 통해서만 하나님의 신비한 실체와 말씀이신 그리스도의 성육신, 인간 영혼의 구원과 체계적인 믿음이 역사 전반에 걸쳐 다양한 능력과 필요를 가진 다양한 인생들에게 전달되는 유일한 방법이라는 것을 말하고 있다. "누구든지 성경을 올바르게 이해하고 깊이 체험하려면 겸손한 자세, 순수한 마음, 믿음과 섬김을 갖추어야 한다."[495] 그것은 지적 능력의 문제가 아니라 부지런한 영적 열망과 관심과 순종의 문제다.

거룩한 진리의 신비는 성경 본문의 '껍데기' 속에 숨겨져 있다. 그러므로 성경은 읽지 않고 사색하지 않으면 깊이 들어갈 수 없다. 또한 하나님은 말씀하시는 살아계신 분이며 또한 행위로도 말씀하신다. 그리스도 안에서 거룩한 진리는 겸손의 '강보'에 싸여 있다. 그래서 성경에 나타난 하나님의 지혜는 겸손한 모습으로 싸여 있다. 최종적으로 증거와 증언의 다양성은 특히 선지서들에서 등장한다. 이 선지서들은 성령님의 역사하심으로 나타난 것이다.[496] 결과적으로 성경 본문에는 의미의 여러 단계가 존재한다. 이 단계들은 우리 인생들에게 가르침을 주기 위하여 그 자체로 또한 창조된 질서라고도 할 수 있다. "성경은 창조의 책, 즉 하나님의 창조적인 행동을 기록한 것을 다루며, 이를 성경의 목적과 연결한다."[497] 그래서 독자와 청중에게 영원한 생명을 얻기 위하여 무엇을 해야 하는지, 무엇을 믿어야 하는지 그리고 무엇을 갈망해야 하는지에 대해 분명히 가르친다.

보나벤투라는 《신학서설》 서문에서 성경 본문을 어떻게 해석해야 하는지에 대해 몇 가지 실천적 방법을 제시한다. 성경의 권위는 철저히 하나님에게서 나온다. 성경의 목적은 하나님이 부여하신 선하심을 회복하는 인간 영혼의 구원이다. 그리고 이는 순전히 단순한 추측으로 성취되는 것이 아니라 하나님의 뜻에 순종함으로 성취된다.[498] 예를 들어, 약속, 징조 그리고 헌신은 논증, 이론, 명확한 정의보다 훨씬 더 인간의 의지를 움직인다. 그래서 성경을 연구하는 것은 정의, 분석 그리고 가설에 의존하는 다른 분야의 학문과는 차원이 달라야 한다.[499] 성경의 권위는 바로 하나님의 권위다. 그분은 인생들을 속이거나 인생들에게 속지 않으신다. 그분의 거룩함은 인생들에게 전혀 침해받지 않으신다. 성경은 인간의 노력이나 행위의 결과가 아니다. 성경의 모든 부분은 중요하다. 그러므로 핵심 질문은 "이 본문이 사실인가?"가 아니라 "어떻게 이 본문이 사실인가?"이다.

실천적인 성경 주석의 토대는 성경 본문을 주의 깊게 암기하는 데 있다. 이것은 보나벤투라 자신이 숙달한 것이며, 그의 성경 주석들이나 다른 저작 전반에서 분명하게 드러난다. 이러한 말씀 암송은 단지 성경 본문을 기억하는 것만이 아니라 성경 전체에 걸쳐 의지적으로 적용할 수 있는 질서 정연한 구조와 체계를 형성하였다는 점에 주목할 필요가 있다. 문자적이고 역사적인 성경 해석에 닻을 내리지 않았다면 그 해석은 신뢰할 수 없다. 보나벤투라는 이것이 적용될 수 있는 다양한 성경 해석의 원리들을 소개한다. 보나벤투라는 성경을 연구하는 것이 많은 사람이 어려워하고 거부감을 느끼는 큰 도전임을 인정한다. 그러한 이유로《신학서설》을 쓰게 된 것이다. 그리고 거룩한 성경의 진리는 말씀하시는 하나님에게서 오고, 하나님께로 흘러서 다시 하나님께로 돌아가는 목적이 있다고 확신했다.[500] 기독 신학에 내재된 통일성과 질서는 그 자체로 지성적이고 도덕적인 노력으로서 독특한 학문적인 엄격성과 성격을 제공한다. 보나벤투라는 이 단락에서《신학서설》의 나머지 일곱 가지 구조를 개괄적으로 설명한다.

성경은 가장 높은 것과 가장 낮은 것, 맨 처음 것과 맨 나중 것, 그리고 그 밖의 모든 존재하는 것을 다룬다. 그것은 성경이 인간의 마음으로 '세계 기구'(world machine)[501] 전체를 설명하고 인식할 수 있는 실질적인 십자가를 형성한다고 말한다. 이 '십자가'를 이해하려면 만물의 첫 번째 원리이신 하나님에 대해 알아야 한다. 또한 창조, 인류의 타락 및 예수 그리스도의 보혈에 의한 구원, 하나님의 은혜에 의한 인간성의 재창조, 성찬을 통한 치유, 그리고 최종적으로 영광의 상급이나 형벌을 받는 종말에 대해 알아야 한다.[502]

I. 삼위일체

하나님은 창조를 이해하는 열쇠다. 그분은 또한 인간의 구속과 완전함의 원천이 되신다. 기독신학은 '유일하게 완전한 과학'이며, '유일하게 완전한 지혜'다. 그 이유는 창조의 신비, 구속의 신비 그리고 성화의 신비를 다루기 때문이다. 기독 신학은 어떻게 신성한 지혜가 죄와 악과 싸우며 인간을 회복시키는지를 다룸으로써 철학의 목적지에서 시작한다. "이 지식 안에서 완벽한 영혼의 심미안, 생명, 구원을 발견할 수 있다."[503] 이러한 지식은 사랑 안에서 모든 실체를 하나로 통일함으로써 모든 만물을 회복시키시는 하나님에게서 나와 그리스도를 통하여 흘러간다. 신학은 이것을 성경과 교부들의 주석에서 식별되어야 할 '단일 학문'(single science)이라고 표현한다. 교부 아우구스티누스는 "우리의 믿음은 권위에 의지하고 있지만, 우리의 이해는 이성에 의지하고 있다"라고 말했다.[504]

어떻게 하나님이 성부, 성자, 성령의 세 위격을 가지면서 한 분으로 존재하실 수 있는가? 왜 아들이 하나님 아버지에 의해서 나오시고, 성령이 그 두 분에게서 나오신다고 믿는가? 하나님에 대한 가장 높은 개념은 자신을 온전히 전달하실 수 있는 영원한 존재시라는 것이다. 그분은 사랑 안에서 그렇게 하시고자 한다. 그래서 완전한 사랑이신 바로 그분의 독생하신 아들이 계시고, 또한 두 위격과 사랑 안에서 교제하시며 사랑을 온전히 베푸시는 성령이 계시다. 그것은 선함과 사랑의 본질이다. 보나벤투라는 성경이 우리에게 가장 경건한 사랑의 방식으로 하나님을 이해하도록 가르친다고 믿었다.[505] '그리스도 안에서 모든 사랑, 곧 하나님의 사랑과 하나님에 대한 인간의 사랑은 성취될 것이다.' 하나님의 존재의 주권은 창조 세계의 다양한 영광을 통해서도 확증된다. 삼위일체와 관련된 모든 신성한 속성은 영원하고 복된 신성한 지혜와 합쳐지게 될 것이다. 이 지혜 안에는 창조주 하나님의 마음과 독생하신 말씀 그리고 하나님의 사랑이신 성령님이 모두 하나로 결합되어 계신다.

아버지 하나님은 기원이 없으시며, 선함과 사랑이 흘러넘치시는 분이다. 그리고 아들은 진정한 하나님의 형상과 모양이시며, 말씀이신 하나님으로 표현된다. 성령님은 사랑의 선물이시며 사랑의 연합이시다. 이러한 방식으로 세 이름은 각 위격의 개별적인 속성을 나타낸다.[506] 보나벤투라는 하나님의 세 위격 사이에서 구별되는 특성과 그 관계를 계속해서 설명한다.[507] 아버지만이 아들을 보내시고, 아들은 성령의 보내심에 참여한다. 하나님은 피조물 안에서 스스로를 드러내실 능력이 있으실 뿐만 아니라, 특정한 사람들에게도 나타내실 수 있으며, 심지어 그들 안에 내주하시기까지 자신을 계시하실 수 있는 능력이 있으시다.[508] 이런 일이 일어나면 하나님은 여러 가지 방식으로 '강림'하시는 것이다. 아들과 성령을 보내심은 그 삼위일체를 구성하는 최상위 권위, 사랑 그리고 순종의 내적 관계성에서 이루어지는 것이다.

이것은 특히 성부 하나님과의 연합, 성자 하나님의 진리 그리고 성령 하나님의 선하심으로 인생들에게 현현된(manifestation) 빛에 비추어 연관시킬 수 있다.[509] 연합(unity)은 삼위일체의 핵심이고, 진리는 지성을 내포하며, 선은 서로 교통하는 것이다. 연합은 영원성을 나타내고, 진리는 아름다움을 나타내며, 사랑을 베풀어주심은 최고의 유익이다. 신성한 계시는 아버지에게서 나오는 것이다. 이는 그 아들 안에서 '모범을 보이심'으로 표현되었다. 또한 성령님이 주시는 사랑으로 성취되었다. 연합과 진리와 선은 '완전하고 완벽한 원'을 그리면서 그 본질상 스스로 순환한다.[510] 삼위일체의 하나님 안에는 역동적인 연합의 힘과 지혜 그리고 사랑의 의지가 있다.

보나벤투라는 하나님의 전지전능하심의 본질에 대해 논하면서, 그분의 본질에 저항하는 어떠한 행동도 절대 그분의 힘과 능력을 제한할 수 없다고 말한다. 그 힘과 권세는 하나님의 성실하심을 말한다.[511] 마찬가지로, 하나님의 지혜는 현재와 앞으로 있을 모든 창조물에 대한 완전한 지식을 수반한다. 하나님의 지혜는 모든 인간이 알고 이해하는 능력의 토대이기도 하다. 그러나 하나님의 지혜는 완전하고 본질적으로 단순하고 즉각적이며, 자연법칙이나 인간의 선택의 결과로 나올 수 있는 모든 것을 인식하기 때문에 인간의 자유를 억제하지 않는다. 왜냐하면 하나님의 마음속에는 모든 것이 잠재적으로나 실제로 존재하기 때문이다. "하나님이 시간 안에서 단 하나의 힘을 통해 모든 것을 창조하셨듯이, 모든 것을 하나의 진리 안에서 영원히 나타내신다."[512] 사물의 다양성은 그

속에 숨겨진 하나님의 형상과 모양으로 표시된 것이다. 그분에게서 모든 것이 나왔다. 그러므로 하나님의 존재하심은 독특하면서도 단순하고 무한하며 완전하다.

하나님의 뜻은 궁극적으로 죄와 악으로 좌절되거나 왜곡될 수 없다. 이 뜻을 섭리라고 하며, 사랑과 이성으로 좌우된다.[513] 하나님의 뜻은 의롭고 효력이 있음에 틀림없다. 이 뜻은 모든 다른 선택을 측정하는 기준이다. 그렇지만 그 기준은 인생들이 그것에 따르기로 선택할 수 있도록 명확히 드러나야 한다. 하나님께 순종한다는 것은 그분의 계명을 존중하는 것이다. 또한 악에 대해 피 흘리기까지 저항하며, 완전함을 추구하는 것을 따르는 것이다.[514]

하나님은 제정하신 율법들이 효력을 갖게 하시려고 사람들을 향한 지원을 철회하시고, 인간의 범죄를 허용하신다. 왜냐하면 인간에게 부여된 자유의지가 당연한 결과로 선악을 선택할 수 있고, 심지어 하나님의 주권과 충돌할 수도 있으나, 그럼에도 불구하고 하나님이 인간을 도우실 때 그것은 순전히 그분의 자비와 은혜의 표시이며, 그분의 본질적인 공의를 확인하는 것이기 때문이다. 따라서 인생을 향한 구원은 신성한 은혜의 행위이며, 죄의 선고는 신성한 공의의 표현이다. 그러므로 인간의 선함은 전적으로 하나님의 지원에 의존하며, 또한 이것이 바로 하나님의 섭리의 역사다.[515]

II. 창조

그리스도인들은 세상이 하나님에 의해 질서정연하게 창조되었고 유지되고 있다고 믿는다. 하나님은 이 세상의 첫 번째 원리이시며, 세상은 무에서 창조되었고, 시간은 창조와 함께 시작되었다. 보나벤투라는 창조된 세상 안에 담긴 하나님의 설계를 인식했으며, 이 글을 통해 하나님의 창조적 말씀으로 표현된 하나님의 감추어진 마음을 드러냈다. 보나벤투라의 의도는 먼저 몇 가지 널리 알려진 오해를 반박하는 것이었다. 세상이 영원하다는 것, 세상은 어떤 기존의 영원한 물질에서 창조되었다는 것, 세상에 악을 창조한 두 번째 창조주가 있다는 것, 그리고 창조가 천사나 다른 영적으로 뛰어난 지성체의 작품이라는 것이다. 이러한 주장은 당시 대학의 일부 신학자와 철학자들이 연구하고 있었으며, 새롭게 학술 현장에 등장한 고대 그리스어 문헌의 영향을 받았다. 이와는 달리, 보나벤투라는 창조의 모든 부분을 세 가지 신성한 질서로 표시한다. 그 차원의 통일성, 그것의 형태와 수의 진실성, 그리고 그것의 질서와 무게로 표현되는 선함, 즉 그것의 목표 또는 목적을 나타낸다.[516] 하나님의 통일성과 그분의 목적은 존재하는 모든 것에 질서와 안정성을 제공하며, 그것은 그분의 무한하신 권능의 표현이다. 창조된 모든 것은 본질적으로 완전하고 진실하며 선하다. 그 구성은 측정할 수 있으며, 각각의 사물에는 고유한 기능과 삶의 목표가 있다. 이 모든 것은 과학적으로 입증될 수 있으며, 수학적으로 측정될 수 있다. 무작위한 우연의 산물은 거의 없다. 보나벤투라는 모든 것이 질서 있는 구조 안에서 창조되었다고 믿었으며,

이를 설명하기 위해 창세기의 첫 장을 언급한다. 그는 창조된 세계가 본질적으로 완전하다고 생각했으며, 이후 그 안에서 생명이 펼쳐질 모든 통치 원리를 태초부터 하나님이 그 안에 두셨다고 믿었다.[517]

하나님의 창조 능력은 피조물들을 구별하고 정밀한 질서 가운데 두시는 그분의 지혜와 함께하였다. 그분의 선하심은 그 창조 세계의 순전한 아름다움으로 표현된다. 하나님은 당신이 지으신 세계를 보시고 "보시기에 좋았더라"라고 말씀하셨다.[518]

보나벤투라는 창세기의 이해를 돕기 위해 해설하면서 창조 첫 3일 동안 빛나는 자연물인 광원, 투명한 자연물인 물과 공기, 그리고 물에서 구분되어 드러난 불투명한 물질인 땅이 생성되는 것을 발견하였다. 창조의 과정 중에도 이러한 구분이 첫 번째 세 날에 이루어졌는데, 이것이 창조의 핵심 부분이었다는 것을 의미한다. 그리고 그다음 3일 동안은 지으신 세계의 본질적인 아름다움을 증거한다. 이는 하나님이 예술가처럼 천체의 별들, 바다의 물고기와 공중의 새들, 육지에 서식하는 생물들, 인간을 만드시는 창조의 절정에 이르기까지 이 세계를 아름답게 장식하셨음을 보게 된다.[519]

보나벤투라는 '창조의 세계가 즉각적으로 조성되었다'고 주장한 교부 아우구스티누스와는 달리 창조가 지속되는 동안 순서대로 질서 있게 이루어지는 것의 중요성을 인식하였다. 그러나 창조의 구조 속에는 깊은 영적 의미가 숨겨져 있다고 보았다. 그래서 7일째 되는 날 하나님이 안식하신 것은 창조를 완성하셨다는 표시이며, 또한 하나님의 임재 안에 있는 영혼의 안식을 의미한다고 보았다.

보나벤투라는 삼층천 아래로 행성들이 일곱 방향으로 움직이는 것을 상상했다. 그는 동시대인들과 마찬가지로, 물리적 창조에서 천체가 존재하는 열 개의 하늘 영역과 네 가지 기본 원소를 인식했으며, 이 모든 것이 빛으로 유지된다고 여겼다. 뜨겁고 차갑고 습하고 건조한 이 원소들은 다양한 순열(집합에서 원소들을 순서대로 나타내는 것)로 나타난다. 행성들이 공전하는 궁창은 하늘과 땅 사이의 중간 지점이다.[520] 각각의 존재 영역은 그 자신의 아름다움을 하나님께로 다시 비춘다. 보나벤투라는 여러 천체의 영역이 자연계의 발전에 어떤 식으로든 영향을 미친다고 믿었다. 그렇지만 그는 운명은 이미 정해졌다는 결정주의자(determinist)들의[521] 개념을 완전히 부인했다. 인간의 영혼은 창조의 가장 고귀한 작품이다. 이는 모든 사물이 하나님에게서 비롯되고 하나님께로 향하는 순환을 이루고, 창조의 완성과 완전함은 그분과의 조화로운 관계에서만 찾을 수 있다는 것을 시사한다.

"모든 만물은 인간의 영혼을 섬기기 위해 존재하며, 창조주 하나님을 제외하고는 그 무엇도 인간의 영혼을 지배할 수 없다. 왜냐하면 우리 인생은 존재하는 모든 것의 목적이기 때문이다."[522] 그러므로 이 세상은 인간의 일시적인 거주지이며 인간성을 위한 도덕적인 환경이다. 이는 천국에서의 삶을 준비하는 과정이라고 이해할 수 있다.[523]

성경은 세계의 창조에 대한 과학적 정보를 제공하는 과학책이 아니다. 성경은 '어떻게'라는 질문보다는 '왜'라는 질문을 다룬다. 성경은 하나님의 존재를 그 창조의 원인으로 증거한다. 또한 성경은 하나님이 인생들을 구속하시는 것과 그것을 전제하는 회복의 목적에 대해 증거한다. 성경은 창조주로서 하나님의 역할에 대해 일반적이고 질서정연한 용어로 말한다. 성경으로 들어가는 거대한 관문인 창세기 1장에서는 창조의 본질을 세 가지로 밝힌다. 또한 삼위일체 하나님의 세 존재의 위격에 대해서도 밝힌다. 창세기 1장 1절은 "태초에 하나님이 천지를 창조하시니라"라고 선언한다. 하나님은 말씀으로 세상을 창조하셨다. 그리고 하나님의 성령은 수면에 운행하시면서 아직 형성되지 않은 우주를 품으셨다. 창조를 행하시는 하나님의 지혜는 그 창조의 질서와 진행에서 드러난다. 그리고 하나님의 선하심은 창조의 아름다움 속에서 그 영광을 드러낸다.

보나벤투라는 천사들의 존재를 믿었고, 천상계의 질서에 대한 디오니시우스의 영향을 받아 천사들에 대한 자신의 해석을 확신했다. 이는 물리적 창조가 일어난 방식을 해석하는 데 반영되었다. 천사들은 기본적으로 존재의 단순성, 인격적 개별성, 합리성 그리고 선택의 자유라는 네 가지 속성을 지닌다. 이러한 속성들은 그들의 위대한 선행, 봉사에 대한 헌신, 높은 지성 그리고 변질되지 않고 도덕적 선택을 할 수 있는 능력을 의미한다.[524] 하나님께 가까이 있는 천사들의 창조는 본질적으로 하나님과 멀리 떨어져 있는 물질세계의 창조를 보완하기 위해서였다. 이 물질 세계는 하나님의 존재와는 본질적으로 거리가 먼 것이다. 그러므로 천사들은 다른 어떤 창조물과는 달리 밀접하게 하나님을 그대로 비추는 존재라고 할 수 있다. 그러므로 천사들도 기억력, 이해력, 자유의지를 갖고 있다.

하지만 비극적으로 천사 중 일부가 하나님께 반역하기로 결정하였다. 그리하여 돌이킬 수 없는 큰 죄에 빠지게 되었다. 결국에는 회개하지 않고, 완악하고 어두워지게 되었다. 지금 그 무리는 하나님의 뜻으로 지어진 인간에 대한 질투와 잔인함으로 인간을 자신들의 사냥감으로 여기고 있다. 원래 천사들은 최고의 선이신 하나님을 예배하고 섬길 수 있는 자유의지를 지니고 하나님의 선하신 목적으로 지음받았다. 그러나 악에 빠진 사탄 루시퍼(Lucifer)는 자신을 하나님보다 더 사랑하고 자신의 영광을 구하였다. 그는 하나님에게서 돌아서서 다른 패역한 천사 무리와 연합하여 지상으로 떨어져 지옥의 어둠 속으로 들어갔다. 이제 그는 교만하게도 인간이 하나님이 아닌 자신을 숭배하고 복종하게 하려고 한다. 하나님은 이 모든 것을 허용하셨으며, 심판과 종말의 때까지 인내하신다.[525] 이와 대조적으로 하나님께로 향한 천사들은 영원까지 그들의 선함과 능력을 보장받았다. 보나벤투라는 교부 디오니시우스의 지혜를 따라 아홉 가지 직분을 가진 천사들을 세 계급으로 묘사하였다.[526] 첫 번째 계급은 하나님에 대한 예배를 전적으로 담당하는 천사들이다. 이들은 완전한 지혜와 사랑으로 가득 찬 존재들이다. 두 번째 계급은 행동할 수 있도록 하나님께 힘과 권세를 부여받은 천사들이다. 세 번째 계급은 세상을 다스리는 천사들이다. 이들은 하나님의 진리를 드러내고, 타락한 인간들을 일으키고 보호함으로써 인간을 돕는 역할을 담당한다.

보나벤투라가 주로 관심을 두었던 것은 인간의 육신과 영혼이라는 측면에서 인간의 본질과 그 둘의 관계였다. 인간은 기본적으로 물질적인 측면과 영적인 측면 이 두 가지를 가진 복합체이기 때문이다.[527] 인간의 영혼은 사람이 잉태되는 순간 '무에서 유를 창조하시는'(ex nihilo) 하나님의 계획과 섭리로 창조되었으며, 생명, 지성 그리고 자유의지가 부여되었다. 심지어 원래는 영생하도록 지어진 존재다. 영혼은 하나님이 창조된 인간에게 그들의 몸을 포함하여 존재 전체에 그분의 축복을 직접 부여하시는 수단이다.[528] 그러나 이 축복은 자유롭고 기꺼이 순종하는 선택으로만 누릴 수 있으며, 이는 제약을 받을 수 없다. 인간의 영혼은 기억력, 이해력 그리고 자유의지를 소유하게 되었다. 무엇보다도 삼위일체 하나님의 형상대로 지음받은 존재이면서 거의 천사들과 비슷하게 지어졌다. 그러므로 인생들은 하나님을 알고 모든 것을 이해할 수 있는 능력을 가지고 있다. 이러한 축복은 영원한 축복이라고 할 수 있으며, 영혼은 바로 그 목적을 위해 지어졌다. 영혼은 인간의 몸과 결합하여 서로 영향을 주고받으며, 삶을 완성한다. 또한 오감을 통하여 세상의 모든 것을 인식한다. 기억과 상상력, 그리고 영혼의 지성을 통하여 진리를 분별하고, 악을 멀리하며, 선함을 추구한다.[529] 왜냐하면 '선택의 자유'는 이성과 의지의 능력이기 때문이다.[530] 여기에 고유한 인간 개개인의 기초가 되는 영혼의 무결함이[531] 있다.

보나벤투라는 동시대의 인물인 로버트 그로스테스테(Robert Grossteste)와 마찬가지로 인간을 '아름답고 복잡하면서도 올바름을 추구할 수 있는 존재'로서 인간에 대해 매우 높은 평가를 내렸다.[532] 인간의 창조는 하나님의 창조의 결정체이며, 하나님의 가장 고귀한 작품이다. 창조주 하나님의 천재성은 인간에게 육체와 영혼이라는 상반된 두 가지를 결합시켜 우리가 육체적인 경험을 통해 영적인 세계를 발견하고, 영적인 경험을 통해 육체적인 세계를 이해하도록 만드신 것에서 드러난다.[533] 인간의 복잡한 구조는 온전하게 하는 원리로서 몸과 영혼의 결합을 반영한다. 인간은 최고의 우아함, 민첩성, 적응력을 갖춘 다양한 기관을 부여받았다. 이는 얼굴과 손에서 볼 수 있다. 얼굴과 손은 우리 신체에서 가장 다양한 기능을 수행하며, 우리 존재와 상호작용하는 데 중요한 역할을 한다. 얼굴은 우리를 식별하고 표현하는 중심이며, 손은 우리가 세상과 상호작용하고 창조하는 데 사용되는 다재다능한 도구이다.[534] 태초에 하나님이 인간을 창조하셨을 때 육체적으로나 도덕적으로나 올바름과 선을 추구할 수 있도록 그 몸을 영혼과 함께 결합하셨다. 남성과 여성이 함께 생육하고 번성하는데 동등하게 기여하게 하셨다. 남성과 여성은 서로 다른 생물학적 특성과 기능을 가지고 있지만, 그들의 역할은 상호보완적이며 동등한 가치를 가지고 있다. 이런 생물학적 진실은 그 당시에 알려지지 않았기에 그의 의견은 독특한 것이었다. 그러므로 인간의 본성에 있는 하나님의 형상과 모양은 남자와 여자 둘 다에게서 발견되는 것이다. 이는 기독교에서 성찬적인 관계로서 남자와 여자의 결혼이 얼마나 중요한지도 보여준다.

희락의 동산인 에덴동산에서 창조된 인생들은 생명나무로 생명을 유지하였다. 그리고 내적으로나 외적으로나 여러 감각을 부여받았는데, 우리는 마음속에 있는 내면의 세계와 몸 밖의 외부 세계 사이에서 상호작용하고 균형을 유지하면서 살아간다. 하나님은 인생들에게 생육하고 번성하는 것과 하나님의 뜻에 순종하는 두 가지 명령을 주셨다. 그들은 이미 이 지식을 누리며 양심과 은혜를 부여받았기 때문에 그들이 자유로운 의지로 선택하는 능력과 책임이 있었으며, 그들의 선택이 실제로 그들의 삶에 영향을 미치게 되었다. 하나님의 목적은 인간이 그분 마음의 '내부 규범'(inner books)과 창조물의 '외부 규범'(outer books)을 이해할 수 있게 하시려는 것이었다.[535] 그리스도 안에 있는 하나님의 지혜는 이러한 '내부 규범'과 '외부 규범'을 세상의 구속을 위하여 하나로 연합되게 하셨다.[536] 그러므로 최초의 인간들은 두 가지 종류의 선에 직면했다. '보이는 선'은 직접적으로 인식 가능한 도덕적 가치들을 의미하며, 이러한 가치들은 보존되어야 함을 보여준다. '보이지 않는 선'은 하나님과의 관계로 얻어지는 것으로, 하나님의 뜻에 순종함으로써 얻을 수 있는 것을 의미한다. 그들은 하나님의 신뢰와 상급을 얻기 위하여 이러한 순종의 경험이 필요하였다.

하나님은 올바른 판단을 내릴 수 있도록 인생들에게 양심을 부여하셨다. 또한 그들의 의지를 인도하는 이 양심은 인간이 본성적으로 선과 악을 구별할 수 있는 '내재적인 도덕적 감각'(synderesis)을 말한다.[537] 그 첫 번째 은사는 지성을 비추는 것이다. 두 번째 은사는 사랑의 불꽃을 피우는 것이다. 또한 하나님을 기쁘시게 하는 것이다.[538] 그러므로 태초부터 그들은 하나님의 '지상명령'(The Great Commission)에 순종하고, 다른 무엇보다 하나님을 사랑하며, 그들이 서로 사랑하도록 부름받았다.

보나벤투라는 《순례기》에서도 밝혔듯이 《신학서설》에서도 그가 가르쳐온 것을 요약하는데, 그는 창조된 세계, 인간의 마음(지성) 그리고 영적인 영역에서 발견할 수 있는 하나님의 특징을 언급한다.[539] 이러한 표지들(signs)로 인생들은 하나님께 가까이 올라가도록 부름받은 것이다. 태초에 인간들은 '창조의 기준'에서 하나님의 지혜의 빛을 분별할 수 있었다.[540] '창조의 기준'은 자연의 현상과 조직, 미적인 아름다움을 의미하며, 이를 통해 인간은 하나님의 지혜를 알아차릴 수 있다.[541] 그들은 육신의 눈, 이성의 눈 그리고 관상의 눈이라는 세 가지 눈을 받았다. 첫 번째 육신의 눈은 창조된 실체를 구별하는 것이다. 두 번째 이성의 눈은 그 영혼 안에서 보는 것을 말한다. 세 번째 눈은 하나님을 묵상하고 영원한 것을 사모하는 것이다. 하지만 비극적이게도 죄의 구름으로 인하여 영광의 시야가 흐려졌고, 이 '눈'의 인식이 뒤틀어졌다. 오로지 은혜만이, 믿음만이 그리고 성경에 대한 깨달음만이 이러한 상실된 것을 회복시킨다. 그러나 그보다 먼저 인간은 죄와 불순종으로 인한 인간성의 파멸로 불완전하고 맹목적인 존재가 되었다는 실상에 직면해야 한다.

Ⅲ. 타락

보나벤투라는 죄의 본질을 창조된 의지의 타락으로 간주하였다. 그 결과는 암과 같이 인생을 마비시키고 궁극적으로 파멸로 이끄는 악이다. "죄는 본질적으로 선한 것에는 존재하지 않으며, 선한 것에서는 발생하지 않는다. 이는 인간에게 자유의지로 선택할 수 있는 능력이 존재하기 때문에 가능한 것이다. 인간은 자유로운 선택을 통해 선한 일을 택할 수도 있지만, 그 자유를 남용하여 악한 일을 선택할 수도 있다."[542] 죄악에서 구속된다는 것은 곧 인간의 의지를 위한 싸움이다. 죄악의 뿌리는 선하심의 제1원리가 되시는 하나님 안에 있지 않다. 죄의 원인은 결핍에 있으며, 모든 죄는 인간 존재의 무질서와 혼돈 그리고 하나님을 거부하는 데서 온다. 또한 불변하시는 하나님 대신 형편없이 낮은 것들과 변하기 쉬운 것들을 선택함으로 온다.[543] 이러한 면에서 인생들은 모든 세대가 악에 현저하게 노출되어 있다.

하나님은 최초의 인간들에게 그들이 선망했던 악에 유혹받는 것을 허락하셨다. 유혹은 항상 기억될 수 있도록 그 간교한 성격을 상기시키기 위해 뱀의 형태를 취했다. 하나님의 계명은 자유롭게 순종할 수 있는 기회를 주었다. 그 순종의 자유가 없다면 인간과 하나님 사이에 어떤 사랑이나 어떤 신뢰의 관계도 발전될 수 없다. 악은 하나님의 계명에 대하여 그 이유를 파고들어 의심의 씨앗을 뿌렸다. 뱀은 하와에게 그녀나 그녀의 남편 아담이 결코 죽지 않으리라고 거듭 안심시켰다. 그리하여 그들이 하나님을 존경하거나 그 계명을 존중하는 것을 과소평가하게 만들었다. 마침내 뱀은 한 가지 약속과 함께 하와를 유혹하여 금지된 욕망에 불을 지폈다. 모든 인간의 자유의지의 세 가지 구성 요소, 즉 육신의 정욕, 안목의 정욕 그리고 이생의 자랑이라는 고전적인 유혹으로 교묘하게 조종하여 이성과 부정적인 욕망과 긍정적인 욕망을 모두 부추겼다.544)

　선택의 기로에 놓인 결정적인 순간, 그 여자는 하나님께 대한 자신의 신성한 임무를 알려주는 '내부 규범'을 외면하고 대신 외적으로 보이는 것을 선택하였다. 그녀는 남편의 약함과 불완전한 사랑을 이용해서 그를 자신의 죄에 연루시켰다. 그들은 자신들의 잘못된 선택에 대해 공동의 책임을 갖게 되었으며, 그 결과 교만, 탐욕 그리고 불순종의 죄가 형성되었다.545) 그들은 먼저 귀로 뱀의 말을 들음으로 유혹받아 욕망이 생겨났고, 그것에 자발적으로 동의하였으며, 그 생각을 거쳐 감정으로 이어져 행동으로 죄를 짓게 되었다. 이로 인해 그들의 삶과 관계가 육체적으로나 도덕적으로나 무질서하게 되어 그들이 지녔던 순수함을 상실하게 되었다. 그들은 결국 그들의 부정직함이 초래한 부끄러움으로 인하여 벌거벗은 채로 하나님을 피해 숨어버렸다. 그 후 동산에서 쫓겨나 땀 흘리는 수고와 더불어 출산의 고통을 겪게 되었으며, 결국 죽음의 공포가 엄습하게 되었다. 그들이 받은 형벌은 그들의 죄가 초래한 불가피한 결과였으며, 하나님은 공의로우셔서 그들이 당한 곤경을 해결하시려고 움직이기 시작하셨다. 그들의 불순종은 그들의 육체에 반영되었고, 그들의 그릇된 욕망은 이후 그들의 노동과 갈망에 반영되었다. 죽음에 따르는 영혼과 육체의 분리는 그들이 스스로 선택하여 하나님에게서 분리된 것을 반영한다.

보나벤투라는 인간의 원죄를 마치 바이러스처럼 물려받은 죄로 오염된 상태라고 보았다. 이것은 연약함과 무지, 악한 의지와 정욕의 형태를 취하고 있다.[546] 어느 인생도 이러한 공통의 유산에서 벗어날 수 없다. 이것은 슬프게도 인류의 전 역사와 사회 어디서나 나타난다. 그러므로 에덴동산의 이야기는 인간이 저지른 죄악의 기원에 대한 것이지 단순히 인류의 기원에 대한 것이 아니다. 그리하여 인간은 하나님의 공의에 뿌리를 둔 의로움의 안정성을 상실해 버렸다. 제멋대로인 의지들과 죄악에 대한 인간의 애정은 영육 간에 그들의 가치를 현저하게 떨어뜨렸으며 좌절로 끝을 맺는다.[547] 이러한 만성적인 죄악의 성향들은 다양한 형태의 육신의 욕망들을 거쳐서 영혼을 더럽히는 여러 가지 사회적인 예들로 나타났다. 따라서 타락한 인간의 본성은 모든 인간의 공통적인 근원이자 인류를 대표하는 아담 한 사람에게서 전염된 것이다. 그것은 아담의 육체가 영혼의 권위에 반항했기 때문이다. 그 결과 하나님에게서 멀어져 창조된 것들에 병적으로 집착하는 것은 모든 인류의 공통된 행위가 되었다. 이러한 잘못된 선택은 여전히 이어지고 있으며, 각각의 세대에 지속적으로 영향을 미치고 있다. 세대를 이어가며 모든 형태의 원죄를 계속 유지시키는 것은 성적 행위 그 자체에 있는 것이 아니라 모든 영혼에게서 원죄를 영속하게 하는 무질서한 정욕에 있다.[548]

그리스도 안에서 이루어지는 하나님의 구속하심은 세례를 통하여 성립된다. 하나님의 구원은 인간의 원죄를 고쳐주시지만, 그로 인한 형벌은 수치스러운 죄책감과 회개로 남긴다. 이것은 인간에게 자신의 죄와 그로 인해 겪은 고통을 기억하고 회개할 수 있는 기회를 제공한다. 탐욕과 정욕을 다루는 것은 인간이 일생토록 계속해야 하는 투쟁이다. 동정녀 마리아는 예수 그리스도를 임신했을 때, 하나님의 특별한 은총으로 원죄와 같은 욕망에서 자유하게 되었다.549) 원죄는 그 영혼 안에서 고침 받지만, 그것에 전염된 결과는 인간의 육신 안에 여전히 남아 있다.550) 인간의 연약함과 육체적인 나약함은 겸손으로 이끌기 위하여 남아 있는 반면, 은혜는 영혼 안에서 숨겨진 일을 한다. 유혹(시험)은 제안, 쾌락, 동의 및 실행의 과정으로 계속해서 인간을 괴롭히고 있다.551) 그러므로 필멸의 죄는 동의로 일어나며, 이는 결국 하나님과의 관계를 깨트린다. 죄는 항상 하나님께 순종하지 않거나 고의적으로 잘못된 일을 함으로써 하나님의 뜻에 대한 순종이 끊어진 무질서한 의지의 결과다. 그리하여 욕심에 이끌려 잘못된 행위를 의도적으로 행하기 때문에 일어나는 것이다.552) 그러나 올바른 이성이 유혹에 도전하고 저항할 때, 죄가 덜어지고 어쩌면 아예 막을 수도 있다. "우리가 실제로 저지르는 자범죄는 그러한 면에서 원죄를 모방한 것임이 분명하다."553) 에덴동산에서 벌어진 이 이야기는 각각의 인간 세대에서와 인간 개인의 경험에서 여전히 입증되고 있다. 이것이 현실의 모습이며, 이는 모든 인류에게 피할 수 없는 비극적인 곤경이다.

 죄의 본질에 대한 보나벤투라의 분석은 전통적이면서도 명료하다. 죄는 유일한 원천을 가지고 있다. 이는 바로 두려움과 잘못된 정욕이라는 두 뿌리에서 자라난 교만이다. 이는 위에서 언급한 육신의 정욕, 안목의 정욕 그리고 이생의 자랑이라는 세 가지 복합적인 유혹들에서 비롯된다.554) 그것은 '교만, 시기, 혈기, 게으름, 탐욕, 탐식 그리고 정욕'이라는 일곱 가지 치명적이고 중대한 죄를 낳는다. 이 중 처음 다섯 가지는 영혼에 영향을 미친다. 나머지 두 가지는 육신에 영향을 미친다.[555] 교만은 하나님을 멸시하는 것에서 유발된다. 하나님 이외에 무언가를 잃는 것에 대한 두려움, 또는 하나님보다 무언가를 더 원하는 정욕이 죄를 짓게 하고, 이 두 가지 상호작용으로 무질서한 사랑이 나타난다.

보나벤투라는 어떻게 이러한 일들이 발생하는지를 상세하게 분석한다. 그리고 어떻게 그 치명적인 일곱 가지 죄악이 생성되어 함께 작용하고, 각 개인이나 사회에 만성적인 상태로 나타나는지를 보여준다. 그의 분석은 매우 설득력이 있다.

어떤 죄들은 그 자체로 형벌을 불러오는데, 이것은 죄악된 인간 실태를 드러내는 일부다. 왜냐하면 '죄의 악과 형벌의 악'이 있기 때문이다.[556] 죄책감은 죄악된 의지에서 비롯되며, 형벌은 죄악된 행동의 결과로 견뎌내야 하는 것이다. 결과적으로 일부 사람(이는 사회나 법적 체계에서 범죄나 위반 행위에 대해 제재를 가할 수 있는 권한을 가진 사람들을 의미함)이 다른 사람들에게 처벌을 가할 수 있다. 그렇지만 이것은 거룩하신 하나님이 내리시는 형벌과 혼동하지 말아야 한다. 하나님의 형벌은 항상 죄에 대한 합당한 처벌이고, 또한 인간의 행위를 고쳐나가는 쓴 약과 같이 작용하기 때문이다. 가장 큰 죄는 하나님의 성령을 훼방하는 죄다.[557] 이에 대해서 보나벤투라는 다른 사람에게 내려진 은혜에 대한 시기, 진리에 대한 저항, 절망, 무례함, 완악함, 그리고 죽음을 앞두고 최종적인 후회나 회개의 결여로 나타난다고 규정한다.[558] 이러한 죄로 인해 각 사람 안에 있는 하나님의 형상이 심각하게 뒤틀리고 가려지며, 회복이 어려울 정도로 의지가 왜곡된다. 이는 마지막 날에 성령님의 긍휼하심과 은혜를 결정적으로 저버리는 것이다. 이러한 태도나 행동은 불가능하지는 않지만 하나님이나 인간이 용서하기 어렵다. 그러므로 잠재적으로나 궁극적으로 이러한 죄악은 사함받을 수 없는 것으로 묘사된다.[559]

그러한 의지적인 완악함과 패역함은 하나님의 은혜를 거부하고, 하나님께 저항하며, 교회의 연합과 교제를 깨트린다. 다른 사람에게 주어진 은혜에 대한 시기 그리고 진리에 대한 저항은 은혜와 진리 위에 세워진 교회 생활을 노골적으로 거부하는 것이다. 하나님의 자비와 진리는 하나님의 신성한 공의에 반대하는 절망과 무례함으로 거부된다. 완악함은 자신이 범한 죄에 직면하기를 거부한다. 회개를 거부하는 것은 죽는 날까지 계속 죄를 짓는 것을 의미한다. 어느 누구도 죄 사함을 받아들이도록 강요할 수는 없다. 그렇지만 죄 사함을 받지 못하면 "중보자이신 그리스도의 은혜가 개입하지 않는 한" 하나님에게서 완전히 떨어져나가 결국에는 음부의 권세에 놓이게 된다.[560]

제11장

신학서설(2)

IV. 성육신

보나벤투라는 인간이 하나님에게서 도망가려는 극단성을 설명한다. 하나님께 다시 돌아가는 길은 중보자 되시는 그리스도의 인도하심으로 시작된다. 이전의 교부였던 안셀무스처럼 보나벤투라도 성육신하신 말씀이신 하나님만이 인간의 영혼을 구원하실 수 있다고 믿었다.[561] 인간 영혼의 회복은 창조의 제1원리가 되시는 하나님의 창조 사역만큼이나 심오하고 기적적인 것이다. 온 세상을 지으신 하나님은 창조되지 않은 말씀이신 분을 통해 또한 성육신하신 말씀이신 분을 통해 모든 것을 회복하신다. 그것은 그리스도 안에서 창조주 하나님은 재창조자로 오셨기 때문이다. 이는 놀라운 하나님의 권능과 지혜 그리고 친절하심을 가장 크게 드러내는 것이다. 하나님의 권능은 그리스도 안에서 신성과 인간성을 하나로 통합하는 데서 드러난다. 또한 하나님의 지혜는 창조의 시작과 창조의 목적을 하나로 합치는 그 완전함 안에서 드러난다. 하나님의 인자하심은 종의 모습을 취하사 자신을 낮추심에서 드러난다.[562] 교부 아우구스티누스는 "교만한 사람은 오로지 겸손하신 하나님에 의해서만 구원받는다"라고 말했다. 하나님은 그리스도 안에서 타락한 인간들에게 자신을 '알 수 있고, 사랑할 수 있고, 닮을 수 있는 분'으로 알려주셨다.[563] 이는 말씀이 육신을 입으신 사건이다. 오로지 하나님만이 인간 본성의 탁월함을 회복하실 수 있고, 오로지 그리스도만이 하나님과 인간의 중보자로서 하나님과 사람의 친구가 되셨다.[564] 마침내 오직 하나님만이 십자가에 달려 죽으신 그리스도로 말미암아 인간의 죄악을 도말하심으로 신성한 공의를 만족시키실 수 있었다.[565]

그러므로 그리스도의 성육신은 삼위일체의 사역이었고, 그리스도는 인간의 정신과 의지와 육체를 부여받은 우리와 동일한 본성을 가진 온전한 인간이셨다. 이는 우리와 동일한 인간적인 경험과 감정을 가지고 이해할 수 있다는 것을 의미한다. 이러한 연합은 말씀이신 하나님의 인격 안에서 신성한 주도권으로 이루어졌다. 같은 근원에서 나오는 창조하려는 욕구와 회복하려는 욕구는 창조의 제1원리이신 하나님으로부터 나오는 것이며, 그 둘은 결국 삼위일체의 하나님에게서 흘러나온다.[566] 그리스도는 인간의 치유를 위해서 우리에게 가장 분명하게 나타나는 부분이지만, 동시에 하나님에게서 가장 멀리 떨어져 있는 부분인 육신을 포함하여 인간 본성 전체를 취하셔야 했다.[567] 인자가 되신 그리스도의 신성과 인성의 연합만이 십자가에서 죽으심으로써 인간의 구속을 성취하실 수 있었다. 중보자이신 그리스도는 사람을 하나님을 아는 지식으로 돌이키시고, 하나님의 형상으로 회복시키시며, 그래서 하나님의 자녀가 되는 권세를 갖게 하신다.[568] 하나님의 아들만이 삼위일체 하나님 중에서 이 구속 사역을 하실 수 있는 가장 적절하신 분이다. 인간은 하나님의 형상으로 창조되었으므로 인간으로 오신 하나님의 아들은 하나님 마음의 표현이자 하나님의 참된 형상이다. 그래서 그리스도는 하나님의 아들로서 많은 자녀를 그분의 형제로서 다시 하나님께로 인도한다.

그런 다음, 보나벤투라는 성육신의 방식과 하나님의 어머니로서의 동정녀 마리아의 역할에 대해 깊이 고찰하였다.[569] 전통에 따라, 그는 태초에 인류가 타락한 상황과 예수 그리스도가 이 땅에 오셨을 때의 상황을 서로 비교했다. 에덴동산에서 마귀가 하와를 유혹하고 그녀가 동의한 것처럼, 그래서 인간이 태어나고 생육되는 과정을 통해 원죄가 오염되었듯이 선한 천사 가브리엘은 마리아를 설득하여 하나님의 사랑의 목적에 자유롭게 동의하도록 했다. 마리아는 원죄에서 자유로워지는 아주 독특한 방법으로 성령에 의해 임신하였다. 이러한 방식은 "반대되는 것은 반대로 치료될 수도 있다"라는 것이다.[570] 동정녀 마리아는 인간의 타락한 본성을 치유하시는 생명을 주시는 분(the life-giver)을 잉태하였다. 이 구속은 천사들과 사람 그리고 하나님 사이의 관계를 회복시켰다. 그리하여 천사 가브리엘은 기쁘고 복된 소식의 전달자가 되었다. 또한 그 여인 마리아는 성령님이 내주하시는 거처가 되었다. 그리고 태어난 아들 예수님은 진실로 말씀이신 하나님이시지만, 이제는 인자가 되셨다.[571] 이러한 은혜로운 구원의 관대함은 특히 성령님의 본성을 드러낸다. 그 이유는 그분으로 말미암아 동정녀 마리아가 잉태하는 놀라운 일이 일어났기 때문이다. 이로 인하여 동정녀 마리아가 예수 그리스도를 잉태하는 순간부터 '이성적 영혼의 중재'를 통하여 성령님에 의해 예수님 안에 있는 하나님의 본성과 인간의 본성이 결합되어 하나님의 완전한 권능이 나타나게 되었다. 그러한 간단한 방식으로 성령님의 권능이 동정녀 마리아의 육신 안에 놀라운 일을 행하심으로 인하여 오직 전적인 은혜로 마리아의 영혼이 성령님으로 불타오르게 되었다.[572] 그녀는 예수님의 어머니로서 '신성출산'(Theotokos)을[573] 하게 되었고, 이는 그녀 안에 부활과 성화의 능력이 있음을 드러낸다.

예수 그리스도의 성육신 사건은 하나님의 때가 차매 이루어졌다.[574] 자연법과 성문법의 시대를 지나서, 율법의 도덕적 요구를 통과하여, 믿음의 조상들과 선지자들의 약속에 의하여 그 성육신의 사건이 준비된 것이다. 그래서 하나님의 백성은 자신들이 하나님의 은혜에 무지함을 깨달았고, 더불어 그 은혜의 필요성을 깨닫게 될 길이 예비되었다. 많은 사람이 하나님의 약속들을 오랫동안 갈망해왔으며, 선지자들과 시편 기자들을 통해 구속에 대한 약속을 확인받고 더욱 담대한 소원으로 불타올랐다. 그리고 감사함과 순종함으로 성육신하신 그분을 영접할 수 있는 길이 예비되었다. 모든 피조물의 왕의 신분인 인류가 여섯째 날에 창조된 것처럼, 그리스도의 성육신도 구속의 '여섯 번째 시대'에 구속을 시작하면서 일어났다.[575] 그리스도는 죄로 인하여 병들고 상한 시대와 심판의 날 사이에 '치유의 시대'를 여시려고 이 세상의 구원주로서 오셨다.[576] 그러므로 그리스도는 인류를 비극적인 곤경에서 건지시려고 오셨다.

그리스도는 잉태의 순간부터 완전한 은혜로 충만하셨고, 죄가 없으셨으며, 그분의 모든 인성적인 생애의 단계에서 경배를 받으시고 사랑을 받으셨다.[577] 그분의 인성이 신성한 형상으로 변형되신 것은 전적으로 은혜의 사역이며, 그리스도는 속죄와 성화를 위한 이 흘러넘치는 은혜의 근원이시다. 그리스도는 당신의 생명을 교회의 성찬예식에 믿음으로 참여하는 그분께 속한 사람들에게 기꺼이 부어주심으로 인류를 품으셔서 새롭게 하시고 교회의 머리가 되셨다. 그리스도의 임재는 그분 이전에 온 인생들과 그분 뒤에 온 인생들을 포함하여 그분을 믿는 모든 사람에게 임한다. 이제 예수 그리스도의 몸에 속하는 사람들은 성령님이

거하시는 성소가 되었으며, 하나님 아버지의 자녀로 입양되어 그 은혜를 통해 하나가 되었다. 이들은 '형제와 자매로서 하나 되게 하는 끊을 수 없는 사랑의 띠'로 서로 결합되어 있기에 시간이나 거리로 갈라놓을 수 없다.[578] 이로써 그리스도 안에서 인류의 모든 세대 가운데 의롭고 믿음 있는 사람들이 서로 연결되게 되었다.

보나벤투라는 인자가 되신 하나님의 지혜로서 그리스도의 지식의 본질에 깊은 관심을 두었다. 이는 그 당시 신학자들에게도 큰 관심을 불러일으킨 중요한 문제였다. 보나벤투라는 이를 그의 논문 〈그리스도의 지식에 관한 논쟁적인 질문들〉에서 완벽하게 다루었다.[579] 그는 다섯 가지 수준으로 그리스도의 지식을 구별했다. 보나벤투라는 예수 그리스도의 신성과 인성에 대한 특징을 다음과 같이 나열한다. 그리스도의 신성한 본성에 관한 지식, 그분의 영광스러운 인간 본성의 일부인 지식, 인간 구속의 필요와 관련한 은혜에 관한 지식, 완전한 인간으로서 그분이 가진 지식, 그리고 감각과 시간을 통해 일반적인 방식으로 지각한 지식들이다.[580] 그러나 그리스도 안에는 모든 각각의 본성이 적절히 서로 작용하여 무지함이 없다. 처음 두 가지 지식의 형태는 그분의 신성한 마음, 곧 '영원한 예술'(Eternal Art)을 이해하는 것과 관련이 있다. 그분의 인간적인 지식은 타락 전에 아담과 성령으로 충만했던 여러 믿음의 선진들에 의해 누렸던 지식이다. 그분은 일상적인 지각을 통해 그분의 생애 동안 일어난 사건들을 그대로 인식하셨으며, 이미 내재적으로 알고 계시는 것을 실제로 경험하셨다. 보나벤투라는 예수 그리스도의 인성이 하나님의 무한한 선에 대한 직접적인 지식을 인간들에게 전하는 것을 제한했을 가능성을 제시한다. 인간은 한정된 시간과 공간에서 존재하며, 이로 인해 우리의 이해력은 제한되어 있어서 하나님의 완전한 본성을 완전히 이해할 수 없기 때문이다.[581] 그럼에도 불구하고, 인간 구속의 목적을 위하여 진정한 인간이 되신 그리스도의 지식은 완전하고 완벽하다. 그분의 주변에서 펼쳐지는 삶의 실제 경험은 진실했고, 그분이 내리신 선택도 진실했으며, 따라서 그분은 실제적이며 고통스러운 고난을 통해 순종을 배우셨다.[582]

보나벤투라는 그리스도의 공로의 완전함이 인간의 구원을 위해 넘쳐흐른 방식을 매우 자세하게 살펴보았다. 이것은 성령으로 잉태하심부터 전 생애와 죽으심까지 그분의 삶에서 명백하게 드러난 것이다. 그리고 이 공로는 그분의 열정적인 사랑, 고난 그리고 기도로 가능했다. 하나님이신 분이 사람이 되심은 그리스도의 가장 큰 공로시다. 이는 자기 백성을 의롭게 하시려는 넘쳐흐르는 은혜였다. 또한 자기 백성을 용서하시고 은혜와 영광을 얻게 하시려는 일이었다. 그리하여 인간의 몸과 영혼을 하나님의 뜻 가운데서 변화되게 하시는 것이다. 그리스도 자신의 변모와 부활은 이러한 실상과 희망을 드러낸다. 그분은 이미 계셨고, 지금도 계시면서 모든 것을 영광스럽게 하신다. 그러므로 우리의 모든 공로는 그분의 공로에 기초한다.[583]

십자가 위에서 절정에 이르는 예수 그리스도의 고난은 프란치스코 수도회의 신학과 영성에 중요한 위치를 차지했으며, 프란치스코에 대한 기억은 보나벤투라와 다른 사람들이 이 신비를 이해하고 전달하는 방식에 큰 영향을 미쳤다. 비록 십자가의 죽음이라는, 인간으로서 겪는 참혹한 죽음에 직면했기 때문에 이 고난이 그분의 인성 속에 있는 자연적인 의지와는 충돌을 일으킬지라도 하나님의 뜻을 따라 그리스도는 기꺼이 고난을 받으셨다.[584] 이는 겟세마네 동산에서 하나님께 드린 "나의 뜻대로

마옵시고 아버지의 뜻대로 하옵소서"라는 그분의 피맺힌 기도에서 발견할 수 있다.[585] 그리스도는 하나님과 인간 사이의 중보자로서 하나님의 의로우심을 공유하셨으며 또한 인간의 연약함과 죽음까지도 공유하신 것이다. 그분은 죄 많은 인류를 괴롭히는 무지, 질병, 악의, 정욕을 무죄로 여기시지 않았다.[586] 그렇지만 그분의 배고픔, 목마름, 두려움 그리고 슬픔의 경험은 충분히 현실적인 것이었다. 그리스도가 하나님 앞에서 자신이 받으셔야 할 고통을 겪으신 것은 그분의 자발성과 무오성을 드러내는 것이며, 인간을 구원하시기 위한 행동이셨다. 겟세마네 동산에서 드리신 그리스도의 간절한 기도에는 하나님의 공의를 위한 신성한 뜻과 순종을 향한 이성적인 의지와 고통을 피하고 싶었던 육신의 자연스러운 의지가 동반된 것이다. 그러므로 그분의 고난은 진정한 것이고, 너무나 값비싼 것이며, 고통스러운 선택이었다.

그리스도는 고난을 겪으실 때 그분의 신성한 본성이 아닌 육체와 영혼의 깊은 고통을 당하셨다. 그리고 그분의 상처에는 인간의 죄에 대한 슬픔이 더해졌다. 그분의 고난은 끔찍하고 치욕스러웠으며, 영혼과 육신이 여전히 신성한 본성과 결합되어 있었음에도 불구하고 영혼과 육신이 산산이 부서지는 고통이었다. 이것이 예수 그리스도의 고난이 사람들을 그분께로 이끄는 이유이며, 그들에게 강력한 겸손의 본보기를 제시한다. 그분이 이렇게 철저하게 낮아지신 것은 영혼을 향한 사랑의 깊이를 보여준다. 이로 인해 그분의 모범을 기꺼이 따르려는 사람들에게 사랑을 불러일으킨다. 그분의 겸손과 순종은 깊이 타락해가는 인류를 돌이켜서 하나님의 뜻을 만족시키셨다.[587] 십자가에 달려 깊이 그 고통을 겪으신 예수 그리스도는 그분의 고난을 통해 처음부터 사람들을 타락하게 한 잘못된 정욕을 치유하셨다. 그분의 겸손은 인간의 교만과 무가치함을 고치셨으며, 기꺼이 죽음을 받아들이심으로써 사망과 어둠의 권세를 그 발아래 복종시키셨다. 예수 그리스도는 '그분의 몸과 영혼의 고뇌는 헤아릴 수 없다'라는 표현처럼 그분의 육체와 영혼의 모든 부분에서 극도의 고통을 겪으셨다.[588] 그리스도가 십자가에서 죽으실 때 범죄자들과 같은 취급을 받으셨지만, 예수 그리스도는 자존심을 챙기려는 어떤 행동도 하지 않으셨다. 그리스도는 인성으로는 죽으셨지만, 여전히 신성한 본성과 결합하셔서 살아계시며, 이로 인해 '죽음 자체가 그리스도의 생명 속에서 소멸되었다.'[589]

예수 그리스도는 죽음 이후 그분의 오심을 믿고 그분께 소망을 두고 있던 모든 사람을 구하시려고 죽은 자들의 세계에 들어가셨다.[590] 그분은 죄로 인하여 죽은 자들을 영원한 생명으로 회복시키시려고 죽음에서 부활하셨다. 그분은 부활의 첫 열매가 되셨다. 그리스도는 자신이 구속하신 사람들을 하늘의 예루살렘, 곧 천국의 도성으로 이끄시기 위해 승천하셨다.[591] 승천하신 그리스도는 생명의 교회를 세우시려고 성령을 보내셨다. 예수님은 그분을 따르는 사람들의 믿음과 소망 그리고 사랑을 더욱 성숙하게 하시려고 3일간 무덤에 머무시면서 그분의 죽으심을 확정하셨다. 그분은 죽으시고 부활하사 그분의 제자들, 친구들 그리고 다른 사람들에게 나타나셨다. 부활하신 그리스도가 그분의 사람들에게 나타나심은 그들에게 부활의 소망이 있다는 것과 천국을 소망하는 빛을 주시려는 것이었다. 그분은 마침내 우리 인생에게 사랑의 불꽃을 점화시키려고 오순절 날 성령을 보내셨다. 그날에 성령이 강림하셨다.[592] 하나님은 그분의 승천과 오순절 성령의 강림 사건 사이에 믿는 제자들이 이러한 상상할 수 없는 선물을 받을 수 있도록 인내하고 기도하게 하셨고, 끊어지지 않는 열망을 불어넣어주셨다.

V. 성령

이 장의 첫 부분은 《신학서설》에서 가장 숭고한 글 중 하나로, 이 장은 보나벤투라의 영성신학의 핵심과 정수를 담고 있다. 보나벤투라는 성령을 하나님의 은혜의 대리자로, 또한 하나님 자신이 각 인간에게 주시는 최고의 선물로 완전히 이해했다. 그는 '하나님의 형상을 닮아감'(deiformity) 또는 '성화'(deification)라는 현실을 굳게 믿었으며,[593] 이는 프란치스코와 클라라의 삶에서 목격되었다. 은혜는 '하나님에 의해 직접 부여되고 주입되는 것'으로, '모든 빛들의 아버지'에게서 흐르는 '창조되지 않은 선물'인 성령의 임재를 가져온다.[594] 성령은 인간 영혼이 그리스도의 신부가 되고, 하나님 아버지의 자녀가 되며, 또 성령의 성소가 될 수 있도록 인간의 영혼을 완전하게 하려고 주어졌다. 이러한 방식으로 인간 영혼이 삼위일체 하나님의 교통하심 속에 감싸이게 되는 것이다. 그리고 이 사랑의 포옹으로 한 영혼이 변화되어 하나님과 결합된다. 이것이 '하나님의 형상을 닮아감' 또는 '성화'의 의미다. 하나님이라는 최고의 선을 소유한다는 것은 오로지 하나님의 은혜의 선물이라는 것이다. 이는 다른 어떤 수단으로도 성취되거나 얻을 수 있는 것이 아니다. 보나벤투라는 하나님이 불변하는 신성한 본질로서 직접 내려오시지 않고, 하나님에게서 발산되는 영향력을 통해 내려오신다고 믿었다.[595] '본질'과 '영향력' 사이의 구별은 13세기에 동방 정교회의 신학자이며 데살로니가 지역의 총대주교였던 그레고리우스 팔라마스(Gregory Palamas)가 '본질'과 '하나님의 능력'을 구분한 것과 유사하다.[596] 이 신성한 영향은 영혼을 '하나님의 형상'으로 만들어 사람을 하나님과 일치시킨다.[597] 성령 하나님의 사역은 인간 영혼을 '새로운 피조물'로서 하나님의 형상과 모양으로 회복시키는 것이다. '왜냐하면 창조되지 않은 성령의 은사를 가진 사람은 누구든지 하나님 자신을 소유한 것이기 때문이다.'[598]

사람에 대한 하나님의 사랑은 특별한 방식으로 그들을 소유하여 상호간에 사랑의 열정을 불러일으킨다. 마치 친밀한 남편과 아내 사이의 사랑이거나, 아이가 입양되어 소중히 여겨지는 것과 같다. 보나벤투라는 이를 인간을 온전히 거룩하게 하는 '기쁨을 주는 은혜'라고 묘사한다.[599] 오로지 하나님의 겸손하신 사랑만이 인간 영혼의 변화와 충만한 만족을 성취할 수 있다. 이것이 여전히 진행되고 있다는 증거는 자유롭게 선을 행할 수 있는 성품의 회복, 하나님께 순종하도록 하는 신성한 진리에 의한 조명, 그리고 사람을 그분 자신과 하나가 되게 하는 하나님의 완전한 사랑이다. 이러한 방식으로 사람은 하나님을 기쁘시게 하고, 그분을 영접하며, 궁극적으로 하나님께로 돌아가도록 이끌리게 된다.[600]

은혜는 인간의 선택에 영향을 미치는데, 이는 모든 창조된 존재에게 베푸신 하나님의 근본적인 보살핌과 지원에서 비롯되기 때문이다. 또한 은혜는 성령님을 영접할 수 있는 길을 열어준다. 이것이야말로 은혜의 가장 높은 사역이다. 그러므로 은혜는 각 사람에 앞서서 나아가며, 또한 그들의 올바른 선택을 확신하게 해준다. 사람은 아무것도 없는 상태에서 창조되었으며, 그들의 존재 자체가 전적으로 하나님께 완전히 의존되어 있다. 그렇지만 인간 존재의 필요와 한계는 어느 누구도 하나님의 도우심이 없으면 의롭다 칭함을 얻을 수 없다는 것에 있다. 만일 올바른 결정을 내리고, 그 올바른 선택을 따라 행동하려면 하나님의 은혜가 필요하다. 즉, 하나님의 사랑이 더해져야 한다. 오로지 성령님에 의해 임하는 은혜만이 사람이 기꺼이 하나님을 즐겁게 해드릴 수 있게 한다. 이는 그들이 하는 올바른 행동들이 그들의 영원한 상급에 기여하기 때문이다. 이는 하나님을 영원히 소유하는 복이라고 할 수 있다. 이 과정에서 사람이 자유의지로 협력하는 것이 중요하며, 이에 대한 응답으로 하나님의 자비하심을 이끌어낸다. 오로지 이러한 방식으로 사람은 하나님의 인애하심에 응답하고자 노력하여 그분 앞에서 '공로'를[601] 얻게 된다. 이 공로 안에서 사람은 그리스도와 교회와 성도들의 중보기도와 모범을 통해 도움을 받는다.

보나벤투라도 교부 베르나르처럼 인간의 자유의지를 '하나님 아래 있는 가장 위대한 힘'이라고 여겼다.[602] 그러므로 이 자유의지야말로 사람 안에 하나님의 은혜를 임하게 하는 사역의 문을 여는 열쇠라고 할 수 있다. 그렇지만 자유의지는 철저히 잘못된 선택의 결과로 생겨난 죄로 인하여 왜곡되었다. 이 잘못된 선택은 신성한 하나님의 형성과 모양을 파괴하며 은혜의 역사를 막아버린다. 오직 복음서에 나타난 예수님이 보여주시는 재창조의 사역만이 그들의 죄악된 선택이 초래한 결과들에서 인생들을 회복시킬 수 있다. "이러한 일은 오로지 사람이 되신 그리스도, 말씀이신 하나님, 인간 구원의 중보자가 되시는 그분 안에서 창조의 원리가 재창조의 원리가 될 때 일어난다."[603] 그리스도는 우리의 죄를 대신하여 형벌을 받으시고, 인간의 본성을 자신에게 결합하심으로써 우리를 구원하셨다. 이는 최고의 은혜의 사역으로서, 그리스도의 사랑과 희생을 통해 우리가 죄에서 구원받을 수 있게 되었다. 또한 은혜는 자유의지를 존중하며 작용한다. 은혜는 우리가 죄를 뉘우치고 회개하도록 이끈다. 오로지 이 은혜의 방법으로만 사람은 하나님 앞에서 의롭다 하심을 얻을 수 있다. 칭의의 과정에서 자유의지와 은혜의 행위는 조화롭고 질서 있게 일치된다.[604]

만일 이러한 영적, 도덕적 협력이 자유롭고 꾸준하게 지속된다면, 영원한 구원을 얻을 수 있다. 그렇지만 하나님이 우리에게 영광의 관을 씌워주시는 것은 그분의 선물일 뿐이다. 이는 "우리 스스로는 우리 자신을 구원할 아무런 힘이 없기 때문이다."[605] 보나벤투라는 눈에 띄는 대목으로 교부 아우구스티누스의 말을 인용하여 "은혜는 자유의지를 이끌고 억제하며 앞으로 인도하는 기수(rider)"라고 묘사한다(아우구스티누스의 '은혜론' 중).

이제 보나벤투라는 사람의 삶에서 은혜의 창조적인 사역을 깊이 생각하면서 먼저 선함의 '습관'을 심어주고, 그다음 성령의 은사를 심어주며, 마지막으로 산상수훈에 등장하는 팔복(Beatitudes)의 성취를 이루는 것을 이야기한다. 그는 그리스도의 팔복사상에 기초하여 선의 일곱 가지 표현에 대해 언급한다. 바로 믿음(Faith), 소망(Hope), 사랑(Love), 신중함(Prudence), 절제(Temperance), 인내(Fortitude), 정의(Justice) 등의 기본 덕목이다. 이러한 성품은 감각적인 측면에서 '습관적인 특성'이 있으며, 자유롭게 수용이 가능하고, 올바른 선택으로 영혼을 연단시키며, 또한 그 성품들은 경건의 연습을 통해서 지속된다.[606] 이러한 방법으로 모든 인생 속에 작용하는 하나님의 은혜가 모든 행동과 태도에 스며들고 확정되어 그 영혼이 하나님께로 향하게 되고 연합하게 된다. 그 성품들은 영혼을 바로잡아 주고, 성령의 은사들은 그 영혼을 더욱 하나님 앞으로 이끌어 간다. 예수님이 선언하신 이 팔복은 그리스도를 닮아가고자 하는 사람을 완전하게 한다. 믿음, 소망 그리고 사랑은 그 영혼을 더욱 신성한 하나님의 형상으로 회복시킨다. 그리하여 직접적으로 삼위일체 하나님께로 향하게 한다.[607]

기본적인 덕목들은 하나님과 다른 사람들과의 관계에서 인간 본성을 바르게 인도하고 조절하는 역할을 한다. 신중함(Prudence)은 이성을 인도하고 올바른 판단을 내리는 능력을 의미한다. 인내(Fortitude)는 어려움을 극복하고 인내심을 발휘하는 능력을 의미한다. 이는 '부정적인 욕망'을 피하고 삼가는 것이다. 절제(Temperance)는 욕망과 충동을 조절하고 적절한 행동을 취하는 능력을 의미한다. 절제는 부정적인 욕망을 피하는 것이라기보다는 바람직한 욕구를 더욱 추구하는 것이다. 정의(Justice)는 공정하고 올바른 행동을 추구하는 능력을 의미한다. 정의는 위의 세 가지를 이끌어가는 원동력이다. 정의는 인간의 의지로 자신과 이웃 그리고 하나님과 관계를 맺도록 방향을 이끈다. 이러한 모든 덕목은 그것들의 목표인 사랑으로 형성되고 조명된다.[608] 보나벤투라는 빛과 색상에 대한 훌륭한 비유를 통해 이를 설명한다. 빛은 보이지 않지만 색상을 보이게 하고, 그들의 내재된 아름다움과 완전함을 드러내준다. 마찬가지로 사랑은 다른 덕목들을 드러내고 완성하며, 그 덕목들에 내재되어 있는 통일성과 다양성의 의미를 드러낸다. 하나의 빛은 많은 색을 보이게 하기에 충분하다.

보나벤투라는 이사야서의 라틴어 성경 본문에 기초하여 성령의 은사들을 섬세하게 묘사한다. 성령은 지혜, 이해, 권면, 인내, 지식, 경건과 같은 다양한 영적 은사를 부여하신다. 이러한 은사들은 주님을 향한 두려움으로 주관되며, 이는 하나님을 경외하고 존경하는 마음을 의미한다. 이러한 성령의 은사들은 우리가 도덕적인 행동과 미덕을 발전시키는 데 도움을 준다.[609] 죄는 우리의 삶에 부정적인 영향을 미칠 수 있으나, 이러한 은사들은 그런 해로운 결과를 치료해준다. 그 치료법은 우리가 죄의 영향을 극복하고 더 나은 삶을 살 수 있도록 도와준다. 하나님을 경외하는 마음은 교만을 막는다. 하나님을 향한 경건은 시기심을 억제한다. 하나님에 대한 지식은 치닫는 분노의 고삐를 잡아준다. 불굴의 인내는 게으름을 극복하며, 이로 인해 선을 향한 의지를 불태우게 된다. 권면은 탐욕을 경계하고, 이해는 탐욕으로 인하여 상처를 받지 않게 하며, 다른 사람들과의 관계를 유지하고 발전시키는 데 도움을 준다. 지혜는 각양 육신의 정욕들에게서 보호해준다. 그러므로 이 일곱 가지 성령의 은사는 직접적으로 일곱 가지 치명적인 죄악들에 도전하고 해결해준다.

인간의 타고난 능력은 또한 성령의 은사들로 도움을 받는다. 하나님을 경외하는 마음은 번영하는 시기에 교만에서 보호해준다. 반면, 불굴의 인내는 역경의 때에 믿음을 지키도록 큰 도움을 준다. 경건은 하나님을 위하여 다른 이들을 사랑하도록 장려한다. 반면, 지혜는 하나님을 향한 사랑을 직접적으로 표현하게 한다. 이해는 무엇을 선택해야 하는지에 대한 분별력을 갖도록 도와준다. 반면, 권면은 진리를 선택하도록 촉구한다. 지식은 그러한 선택과 일치하는 행동을 가능하게 한다. 그러한 일련의 행동과 선택의 결과로 성령의 일곱 가지 은사는 하나님을 경외하는 마음을 절제로, 경건에서 정의로, 지식에서 신중함으로, 권면에서 소망으로, 이해에서 믿음으로, 지혜에서 사랑으로 이끈다.[610]

성령의 일곱 가지 은사는 또한 사람을 더 깊은 그리스도의 생명 안으로 인도한다.[611] 성령은 '그리스도와 같은 영으로 고통을 겪는 우리를 도우신다.' 성령의 은사들은 우리 인생이 '가장 최고의 진리를 알게 하며, 가장 최고의 선을 사랑하게 만들어서' 이전보다 더욱 하나님의 뜻을 따라 완전하게 살 수 있게 한다. 이러한 방식으로 관상의 삶은 하나님을 경외함으로 정욕을 물리치고, 경건은 사악함을 이기게 하며, 지식은 무지를 치유한다. 그리고 연약함은 인내의 도움을 받아서 극복된다. 우리가 해야 할 일에 대한 권면과 우리의 필요에 대한 정확한 이해의 도움을 받을 때 지혜는 모든 인생의 관상적 태도에 면류관을 씌어준다. 하나님의 임재 안에서 우리 인생은 주 하나님을 더욱 경외하게 된다. 그리고 이해는 하나님의 진리를 받아들일 수 있도록 돕는다. 지혜는 하나님의 선하신 사랑을 맛보아 알게 한다. 그러한 비전은 점점 올바른 행동을 하도록 하고, 진리로 인도하며, 그 진리의 삶을 유지하도록 돕는다.[612]

중세 시대의 다른 신학자들과 마찬가지로 보나벤투라도 산상수훈에서 예수님이 선포하신 일곱 가지 복을 중대하게 여겼다.[613] 이 일곱 가지 복은 가난한 심령, 온유, 애통, 의에 대한 굶주림, 자비, 마음의 청결함과 화평이다. 여기에 성령의 열두 가지 열매와 인간에게 있는 육체적 감각을 반영하는 성령으로 말미암아 느끼는 다섯 가지 영적 감각을 더했다. 그리스도를 따르는 모든 사람은 이러한 영적 은사들을 통해 성장하고 발전하며 완전함에 가까워질 수 있다. 그러므로 심령의 가난함은 사람이 교만에서 완전히 멀어지게 한다. 온유함은 분노에서 멀어지게 하며, 애통하는 것은 육신의 정욕에서 멀어지게 한다. 의에 대한 굶주림과 자비는 사람을 더욱 하나님께로 가까이 나아가게 한다. 이는 주님의 모든 길은 인자와 진리이기 때문이다.[614] 마지막으로 마음의 청결함은 하나님의 비전을 준비하게 한다. 반면, 화평케 하는 것은 하나님을 누리는 내적 상태다.

이러한 영적 은사들은 거룩하게 되는 것을 목표로 하는 그리스도인의 소명의 정신을 다스린다. 종교적 삶, 목회적 리더십과 권위 행사 등 다양한 측면에서 영적 은사들이 영향을 미친다는 것을 말한다. 이로써 우리가 완전함에 가까워지는 것이다.

프란치스코의 정신을 깊이 따르는 보나벤투라는 "심령의 가난함은 모든 복음적 완전함을 위한 토대다"라고 하였다.[615] 신앙생활은 예수님의 산상수훈에 나온 팔복의 말씀과 일치하도록 성령의 모든 은사를 체화해야 하는 것이다.

> 하나님을 경외하는 마음은 가난한 심령을 준비시키며, 경건함은 우리가 온유해질 수 있도록 준비시킨다. 지식은 우리가 애통해할 수 있도록 준비시키고, 인내는 의에 주리고 목마르도록 만든다. 권면은 인자한 사람을 준비시키고, 이해는 모든 환상에서 벗어난 자유로운 마음을 준비시킨다. 마지막으로 지혜는 평화를 이끌어내며, 우리를 최고의 진리와 선에 결합시킨다.[616]

이 내적인 평화에서 열두 가지 성령의 열매가 흘러나온다.[617] 보나벤투라는 이것이 영적인 기쁨과 연관되어 있다고 보았다. 그리고 기독교적 관상과 영적 삶의 목표인 그리스도께 기쁨의 찬가를 부르도록 이끈다. 그는 그리스도를 영적 감각으로 인식하며, 그분의 광채는 영의 눈에 비친 아름다움이고, 그분의 말씀은 내면의 귀에 화음을 울리며, 그분의 지혜는 입에서 달고, 그분의 향기는 마음에 느껴진다고 말한다. 보나벤투라는 또한 그리스도를 "성육신하셔서 우리 가운데 거하시고, 가장 불 같은 사랑으로 자신을 만지게 하시며, 입 맞춰주시고, 안아주시는 분"으로 묘사하면서 그분을 받아들이는 것이 가장 큰 기쁨이라고 말한다.[618] 이 놀라운 말은《순례기》의 마지막에 울려 퍼진다. 어떤 '학습된 무지'에 의해 영혼은 자신을 넘어 하나님 임재의 흑암과 황홀경 속으로 들어갈 수 있게 된다.

보나벤투라는 이러한 영적 경주를 하기 위하여 우리 인생 가운데 은혜가 어떻게 작용해야 하는지를 믿음, 사랑, 순종 그리고 기도의 측면에서 상세히 설명한다. 이 네 가지는 하나님의 진리, 선, 정의 그리고 자비로 향하는 반응이다.[619] 가장 지존하신 하나님을 향한 높은 신념은 이성과 감각적 경험을 초월하여 경험되어지는 것이다. 또한 성경에 나타난 하나님의 권위를 믿는 신앙으로 뒷받침된다. 그러한 높은 신념은 요구되는 것이지 저절로 얻어지는 것이 아니기 때문이다. 하나님과 그리스도를 믿는 신앙의 기초들은 사도신경에 고스란히 담겨 있다.

사람은 무엇보다 먼저 하나님의 거룩한 이름을 위하여 하나님을 사랑하고 이웃을 자신의 몸과 같이 사랑해야 한다. 그리고 자신을 자신들의 이웃보다 더 낮추는 겸손의 자세로 세 번째로 사랑해야 한다. 하나님의 선하심은 인간 행복의 목표다. 그리고 다른 모든 것은 그 행복 안에서 그 목표를 위하여 사랑받는 것이다. 하나님의 선하심은 우리 위에 계신다. 영혼은 우리 안에서 선하고, 이웃은 우리 곁에서 선하며, 우리 몸은 우리 아래서 선하다. 그러므로 하나님을 사랑하고 이웃을 사랑하는 두 위대한 계명은 우리 자신과 우리의 몸을 먼저 사랑하려는 불가피한 경향에 대하여 균형을 맞추는 것이다. 그리스도인은 이 세상의 다른 무엇보다도 가장 우선적으로 그리고 모든 것 안에서 하나님을 사랑하도록 부름받았으나 그 순서대로 사랑해야 한다. 이 사랑의 교제는 그리스도가 대제사장으로서 기도하신 화평함 가운데 있는 연합이다.[620]

보나벤투라는 계속해서 기독교 윤리의 형태를 개략적으로 설명하면서 복음서와 신약성경의 가르침이 구약성경의 가르침을 초월하면서도 그것을 성취하고 있다는 것을 보여준다. 하나님의 법에 기반한 공의가 모든 존재의 핵심이며, 그것이 모든 존재의 질서를 유지하고, 모든 존재의 삶을 지탱하는 근본적인 원리다. 은혜는 사람이 하나님의 법을 이해하고 순종할 수 있도록 해준다. 사람은 심판에 대한 두려움이나 또는 하나님의 공의를 사랑함으로 인하여 복종할 수 있다. 신약성경에서는 하나님의 사랑의 법이 인간의 삶에 적용되는 방식을 설명했다. 바로 모범, 약속 및 완전성에 대한 권면을 통해 가르치고 있으며, 그것은 인간의 삶과 관련된 것이다.[621]

십계명에는 삼위일체가 반영되어 있다.[622] 첫 번째 세 가지 계명은 유일하신 하나님에 대하여 경배하고, 신실함과 사랑으로 하나님을 수용(안식일 지킴)하도록 명한다. 또한 이웃 사랑에 대한 의무도 삼위일체적인 구조 안에서 나타나 있다. 성부 하나님을 공경하는 것은 부모를 공경하고 살인을 거부하는 것이다. 성자 하나님을 공경하는 것은 진실함으로 거짓 증거 하지 않는 것이다. 성령 하나님의 사랑은 남아 있는 계명들, 간음, 다른 사람의 아내에 대한 시기(질투), 도둑질 그리고 다른 사람의 소유를 탐하려는 욕심에서 돌아설 수 있도록 우리 인생들을 다스려주신다.[623]

우리 인생을 계속해서 지배하는 죄의 세 가지 뿌리는 육신의 정욕, 안목의 정욕 그리고 이생의 자랑이라고 규정할 수 있다.[624] 오로지 자발성에서 우러나오는 청빈, 순결 그리고 순종의 '복음적 권고'만이 인간 본성의 완전함을 회복하게 하여 이러한 죄의 뿌리들이 완전히 뽑히게 할 수 있다. 이러한 세 가지 권고는 오로지 인간성, 이성 그리고 사랑으로 자유롭게 받아들여질 수 있다.

마지막으로 보나벤투라는 그리스도인의 기도 생활로 눈을 돌려 주기도문의 의미에 대해 간략하게 논평한다. 기도는 성령의 은사를 통해 하나님의 사랑이 부어지도록 촉구한다. 반드시 묵상기도와 소리를 내어 하는 기도 둘 다 행해야 한다. 또한 다른 성도들에게 적극적으로 기도의 도움을 구해야 한다. 주기도문에는 일곱 가지 간구가 있다. 주기도문에서 그리스도가 직접 제시한 일곱 가지 간구는 모든 기도의 기본 틀로 충분하다. 감사하는 자에게는 하나님의 은혜가 주어지고, 자비로운 자에게는 하나님의 자비가 임한다. "하나님은 당신의 은사가 더 커질 수 있도록 당신이 기도하기를 원하신다"는 것을 강조한다.[625] 왜냐하면 기도는 필수적으로 하나님께 대한 사랑의 연결이기 때문이다. 하나님을 사랑하고 그분께 집중하는 것은 기도에서 떼려야 뗄 수 없는 것이다. 그 기도는 항상 소망을 노래하는 것이며, 기도에 대한 말씀들은 산만한 생각들을 바로잡도록 해준다. 그러므로 주기도문의 첫 세 가지 간구는 신성한 진리를 구하고, 하나님 나라와 그분의 뜻을 붙들도록 해준다. 그다음의 간구는 물리적으로나 영적으로 일용할 양식을 주시도록 간곡하게 구하는 것이다. 하나님은 우리가 드리는 일용할 양식을 위한 기도를 마치 법적으로 아버지가 자녀에게 양식을 주시듯 그렇게 들어주신다.[626] 그리고 나머지 세 가지 간구는 과거, 현재 그리고 미래에 다양한 형태로 공격해오는 악에서 구해달라는 간구다. 또한 죄책감과 갈등 그리고 형벌에서 구해달라는 간구이기도 한다. 그래서 우리는 용서를 위한 기도를 드려야 한다. 또 유혹과 시험에서 이길 수 있도록 기도해야 한다. 그리고 죄악에서 건져달라고 기도해야 한다. 이러한 일곱 가지 청원은 성령의 일곱 가지 은사와 상응한다. 보나벤투라는 그리스도인의 삶에서 나타나는 일곱 가지 은사를 구별한다. 일곱 가지 치명적인 죄, 일곱 가지 은혜의 성사들,[627] 일곱 가지 덕목, 일곱 가지 성령의 은사, 일곱 가지 복, 일곱 가지 주기도문의 간구, 그리고 일곱 가지 영광의 선물[628]이 있다. 따라서 그리스도인의 영적 삶에 대한 그의 심리학은 포괄적이고 또한 현실에 뿌리를 두고 있다.

제12장

신학서설(3)

VI. 성례전

보나벤투라는 교회의 여러 성례전(sacraments)을 죄에 대한 구제책으로서 '신성하게 제도화된 감각적인 징표들'로 여겼다.[629] 이러한 '감각적인 징표들'은 구원과 치유의 과정을 직접적으로 보여주지 않고, 대신 믿는 자들에게 겸손을 심어주고, 신앙생활에 대한 가르침을 주고 실천으로 인도한다. 그리스도가 가장 우선순위에 두신 사역은 복음서에서 나타나듯이 치유의 사역이었다. 인간은 몸과 영혼이 치유되어야 하며, 그 치유의 수단은 반드시 영적이면서 감각적이어야 한다. 또한 은혜에 의한 성화의 수단으로서 육체적이고 현실적인 표적과 기사를 사용해야 한다. '표적'으로서의 성례전은 단순히 상징적 의미만 있는 것이 아니라 본질적으로 성례받는 사람들을 겸손하게 하고, 가르침을 주며, 마음의 변화와 생활방식의 변화를 촉진한다. 성령님의 치유하시는 은혜는 그리스도의 성찬들을 통하여 흘러나온다. 이러한 성례전은 물질적 실체를 갖고 있지만, 그 본질은 신성한 현실에 참여하고 매개한다는 것을 의미한다. 이러한 신성함 때문에 성례전은 '성사'(聖事)라고 불리며, 기독교의 중요한 요소로서 신자들에게 깊은 의미와 은혜를 전달한다.[630]

기독교의 성사는 하나님의 고대 율법의 의식들로 예고되었으며, 이제 그 성사들은 그 예식들을 성취하고 대체한다. 왜냐하면 "각 성사에는 그 성사가 나타내는 진리와 치유하는 은혜를 담고 있기 때문이다."631) 각 성사는 어떤 방식으로든 그리스도의 고난을 나타내며, 그리스도 이전과 이후의 모든 인류를 위해 하나님이 의도하신 치유하시는 은혜는 오직 그리스도의 수난에서 비롯된다.632)

가톨릭교회에서 인정하는 일곱 가지 성사가 있는데, 이것은 은혜의 일곱 가지 성격과 대응한다는 것을 의미한다. 이 성사들은 시간 속의 일곱 시대를 거쳐 인류를 부활과 영생의 여덟 번째 시대인 '영원의 원형'으로 인도하는 역할을 한다. 가톨릭교회에서 인정하는 일곱 가지 성사는 **세례**(사람들을 그리스도와 결합시키고, 원죄에서 구원하는 성사), **견진**(신자에게 은혜를 부여하고 성령의 은사를 주어 신앙생활을 강화시키는 성사), **성찬**(예수님의 성체와 성혈을 받아 모시는 성사로, 신앙의 핵심), **고해**(죄를 뉘우치고 고백하여 사죄받고 은혜를 얻는 성사), **고행**(병든 이들에게 은혜를 부여하고, 병을 치유하며, 죽을 때의 성사), **서품**(사제를 성직자로 축성하는 성사로, 교회에서 중요한 역할을 함), **혼인**(남녀 간의 결혼을 축복하고 성화로 이끄는 성사) 성사다.633) 성경에 따르면 혼인은 가장 먼저 수립된 성사다.634) 세례는 원죄를 몰아내고 믿음으로 이끈다. 고해는 죄와 싸우고 사람을 의롭게 한다. 고행(extreme unction)635)은 경미한 죄를 치유하고, 인내하여 끝까지 신앙을 지키도록 격려하는 역할을 한다. 서품은 무지한 사람을 불러서 신실한 하나님의 사람으로 가르친다. 성찬은 사랑으로 악의 의지를 극복하는 것이다. 견진은 소망으로 인간의 연약함을 강화하는 것이다. 그리고 혼인은 더러운 욕망에 대항하게 하고 절제함으로써 육신을 정결하게 하는 것이다. 그러므로 성사들은 인간의 본질적인 필요를 채워주고, 교회에서 믿는 자들이 신앙생활을 유지하게 한다. 성사는 세례, 견진, 고행 등 다양한 방식으로 믿는 자들이 삶의 단계에서 믿음을 더욱 굳건히 할 수 있는 복된 기능을 한다. 성찬과 고해는 죄의 영향을 완화시키고, 서품과 혼인은 각각 영적, 육체적으로 인간의 삶을 충만하게 한다.[636]

그리스도는 새 언약의 중보자로서 모든 성사의 근본 토대시다. 예수 그리스도는 혼인과 고해에 대한 가르침과 본보기를 통해 이를 확인하고 완성하셨다. 그분의 치유 사역은 견진과 고행을 나타내시는데, 이는 성령의 오심을 완성하게 한다. 그러나 세례, 성체성사 및 사도직분은 직접적이고 의도적으로 제정하셨다. 이는 예수 그리스도가 기독교의 중요한 요소들을 직접 제정하시고, 이를 통해 신앙의 발전과 성장을 이루셨음을 나타낸다.[637] 그리스도의 성육신은 완전한 은혜와 진리의 충만함이었으며, 그분이 길과 진리 그리고 생명 되심을 드러낸다.[638] 예수 그리스도는 말씀과 본보기 그리고 실질적인 표적을 보이심으로 성사들을 제정하시고 그 고유한 진리를 드러내셨으며, 그분을 믿는 모든 사람에게 그 성사들의 치유 능력을 확대하셨다. 그러므로 교회에서 행하는 모든 성사는 올바른 의도와 합당한 권한이 필요하다. 주교는 견진성사와 서품성사를 행하며, 서품된 사제는 성체성사, 고해성사, 고행성사를 행한다. 그리고 위급한 상황에서는 평신도도 세례와 혼인성사를 행할 수 있지만, 일반적으로는 사제가 행한다.[639] 이는 성직자의 역할이 기독교에서 매우 중요하며, 성사를 통해 신앙의 발전과 성장을 이루기 때문이다. 사제는 그리스도를 대표하여 인간 영혼의 구원을 위해 공통으로 필요한 것을 채우기 위해 준비된 자들이다. 모든 성사는 그리스도와 그분의 구원 사역과 관련 있다. 성례전은 집전하는 사람의 진실한 의도와 목적이 필요하지, 집전하는 사람의 내재적 선함에 의존하는 것이 아니라 그 직분의 권위에 의존하는 것이다.[640] 오로지 그리스도의 몸 된 교회 안에서 받아들여진 성사만이 유효하다.[641] 그렇지만 비록 그 성사들이 교회 밖에서 제한적으로 행사될지라도, 그리스도의 몸 된 교회 외에는 확실한 구원의 길이 없다.[642]

　세례, 견진 그리고 서품은 영혼에 지울 수 없는 성품을 새기므로 결코 반복될 수 없다. 세례는 다른 두 가지 성사에 필수적인 기초다. 이는 세례가 기독교에서 가장 기본적인 성사 중 하나로 여겨지며, 다른 성사들을 받기 위한 필수적인 전제조건이기 때문이다. 이러한 성사들의 독특한 효능은 구별되는 그리스도의 사역에서 흘러나오는 것이며, 교회의 위계와 권위를 확립한다. 다른 성사들은 인간의 필요에 반응하여 반복되는 것이라고 할 수 있다. 그러나 세례, 견진, 서품은 그리스도인의 삶과 영적 성장의 세 단계와 관련이 있다. 이것은 시작, 강화 그리고 사역을 위해 구별되는 것이다.

　보나벤투라는 세례의 의미를 제일 먼저 다른 성사들의 첫 관문으로 보았다. 세례는 항상 성 삼위일체 하나님의 이름으로 거행되는 것이다. 반드시 엄숙한 주님의 말씀이 세례에 참여하는 사람들에게 주어지며, 그 머리에 물을 붓거나 머리가 물에 잠기는 것은 바로 그리스도의 죽음과 부활을 상징하고 죄에서 씻기는 것을 나타낸다. 세례는 악을 추방하고 그리스도의 진리를 가르치는 것과 함께 진행되어야 한다. 성인에게 세례를 줄 때에는 자발적인 믿음의 고백을 해야 한다. 반면, 어린아이들은 아직 자신의 신앙을 이해하고 받아들일 수 있는 연령이 아니기 때문에, 부모의 신앙과 대부모(godparensts)의 신앙을 보고 세례를 줄 수 있다. 부모와 대부모는 세례 성사에서 어린아이의 신앙을 후원하고, 그들을 성사로 인

도하는 역할을 맡는다.[643]

또한 견진성사는 주교가 기름을 붓고 안수하면서 수반되는 말씀을 전해야 하며, 후보자의 이마에 십자가의 표식을 남기는 성사다. 이 표식은 후보자를 특별히 축복받은 성유를 사용하여 그리스도의 군사로 표시하므로 그 자리에서 그들이 공개적으로 신앙을 고백하고 헌신하는 과정이 필요하다. 왜냐하면 그리스도는 진리를 더욱 깊게 이해하고 믿는 증거로 공적인 신앙 고백을 요구하시며, 견진성사는 이러한 공개적 헌신을 강화하고 확증하기 때문이다.[644]

이제는 선한 양심을 따라 고백하는 것과 선한 모범을 따라 살아가는 것 사이에는 아무런 갈등이 없어야 한다. 추문(scandal)과 외식(hypocrisy)을 피하기 위하여 믿음의 삶을 일관성 있게 지속해나가야 한다. 더욱이 "십자가의 수치나 고통을 두려워하면 십자가의 영광을 선포할 수 없다."[645] 순교는 그리스도인에게 일어날 수 있는 일이다.

1215년 제4차 라테란 공의회(Lateran Council)의 가르침과 교회의 오랜 전통에 따라, 보나벤투라는 성체성사에서 그리스도의 실제 현존과 성직자의 말씀으로 빵과 포도주가 그리스도의 몸과 피로 변화되는 것을 가르쳤다. 성체는 영혼을 치유하고 그 성장을 위하여 영양을 공급해주는 것으로, 따라서 '희생 제사와 성찬'이며, 순례자의 길을 따라가는 핸드북(vade mecum, '나와 같이 가자'의 뜻)이다.[646]

성체성사를 통해 그리스도인은 십자가에서 그리스도가 치르신 희생을 기억하고, 그 희생에 참여함으로써 그 제사의 의미를 더욱 깊이 이해하고 실현할 수 있다. 성체에서 그리스도와 결합된 사람들에게 그리스도의 존재가 흐르며, 그들은 그들의 머리가 되시는 그리스도와 함께한 지체로서 하나님의 사랑으로 가득 차게 된다. 보나벤투라는 이 성체성사는 그리스도가 자신을 우리에게 기꺼이 내어주시는 불타는 사랑으로 이루어지는 것이며, 지금도 그분은 우리에게 자신을 내어주신다고 말한다. 그 이유는 세상 끝날까지 우리와 함께하시겠다는 임마누엘의 약속이 여전히 남아 있기 때문이다.[647] 그리하여 영은 생명의 말씀으로 유지된다.

그리스도의 속죄와 연합을 이루는 임재에 대한 신비는 빵과 포도주의 형태로 가려져 있다. 그리스도의 속죄는 그분의 죽음과 부활을 통해 인류의 죄를 대신하여 속죄하는 것을 의미하며, 엄숙한 축성으로 빵과 포도주는 그리스도의 몸과 피로 본질적으로 변화된다. 이러한 변화를 통해 성체성사는 그리스도인에게 그리스도의 사랑과 구속의 은혜를 전달하는 특별한 의미를 갖는다. 그분의 숨겨짐(hiddenness)은 우리의 믿음을 요구하고 불러일으킨다. 이러한 숨겨짐은 그리스도인이 그리스도를 굳건히 믿고, 그분의 존재와 구원 역사를 믿음으로 받아들이는 것을 강조한다. 보나벤투라는 다음과 같이 결론을 맺었다.

> 그리스도를 이해하려면 이해와 사랑, 믿음과 자비가 필요하다. 믿음은 그리스도를 인식할 수 있는 빛을 주고, 자비는 그분을 사랑할 수 있는 열정을 준다. 이러한 방식으로 그리스도를 이해하고 사랑하는 것은 그리스도를 자기 자신으로 변형시키는 것이 아니라, 대신 자신이 그분의 신비로운 몸(mystical body)으로 들어가는 것이다.[648]

보나벤투라는 고해와 고행성사(extreme unction)에 대한 가톨릭교회의 가르침을 설명한다. 고해는 죄인들이 이 땅에 사는 동안 희망을 갖게 해준다. 이는 죄인들이 완전하고 값비싼 대가를 요구하는 회개를 통해 그리스도께 용서받을 수 있는 기회를 제공하기 때문이다. 또한 죄인들이 자신들의 죄를 진심으로 후회하고, 자신들의 삶을 변화시키기 위해 노력해야 하기 때문이다. 또한 이 회개는 교회의 이름으로 성직자가 선언한다. 이는 가톨릭교회에서 성직자가 그리스도의 대리자로서 회개를 선언하고, 그리스도의 용서를 신자들에게 전달할 수 있는 권한을 가지고 있다는 것을 의미한다. 그리스도의 자비는 인간의 죄보다 더 크고, 그로 인해 사람은 일생 죄악에서 멀어져 하나님께 나아갈 수 있는 자유를 갖게 되었다. 죄는 악이 주는 즐거움과 타협하고, 그것에 동의하며, 그에 맞추어 행동하는 것으로 발생한다. 그러므로 죄는 사람의 마음과 입과 행동에서 일어난다. 진정한 회개는 죄인이 자신의 죄를 뉘우치고, 그 죄를 고백하며, 죗값을 완전히 치르는 과정을 통해 죄인이 자신의 죄를 진심으로 후회하고, 그 죄를 반복하지 않으려고 노력하는 것을 의미한다. 오로지 이렇게 고된 길을 통해서만 회개가 일어나고 성취되는 것이다. 그리하여 죄가 떠나가고 하나님의 죄 사함을 받게 된다.

성직자들에게는 최고 재판관이 되시는 그리스도의 대리인으로서 죄를 용서하고 벌을 내릴 수 있는 재판권이 위임되었다. 보나벤투라는 이 권한이 교회의 보편적인 관할권(jurisdiction)을 가진 교황의 권리를 통해 주교들을 거쳐 성직자들에게 위임되었다고 믿었다.[649] 그는 또한 이 관할권이 교회 법정에서 파문과 처벌을 시행하는 데까지 확장된다고 여겼다. 이를 통해 교회의 질서와 교리의 일관성을 유지하려는 것이다.

대조적으로 '최후의 극빈'이라고 불리는 고행은 죽음을 기다리는 사람들, 때로는 직접적으로 건강을 회복하도록 하려는 엄격한 목회적인 성사다. 순수하고 복된 기름을 사람 몸의 각 부분에 바르는 것이다. 그리고 이 성사는 믿음의 확신을 줌으로써 경미한 죄를 사한다. 또한 그리스도의 치유와 기름 부음의 은혜를 진심으로 원하는 병자들에게 베풀어주는 것을 목적으로 한다. 사도 야고보의 편지에서 이 성사의 근거를 찾을 수 있으며, 몸의 일곱 가지 중요한 부위에 기름을 바르는 것으로 영혼의 치유가 이루어진다.[650]

서품은 특정한 영적 권능을 부여하는 것을 의미하며, 일곱 가지 성직의 순서는 문지기, 독서자, 축귀사, 수녀(미사 때 신부를 돕는 조사, acolyte), 부제, 집사, 사제다. 이러한 사람들은 삭발(tonsure, 삭발은 종교적 헌신과 절제, 그리고 영적 성장을 상징하는 행위)을 한 사람과 시편의 가수를 앞에 서게 가르친다. 시편 가수는 예배나 음악 공연에서 중요한 역할을 수행하여 종교적인 경험과 영적인 감동을 전달하는 역할을 한다. 이러한 일곱 가지 성직 위에는 주교, 총대주교 및 교황이 있다. 구속의 성사들은 질서 있는 방식과 위계 질서 안에서 운영하는 것이 적절하다. 이러한 성직들은 그 성직들에 부여된 특정한 사역과는 가시적으로 구별된다. 처음 여섯 가지 사역은 사제의 직무를 준비하고 지원하는 사역들이다.[651] 그 위계의 가장 높은 위치에 있는 교황은 '신부들의 아버지'로서 존재한다. 그에게서 교회 내의 모든 질서 있는 권력이 다양한 교회의 사역에 하달된다.[652] 이러한 성직 수임은 오로지 주교에 의해 세심하고 엄숙하게 항상 성체성사의 맥락에서 수행되어야 한다.

보나벤투라는 인간 타락의 이전에 기원을 둔 그리스도인의 혼인에 대한 수준 높은 교리를 갖고 있었다. 태초부터 이 혼인은 하나님과 인간 영혼이 연합되었음을 상징하는 것이었다. 그렇지만 이제는 신부가 되는 교회와 신랑이 되시는 그리스도와의 연합을 상징한다. 또한 사람과 사람 두 본질 간의 연합이기도 하다.[653] 혼인은 남자와 여자 두 사람의 자유로운 동의에서 일어나는 결과이며, 여러 서약과 상징에 의해 외적으로 표현되는 행위다. 그리고 성적 부부관계로 육체적으로 완성된다. 혼인의 성스러운 축복은 신실함, 자녀 그리고 성사 그 자체로 구성되어 있다. 그리스도는 사람을 세우시고, 넘어졌어도 다시 설 수 있도록 창조하셨다. 혼인은 정결한 성생활을 통해 인간 영혼을 회복하여 관계를 유지하며, 사랑의 관계성 속에서 자녀를 낳고 기르는 것을 포함한다. 인간은 타락하기 전에 이미 하나님과 남녀 두 사람의 영혼이 연합되어 있었다. 그러나 타락한 이후 혼인은 두 사람의 연합을 의미하는 데 그리스도가 두 본성을 하나로 묶으셔서 그리스도가 교회와 연합되는 것을 나타내는 의미다.[654] 이것은 두 사람이 하나의 육체와 하나의 몸이 되는 성적 완성의 행위로 나타난다.

보나벤투라는 혼인에서 동의의 자유가 필수적인 요소임을 강조하며, 이러한 동의의 자유를 해치는 네 가지 장애물에 대해 자세히 설명한다. 이미 이루어진 종교적 서약, 기독교적 사역에 수행하도록 서품을 받는 것, 기존의 혼인 결속, 그리고 다른 사람과의 혼인을 목적으로 배우자 살해와 같은 범죄 행위 등이다. 다른 장애물은 대부나 대모가 되는 아주 가까운 친족관계, 영적 친밀관계, 발기부전, 노예 제도 그리고 타 종교를 따르는 등의 경우가 해당된다. 혼인을 허용하는 관계의 정도를 결정하는 것은 교회의 몫이다. 그러나 보나벤투라는 그리스도가 "하나님이 짝지어 주신 것을 사람이 나누지 못할지니라"라고 말씀하신 대로, 교회는 합법적으로 성립된 결혼을 결코 해산시킬 수 없다고 생각했다. 이는 그리스도가 결혼의 불가분의 성질을 강조하신 것으로, 결혼은 하나님이 결합하신 것이며, 사람이 이를 분리할 수 없다는 것을 의미한다.[655]

VII. 하나님의 심판

보나벤투라는 인간 구원의 절정은 그리스도의 심판대에서 이루어진다고 믿었다. 보나벤투라는 그가 이미 자신의 저서 《신학서설》에서 밝혔듯이, 하나님의 심판의 본질과 필요를 설명하기 위하여 다양한 기독교 전통을 언급한다. 만일 사람이 창조되고 이성과 자유의지가 부여되었다면, 그들의 선택은 반드시 현실적이면서 그에 따르는 결과가 있어야 한다고 보았다. 보나벤투라는 하나님의 형상으로 창조된 존재는 그 사실로 말미암아 하나님을 위한 능력을 가지고 있으며, 축복을 받을 수 있다고 믿었다.[656] 이성과 자유의지를 가졌다는 것은 곧 가르칠 수 있고 도덕적으로 책임을 질 수 있다는 의미다. 인간의 자유의지는 실제적인 것이며, 선함을 선택하든, 악함을 선택하든 그 자유의지는 그 누구도 강요할 수 없다. 그러나 복은 오로지 최고의 선이신 하나님을 구하고, 진리와 정의를 따라 자신들의 행위를 옳게 하는 사람들에게 주어진다. 그러므로 모든 사람은 심판의 순간에 직면하게 되는데, 그때 자신의 마음과 기억의 내적 성품이 드러난다. 그 내적 성품은 생명책(The Book of Life)에 기록된 것과 일치할 것이다. 생명책은 바로 그리스도 자신이시다.[657] 보나벤투라는 그리스도가 심판자로서 죄인들에게는 인간의 모습으로 나타나지만, 의로운 사람들에게는 신성한 모습으로 나타날 것이라고 믿었다.[658] 선택의 자유에는 그에 따른 완전한 책임이 따르며, 그리스도에게는 어떤 비밀도 숨길 수 없다.

보나벤투라는 의인들의 결점과 부족함이 불로 정화되고 개선될 수 있는 연옥(Purgatory)을 믿었다.[659] 연옥은 사람들이 천국에 들어갈 수 있도록 준비시키기 위한 매우 고통스러운 회복의 장소다. 불에 의한 정화는 저지른 죄에 비례하며, 이에 대한 회개가 부족하였기 때문이다. 선택의 자유는 더 이상 남아 있지 않으므로, 이러한 처우는 최종적인 구원을 희망하며 견뎌내야 한다. 이 고난 속에서 영혼은 은혜로 지탱한다. 실제로, 보나벤투라는 최종적으로 구원을 가능하게 하는 것은 그 안에 내주하시는 하나님의 은혜라고 믿었다. 그래서 "영광에 합당하지 않은 것은 그 안에 남아 있지 않다"라고 말했다. 이 숨겨진 영광은 그 본성과 영향에서 '신성화'(deiforming)되는 것으로, 그 사람 안에 '사랑의 불'이 남아 있어 그들을 끌어올리는 것이다.[660]

교회에서 연옥에 있는 고인들을 위해 기도함으로 연옥의 고통이 완화될 수 있다. 그러나 보나벤투라는 이미 지옥에 있는 사람들을 기도로 도울 수 있다고 믿지 않았다. 이미 천국에 있는 사람들을 기도로 돕는 것과 같은 관점으로, 그런 기도는 필요하지 않다고 생각했다. 이와 관련하여 중요한 행동은 성체축일(the celebration of Eucharist)[661]의 예배이며, 이에 관하여 보나벤투라는 그레고리우스 대제의 권위와 예를 인용한다.[662] 연옥에 있는 사람들은 스스로 도울 수 있는 선택의 여지가 전혀 없다. 그러나 그들은 여전히 그리스도의 몸의 지체이며, 교회의 기도를 통해 유익을 받는다. 그러나 오직 하나님만이 그분의 공의와 사랑의 목적에 비추어 그러한 기도를 드리는 개인들에게 어떤 유익을 주실 수 있다.

성경의 권위에 근거하여 보나벤투라는 이 세상이 처음에는 물로 심판을 받았지만, 나중에는 불로 심판을 받을 것이라고 믿었다.[663] 인간 본성의 갱생은 타락으로 훼손된 창조 질서를 회복한다. 그 이유는 하나님은 대우주로서 물질적 세상을 만드시고, 소우주로서 인간을 지으셨기 때문이다.[664] 인간과 모든 피조물을 재창조하는 가장 신속하면서도 가장 완벽한 방식은 바로 불이다. 불은 두 가지 역할을 한다. 하나는 모든 것을 파괴하는 것이고, 다른 하나는 새로운 변화를 만들며, 그 영향으로 정결하게 하는 것이다. 보나벤투라는 인류의 완성이 창조의 궁극적인 목표이며, 이 목표를 달성하는 것이 창조된 모든 것에게 최종적인 안정과 평화를 가져온다고 믿었다. 그러나 창조물의 모든 요소는 '관념'으로 보존될 것이며, 모든 창조물과의 '유사성'으로 인해, 다시 말해 모든 창조물이 어떤 형태로든 보존될 것이다. 이 유사성은 실제로 모든 창조된 것들과 인류는 한 하나님이 지으셨다는 공통점으로 인해 인류 자체에 내재되어 있다.[665] 따라서 모든 만물이 구원받은 사람의 갱생과 영광을 통해 그 안에서 새롭게 만들어질 것이다.[666]

부활 때 각 사람은 악을 행한 경우 자신이 어떻게 살았는지 그 흔적을 지니게 될 것이다. 그럼에도 불구하고 의인들은 회복되어 '인생의 절정'에서 그리스도의 몸의 일부로서 새롭게 일어날 것이다.[667] 육체의 부활은 선하든 악하든 육체의 형태로 살아온 삶이라는 점에서 공의의 요구를 충족시킨다. 그러나 은혜는 그들의 모범이 되시는 부활하신 그리스도와의 일치를 요구한다. 부활한 사람은 완전함 안에서 모두 영생을 위한 영혼과 몸으로 이루어질 것이다. 부활은 그리스도 자신과 그분의 성모님을 제외한 모든 인간에게 동일한 순간에 일어난다. 영혼과 몸의 부활을 일으킬 수 있는 것은 창조주 하나님뿐이시며, 이것은 자연 자체에 내재된 능력이 아니다. 오로지 창조주 하나님의 전적인 권한에 속한 것이다.

하나님의 심판에 따라, 인간은 지옥이나 천국으로 가게 된다. 보나벤투라는 성경의 권위와 중세 기독교의 가르침에 따라, 지옥을 영원한 고통과 후회, 좌절의 장소로 간주했다.[668] 그는 죄를 회개하지 않는 사람들은 하나님의 공의의 반석에 고의적으로 부딪히는 것이며, 그 죄에 대한 보응이 지옥이라고 믿었다. 보나벤투라는 회개하지 않는 자들은 하나님과 완전히 분리되어 영구적이고 치료 불가능한 장애를 가진 것과 같다고 주장했다. 하나님의 형벌의 불은 저지른 죄에 비례하지만, 그 영향은 끝없이 이어지며 영혼과 몸의 내적 불안을 지속시킨다. 보나벤투라는 지옥을 끔찍한 고통에 체념한 것으로 보았다.[669] 하나님의 비전을 거부하고, 또한 물질적인 선택을 함으로써 불에 의해 조롱받으며, 해결되지 않은 좌절의 벌레에 의해 갉아 먹히면서, 지옥에 빠진 회개하지 않은 사람들은 정말로 암울한 운명을 맞이하게 된다. 본질적으로, 그들은 하나님의 사랑을 버리고 잘못된 선택을 함으로써 스스로 하나님과 이혼한 것이다.

이와 대조적으로 천국은 하나님의 비전과 최고의 선에 대한 영원한 기쁨을 누리는 것을 의미한다. 보나벤투라는 성 베르나르의 말을 인용한다. 베르나르는 "하나님은 모든 것의 근원이시고, 의지, 완전한 평화, 기억 그리고 영원한 세계에서 끊임없는 흘러나오는 빛의 충만함을 제공한다"라고 하였다.[670] 보나벤투라는 부활한 인간의 육체가 영혼과 조화롭게 융합되어, 영혼의 빛과 섬세함, 민첩함, 고통을 겪지 않는 특성을 갖게 된다고 믿었다. 이러한 육체의 변화는 영혼에 존재한 사랑에 비례하여 이루어진다고 믿었다. 영혼에 존재한 사랑이 클수록 육체의 변화도 커진다는 것이다. 또한 보나벤투라는 순교자, 위대한 설교자 그리고 주님을 위해 독신으로 사는 자들은 '후광'(aureole)이라고 불리는 특별한 영광의 면류관을 받을 것이라고 믿었다.[671]

보나벤투라는 최후 심판에 대하여 성경에 계시된 하나님의 전체적인 목적을 요약하였다. 창조는 하나님의 섭리를 통해 인간 본성 안에서 물질과 영의 결합으로 정점을 이루었다. 하나님의 섭리는 그 자체로 겸손하신 그리스도의 구원하시는 자비로 사람의 영혼과 자진해서 순종하는 사람의 자유의지를 다스리신다. 이러한 관점에서 볼 때 그는 최후의 심판이 공정하게 이루어지는 이유가 모든 인간 영혼에게 하나님을 알 수 있는 능력이 심어져 있기 때문이라고 믿었다. 이 능력은 삼위일체의 형상으로 만들어진 인간 영혼에 내재되어 있다. 보나벤투라는 이성적인 영혼이 하나님 이외의 다른 것으로 보상받거나 충족될 수 없다고 믿었다. 인간의 영혼은 하나님을 알고자 하는 욕망을 가지고 있으며, 이 욕망은 하나님과 결합함으로 만족된다. 다시 말해서, 보나벤투라는 이 욕망이 충족되지 않을 경우, 영혼은 영원한 고통을 겪을 것이라고 믿었다. 그리고 이 욕망이 충족될 경우, 영혼은 하나님과 결합되어 영원한 행복을 누릴 것이라고 믿었다.[672] 그러므로 인간은 지성을 가지고 하나님을 분명히 보고, 의지로 하나님을 사랑하며, 기억 속에 영원히 하나님을 간직하고, 하나님을 전적으로 따르며, 하나님과 온전히 연합하고 하나님 안에서 안식할 때 완전하게 된다.

보나벤투라는 영혼과 육체의 관계도 중요하게 생각했다. 그는 영혼이 이 세상에서 육체를 돌보고, 이후에도 육체를 그리워한다고 말했다. 그는 육신의 새로워진 생명은 하나님과 결합함으로 영화롭게 된 영혼의 생

명을 반영하고 표현하며, 천국의 영원한 삶에 동참하게 될 것이라고 믿었다.[673]

보나벤투라는 설교자에 대한 특별한 보상이 영혼의 이성적인 능력에 해당한다고 믿었다. 그는 설교자가 하나님과 영혼의 깊은 진리를 이해하고 전달하는 역할을 수행하기 때문에, 이는 영혼의 이성적인 능력으로 이루어진다고 생각했다. 주님을 위해 독신 생활을 택한 사람들은 욕구를 긍정적으로 다스림으로 육체적인 정욕을 거부함으로써 금욕적인 생활을 한다. 그는 독신 생활을 택한 사람들이 육체적인 욕망을 극복하고 영혼의 높은 목표를 달성하기 위해 자기 통제와 자기 부정을 실천한다고 생각했다. 순교의 용기와 고통은 그리스도의 이름을 위하여 기꺼이 죽음을 껴안음으로써 부정적인 욕망을 초월하는 것이다. 이러한 이유로 그러한 사람들은 특별한 방식으로 영광의 면류관을 받게 될 것이다.

보나벤투라는 이 약속된 영광으로 가는 정의를 행하기 위하여 교부 안셀무스의 《신 존재 증명》(Proslogion)의 결말부에 나온 광범위한 지문을 인용하여 자신의 저서 《신학서설》의 결론을 맺는다.[674] 이 구절을 통해 보나벤투라는 〈독백〉과 〈삶의 완전함에 대하여〉라는 논문을 마치며 그가 신학과 가르침 전반에 걸쳐 안셀무스의 영향을 받았음을 보여주었다. 《신학서설》에서도 보나벤투라는 안셀무스에 대한 감사와 존경을 표현하며, 그의 사상과 개념을 명시적으로 언급하였다.

제13장

성령(1)

성 보나벤투라는 자신의 신학 저술 전반에 걸쳐 교회의 삶과 그리스도인의 영적 성장에서 성령의 사역을 큰 비중과 우선순위를 두고 설명하였다. 1268년 사순절 동안 보나벤투라는 파리대학교에서 수도사와 학자들로 구성된 여러 청중을 대상으로 성령의 은사와 그 의미에 대해 설명하고, 이를 통해 신앙과 지성의 조화를 강조했다. 그가 강의한 시점이 사순절 중간에 있는 수태고지축일(The feast of the Annunciation)에 해당하는 기간이었기에 그는 예수 그리스도의 어머니인 성모 마리아의 역할과 중요성을 중점적으로 강의하였다.[675]

보나벤투라의 〈성령의 일곱 은사에 대한 해설〉(*Collations on the Seven Gifts of the Holy Spirit*)은 그가 지은 최고의 영성신학 작품 중 하나다. 이 저서는 보나벤투라의 신학사상에서 대단히 귀중한 통찰력을 제공한다.[676] 이 저서는 보나벤투라의 후기 작품으로 그의 영성신학과 신학의 적용에 대한 매우 적절한 요약을 제공한다는 데 가치가 있다. 그의 영적 가르침의 특징은 성경에 기초하여 깊이가 있으면서도 간결하고 풍부하게 성령의 은사에 대하여 해설한다는 것이다.

은혜

성령의 사역과 임재를 이해하기 위한 맥락은 바로 그리스도 그분에게서 흘러나오는 은혜다. 시편기자는 "왕은 사람들보다 아름다워 은혜를 입술에 머금으니 그러므로 하나님이 왕에게 영원히 복을 주시도다"(시 45:2)라고 말씀한다. 보나벤투라는 "그리스도는 근본 말씀이신 하나님이시며 만물에게 복을 주는 말씀이시다. 그래서 누구든지 하나님께 복을 받은 사람은 그리스도께 복을 받은 사람이다. 모든 만물과 인생은 그리스도를 통하여 복을 받는다"라고 선언하였다.[677] 그는《요한복음 주석》서문에서 "진리에 대한 지식은 하나님의 신성한 율법을 이해함으로써 나오는 것이며, 덕은 은혜를 통해 나오는 것이다. 오로지 하나님의 은혜로서만이 율법을 참되게 지킬 수 있다.[678] 그러므로 우리에게는 율법보다 은혜가 더 필요하다"라고 말했다.[679] 사도 바울의 간청에 따라서, 그리스도인은 은혜로 삶에서 열매를 맺도록 부름받았다.[680]

보나벤투라는 야고보서에서 그의 전체적인 신학의 교리라고 할 수 있는 구절을 인용한다. 바로 "온갖 좋은 은사와 온전한 선물이 다 위로부터 빛들의 아버지께로부터 내려오나니 그는 변함도 없으시고 회전하는 그림자도 없으시니라"(약 1:17)라는 말씀이다. 은혜는 "모든 빛들의 아버지"에게서 내려오는 최상의 선물이다. 이 은혜는 하나님의 창조되지 않은 말씀이신 그리스도를 통하여 중보되는 것이다. 요한복음 1장 16절은 "우리가 다 그의 충만한 데서 받으니 은혜 위에 은혜러라"라고 선언한다. 하나님은 사람을 그분의 형상과 모양대로 지으셨다. 그 이유로 인간이 순결하고 하나님께 가까이 나아갈 수 있도록 하셨다. 그 형상과 모양은 창조되지 않으신 말씀으로 형성되고 완전해질 것이다. 이것은 보나벤투라의 사상에서 매우 중요한 가정이며, 그리스도의 영으로 인해 변화된 인간의 삶에서 성취될 수 있는 것에 대하여 매우 긍정적인 기대를 하는 이유다.

"인간과 하나님의 공통점은 운명을 결정할 수 있고, 인간의 본성에 고유한 특징이 있다는 것이다." 이는 인간이 자신의 선택과 행동을 통해 자신의 운명을 결정할 수 있다는 것을 의미한다. "인간의 불순종은 이제 육신을 입은 말씀으로만 하나님께 나아가 구원받을 수 있다는 것을 의미한다." 보나벤투라는 인간의 불순종으로 인해 인간 본성이 손상되었지만, 말씀이신 하나님의 아들이 육신을 입고 세상에 오심으로 인간을 구원하실 수 있다는 것을 의미한다.

"성모 마리아는 천사에 의해 '은혜를 입은 자'로 환영받았으며,[681] 영원한 하나님의 말씀이신 그리스도를 낳았기 때문에 '은혜의 보좌'라고[682] 불릴 수 있다." 이는 성모 마리아가 그리스도를 낳음으로써 인간에게 은혜를 전달하는 역할을 수행했다는 것을 의미한다. 따라서 "은혜의 근원이신 아버지가 우리에게 오신다. 그리고 자비의 빛이신 아들이 우리에게 오신다. 그러므로 '인간을 위한' 은혜의 첫 번째 원천은 육신을 입으신 말씀에서 찾을 수 있다."[683]

하나님은 그리스도의 성육신 안에서 타락한 인간들에게 긍휼하심으로 다가오셨다. 바로 인류의 죄와 연약함을 치유하시기 위해서다. 이러한 구원은 오직 하나님의 은혜가 없이는 불가능하다. 그리스도가 죽으심으로 사망의 권세를 깨뜨리셨다. 이는 그리스도의 생명과 은혜를 받아들임

으로 사망에서 생명으로 옮기기 위함이다.[684]

동정녀 마리아는 성령의 권능으로 이 은혜를 충만히 경험한 최초의 인물이다. "성령은 모든 은혜를 공급하시는 분이며, 아버지와 아들에게서 분출되는 사랑이시다." 그러므로 아버지 하나님이 하시는 일이나 성자 하나님의 고난은 성령 하나님이 없이는 일어날 수 없다. 성령은 우리 인생을 아버지 하나님과 아들 하나님께로 하나가 되게 하신다. 보나벤투라는 니케아 신조에서 '필리오크'(filioque, '아들로부터'라는 의미) 조항을 그리스도인의 영성 생활에 적용했다. 이 신성한 사랑의 역동성은 사도 바울이 고린도후서에서 편지 마지막에 삼위 하나님의 이름으로 한 축복기도에 녹아 있다. 바로 "주 예수 그리스도의 은혜와 하나님의 사랑과 성령의 교통하심이 너희 무리와 함께 있을지어다"(고후 13:13)라는 말씀이다. 이 말씀을 가지고 보나벤투라는 그의 성령론의 중심 원리를 명확히 밝힌다. 그러므로 하나님의 은혜는 하나님의 말씀을 깨닫게 하시는 성령님의 다양한 선물을 이해하고 받아들이는 열쇠다. 은혜는 삼위일체의 내적 생명에서 흘러나와 성육신하신 그리스도 안에서 하나님의 사랑이 표현되는 최고의 표현이다. 이 사랑의 일에 저항할 수 있는 것은 인간의 죄뿐이다. "죄를 짓는 자는 하나님의 아들을 멸시하는 것이요, 죄는 하나님의 아들의 은혜를 받지 못하게 하느니라"라고 하셨다. 그리고 "죄는 은혜의 생명을 죽이는 것이다."[685]

그러므로 이 은혜는 인간에게 주시는 하나님의 최고의 선물이다. 그리고 그 은혜는 우리가 신앙생활에서 소중히 여겨야 할 보화다. 날카롭고 불타는 광선처럼 거룩하게 하시는 은혜가 그 은혜를 주시는 이에게로 우리 영혼을 이끌어간다. 프란치스코의 성흔은 바로 그 은혜를 보여주는 직접적인 예다. 사람의 생명에 풍성하게 임하는 일반적인 하나님의 은혜와는 달리, 이 은혜의 광선은 그것을 받아들이는 자를 특별하게 만든다. 이것은 은혜의 역동적이고 변화를 가져오는 성격에 관한 것이다. 은혜는 그것이 기원한 하나님을 되돌아보지 않는 한 번성할 수 없다.[686] 겸손은 하나님의 은혜의 선물의 근원에 대한 감사와 민감성 및 인식의 태도이기 때문에 겸손은 하나님의 은혜를 받은 사람의 가장 핵심적인 반응이다. 그리스도의 자기 비움은 겸손의 본질을 보여준다. 왜냐하면 "그는 빛으로 충만"하셨기 때문이다.[687] 그리스도인은 하나님에게서 흘러나와 그분께로 돌아가는 이 빛의 광선 안으로 들어가야 한다. 그래서 타고난 하나님의 형상을 다시 회복하여 원래대로 하나님과 일치되어야 한다.[688] 그러므로 그리스도인이 된다는 것은 성령의 내주하심의 역사로 그리스도를 닮아가는 것이다.

교만은 하나님의 선하심을 불신하게 하므로 영혼의 최대 적이다. 그렇지만 사람은 하나님의 은혜의 선물을 적절하게 사용하고, 그 미덕을 가꾸어 나가기 위해 열심히 노력해야 한다. 영적인 능력은 결단과 노력이 필요하다. 은혜는 수동적으로 내버려두면 안 된다. 은혜가 없다면 그리스도인의 삶에서 가치 있는 어떤 것도 성취할 수 없다. 참으로 "은혜가 있기 때문에 우리는 그 능력으로 어떤 고난도 이겨낼 수 있는 것이다."[689] 은혜는 또한 그리스도인이 도덕적 행동을 할 수 있도록 해준다. 그것은 이 은혜가 하나님의 관대함과 일치되는 관대함을 갖도록 사람의 마음에 지대한 영향력을 행사하기 때문이다. 이는 이미 복음서에서 "거저 받았으니 거저 주라"라고 하신 예수님의 말씀과 같다(마 10:8). 자연 세계에서 햇빛과 물의 풍부함과는 달리 인간 영혼은 아직도 다른 사람들에게 거저 받은 것을 거저 주지 못하는 비열한 존재이기 때문이다. 그렇지만 사람은 거저 주어야만 하나님에게서 거저 받을 수 있고, 거저 주지 않으면 하나님의 은총의 흐름이 가로막히게 된다. 이것이 그리스도인이 기꺼이 아무것도 소유하지 않는 청빈의 삶을 받아들이는 영적 의미다. 그렇지만 보나벤투라는 많은 사람에게 청빈의 삶을 실천하는 신실하고 강한 믿음과 더불어서 관대한 사람이 된다는 것이 쉽지 않다는 것을 너무나 잘 인식하였다.[690] 그럼에도 불구하고, 자발적인 청빈에 대한 소수의 소명의식은 많은 그리스도인에게 그리스도의 요구와 하나님 나라의 가치에 더욱 열린 태도를 갖게 해주는 이정표가 된다.

보나벤투라는 그러한 하나님의 은혜를 향한 관대함과 열린 태도가 주는 이점에 대해 긍정하였다. 은혜의 첫 번째 사역은 사람들에게서 죄책감을 제거하는 것이다. 이것은 오로지 영원하신 하나님의 사랑만이 그 죄에 대한 영원한 처벌에서 자유하게 하실 수 있다. 그분만이 사람의 영혼에 변화를 일으키실 수 있고, 그분의 은혜만이 지옥에 빠질 영혼을 건져낼 수 있다.

은혜의 두 번째 사역은 하나님과의 바른 관계, 또 이웃과의 바른 관계를 회복시키는 것이다. 올바른 관계 회복은 그 사람의 영혼을 회복하는 첩경이기 때문이다. 오직 은혜만이 사람을 현재의 어려움에서 벗어나게 하고 성령과 협력할 수 있게 한다. 그러므로 이를 가로막는 모든 것에 과감하게 저항해야 한다. 심지어는 우리의 원수까지도 사랑해야 한다. "정의의 충만함은 모든 것 중에서 하나님을 사랑하며, 이는 친구나 적을 포함하여 모든 인간을 사랑하는 것을 의미한다."[691]

은혜의 세 번째 사역은 영원한 복락과 행복을 주는 것이다. 예수님은 요한복음 10장 10절에서 "내가 온 것은 양으로 생명을 얻게 하고 더 풍성히 얻게 하려는 것이라"라고 말씀하셨다. 그러나 죄를 선택하는 것은 사망을 선택하는 것이다. "죄의 나무를 심는 것은 결국 그 나무에 교수형당하게 되는 어리석은 일이다."[692]

하나님의 은혜는 사람을 치유하고, 강건하게 하며, 온전하게 한다. 그러므로 일곱 가지 성사는 일곱 가지 치명적인 죄에서 자유하게 한다. 일곱 편의 참회 시편에[693] 나오는 것처럼 일곱 가지 의의 사역은 이러한 치유가 계속되게 한다. 은혜 사역의 완전한 척도는 일곱 가지 자비의 사역으로 표현된다. 마찬가지로 은혜는 일곱 가지 덕목과 일곱 가지 성령의 은사로 그리스도인을 강하게 한다. 그리스도인의 완전함은 복음서에 등장한 일곱 가지 복으로 측정된다. 그리스도인의 길은 성경에 근거한 "풍부하고 다양한 영적 지원"으로 유지된다. 그리스도인의 길은 좁고 힘들며, 때로는 고난을 겪을 수 있지만, 결국 천국에서 영원한 생명의 약속으로 이어진다. 거기에서 영혼은 비전, 즐거움 및 소유권을 갖게 되며, 이것은 믿음, 소망, 사랑과 일치한다. 또한 영혼의 기쁨이 넘쳐나면 육체도 똑같이 자비, 신비, 섬세함, 민첩성 및 불변성으로 축복을 받을 것이다. 따라서 교회의 고전적 가르침은 영적 성장과 계시의 포괄적인 구조와 일치하는 분명한 위계질서를 보이며, 일곱 가지로 이루어진 다양한 완전함을 갖추고 있다. 보나벤투라는 구약성경에서 선지자 이사야가 언급한 성령의 일곱 가지 은사를 여기서 다루고 있는 것이다(사 11:2-3).

주님에 대한 경외심

보나벤투라는 이 논의의 서론으로 복음서의 '팔복설교'(마 5:3-10)와 '주기도문'을 사용하여 성령의 은사가 인간의 죄악을 어떻게 직접적으로 다루는지를 보여준다. '주님에 대한 두려움'은 교만을 무너뜨리고 가난을 포용할 수 있게 한다. 그리하여 오만함과 자만심을 극복하게 한다. 경건함은 시기심을 파괴하고 온유함으로 대체한다. 지식은 분노를 억제하며 애도하고 회개하게 한다. 화평한 마음은 분노를 물리친다. 인내심은 나태함을 극복하고 정의에 대한 열망을 불러일으킨다. 지혜로운 권면은 탐욕을 막고 마음을 순결하게 한다. 지혜는 욕망을 억제하고 마침내 평화를 가져온다. 그러므로 그리스도는 우리에게 "주님의 이름이 거룩히 여김을 받으시오며"라는 말씀으로 하나님을 경외하는 은사를 위해 기도하라고 명령하신다. 또한 "주의 나라가 임하옵시며"라는 말씀으로 경건함을 구하라고 명령하신다. 지식은 하나님의 뜻에 복종함으로써 얻어지며, 인내는 생명의 양식으로 풍요롭게 된다. 지혜로운 권면은 용서를 구하고 받아들이고 실천하는 것으로 평가된다. 명철은 유혹에서 구해달라는 주기도문에 내포되어 있는 반면, 지혜는 악을 실제로 인식함으로써 생겨난다.

주기도문은 먼저 하나님을 경외함으로 인간이 거룩하게 되고, 진정 경건하게 되어 완전해지기를 기도한다. 지식의 목표는 하나님의 법을 행하여 선과 악을 분별할 수 있게 되는 것이다. 생명의 양식을 구하는 기도는 영원한 미덕을 회복하고 죄 사함과 남을 용서하지 않는 태도에서 해방되기를 추구한다. 명철을 위한 기도는 악마의 계교를 물리치려고 노력하는 것이고, 악을 대적하는 기도는 사람을 붙잡고 있는 악하고 그릇된 모든 욕망을 거부하는 것을 의미한다. 오직 하나님의 지혜의 은사만이 마침내 영혼이 죄에 대한 무질서한 의지와 집착을 지배할 수 있게 한다. 보나벤투라는 이렇게 복음서에 나오는 그리스도의 중요한 두 가지 가르침인 팔복과 주기도문을 중심으로 자신의 영적 가르침의 핵심을 드러낸다.

보나벤투라는 어린 시절부터 주님에 대한 경외심을 마음에 심어야 한다고 말한다. 이는 나무가 자라듯이 삶 전체를 통해 그 성장을 도모할 수 있기 때문이다. 그는 여기서도 다른 많은 경우와 마찬가지로 젊은이들에게 말하였는데, 그들은 프란치스코의 길을 따르기를 원했다. 주님에 대한 경외의 근원과 본질은 무엇인가? 이는 하나님의 능력의 숭고한 본질에 대한 인식이 증가함에 따라 생겨난다. 이것에 대한 무감각은 영적 맹목과 어리석음으로 이어진다. 하나님이 존재하는 모든 것의 근원이 되시므로 그분의 시야에서 숨겨져 있는 것은 아무것도 없다. 그분의 지혜는 완전하며, 그분은 사람들의 마음을 알고 계신다. 따라서 사람들은 생각하거나 말하거나 행동할 때 큰 주의를 기울여야 하는데, 하나님 앞에서는 어떤 위선도 있을 수 없기 때문이다. 마지막으로, 하나님의 징계를 인식하는 것은 적절한 겸손과 개인적인 책임감을 유발한다. 이것도 주님을 경외하는 것이다. 왜냐하면 최종 심판의 날 이전에도 이 세상에서는 하나님의 심판이 많이 있기 때문이다. 주님에 대한 경외심을 가지고 내린 선택이 그분 앞에서 우리가 어떤 사람이 될지를 결정한다.

보나벤투라는 이 세상에서 일어나는 하나님의 심판을 여섯 가지로 보았다(일곱 번째는 성경에서 말하는 최후의 심판이다). 이 여섯 가지는 속박, 맹목, 고집, 버림받음, 방탕, 절망이다. 보나벤투라는 이러한 영적 병리 현상을 차례로 설명한다. 속박은 악에 중독되어 선한 일을 일관되게 하기 어렵다는 것으로 설명할 수 있다. 맹목은 죄가 더 이상 중요하지 않게 되어 악을 선이라고 부르고 선을 악이라고 부르는 도덕적 상대주의로 이어진다. 고집은 징후, 위협, 실제 고통 또는 영혼의 괴로움 속에서 하나님의 부르심에 귀 기울이지 않는 것을 의미한다. 보나벤투라는 "내 마음이 죄악으로 굳어지는 것보다 돌처럼 되는 것이 더 낫다"라고 말했다.[694] 비극적인 것은 인간에게 선함을 강요할 수 없다는 것이다.

보나벤투라는 인간의 비극적인 상태를 설명하기 위해 하나님이 일시적으로 인간을 내버려두시는 것을 언급한다. 그는 하나님은 사람이 유혹과 죄를 자유자제로 허용할 때 그 사람을 잠시 버리신다고 하였다. 이로 인해 그 사람에게는 허무함과 절망이 생긴다. 허무함은 인간의 삶이 흩어지고 방탕에 빠지고 소진되어, 아무것도 제대로 되지 않을 때 생긴다. 절망은 이 땅에서 하나님의 마지막 심판으로, 소망을 잃어버리고 영원한 죽음에 이르며, 하나님과 완전히 분리되는 인간의 궁극적인 비극이다. 보나벤투라는 이에 대해 인간의 삶을 통제할 수 없는 거대한 파도 속에서 작은 배를 타고 여행하는 것으로 묘사했다.[695] 이러한 비극적인 상태에 있는 것을 알게 된 사람은 '번개와 천둥을 피해 숨는' 것처럼 하나님에게서 도망치거나 숨으려고 할 것이다. 이러한 곤경에 처하게 된다면 매우 두려울 것이다. 그러나 보나벤투라는 하나님을 회피하는 것은 불가능하다고 강조한다. 사람은 하나님에게서 도망치거나 숨을 수 없으며, 하나님의 심판을 거스를 수도 없다. 이것은 궁극적이면서 임박한 현실이다. "왜냐하면 살아계신 하나님 손에 떨어지는 것은 두려운 일이기 때문이다."[696]

주를 향한 경외심은 큰 복을 가져온다. 그것은 우리 삶에 하나님의 은혜의 영향력이 미치게 한다. 그러나 "우리는 하나님을 두려워하지 않고는 하나님의 은혜를 받을 수 없다."[697] 우리는 죄악으로 하나님의 은혜를 잃을 수도 있으므로 하나님의 은혜를 당연하게 여겨서는 안 된다. 하나님을 경외하는 것은 하나님의 전적인 의로움에 대한 더 깊은 도덕적 감각을 갖게 하고, 우리가 하나님을 불쾌하게 할 수 있는 모든 것을 민감하게 느끼도록 하며, 그리고 우리 자신뿐만 아니라 다른 사람들을 향한 하나님의 사랑을 인식하도록 도와준다. 그 경외심의 부재는 영적인 붕괴로 이어진다. 마지막으로 "여호와를 경외하는 것은 지혜의 근본"(잠 9:10)이다. 하나님을 경외하면 하나님의 지혜의 빛을 얻는다. 이것은 지혜를 구하고 하나님께 죄를 짓는 것을 두려워하는 지혜로운 제자의 삶을 시작하게 한다. 나중에 그것은 "하나님을 경외하는 것이 지혜의 충만함"이라는[698] 자녀로서 공경"하는 지혜로 변화된다. 예수님은 제자들에게 "이제부터는 너희를 종이라 하지 아니하리니…너희를 친구라 하였노니"(요 15:15)라고 말씀하셨다. 보나벤투라는 다른 곳과 마찬가지로 이 논의에서 성경의 지혜문학에 근거하고 있다. 그는 이 글들이 예수 그리스도의 인격 안에서 마침내 완전하게 드러난 하나님의 지혜를 증언하는 것으로 본다. 보나벤투라가 깊이 고찰한 견해는 "하나님을 경외하지 않는 자는 아무것도 모르는 자"라는 것이다.[699] 이것은 당시 대학에서 철학과 신학의 관계를 둘러싼 논쟁과도 관련이 있었다. 보나벤투라는 성경의 권위가 하나님 자신의 권위를 전달한다고 믿었다.

보나벤투라는 주님을 경외하는 것이 지혜에 이르는 길일뿐만 아니라 거룩함에 이르는 길이라고 믿었다.[700] 이는 양심의 완전한 깨끗함, 순종하는 마음가짐 그리고 하나님에 대한 흔들림 없는 신뢰로 나타난다. 보나벤투라는 "주님을 경외하는 사람들은 자신의 마음을 준비하며"(집회서 2:17)라는 성경 구절로 이를 입증했다.[701] 실제로 이는 죄책감을 가지고 잠들지 않는 것을 의미한다. 잠자리에 드는 것은 그 사람이 잠재적인 무덤에 들어가는 것이기 때문이다. 만약 그들이 용서받지 못하고 용서하지 않은 채로 죽음을 맞이한다면 어떻게 될 것인가? 다른 사람들에게 부주의하게 행동하는 것은 하나님의 존재를 잊어버릴 때 발생하며, 이에 대한 경각심은 주님을 경외하는 또 다른 측면이다. 마지막으로 하나님을 신뢰하는 것은 모든 다른 두려움에 대한 최선의 방어다. "주님을 경외하는 사람은 어느 누구도 빼앗을 수 없는 것을 가지고 있다…주님을 경외하는 사람은 하나님을 잃어버리지 않으므로 어디에서나 안전하다."[702] 따라서 주님을 경외하는 것은 본질적으로 절대적인 것이다.

경건

보나벤투라는 '경건'(piety)이라는 단어에 대해 현대인들보다는 더 풍부한 의미를 부여했다. 그는 디모데전서에서 나온 말을 인용하여 영적 훈련의 중요성을 강조하면서 그것을 육체적 훈련과 비교한다.[703] 두 가지 모두 중요하지만, 영적 훈련이 우선되어야 한다고 말한다. 그리고 성경에 사용된 라틴어 단어인 'pietas'를 언급하며, 그리스도인이 스포츠 게임을 하러 나가는 것이 아니라 전쟁에 나가는 것과 같다고 말한다. 그는 사람들이 스포츠를 위해 훈련하는 것처럼, 경건을 위해 자신을 엄격하게 훈련해야 한다고 말한다. 이러한 훈련에는 무엇보다 꾸준함, 인내심, 결단력이 필요하다.

진정한 경건은 어떻게 길러지는가? 먼저 거룩한 예배에는 경외심이 있어야 한다. 왜냐하면 경건은 하나님께 드리는 예배를 의미하기 때문이다. 이것은 경건을 이해하는 보나벤투라의 핵심이며, 하나님의 권능과 지혜를 가장 높은 수준으로 생각하는 것을 의미한다. 하나님은 말씀으로 무에서 유를 창조하신 모든 것의 창조주이시며, 그분의 지혜는 모든 것을 관통한다. 그분은 태양처럼 그분의 빛으로 모든 것을 비추시며, 창조물에 생명과 복을 내리신다. 따라서 경건은 모든 존재의 근원이자 풍성히 베푸시는 하나님의 사랑과 섬김을 의미한다. "이성적인 존재는 신과 유사하다. 그것은 기억, 지성 및 의지를 통해 자신의 근원으로 돌아갈 수 있다. 그러나 자신의 근원으로 돌아가지 않으면 경건하지 않은 것이다."[704] 하나님의 부르심과 은혜의 도움에 응답하여 하나님께로 돌아갈 수 있는 이 능력은 보나벤투라 신학의 근간이 되는 기본 원리다.

예배의 결과는 내적 거룩함이다. 왜냐하면 기독교는 경건, 순결, 내적 평화로 구성되기 때문이다. 또한 양심과 내적 정직함을 지키는 것이 진정 자신을 사랑하는 일이며, 악과 타협하고 죄에 빠지는 것은 내적 혼란을 초래하고 결국 개인적 붕괴를 초래할 수 있다는 것을 언급한다. 거룩함은 위선이 될 수 없으며, 위선은 이미 복음서에서 예수님이 가르쳐주신 바와 같이 영혼에 대한 모독이고 하나님에 대한 무례다. 그러나 영혼을 합당하게 돌보는 것은 하나님을 기쁘시게 하는 것이라고 말한다. 거룩함은 기독교에 있어 최고의 목표이며, 영혼의 존재와 그 신성함에 대한 인식을 더 높이는 계기가 된다. 또한 진정한 경건함의 특징은 다른 사람들을 긍휼히 여기는 마음이라고 언급한다. 보나벤투라는 이 진리를 설명하기 위해 성경 구절을 인용한다. 그는 베드로후서 1장 5-7절을 인용하여, 경건함이 인내와 형제사랑 사이에 자리한다는 것을 설명한다. 이 성구는 친구를 상대로 하든 원수를 상대로 하든 인간관계에 있어서 그리스도인이 가져야 할 태도를 언급한다. 예수 그리스도와 성인들의 삶에서 나타나듯이 경건함은 인내와 사랑 사이에서 번영한다.[705] '경건의 은사는 첫째로 창조되지 않은 삼위일체로부터, 둘째는 성육신의 지혜로부터, 셋째는 성령으로 성화되는 거룩한 모교회로부터 유래한다.'[706]

하나님의 본성은 항상 자비로우시고, 그분의 긍휼은 무한하시다. 그러나 이는 무조건적인 사랑이 아니다. 하나님의 사랑을 받기 위한 조건은 완전해지는 것이다. 또한 하나님의 자비는 본질적으로 위대하고, 은혜의 역사에서는 더욱 큰 역할을 한다. 그리고 무엇보다 영광의 회복에서 가장 큰 역할을 한다. 교부 이레네우스가 말한 대로, "하나님의 비전은 인간의 생명이며, 하나님의 영광은 살아 있는 인간이다." 인간은 하나님의 형상으로 만들어졌기 때문에, 경건함과 자비함 등에서 하나님을 닮도록 부르심을 받았다. 하나님의 자비는 매우 풍성하게 흐르고 있으며, 이를 영혼에 받아들이는 것이 기도의 역할이다.[707] 이는 관상과 중보(intercession)를 통해 이루어진다. 이렇게 함으로써 삼위일체 내의 사랑이 모든 참된 경건함의 내주하는 근원이 된다. 예수님은 복음서에서 "너희 아버지의 자비로우심 같이 너희도 자비로운 자가 되라"고 하셨다(눅 6:36). 완전함에 대한 그분의 부르심은 프란치스코 수도회 수도사들이 모든 소유를 포기하도록 동기를 부여했다.[708] 완전함은 모든 그리스도인의 삶의 목표이며, 그리스도와 같아지는 것이다. 완전함을 향한 그리스도의 부르심은 프란치스코가 모든 소유를 내려놓으려는 마음을 갖게 하였다. 그래서 프란치스코와 클라라의 삶에서 이러한 그리스도의 부르심이 분명히 드러났다. "그러므로 하늘에 계신 너희 아버지의 온전하심과 같이 너희도 온전하라"(마 5:48).

그리스도의 성육신은 "크도다 경건의 비밀이여"라는 디모데전서의 말씀대로 하나님의 경건함의 최고 행위였다. 죄로 가득한 비천한 사람의 모습으로 오신 그분의 겸손하심은 피조물을 향한 하나님의 극진한 동정심을 나타낸다.[709] 하나님의 아들은 우리를 위한 희생 제물로 자신을 드리셨으며, 이 신비는 매 순간 성찬에서 드러나고 반복된다. 보나벤투라는 "이로 말미암아 마음이 부드러워지지 않는 것은 매우 잔인한 것이다"라고 여겼다.[710] 성만찬에 대한 헌신은 프란치스코의 가르침과 기억 그리고 프란치스코 수도회의 경건한 실천의 핵심이었다. 교회에서 그리스도인들은 성령에 의해 한 가족의 자녀로 새롭게 태어난다. "우리는 한 몸의 지체요 한 성령으로 먹은 자들이니…그러므로 우리는 경건을 통하여 서로 친밀한 관계를 맺어야 하며…서로 긍휼히 여겨야 한다."[711] 따라서 성만찬에 대한 헌신은 모든 그리스도인의 사회적 가치와 윤리의 정신을 결정한다. 그 이유는 그리스도와 한 몸이 되었기 때문이다.

교회의 삶에서 이러한 경건함은 주교들에게서 양떼에게 흘러내려가야 하며, "모든 사람이 경건의 기름을 소유할 수 있도록" 해야 한다. 보나벤투라는 교황 그레고리우스 대제의 자비에 관한 이야기를 인용하였다. 그는 매일 열두 명의 가난한 사람들을 먹였는데, 한번은 이전에 도움을 주었던 어떤 사람의 천사를 만났다고 한다.[712] 이러한 경건함과 자비는 인간 구원의 본질에 대한 진리를 알게 해준다. 보나벤투라는 학생들에게 연설하면서 "만약 너희가 진정한 학자가 되고자 한다면, 너희는 경건함이 있어야 한다"라고 자주 강조했다.[713] 이러한 경건함은 또한 영혼이 선을 추구하는 데 집중하도록 함으로써 죄와 악에서 보호한다. 보나벤투라에게 '경건함'이라는 단어는 예배, 사색, 자기희생적 자비의 측면에서 일관된 그리스도인의 삶을 의미했다.

지식

이 특별한 성령의 은사는 기독교 신학자이면서 성경교사인 보나벤투라의 심령을 사로잡았다. 그는 자신의 두 저서와 다른 곳에서도 이를 자주 거론하였다. 특히 《순례기》와 《신학서설》에서 그 예를 찾아볼 수 있다. 그는 "어두운 데에 빛이 비치라 말씀하셨던 그 하나님께서 예수 그리스도의 얼굴에 있는 하나님의 영광을 아는 빛을 우리 마음에 비추셨느니라"라는 고린도후서 4장 6절 말씀으로 이를 설명한다. 이 고린도후서 말씀은 인간 본성과 관련된 보나벤투라의 조명 신학(Theology of Illumination) 전체를 뒷받침한다. 하나님은 최고의 스승이시므로 구약성경에서 지혜의 왕 솔로몬이[714] 그랬던 것처럼, 사람들은 지혜를 얻기 위해 직접 그분에게로 눈을 돌려야 한다. 그것은 보나벤투라가 자주 인용하는 시편 말씀처럼 "주의 빛 안에서 우리가 빛을"(시 36:9) 볼 수 있기 때문이다. 보나벤투라는 사도 바울의 말씀을 설명하여, 자연적 판단력이나 이성의 타고난 빛과 신앙의 주입된 빛의 차이를 지적한다. 따라서 본성과 은혜는 지식에 대한 성령의 은사로 인해 우월해지고 준비된다. 이 지식은 구원자에 대하여 계시된 지식을 통해 명확해진 창조주에 대한 지식을 포함한다.[715]

보나벤투라는 인간의 영혼이 영광에서 영광으로 변화함에 따라 다양한 지식의 형태를 띤다고 설명한다.[716] 그는 지식을 부여하는 철학, 신학, 은혜, 영광이라는 네 가지 수준의 신성한 광채를 구분하여 설명한다. 그러나 지식이 증가되고 깊어지는 이 위계는 영원에서만 성취된다고 말한다. 위의 네 가지 중 처음 두 가지는 하나님의 은혜의 선물과 영광의 보상을 위한 철저한 준비다. 철학은 증명 가능한 것을 다루는 반면, 신학은 기독교 신앙을 가능하게 하고 분명하게 드러낸다. 그러나 미쁘신 진리에 대한 지식을 주는 것은 오직 은혜다. 그리고 영광은 인간 삶의 궁극적인 목표인 참으로 바람직한 진리에 참여하는 것이다. 보나벤투라는 당대 철학에 대한 광범위한 분석과 비판을 통해 "철학적 학문은 다른 학문을 이끄는 길이지만, 거기에 계속해서 머무르려는 사람은 결국 어둠에 빠지게 될 것이다"라는 결론을 내렸다.[717]

보나벤투라는 기독교 신학은 철저히 믿음에 근거해야 한다고 말한다. 이 세상에서는 아무도 하나님을 보고 살 수 없기 때문이다. 참된 신학의 유일한 기초는 성경이다. 성경은 그것이 담고 있는 신비의 깊이로 인하여 그 자체로 최고의 신비다. 하나님은 다양한 방식으로 인생들과 의사소통하시기 때문에 성경에는 많은 의미가 있으며, 그중 어느 것도 사람이 완전히 이해할 수 없다. 성경은 또한 교회 생활에 안정을 주며, 그렇게 할 수 있는 교회의 권위는 결코 폄하되어서는 안 된다. 왜냐하면 "성경의 거룩한 말씀은 교회의 안정을 위한 권위"이기 때문이다.[718] 서양 유럽에서 13세기만큼 성경 연구와 교육에 더 많은 관심을 기울인 기독교 세기는 없었다. 보나벤투라의 《누가복음 주석》(Commentary on the Gospel of Luke)은 이러한 엄격한 지성과 영적 헌신을 보여주는 뛰어난 예다.

보나벤투라는 이단들이 성경의 권위를 약화시키는 것과 마찬가지로, 성경의 의미를 모르는 주교들도 그렇게 하고 있다고 말한다. 맹인이 맹인을 인도하지 않도록 그들은 결코 성직자로 안수받아서는 안 된다. 보나벤투라는 당대의 성직자들에게 예수님이 경고하신 것을 인용하여 말했다. 그들은 지식의 열쇠를 가지고도 들어가지 않았을 뿐만 아니라, 다른 사람들이 들어가려고 하는 것을 방해하려고 했다.[719] 반대로 자신들이 만든 상자에 사람들을 집어넣고 자신은 거기에 들어가지 않으면서 사람들이 무엇을 하고 있는지 지켜본다. 이러한 사람들의 죄와 벌은 그들의 지식으로 인해 더욱 가중된다. 그들의 게으름과 나쁜 본보기는 종종 선하고 참된 것의 반대를 가리키는 추문이 된다.[720] 이러한 방식으로 행동하는 것은 심각한 죄악이며, 철저히 비난받아야 한다. 보나벤투라는 항상 지각이 떨어지는 당대 성직자들의 결함에 대해 두려움 없이 비판하였다.

은혜는 무엇이 거룩한 것인지를 드러냄으로써 무엇이 믿을 만한 것인지와 무엇을 사랑해야 하는지에 대한 지식을 준다. 그 은혜는 성령이 주시는 것으로, 성령은 거룩함에 대한 지식으로 사람의 영혼에 감동을 주신다. 그리고 진리의 지식을 아는 기쁨을 영혼에 가르쳐주시고, 이를 지키고 보호해주신다. 이러한 경험은 사람이 자신의 이해를 손상시키는 것에서 멀어지게 한다. 여기에는 지나친 호기심, 허영심 그리고 성적 욕망으로 발생하는 여러 가지 세속적인 즐거움을 멀리하는 것도 포함된다. 아담과 하와의 타락과 추락은 바로 이 모든 것의 결과다. 보나벤투라는 성직자가 되려는 사람들에게 선과 악에 대한 분별력을 잃지 않도록 악과 미덕을 혼합하지 말라고 경고했다.[721] 그러나 은혜로 이루어진 지식은 사람들로 하여금 거룩함을 향한 불타는 열망을 불러일으킨다. 이것은 죄를 뉘우치고, 다른 사람들의 고통에 대해 연민하는 심령을 갖게 한다. "영혼이 파멸하는 것을 보는 사람이 어떻게 눈물을 흘리지 않을 수 있겠는가?"[722] 필요한 경우, 그러한 지식은 누군가가 하나님께 마땅히 드려야 하는 영광을 훼손하기보다는 신념과 원칙의 문제로 자신의 믿음을 위해 기꺼이 순교하도록 이끌 수도 있다.

또한 은혜는 사람이 어떻게 영적 사실들을 알게 되는지를 결정한다. 보나벤투라는 성 베르나르의 말을 인용하여, 첫째로 구원에 관련된 것을 알아내는 것이 우선이라고 말한다. 그다음으로 하나님의 사랑을 향한 열정적인 갈망이 뒤따른다. 이러한 지식은 또한 자신의 행복이나 다른 사람의 행복을 위해 실제로 도움이 되므로 그 의도는 자비로운 것이다. 이는 호기심, 허영심 또는 개인적인 이익을 충족시키기 위한 지식이 아니다.[723] 선행과 지식의 결합은 기독교에서 중요하다. 바울의 말처럼 "지식은 교만하게 하며 사랑은 덕을 세운다."[724] 보나벤투라는 그가 중요하게 여겼던 에베소서의 구절을 다시 한번 언급하면서 자신의 논의를 마무리한다. 이 구절에서 사도 바울은 자신의 청중이 "사랑으로써 뿌리가 깊이 박히고 터가 굳어져서", "그리스도의 사랑을 알고 그 넓이와 길이와 높이와 깊이가 어떠함을 깨달을 수 있게 하소서 그리고 지식을 뛰어넘는 그리스도의 사랑을 알게 되기를" 기도하였다.[725] 이것은 묵상하는 삶에 뿌리를 내리고 죽음 후 영생으로 이어져서 최후의 부활 때 완성되는 성령이 주시는 최고의 은사다.[726]

제14장

성령(2)

굳건함

　보나벤투라는 굳건함의 은사에 대하여 두 가지 연설 혹은 논의를 했는데, 그중 하나는 성모 마리아에 대한 의미를 깊게 다룬 것이었다. 이 연설은 1268년 3월 25일, 수태고지축일(The Feast of the Annuniciation) 아침에 진행되었다. 첫 번째 연설에서 그는 굳건함을 교회의 사명뿐 아니라 마리아의 소명과 관련지어 말하였다. 이것을 설명하기 위해 그는 잠언에서 "왜 현숙한 여자(a valiant woman)를 찾지 못하였느냐?"라는 핵심 구절을 찾아 인용하였는데, 이는 그리스도의 신부를 묘사하는 솔로몬의 아가서와 연결된다.[727] 보나벤투라는 이를 성모 마리아와 관련시켜 그녀가 영적으로 굳건한 것, 그리스도를 임신한 것 그리고 도움을 주는 조언을 하는 그녀의 지혜를 논의하면서 그의 접근방식을 설명했다. 조언, 이해, 지혜는 그의 다음 연설의 주제였는데, 이는 이번 장 후반부에서 논의할 것이다.

　이 구절은[728] 보나벤투라의 첫 번째 강연 내용이다. 그는 굳건함을 영혼의 옷으로 비유하며, 이는 성모 마리아뿐만 아니라 교회 자체의 옷이라고도 설명한다. 굳건함은 하나님의 선물로서, 하나님의 영이 우리를 보호하시고 구속하시며 내주하시는 것이다. 그 힘은 하나님의 안정성에서 흘러나온다. "하나님의 아들은 우리를 위해 약해지셨으니" 이는 "하나님의 약함이 인간보다 강하다"는[729] 것을 나타내기 위함이다. 또한 보나벤투라는 인간에게 영혼은 하나님과 가장 가깝게 실제적인 친밀함을 나눌 수 있는 지점이며, 하나님의 영이 그 영혼에 없다면 영혼은 힘을 잃어버리게 된다고 말한다. 보나벤투라는 이 원리를 설명하기 위해 성경에서 관련 내용을 인용하였다. 삼손이 하나님의 율법과 법도를 저버렸을 때 힘을 잃어버렸던 것이 바로 그 예다.

굳건함은 믿음, 소망, 사랑에서 나오며, 사랑은 모든 것을 이긴다. 또한 "우리가 이혼통지서를 제출하지 않는 한, 하나님은 그분의 사랑을 우리에게서 거두지 않으실 것이다"라고 말한다. 사랑은 굳건함을 받는 근원이자 올바른 태도이다. "만약 우리가 사랑으로 주님께 묶여 있지 않다면, 우리는 쉽게 힘을 잃을 것"이라고 말한다.[730] 굳건함은 행동을 위해 주어지며, 근면함은 필수적이다. 많은 사람이 말만 많이 하고 행동은 적게 하기 때문이다. 또한 굳건함은 악의 힘에 대항하는 영적 전쟁의 무기다. 굳건함은 사람들이 환난과 박해를 견디게 해주며, 그리스도의 길을 순수하고 용감하게 따를 수 있게 해준다. 이러한 용기는 기독교의 덕목이다.

이 주제에 대한 두 번째 강연에서 보나벤투라는 거룩함과 은혜가 충만한 동정녀 마리아의 기도를 인용하였다. 그 이유는 그녀가 진리를 아는 지혜와 진리를 사랑하는 은혜를 달라고 간구했기 때문이다.[731] 마리아의 굳건함으로 인해 그녀는 성령 충만함을 받고 성령의 모든 은사를 부여받아 동정녀로서 하나님의 아들을 잉태하고 낳을 수 있었다. 그녀는 태어날 아이가 하나님이면서 동시에 인간이도록 자신을 바쳤다. 인간의 구원은 다른 방법으로는 올 수 없었고, 오직 동정녀만이 하나님의 아들을 낳을 수 있었다. 마리아는 구원의 대가를 치렀는데, 자신이 고통받음으로써 스스로 지불한 것이다. 그래서 유일무이한 구원을 소유하게 되었다. 그녀의 힘은 깨끗함, 순결함, 거룩함에 있었고, 하나님의 부르심에 즉각적이고 아낌없이 자원하는 마음으로 순종하려는 그녀의 의지에서 분명하게 드러났다. 그녀는 육신적으로 거룩했고, 마음으로는 겸손했다. 그녀의 순종은 하나님의 계명에 근거를 두고 있었으며, 이미 그녀의 마음 속 깊이 박혀 있었다. 그녀의 본보기를 따르는 사람들은 복음서에서 그리스도가 칭찬하신 자들로, 하나님의 말씀을 듣고 지키는 자들이다.[732] 마리아는 하나님 말씀의 빛을 세상에 가져왔으며, 그녀 안에 불타는 하나님의 사랑으로 인해 세상에 빛을 비추었다. 그러나 불타는 덤불(The Burning Bush)과 같이, 그녀는 그 불에 의해 소멸되지 않았다. 왜냐하면 하나님의 사랑은 부패로부터 보호해주시기 때문이다. "이와 같이 하나님의 아들은 하나님과 함께한 동정녀의 사랑으로 태어났다."[733]

보나벤투라는 구약성경에서 성육신의 신비를 예고하는 전통적인 예언적 징조들을 인용한다. 예를 들면, 불타는 덤불,[734] 아론의 싹 난 지팡이,[735] 기드온의 양털에 내린 이슬,[736] 솔로몬이 갈망한 현숙한 여인,[737] 예레미야의 예언에서 남자를 둘러싼 여인,[738] 그리고 처녀가 잉태하여 아들을 낳을 것이라는 임마누엘의 탄생에 대한 이사야의 예언[739] 등이 있다. 보나벤투라는 이러한 예언들이 성모 마리아와 성육신의 신비를 예고하는 것으로 해석한다. 즉, 불타는 사랑의 열매를 맺고, 더럽혀지지 않으며, 강력하면서 손상되지 않은 성령의 본성을 보여준다. 보나벤투라는 성모 마리아를 창세기의 하와와 대조하면서, 거룩해지고자 하는 모든 사람은 하와가 아닌 마리아의 모범을 따라야 하는데, 이는 죄를 선택하는 것은 소중한 것을 경멸로 바꾸는 것이기 때문이다. 보나벤투라는 성직자들에게 성모 마리아의 본보기를 따라 음행을 피하고 무절제한 욕망을 버려야 한다고 권고한다. 잘못된 방식으로 사랑한 아름다움은 올무가 되기 때문이다. 대신, 성모 마리아의 본보기를 면밀히 따르며, 하나님의 뜻에 따라 순종하고, 성모 마리아처럼 귀중하고 존경스러운 존재가 되어야 한다고 말한다. 성모 마리아는 십자가에서 아들의 죽음을 목격했을 때 그녀는 하나님의 뜻을 받아들이고 동의한다는 최고의 대가를 치렀다.[740]

보나벤투라는 그다음으로 마리아의 경건함, 하나님께 대한 헌신, 예수님에 대한 연민, 세상에 대한 자비, 그리고 그리스도인들에 대한 사랑에 대해 생각하였다. 그녀는 하나님을 공경하기 위해 아들을 희생으로 바쳤으며, 그녀의 일생은 하나님께 대한 예배였다. 십자가에서 마리아는 출산의 고통에 비견되거나 초월하는 가장 쓴 고통을 겪었다. 그녀의 마음은 부서졌는데, 이는 예루살렘 성전에서 시므온이 그녀에게 오래전에 예언한 그대로였다.[741] 그녀는 그리스도를 연민하는 마음으로 가장 많이 고통받았다. 그리스도의 고통에 대한 이러한 연민은 인간의 죄악에 대한 가장 강력한 해독제다. 그리고 십자가에 못 박힌 그리스도를 기독교 신앙의 핵심으로 삼는 것이 프란치스코 수도회의 위대한 점이다. 그러나 각 세대의 교회에서 어떤 사람들이 여전히 그분을 다시 십자가에 못 박고 있다.[742] 교회는 십자가에 못 박히신 그리스도의 옆구리에서 태어났으며, 그분의 찔린 심장에서 흘러나온 물과 피는 우리를 구원하기 위한 성물이다. 모든 그리스도인은 그리스도의 사역으로 교회 안에서 태어나며, 따라서 마리아는 우리 모두의 어머니다. 그녀의 자기희생과 연민으로 인해 그녀의 아들 예수를 소중히 여기고 따르는 모든 그리스도인에게 그녀는 이상적으로 따라야 할 모범이 된다. 그녀의 기도를 자신의 것으로 바꾸어서 기도하는 것이 좋다. "보십시오. 저는 주님의 종입니다. 당신의 말씀대로 저에게 이루어지기를 바랍니다."[743]

예수님의 발에 기름을 부은 여인들처럼 그리스도인은 경건함, 헌신, 그리고 연민으로 예수님과 관계를 맺어야 한다. 죄의 뱀은 완전히 거부되어야 하며, 마리아는 그것을 짓밟았으며, 영혼의 경계를 보호하면서 유혹과 시험을 극복해야 했다. 그녀는 살아 있는 고통으로, 그리스도의 고난을 계획한 악의 사악한 의지를 물리쳤다. 예수님의 부활과 그녀 자신이 잠든 후, 그녀는 그리스도와 함께 면류관을 받았다. 그분의 육체에서 그리스도의 영광스러운 몸을 보고, 그분의 영혼에서 그리스도의 영광스러운 영혼을 보고, 그녀의 마음에서 그리스도의 신성을 보았다. 그녀의 천상의 영광은 그녀 안에서 "온 교회가 예수님을 통해 면류관을 쓴다"는 것을 의미한다.[744]

권면

보나벤투라는 수태고지축일 저녁에 이 설교를 전하였다. "지혜는 어디서 찾을 수 있는가?", "어디에 명철의 장소가 있을까?" 이 질문들은 욥기 28장 12절에 근거한다. 이를 통해 지혜와 거룩함을 추구하는 것이 보나벤투라의 영성적이고 학문적인 신학에서 얼마나 중요한 역할을 하는지 강조한다. 그는 지혜를 알기 위해서는 그 지혜를 맛볼 필요가 있다고 주장하며, 설교자들이나 전도자들은 다른 사람들이 그 지혜의 맛을 볼 수 있도록 도와줄 수 있어야 한다고 주장한다.[745] 그러나 종종 이런 일이 일어나고 있다는 것을 전혀 알지 못한다고 평한다.

그는 성모 마리아의 독특한 의미와 중요성을 강조한다. 보나벤투라는 그녀가 자신 안에 있는 하나님의 지혜를 세상에 가져온 것을 예로 들면서, 그녀를 통해 하나님의 지혜가 세상에 나타났다고 주장한다.[746] 또한 성모 마리아가 죄를 지은 한 수도사의 심판 날에 하나님의 저울에 그리스도의 피 한 방울을 놓음으로써 하나님의 자비를 구하는 역할에 대해 이야기한다.

보나벤투라는 권면이라는 영적 은사의 본질을 분석한다. 이 은사는 먼저 올바른 이성의 판단에 따라 무엇이 허용되고 적절하며 시기적절한지를 분별할 수 있게 한다. 그리고 같은 기준으로 선한 뜻과 일치하는 것에 대해 조언할 수 있다. 마지막으로 선을 행할 때 언제 어떻게 올바르게 행동해야 하는지 결정하는 것에도 마찬가지로 적용되어야 한다. 이러한 권면의 근원은 구약과 신약에 감춰져 있으며, 성도들의 모범과 경험의 인도를 받아 기도와 영적 기쁨으로 나타난다. 이 은사는 프란치스코와 클라라처럼 영감받은 성인들의 삶에서 나타났고, 신성한 율법과 성령의 인도하심에 이끌린다. 보나벤투라는 자신의 분석을 뒷받침하기 위해 성경에서 인용한 권위 있는 구절들을 적용하였다. 그러나 기도하면서 주님에게서 직접 조언을 구하고, 거룩한 독서에서 나오는 하나님의 가르침에 항상 귀기울이는 것이 필요하다고 하였다. 성경은 올바른 의도와 올바른 정신으로 접근해야 한다. 성 베르나르가 말했듯이, "사도 바울의 정신을 찾지 않는 한 결코 그를 제대로 이해할 수 없을 것이다."[747]

이를 위해 영적 아버지, 어머니 또는 멘토의 역할이 필수적이다. 기독교에서 기도는 개인수업(apprenticeship)과 같다. 그렇지만 영적인 삶을 위한 좋은 스승을 어떻게 찾을 수 있는가? 그리스도는 "위대한 조언의 천사"이시며, 직접 다가갈 수 있는 분이다. 왜냐하면 "우리가 순수한 마음으로 귀 기울여 들어야 할 분이기" 때문이다.[748] 그분은 겸손, 가난, 순종의 길을 받아들이며 자신을 본받으라고 우리에게 부탁하셨다. 보나벤투라는 그렇게 순종한 여러 성인을 나열한다. 바로 사막의 교부들인 안토니우스, 파프누티우스(Paphnutius), 마카리우스(Macarius)와 서양 수도원의 아버지라 불리는 베네딕트(Benedict), 그리고 최근에는 도미니크(Dominic)와 프란치스코가 있다고 하였다. 이들은 모두 주님의 권면을 충직하게 따랐다.

보나벤투라는 의심과 혼란을 일으키고 하나님의 가르침을 왜곡하는 악한 조언자들의 위험을 경고한다. 그는 특히 프란치스코 수도회와 같은 새로운 수도회들에 제기된 몇 가지 도전에 정면으로 대응한다. 그들의 생활방식은 건전한가? 그것은 색다른 기만과 속임수가 아닌가? 보나벤투라는 다시 한번 그리스도를 위한 가난의 길을 옹호하면서 이러한 도전들을 방어한다. "그리스도가 이 세상에 오신 것은 결코 사소한 일을 위한 것이 아니다. 순결과 가난 속에서 살아가는 것은 매우 위대한 일이다. 이것은 매우 위대한 희생이며, 가장 높고 고귀한 희생이다."[749] 보나벤투라는 이 글에서 종교적 소명을 비난하는 사람들을 "어리석은" 자들로 묘사했다. 그는 이러한 소명을 비하하는 사람들이 위협적인 것과 마찬가지로, 도덕적 상대주의를 선전하며 선을 악으로 바꾸는 사람들도 교회에 위협이 된다고 하였다. 보나벤투라는 그들에게 "만약 당신이 그렇게 말한다면, 당신은 그리스도와 그분의 사도들이 어리석었다고 말하는 것이다"라고 하였다.[750] 냉소주의는 기독교에서 설 자리가 없다. 순종 대신 자기 뜻을 앞세우는 것은 영적인 조언에 귀를 닫는 것이다. 성경의 가르침과 성인들의 본보기를 무시하고, 개인적인 계시의 순간을 기다리는 것은 결정의 갈림길에서 우유부단하게 영원히 머무르는 것이다. "두 마음을 품은 사람은 모든 일에 안정이 없다"라는 말과 같다.[751] 또한 자신이 옳다고 주장하거나 자신의 수도회가 다른 수도회보다 우월하다고 주장하는 오만한 사람들은 크게 잘못 알고 있는 것이다. 그것은 다른 사람들을 폄하하면서 오만한 태도를 취하는 것으로 그리스도인의 삶에서 설 자리가 없기 때문이다. 자만심과 타인에 대한 비하는 지혜의 반대이며, 그것은 성령의 역사를 방해한다. 적절한 권면은 다른 사람들이 이런 잘못을 하지 않도록 제재하는 것이다.

명철

이 설교는 종려주일에 전해진 것이다. 그는 명철을 단순히 지적인 것 이상이라고 인식하였다. '명철'은 하나님이 교육받은 자들이나 교육받지 못한 자들이나 모두에게 주신 것이다. 프란치스코가 그 예가 된다. "그러므로 추측컨대 지혜롭고 단순한 마음을 가져야 하나님의 말씀을 잘 들을 수 있다."[752] 프란치스코의 마음 한구석에는 설교에 대한 의무와 요구가 있었는데, 그는 자신의 저술과 설교와 모범을 통해 이를 아낌없이 제공했다. 그러나 그의 겸손한 태도와 하나님에 대한 의존은 그의 명철과 지혜의 핵심이었다. 자만심과 교만은 명철을 방해하는 요소이며, 명철을 얻으려면 인간 내면을 알고 깨달음을 주시는 하나님께 겸손한 마음으로 구해야 한다. 또한 감사는 하나님의 관대함에 대한 적절한 응답이다. 왜냐하면 "은사의 근원이신 하나님을 인식함으로써 사람은 자신을 새롭게 보게 되고, 그래서 감사를 표현하게 되기 때문이다."[753]

명철은 오로지 삶의 거룩함을 통하여 받을 수 있다. 여기에는 지나친 물질적인 욕망에서 멀어지는 것이 필요하다. 마음의 온유함은 또한 명철을 위한 필수덕목이다. 온유함은 하나님의 진리를 마음에 받아들일 수 있는 길을 열어준다. 시락서 5장 13절에서 "너희가 들을 때에 겸손할지어다. 이는 사람이 이같이 많으매 그리하여 자기가 떨어짐을 인함이니라"라고 하였는데, 이 말씀은 우리가 하나님 말씀을 들을 때 겸손한 마음을 가져야 한다고 가르쳐준다. 보나벤투라는 기독교적인 순종의 진정한 의미와 회개, 그리고 지성과 마음의 역할에 대해 언급한다. 그리고 그리스도인이 하나님의 뜻을 이해하고 실천하기 위해 마음과 지성을 기꺼이 내어드리는 순종을 강조한다. 또한 회개는 생각과 행동의 변화뿐만 아니라 내면적 태도의 변화를 의미한다고 말한다. 그는 "하나님의 말씀을 믿고 받아들이지 않으면 이해할 수 없다"라는 이사야의 말을 인용했다.[754] 또한 "그리스도인은 그리스도를 위한 봉사에 지성을 복종시키도록 부름받은 사람들이다"라고 하였다.[755] 반면, 이성적인 사고의 불균형이 명철의 은사를 받는 데 가장 큰 장애가 된다고 언급한다.[756] 기독교 신앙은 명철을 추구하며, 명철은 이성을 일관되게 수용하고 그에 따라 행동해야 한다고 언급한다.

보나벤투라는 "모든 지성의 광선은 그 신성한 지성의 샘에서 나오는 것이기 때문에" 하나님의 관대함에 경이로움을 느꼈다.[757] 이 은사의 첫 번째 결과는 종종 감각을 압도해야 하는 도덕적 행동에 대해 올바른 판단을 내릴 수 있는 능력이다. 명철의 은사는 사람이 악을 피하고, 선하고 사랑스러운 것을 분별할 수 있게 한다. 그러나 분별력은 하나님에 대한 열망과 경외심으로 동기부여가 된다. "여호와를 경외함이 지혜의 근본"[758] 이기 때문에 모든 지혜와 명철은 여호와를 경외함에서 나오며, 그 경외함으로 인생이 지혜와 지식을 얻어 명철해지는 것이다. 또한 그것은 진정성이 있어야 하며, 내부적 생각과 외부적 행동을 통합해야 한다. 그리고 기독교에서는 합당하지 않은 일은 아무것도 해서는 안 된다. 대신 모든 것은 최고의 선이신 하나님께 가까이 가고자 하는 위대한 소망으로 지배되어야 한다. 이 목표는 나침반처럼 그리스도인의 삶과 생각과 행동의 과정과 정신을 결정해야 한다. 시편 32편에 나오는 하나님의 약속은 분명하다 "내가 네게 명철을 주고 네가 걸어가야 할 길을 가르치리라."[759]

그는 하나님이 주신 명철의 은사가 과학적 진리의 궁극적 원인, 결론, 원리에 대하여 인식하는 데도 도움이 된다고 말한다.[760] "사람이 이 보물에 도달하려면 진리를 연구함으로 땅을 깊이 파야 한다." 그는 신학과 과학이 상충되지 않는다고 믿었는데, 실제 과학적 사고는 이성의 타고난 빛, 오랫동안 축적된 경험, 그리고 하나님의 영원한 빛을 깨달음으로써 이루어진다고 말한다. 인간은 창조된 세계, 특히 인간의 본성과 하나님에 대해 생각할 수 있는 능력을 부여받았다. 따라서 그는 영혼이 육신의 형상과 완전성으로서 그 자체로 특별한 실체로 여겼으며, 또한 하나님의 형상이라고 하였다.[761] 경험은 시간이 지남에 따라 명철을 향상시킬 수 있지만, 하나님이 주시는 깨달음 없이는 그 지식을 확신할 수 없다. 하나님의 존재만이 유일하고 확실한 실재다. 바울은 "하나님이 예수 그리스도의 얼굴에 있는 하나님의 영광을 아는 빛을 우리 마음에 비추셨느니라"라고 하였다.[762] 보나벤투라는 요한복음 서문에서 하나님의 말씀이신 그리스도가 세상에 오셔서 모든 사람을 비추는 참 빛이 되셨다고 한 말씀을 인용하여 설명한다.[763] 그는 하나님이 주시는 이 깨달음의 원리가 기독교 신학과 교육을 이해하는 데 매우 중요하다고 생각한다. 천사는 닫힌 창문을 열어 빛이 비치게 할 수 있지만, 이성적인 영혼은 하나님에게서 직접 형성된 것이므로 오직 하나님만이 이성적인 영혼에게 효과적인 힘을 발휘하신다.[764] 따라서 보나벤투라는 세상의 창조와 인간 영혼의 창조는 하나님의 순수하고 영원한 빛과 사랑에서 비롯되었다고 결론지었다.

보나벤투라는 하나님의 존재와 역할에 대해 논의한다. 그는 하나님이 모든 존재의 원인이며, 진정한 이해의 근원이라고 주장한다. 그는 인간의 죄와 악에도 불구하고 하나님은 여전히 사모할 분이며, 하나님은 그분의 사랑을 멈추실 수 없다. 그는 하나님의 성령님을 통해 우리 영혼에 들어오셔서 그것의 근원이 되시고, 사랑의 주입된 선물로서 우리의 명철을 밝혀주시는 것을 믿는다. 이것이 보나벤투라의 기독교 신학의 비전이며 영적 경험의 핵심이다.

결과적으로 보나벤투라는 성경의 권위와 무결성을 훼손하거나 기독교 교리를 심하게 변질시키거나, 계시된 진리와 충돌하는 철학적 원리를 자기 방식과 권위에 따라 발전시키는 비인간적인 사고에서 발생하는 오류를 단호하게 비난했다. 그는 세계의 영원성, 운명의 지배, 모든 인간에게 퍼져 있는 단일한 지성의 개념 등을 주장하는 대학의 현대적 사고를 비난했다. 이러한 사상의 일부 또는 전부가 개인의 도덕적 책임을 파괴할 수 있기 때문이다. 이러한 사고방식은 기독교 사상가가 아닌 아리스토텔레스의 이해에 근거한 것으로, 무(無)에서 세상을 창조하신 하나님에 관하여 가르치는 성경적 가르침과 완전히 반대되는 것이었다. 이것은 또한 자유의지를 부정하여 그리스도의 십자가를 조롱하였고, "마치 그리스도 안에 영혼이 하나가 있고, 배반자 유다 안에도 영혼이 하나가 있는 것처럼" 인간 사이의 중요한 도덕적 차이를 침식시켰다.[765] 보나벤투라는 학생 청중에게 이러한 사고방식이 기독교의 정통성(orthodoxy)과 진리와 완전히 양립할 수 없는 이유를 설명하였고, 이에 대한 주의와 관심을 기울였다. 그는 자신의 주장이 얼마나 압도적인 힘을 가지고 있는지 의심하지 않았다.

지혜

보나벤투라는 부활절 전날인 성 토요일(Holy Saturday)에 이 설교를 했으며, 청중은 그의 학문과 영성신학에 깊은 감명을 받았다.[766] 만약 어떤 사람이 하나님의 지혜의 은사를 진정으로 원한다면, 그는 마음과 온 삶을 다해 그것을 갈망해야 한다. 이것은 단지 지성에 관한 것이 아니라, 애정과 갈망의 문제다. 정의와 감사는 그 전제 조건이다. "우리가 하나님께 영광을 돌리고 하나님께 지혜를 구하는 것이 최고의 정의다."[767] 보나벤투라는 설교 본문을 그날의 서신인 바울의 골로새서에서 인용하였다. "만일 너희가 그리스도와 함께 부활하였으면, 땅의 것이 아니라 위에 있는 것을 찾으라. 그리스도가 하나님의 우편에 앉으셨느니라."[768] 보나벤투라는 또한 세속적인 존재에 몰두하는 지혜와 하늘의 실재를 추구하는 지혜의 차이를 언급했고, 악의 거짓 지혜에 대해서도 언급했다.

그리스도는 세상 지혜의 거짓되고 허무맹랑한 것들을 몰아내고 악의 지혜를 부끄럽게 하려고 오셨다. "그분은 우리에게 그것을 조심하라고 가르치시려고 가난하고 고난당하고 비천해지셨다." 그리스도는 세상의 지혜를 순전히 어리석은 것으로 뒤집으셨다.[769] 그리고 십자가에서 세상의 지혜와는 정반대인 지혜를 선택하셨다. 그리스도는 가난과 십자가의 처절한 고통을 선택하셨고, 멸시와 수치를 받으셨는데, 이는 세상 사람들의 기대에 어긋나는 것이었다. 그리스도는 가장 어리석은 모습으로 나타나셨지만, 그분은 죽은 자 가운데서 부활하시고 승천하심으로써 우리에게 하나님의 참된 지혜를 가르치시고 그 지혜가 우리 마음에 뿌리내리도록 하셨다. 보나벤투라는 이 지혜가 하나님의 지혜를 갈망하고 생명의 샘을 사랑하는 방법을 가르친다고 말한다.[770]

그렇다면 위로부터 오는 이 지혜의 본질은 무엇인가? 그것은 하나님과의 관계를 중요시하고, 세상적인 지혜의 거짓된 유혹을 경계하며, 기꺼이 가난하고 겸손한 삶을 사는 것이다. 지혜는 모든 "빛들의 아버지"(약 1:17)이신 하나님에게서 흘러나오는 빛과 같은 것이다. 그 지혜가 우리의 인지 능력을 밝히고, 우리의 감정적 능력에 기쁨을 가져다주며, 우리의 행동 능력을 강화시킨다.[771] 참된 연합이 있는 곳에는 기쁨이 있으며, 진리가 영혼에 내려오면 기쁨으로 가득 차게 된다.[772] 이는 사람이 자기 존재의 근원인 하나님을 사랑하게 되기 때문이다. 하나님의 지혜는 교회를 세우고, 또한 개인 영혼을 세워 하나님의 거처로 만들어간다. 야고보서는 하늘의 지혜를 정결, 평화, 온유, 유순, 선함, 자비와 조화되어 좋은 열매로 충만하며, 공정하고 진실한 것으로 정의한다.[773] 이것들은 기독교 지혜의 일곱 기둥이며, 순결, 마음의 결백함, 말의 절제, 애정의 유순함, 행동의 관대함, 판단의 성숙함, 의도의 순수함으로 표현된다.[774] 보나벤투라는 그레고리오 나지안주스(Gregory Nazianzus)의 이야기를 통해 그가 겸손과 순결이 함께하는 지혜의 비전을 가졌다고 말한다. 마음의 결백함은 윗사람에 대한 순종을 이끌어내고, 동료들에 대한 공정함을 유지하게 하며, 다른 사람들에게 권한을 행사할 때 분별력과 인내심을 갖게 한다. 이렇게 함으로써 마음속에서, 가족 안에서, 사회에서 평화가 이루어진다. 보나벤투라는 종교 공동체 생활의 어려움을 분명히 염두에 두고 있었다.

보나벤투라는 경솔한 말에 대해 엄하게 경고했다. "악한 말(험담)은 말하는 사람과 듣는 사람 모두를 죽인다"라고 말하며, 다른 사람을 비방하는 것은 자기 파괴적인 행동이라고 말했다. 반면, 침묵과 지혜는 밀접한 관련이 있다. 그러나 사람들은 너무 쉽게 험담과 비방의 길로 빠지며, 서로의 평판을 깎아내린다.[775] 그래서 "조심하라! 죽음과 생명은 혀의 힘에 달려 있다"라고 말했다.[776] 만약 하와가 에덴동산에서 유혹받았을 때 침묵을 지켰다면 어떻게 되었겠는가! 보나벤투라는 혀의 죄악만으로도 최종 심판에서 인류를 정죄할 수 있을 것이라고 믿었다. 그에 반해 지혜의 특징은 성령의 열매인 자비로운 자기 헌신이다. 이 원칙은 다른 사람들을 권면하는 모든 사람에게 적용되어야 하며, 그들은 하나님의 다양한 은사의 관리인이자 하인으로 자신을 보아야 한다. "하지만 오늘날은 나누어주기보다는 세속적인 것을 소유하는 데 더 관심이 있다."[777] 자비는 지혜의 친구이며, 탐욕과 돈에 대한 사랑은 지혜의 적이다. 심판의 공정함도 기독교적 지혜의 특징이다. 그것은 증오나 거짓된 사랑에 영향을 받지 않는다. 보나벤투라는 "사람은 잘못을 비난하기보다는 친절하게 용서하는 경향이 있어야 한다"라고 생각했다.[778] 자신의 잘못을 인식하지 못한 상태로 다른 사람들을 판단하는 것이 너무 쉽기 때문이다.

보나벤투라는 하나님의 검소함을 반영한 의도의 단순함이 인간 지혜의 정점이자 인류의 타락으로 인한 멸망에서 마지막 반전을 이루는 것이라고 믿었다. 역설적이게도 인간 생명의 근원은 그리스도가 보좌에 앉으신 천국의 영역에 있다. "그리스도가 하늘에 계시며, 생명이 그곳에 있다." 지혜의 근원인 그리스도는 이 은사의 기초이자 완성이시며, 그리스도 안에서 지혜의 은사가 완성되고 그 안에서 모든 선한 것이 성취된다.[779]

제15장

성 보나벤투라

보나벤투라가 가장 뛰어난 기독교 신학자 중 한 사람으로 더 널리 알려지고 인정받지 못한 것은 참으로 이상한 일이다. 그와 동시대 인물인 토마스 아퀴나스(Thomas Aquinas)는 가톨릭교회에서 수세기 동안 그의 신학과 철학 그리고 그의 가르침에서 파생된 토미즘(Thomism)[780]이라는 신학철학으로 종종 위대한 신학자 및 철학자로서 인정받은 것과 대비된다. 토미즘 신학은 19세기에 특히 주류를 이루었다. 보나벤투라가 사망한 후, 그의 추종자들 사이에 매우 심각한 갈등이 생겨 몇 년 동안 운동이 분열되었다. 그 결과 보나벤투라에 대한 기억이 흐려진 것으로 보인다. 또한 중세 후기에 그의 광범위한 영적 영향력으로 인해 많은 라틴어 논문들이 그의 저작이라는 말들이 나오면서 더 혼란스러워졌다. 19세기 말, 교황 레오 8세(Pope Leo VIII)의 요청으로 이탈리아의 카라치 수도사들(Quaracchi Fathers)이 깊이 연구하여 보나벤투라의 유산을 분리하고 훌륭한 비판적 판본으로 이용할 수 있게 했다.[781] 20세기에 이 위대한 명작(magnum opus)은 가톨릭교회를 비롯한 다른 곳에서 보나벤투라의 신학을 크게 회복시키고 깊이 평가할 수 있는 토대가 되었다.

보나벤투라는 성공회 신학자들, 캐롤라인의 신비주의자들이나 옥스퍼드 운동의 스콜라 철학자들에게는 거의 알려지지 않았다.[782] 만일 그를 조금이라도 생각한 사람들이 있었다면 아마도 그들은 신비주의 박사로서 그의 영적 저술을 접한 소수의 사람이었을 것이다.[783] 그러나 성 보나벤투라의 신학이 룩스 문디(Lux Mundi) 학파의 신학자들에게는[784] 매우 매력적이었으리라는 것은 의심의 여지가 없다. 그러나 고어(Gore), 템플(Temple) 또는 렘지(Ramsey)의 글에는 그에 대한 중요한 언급이 없었다.[785] 또한 제2차 세계대전이 끝난 이후까지도 그의 저작에 대한 신뢰할 수 있는 영어 번역본이 없었다. 그런데도 보나벤투라는 종교개혁 이후 성공회에 없어서는 안 될 중세의 탁월한 교부라고 할 수 있다. 그리고 프란치스코회가 영국에서 초기부터 성공적으로 뿌리를 내렸다는 사실은 보나벤투라의 신학이 오늘날 영국 성공회 신자들에게 친숙하고 관련성이 높다는 것을 우회적으로 설명할 수 있다.[786]

1274년에 열린 두 번째 리옹 공의회(Council of Lyon)의 실패뿐만이 아니라 13세기에 발생한 여러 사건은 동방정교회에 여러 차원에서 충격을 주었다. 그리고 당시 공의회에 참석했던 모든 사람은 진심으로 유감을 표했다. 보나벤투라도 공의회에 참석하였지만, 애석하게도 그곳에서 숨을 거두었다.

일반적으로, 토미즘은 14세기 그레고리우스 팔라마스(Gregory Palamas)가 가르친 것과 달리 하나님을 이해하는 데 근본적으로 다른 접근법을 사용하고 있다는 인식이 지속되어왔고, 이로 인해 동방과 서방 사이의 신학적 분열은 돌이킬 수 없게 되었다. 이러한 인식은 보나벤투라와 팔라마스가 디오니시우스의 제자일 뿐만 아니라, 변형(transfiguration)과 신성화(deification)를 통해 그리스도 안에서 하나님이 역사하셨음을 추구하는 영성신학의 교사로서 많은 공통점을 가지고 있다는 사실을 가렸다.[787] 이 연구에서 자주 언급되는 두 신학자의 가르침과 관련된 중요한 본문은 시편에서 찾을 수 있다. 그것은 "주의 빛 안에서 우리가 빛을 보리이다"라는 말로 언급된다.[788] 하나님의 빛이 인간의 모든 진리에 대한 생각을 밝히고 가능하게 한다는 원리는 아우구스티누스의 가르침에서 발전되어 보편적 신학 교리가 되었다. 보나벤투라는 중세 아우구스티누스의 신학인 '조명'에 대한 가르침을 최고도로 발전시킨 천재였다. 따라서 보나벤투라는 토마스 아퀴나스와 너무 밀접하게 연관시켜서는 안 된다. 그는 자신만의 상당한 영적, 지적 위상과 독립성을 가진 인물이다. 또한 그의 신학이 교회 사이의 깊은 연합을 위한 기초를 제공할 수 있기 때문에 그는 공동체에 있어 중요한 인물이다. 보나벤투라의 기독교 신학 접근법을 가장 최근에 옹호한 사람은 교황 베네딕토 16세(Pope Benedict XVI)다.[789]

1938년에 탁월한 책을 출간한 토미즘의 대가인 에티엔느 질송(Etienne Gilson)은 보나벤투라에 대해서 토미즘 시각을 적용하지 않고 접근하는 것이 가장 좋다는 것을 입증하였다. 질송의 저서인 《성 보나벤투라의 철학》(The Philosophy of St Bonaventure)[790]은 세라핌 박사인 보나벤투라의 신학에 대한 최고의 유일무이한 해설서이며, 성 토마스 아퀴나스의 신학, 철학과 구별하는 데 탁월하다. 질송의 저서에서 마지막 장은 보나벤투라의 독특한 기독교 영성신학에 대한 접근법을 이해할 수 있는 가장 통찰력 있는 시작점을 제공한다. 그는 보나벤투라의 유일한 목표가 구원에 이르게 하는 하나님의 지혜였으며, 그 외에는 그에게 아무것도 중요하지 않았음을 간파했다.[791] 이 철학에 있어서 다른 어떤 것보다도 그의 정신이 진정으로 알려지기 전에 더 설명될 필요가 있을 뿐만 아니라 더 받아들여지고 의지되고 순종되어야 한다는 것이 중요한 사실이다.[792] 이것은 보나벤투라가 일관되게 신학의 기초를 세운 성경 자체에도 해당된다.

신학자 에티엔느 질송은 '보나벤투라의 모든 사상의 중심은 그리스도'라고 말한다. 모든 것은 그리스도와 관련되어 있어서 모든 생명은 그리스도 앞에 서 있으며, 그리스도는 인간에게 운명적이고 영원한 선택을 제시하신다. 질송은 보나벤투라가 "영혼이 이 무서운 진리를 깨닫게 되면, 그것을 결코 잊을 수 없으며, 이 진리가 뒷받침하는 것 외에는 다른 어떤 생각도 다시 할 수 없다. 그리스도인은 이 진리를 통해 운명이 결정된다고 보기 때문이다"라고 말한다.[793] 따라서 기독교 사상은 분리될 수 없다. 다시 말해, 기독교적 사고방식은 모든 삶의 영역과 결단코 분리되지 않는다는 것이다. 그것은 진리이신 그리스도가 모든 것과 모든 인간의 사고의 중심이시거나, 그렇지 않으면 주변적인 존재가 되시기 때문이다. 그러나 하나님의 진리는 주변적일 수 없으며, 단지 거부되거나 무시될 수 있을 뿐이다. 보나벤투라는 이 비극적인 도덕적 도전과 인간의 영적 곤경을 매우 심각하게 받아들였다. 질송은 "기독교적 관점에서 사색할 때, 하나님의 임재를 고려하지 않고는 하나님을 생각의 중심에 놓을 수 없다"라고 결론지었다.[794] 이 신념은 보나벤투라의 신학에 체계적인 일관성과 완전성을 부여한다.

모든 것은 예수 그리스도 안에 나타난 하나님의 임재와 연관되어야 한다. 기독교 신학과 철학의 목적은 그것을 하나님의 목적에 일치시켜 그것의 진정한 의미를 모든 것에 부여하는 것이다. 이에 대해 질송은 "하나님을 인간에게 나타내고, 인간을 하나님께 인도하는 것"이라고 하였다.[795] 보나벤투라는 〈독백〉에서 인간의 삶을 천국의 예루살렘의 '외곽'에 있는 것으로 묘사했다.[796] 이 문구는 인간의 삶이 천국과 연결되어 있으며, 천국을 향해 나아가는 여정이라는 의미를 내포한다. 또한 질송은 성 베르나르(Bernard)의 말을 인용하여 "생명은 우리가 하나님을 사랑하는 법을 배우기 위해 주어졌고, 시간은 우리가 하나님을 찾을 수 있도록 주어졌다"라고 말한다. 이러한 사고방식의 결론은 심오하고 피할 수 없다. 질송은 "피조물은 그들이 하나님을 위해 마땅히 있어야 할 모습과 정확히 같은 정도로 있어야 할 의무가 있다"라고 말한다.[797] 인간은 하나님을 닮도록 만들어졌다. 그리고 인간의 경우 자유의지로 선택하는 것은 위험하다. 인생은 오직 하나님의 사랑의 빛 안에서만 가장 진실할 수 있고 가장 완전하게 안정될 수 있다. 이 말은 모든 것이 하나님의 뜻과 목적에 따라 창조되었으며, 오직 하나님의 사랑 안에서 영원한 삶을 찾을 수 있다고 주장하는 것이다.

보나벤투라는 일관된 형식으로 각 부분이 서로 맞물리는 총체적인 사고 체계를 제시한다. 질송은 "보나벤투라의 교리 체계를 전체적으로 이해하거나 전혀 이해하지 못할 수 있다"라고 말한다.[798] 보나벤투라는 아퀴나스나 다른 사상가들과는 달리, 인간의 이성이 하나님의 진리와 창조된 현실에 접근할 수 없다고 주장했다. 그는 이성이 올바르게 작동하려면 지속적인 하나님의 은혜의 도움이 필요하다고 믿었다. 따라서 보나벤투라의 체계에 진입하려면 믿음의 행위가 필요하다.[799] 그러나 이는 맹목적인 믿음이 아니라 탐구하는 적극적 믿음이다.

보나벤투라는 철학을 사고의 중요한 도구로 여겼지만, 자율적인 학문으로는 가치를 두지 않았다. 그는 아리스토텔레스의 논리와 가르침을 사용하는 것을 두려워하지 않았지만, 항상 그것을 성경에 근거한 기독교 진리에 종속시켰다. 보나벤투라의 사상에서 성경은 권위 있는 진리의 근원으로 간주되며, 이는 하나님의 계시에 근거한다. 이러한 계시는 하나님의 말씀이신 그리스도의 인격에서 최고로 정의되었다. 교부 안셀무스의 제자로서 보나벤투라는 '믿음이 이해를 추구한다'고 믿었으며, 믿음이 없이는 이성 자체가 온전히 작동할 수 없다고 가르쳤다. 다시 말하면, 믿기 위해 이해해야지, 이해하기 위해 믿어서는 안 된다고 주장한 것이다.

그리스도 안에 있는 하나님에 대한 지식은 결코 지성의 문제가 아니다. 이는 하나님 안에 참예하기 위한 인간의 의지를 포함하며, 또한 가장 깊은 사랑의 소원을 불러일으키는 것이다. 하나님은 그분 자신을 위하여 인간을 지으셨으며, 다른 어느 것도 하나님의 사랑을 만족시킬 수 없다.

질송은 보나벤투라가 본질적으로 신비주의자이지만, 동시에 철학자라고 주장한다. 왜냐하면 그는 신비주의의 측면에서 지식과 존재의 체계를 정리하는 과업을 구상했기 때문이다.[800] 그는 현실의 전체를 파악하려는 열망이 있었으며, 이를 위해 기독교 신비주의가 기독교 교리를 구체화하고 인간의 삶을 변화시킬 수 있는 방법을 최대한 명확하게 표현한 것에서 그의 천재성이 드러난다. 질송은 또한 보나벤투라의 철학에서 신비주의가 중요한 역할을 한다고 강조한다. 그는 신비주의가 보나벤투라의 철학 전체를 관통하며, 이를 통해 다양한 측면의 현실을 이해할 수 있다고 주장한다. 그는 또한 보나벤투라의 철학에 "풍부한 통일성"이[801] 있다고 강조하면서, 이는 그의 철학이 다양한 요소를 통합하여 일관된 체계를 형성한다는 것을 의미한다.

마지막으로 질송의 결론은 매우 인상적이다. 보나벤투라와 토마스 아퀴나스를 비교하며, 둘 다 중세의 아우구스티누스 사상과 기독교 아리스토텔레스 철학사상의 "신비적 종합"을 형성한 것으로 평가한다. "보나벤투라를 통해 중세 아우구스티누스주의의 신비적 종합이 완전히 형성되었으며, 토마스 아퀴나스를 통해 중세 기독교 아리스토텔레스주의의 신비적 종합이 완전히 형성되었다"라는 말은 가톨릭교회의 박사로 불리는 보나벤투라와 토마스 아퀴나스가 각각 중세 아우구스티누스주의와 중세 기독교 아리스토텔레스주의의 종합적인 체계를 완성했다는 것을 의미한다.[802] 이는 가톨릭교회의 두 성인의 철학이 기독교 신비주의와 교리를 통합하여 인간의 삶을 변화시킬 수 있는 방법을 명확하게 표현했다는 것을 의미한다.

보나벤투라의 접근법이 가진 고유한 강점은 그의 경험에 근거하여 인간 자체를 포함하여 하나님이 창조하신 세계를 예수 그리스도라는 하나님의 말씀을 통해 볼 때, 신성한 계시의 진정한 거울로 받아들이는 데 있다. 그는 인간의 죄악과 불완전성을 깊이 탐구하여, 창조된 현실의 구조에 깊이 새겨진 하나님의 변화시키는 사랑을 드러내려고 그것을 넘어 더 깊이 보았다. 보나벤투라는 '창조된 세계의 본질에 내포된 신성한 요소를 발견'하고 발전시킴으로써,[803] 인간의 삶에 대한 하나님의 창조적이고 구원적이며 완벽한 목적을 밝혀냈다. 이는 그리스도 안에서 명확하게 계시된 하나님의 창조적이고 구원적이며 완전하게 하는 목적 없이는, 이 세상에서 인간의 삶은 의미가 없으며, 창조의 목적도 불분명하다는 것을 의미한다. 게다가, "보나벤투라는 그의 영감을 성 프란치스코의 영혼에서 찾았다."[804] 이 강력한 기억은 그의 글에서 긴급함과 즉각성과 단순함을 나타내는 독특한 특징을 부여한다.

질송은 보나벤투라의 교리가 기독교 신비주의의 정점을 나타낸다고 믿었다. 이는 보나벤투라의 작품이 기독교인들이 하나님을 이해하고 경험하는 데 있어 가장 높은 수준의 이해를 달성했다는 것을 의미한다. 또한 질송은 보나벤투라의 교리가 기독교 신비주의가 달성한 가장 완벽한 종합이라고 믿었다. 이는 보나벤투라의 작품이 기독교 신비주의의 다양한 측면을 하나로 통합하고, 이를 통해 기독교인들이 하나님을 이해하고 경험하는 데 가장 완벽한 체계를 제시했다는 뜻이다. 또한 질송은 보나벤투라의 철학과 토마스 아퀴나스의 철학이 상호보완적이라고 믿었다. 이는 두 철학자가 기독교인들이 보는 우주의 가장 포괄적인 해석을 제시하면서도, 서로 다른 관점에서 이를 이해했다는 것을 의미한다. 따라서 질송은 두 철학자를 두 그루의 감람나무와 하나님의 집에서 빛나는 두 개의 촛대(*Duae olivae et duo candelabra in domo Dei lucentia*)[805]에 비유하여, 그들이 기독교 철학의 중요한 기반이 된다는 것을 강조한다.

13세기는 서유럽에서 체계적인 기독교 신학이 최고조에 이른 때였으며, 세라핌 박사의 권위는 의심할 여지가 없었다. 기독교 신학에 대한 그의 접근법은 현대 사회에서 교회의 필요와 기회를 어떻게 다룰 수 있겠는가? 또 교회에 설득력 있고, 자신감 있으며, 명확한 신학과 삶의 철학을 어떻게 제공할 수 있겠는가? 교회의 신학과 철학은 현대 사회의 복잡한 문제와 도전에 대처할 수 있는 명확하고, 자신감 있으며, 일관된 체계를 제시해야 한다. 그것은 전적으로 가능성이 있다. 거의 800년이 지난 오늘날, 보나벤투라의 비전과 사고의 명료성과 완전성은 매우 신선하고 타당하게 다가올 수 있다.

성경의 권위

보나벤투라의 신학에서 가장 주목할 만한 특징은 그의 명료성과 일관성뿐만 아니라 그가 기반으로 둔 라틴어 성경에 매우 통달했다는 것이다. 그는 프랑스 파리와 다른 지역에서 최상의 성경 텍스트를 정립하고, 이를 그대로 필사하며, 그 의미에 대한 광범위한 주석을 개발하는 데 큰 노력을 기울인 선배 세대들의 덕을 많이 보았다. 보나벤투라는 대학에서 성경을 가르치려는 모든 사람에게 성경 암송이 기본적인 의무라고 생각했다.[806] 성경을 잘 이해하고 암송하는 것이 성경이 작성되고, 기록되며, 귀에 들려졌던 유대교와 기독교의 환경에 훨씬 더 가까이 다가갈 수 있게 해준다고 하였다. 그는 라틴어 버전 성경인 '공인본문'(textus receptus)[807]을 사용했는데, 이 버전은 항상 최종적인 완전성을 보이는 벌게이트(Vulgate) 버전은 아니었다. 그러나 그는 성경의 일관성과 통일성을 강조하며, 성경의 의미가 성경의 다양한 발전 과정과 언어적 차이를 초월한다고 믿었다. 그는 성경의 역사적 발전의 길이와 다양성을 감안할 때, 성경의 완성된 형태가 의도, 언어 및 권위의 고유한 일관성을 가지고 있다고 보았다. 그는 성경의 의미에 대한 자신의 해설에서 이를 일관되게 보여주었으며, 그의 기억 속에 있는 구약과 신약의 광범위한 언어적 및 신학적 연관성을 끌어내어 그것의 다양한 진리를 입증하기 위해 노력했다. 그의 《누가복음 주석》(*Commentary on the Gospel of Luke*)은 가장 주목할 만하고, 선구적이며, 광범위한 걸작이다.[808]

보나벤투라는 그리스어나 히브리어 성서 사본에 대한 이해와 지식이

전무하였다. 그렇지만 보나벤투라가 성경을 해석하는 데 사용한 원리들이 그리스어 번역본인 칠십인역(Septuagint)과 그리스어 신약성경, 그리고 마소라 히브리어 본문(Masoretic Hebrew Text)과 함께 사용될 수 있다는 것을 언급한다. 보나벤투라는 성경을 모든 기독교 신앙의 근본적 권위로 여겼으며, 성경의 모든 부분에서 신앙의 다양한 진리가 일관되게 구별될 수 있어야 한다고 믿었다. 보나벤투라는 또한 성경을 통해 하나님이 직접 말씀하신다고 믿었으며, 이를 위해 진정으로 기도하며 지혜를 찾는 사람이라면 학자가 아니더라도 성경을 통해 하나님의 말씀을 받을 수 있다고 기대했다. 성 프란치스코와 성 클라라 및 다른 사람들의 경험에서 알 수 있듯이 이런 일이 일어나기 위해 학자가 될 필요는 없었다.

보나벤투라는 중세 해석학의 표준적인 네 가지 방법론인 문법적, 비유적, 도덕적, 유추적(또는 성사적) 해석법을 성경 해석에 적용했다. 그러나 그는 이를 기계적인 방식으로 적용하지 않으려고 하였다.[809] 첫 번째 방법론은 실제 텍스트(본문)의 역사적 의미에 적절한 주의를 기울이는 것이었다. 그리고 필요한 경우 두 번째 방법론으로 기독교 신앙에 대한 전체 의미를 비유적으로 파악했다. 그런 다음 세 번째로 그것의 도덕적 함의를 확립했다. 마지막으로, 그것이 상징하는 성사적(sacramental) 및 영적 현실의 단서나 암시를 찾았다. 그러나 이 네 가지 해석법을 모든 텍스트에 적용할 수 있는 것은 아니었다. 그리고 비판적 절제와 균형 감각이 중요했다. 그러나 보나벤투라는 성령님이 한마음으로 여러 세기에 걸쳐 교통(communications)을 통해 성경을 형성하셨으며, 복음을 정의하는 시각으로 볼 때 거의 모든 성경이 말씀이신 그리스도 안에서 하나님의 자기계시와 일치하는 방식으로 해석될 수 있다고 확신했다. 그러나 성경의 전체 범위는 하나님 자신의 신비에 뿌리를 두고 있으며, 하나님의 살아 있는 말씀을 포함하고 있기 때문에 다 헤아릴 수 없다는 것을 인정하였다.

그리스도는 성경의 의미와 무오성을 이해하는 열쇠이며, 하나님의 말씀으로서 성경 안에 계시는 그리스도의 임재는 기독교 교회를 위해 성경에 고유하고 지속적인 권위를 부여한다.[810] 보나벤투라는 성경이 하나님의 거룩한 진리를 전달하기를 기대하며, 항상 그 권위 아래에서 생각해야 한다고 말했다. 그는 성경이야말로 하나님의 마음이 사람들의 생각을 사로잡는 곳이고, 그들에게 존재 의미와 그분의 영광을 비추는 거울로서 창조된 세계의 중요성에 대해 말하며, 회개와 하나님의 말씀이자 하나님의 결정적인 표현인 그리스도께 순복하라고 그들을 부르는 곳이라고 믿었다. 성경의 구체적인 형성은 역사적이었지만, 그 이면에 있는 원동력은 영원에 뿌리를 두고 있다. 바로 태초부터 창조하시고 사랑하신 자들에게 항상 자신을 나타내기를 추구하시는 하나님의 거룩한 마음에 그 근간이 있다.

거룩함을 추구한 성 프란치스코

성 프란치스코는 프란치스코 수도회의 창립자로 알려져 있으며, 보나벤투라에게 큰 영향을 미쳤다. 보나벤투라는 프란치스코를 진정 그리스도를 닮은 사람으로 여겼으며, 그를 통해 복음을 새롭게 이해하고 실천할 수 있었다. 중세 그리스도인들은 프란치스코를 '작은 그리스도'라고 불렀다. 보나벤투라는 기독교의 궁극적인 소명은 거룩함을 달성하는 것이라고 믿었다. 그러나 그는 성인이나 그 직계 제자들에 대한 살아 있는 경험 없이 자라나는 세대의 프란치스코회 제자들을 위하여 프란치스코의 기억과 유산을 어떻게 충실하게 보존하고 해석할 것인지를 정확하게 설명해야 했다. 이에 대해 보나벤투라는 복음서 기자들과 비슷한 입장에 있었다. 그들은 예수님의 생애와 가르침을 전달하기 위해 노력했다. 보나벤투라의 프란치스코 전기는 성인을 이상화하거나 멀리 거리를 두지 않았으며, 대신 그의 생애에서 알려진 사건들을 복음의 맥락 안에 놓았다.[811] 프란치스코의 생애와 가르침의 모든 주제가 보나벤투라의 신학에 자리를 잡았다.

보나벤투라는 프란치스코 수도회의 총장으로서 가난에 대한 헌신이 실제로 무엇을 의미하는지를 신중하게 검토했다. 그는 이 헌신의 한계와 요구사항 그리고 점점 성장하는 프란치스코 수도회가 기억이 희미해지고 전설이 되어가는 한 사람이 세운, 아무것도 소유하지 않는 원칙에 충실할 수 있는 방법에 대해 고려했다. 보나벤투라는 또한 교육을 받지는 않았지만, 지혜로웠던 프란치스코의 유산과 모범 그리고 책과 학문의 추구 사이에서 균형을 이루는 것에 대해 고민했다. 그는 젊은 프란치스코 수도회 회원들이 효과적으로 설교하고 성도들을 잘 목회하기 위해 자원과 지도가 필요하다는 것을 인식했다. 또한 프란치스코 수도회의 청렴함과 명성을 수호하고 명확히 표현하기 위해 노력했다.

보나벤투라는 프란시스의 성화(sanctity)에 개인적인 의무감을 느꼈고, 강한 감동을 받았다. 그는 거룩함을 추구하는 것이 그리스도인의 삶의 주요 목표이며, 그 자신도 이를 추구해야 한다고 생각했다. 보나벤투라는 교회 생활을 통해 성도들이 거룩함을 이루어가기를 기대했고, 그 거룩함이 무엇을 의미하는지에 대해 깊이 성찰했다.

그는 성 클라라를 크게 존경했으며, 프란치스코의 추종자인 형제 자일스(Giles)와 형제 레오(Leo) 같은 사람들에게 신중하게 자문을 구했다. 그들의 증언은 보나벤투라가 집필한 《성 프란치스코의 생애》를 입증하는 데 도움이 되었고, 프란치스코의 생애 초기를 비롯한 프란치스코에 관한 전승들을 활용하는 데도 큰 도움이 되었다. 무엇보다도 프란치스코의 성흔이 보나벤투라의 영적 삶과 방향에 가장 깊고 지속적인 인상을 남겼다. 특히 그의 영성신학을 정립하는 방식에 큰 영향을 미쳤다.

보나벤투라는 모든 사람이 전인적 인간, 즉 육체와 영혼을 다해 하나님께 사랑으로 봉헌되어야 하며, 또한 예수 그리스도의 성육신으로 인간의 육체는 성결하게 되어 하나님을 품을 수 있게 봉헌되었다고 믿었다. 십자가에 못 박히신 그리스도를 따르는 것은 기독교적인 소명과 기도의 핵심이며 결정적인 성품이다. 십자가는 하나님의 사랑과 선하심이 가장 어둡고 악한 상황 속으로 흘러들어와 인류를 구원하시는 하나님의 마음을 드러내는 곳이다. 보나벤투라는 그가 총대주교가 된 인생 후반부에서 이 십자가의 비전에 점점 더 헌신하게 되었다.[812] 이는 1259년 이후에 그가 쓴 모든 글에 반영되어 있다. 그리스도인들은 고통과 죽음의 심연에 이르기까지 그리스도를 닮도록 부름받았다. 오직 이 순교의 길만이 사랑이 없는 인간의 존재 안에 하나님의 사랑을 불어넣을 수 있다. 이것이 프란치스코와 클라라가 받아들인 가난의 의미이며, 그들의 겸손과 기쁨의 기반이 된 죽음을 통해 새롭게 열린 생명의 길이다. 이러한 방식으로 성도를 성인으로 만들어가는 것이 교회의 핵심 사명이다.

그리스도 중심의 삶

보나벤투라의 신학에서 가장 눈에 띄는 것은 완전한 그리스도 중심주의라는 것이다.[813] 모든 기독교 신학은 마치 대성당의 큰 장미창과 같아서 의미의 패턴이 그 중심, 즉 근본 하나님의 말씀이신 그리스도에 의해 결정되는 것과 같다. 보나벤투라는 그리스도가 인간뿐만 아니라 창조된 우주 전체에 대한 하나님의 궁극적인 표현이라고 믿었다.[814] 보나벤투라의 기독론(Christology)은 구약의 지혜문학, 요한복음의 가르침, 그리고 신약의 바울의 지식뿐만 아니라 신조와 교부들의 전통적인 가르침에 근간을 두고 있다. 보나벤투라는 그리스도의 조명하심 속에서 성경을 읽으면서 창조, 인간, 구속 및 성화에 대한 완전하고 일관된 이해의 구조를 발견했다. 그가 제시하는 모든 주장은 성경 곳곳에 뿌리를 두고 있으며, 종종 그리스도의 삶과 직접적으로 관련이 있다.

보나벤투라의 기독론에는 오늘날에도 큰 의미를 지니는 네 가지 특징이 있다. 첫째, 보나벤투라는 그리스도께 순종하는 사람, 즉 그리스도를 닮은 사람에게만 하나님의 형상이 실제로나 도덕적으로 초점이 맞춰진다는 확신이다. 둘째, 보나벤투라는 예수님의 실제 인간성에 큰 중요성을 부여했다. 그분이 사람들을 대하시는 모범적인 방식, 가난, 긍휼 및 가르침, 그분이 당하신 고통의 현실 그리고 아버지 하나님께 순종하신 신실함을 매우 중요하게 여겼다. 셋째, 예수님이 십자가에서 자기를 희생하셔서 삶의 실재와 고통 속에서 하나님의 자기를 내어 주시는 사랑과 선하심을 진정으로 나타내셨다. 그러나 그것은 오직 예수님의 인간 본성을 통해서만 받을 수 있으며, 갈보리에서 단번에 주어졌다. 그리고 이러한 성사적(sacramental)인 임재는 사람이 성찬을 받을 때마다 임한다. 마지막으로, 보나벤투라는 주님의 어머니인 마리아의 공감(compassion)과 고통에 매우 민감했다. 마리아는 예수님의 탄생과 그분께 주어진 사역의 요구, 십자가에서의 끔찍한 죽음에 대한 핵심 증인이었다. 그녀의 순종, 충성심, 사랑은 보나벤투라에게 그리스도인이자 그리스도의 제자가 된다는 것이 진정 무엇을 의미하는지에 대한 즉각적이고 강력한 예였다. 그의 저작에서는 동정녀 마리아에 대한 이런 민감성이 계속해서 나타난다.

그리스도는 보나벤투라의 삼위일체 하나님께 대한 이해의 중심이시다. 하나님의 선하심과 사랑은 그분 존재의 핵심이다. 첫째, 하나님의 사랑은 아버지와 아들의 사랑으로 나타난다. 서로 주고받은 사랑은 성령 안에서 온전히 표현되며, 성령 안에서 삼위일체 하나님의 사랑은 그 자체로 완전하고 상호 교류된다. 둘째, 하나님의 사랑과 선하심은 창조 행위에 흘러넘친다. 하나님은 세상을 창조하실 때 필연적인 이유 때문이 아니라 사랑으로 창조하셨다. 창조된 세계는 다양한 범위에서 삼위일체의 내적 생명과 성품을 표현하고 반영한다. 셋째, 인간은 하나님의 형상과 모양에 따라 창조되었으며, 삼위일체 하나님의 사랑을 받고 함께할 수 있는 능력이 있다. 예수님은 요한복음에서 가르치신 대로, 우리가 삼위일체 하나님의 사랑을 받고 함께할 수 있도록 하려고 하나님의 아들로서 육신을 입고 세상에 오셨다.[815] 이는 인간의 내면적 구조인 몸, 마음, 영혼에 반영되어 있다. 하나님의 말씀이신 그리스도의 성육신을 통해 우리가 하나님의 사랑과 성품을 참여하고 나눌 수 있게 되었다는 의미다. 아타나시우스(Athanasius)는 그것을 이렇게 표현했다. "하나님이 사람이 되신 것은 사람을 거룩하게 하시려는 것이다." 그 과정에서 인간의 타락한 죄성이 근절된다.

인간의 인격을 그리스도의 형상으로 변화시키는 것이 성령의 역할이다. 보나벤투라는 성령의 역사를 일관되게 강조하는 데 탁월했으며, 그리스도에 대한 자신의 이해와 밀접하게 연관시켰다. 그는 "성령이 모든 진리로 각 사람을 인도"하신다는 예수님의 가르침을 마음에 새겼다.[816] 여러 면에서 최고 교육자이신 성령은 보나벤투라가 기독교 신앙을 가르치는 방식도 인도하셨다. 그는 최고의 이성과 사랑으로 기독교 신앙을 이해할 수 있다고 믿었다. 그는 항상 이성과 사랑에 호소했으며. 하나님의 사랑의 부르심에 대한 인간의 반응을 믿는 믿음은 흔들리지 않았다.

보나벤투라는 가르침에 대해 긍정적이고 목회적이며 인도적인 접근 방식을 취했으며, 사람이 그리스도 안에서 완성될 수 있다는 확신을 주었다. 왜냐하면 모든 그리스도인이 하나님께 돌아가는 길은 사랑 속에서 완전한 존재가 되는 것이기 때문이다. 그는 훌륭한 성경교사였는데, 특히 젊은이들에게 그랬다. 부지런하고 경험이 풍부한 목자였으며, 인간 본성에 대한 강한 동정심과 공감으로 성도들을 축복하였다. 특히 그는 성직자의 위선과 탐욕을 신랄하게 지적할 수 있는 도덕적 엄격함을 지녔지만, 신중함과 절제를 통해 그 엄격함을 완화시켰다. 그는 온유와 겸손함으로 거룩함에 도달한 프란치스코와 클라라의 삶에서 성령의 임재가 사람을 변화시키는 것을 보았다. 마지막으로, 그들의 삶에서 일어난 일, 즉 그들의 거룩함은 성령의 실재를 매우 가깝게 느끼고 설득력 있게 만든다고 결론을 내린다. 이는 성령의 역사로 성인들이 그들의 삶에서 하나님과 깊은 관계를 맺고 그 실재를 경험할 수 있다는 것을 의미한다.

삼위일체와 그 실체

삼위일체에 대한 믿음은 보나벤투라 신학의 토대다. 그는 삼위일체를 역동적이며 영원한 실체로 이해했는데, 그것은 모든 피조물이 하나님에게서 나와 결국 하나님께로 돌아간다는 사실을 반영한 것이다. 그렇지만 이 과정에서 인간은 하나님을 사랑할 것인가, 사랑하지 않을 것인가 하는 중요한 선택을 내려야 한다. 이 세상은 인간이 선택할 수 있는 환경으로 창조되었다. 그 안에서 선을 선택할지 악을 선택할지는 인간의 자유의지에 따라 달라진다. "그렇다면 그들은 하나님께 돌아갈 것인가, 아니면 그렇지 않을 것인가?" "그렇다면 그들의 잘못된 선택과 거짓된 가치관, 죄로 인해 가리어져 영적으로 소경된 것과 악의 유혹에서 구제받을 수 있는가?" 그렇지만 그들은 선을 택하거나 사랑하도록 강요받을 수 없으며, 그러므로 선택의 자유는 진실하다. 그러나 그 선택으로 모든 인간은 이리저리 얽히고설키기 때문에 인간 역사의 의미와 비극이 바로 여기에 있다. 그래서 보나벤투라는 이러한 절실한 문제들에 대해 적절하고 분명한 해답을 찾으려고 연구하였으며, 삼위일체이신 하나님의 본성에 대한 진실을 인식함으로써 이러한 근본적인 인간 문제의 해결점을 찾을 수 있다고 확신하였다. 말씀이신 그리스도가 이 세상에 오심은 바로 삼위일체 하나님의 표현이었으며, 인간의 구속을 위한 만능열쇠다.

만약 인간이 하나님의 형상과 모양으로 창조되었다면, 인간 본성 안에는 삼위일체의 흔적이 있어야 한다. 보나벤투라는 아우구스티누스를 따라 중세 신학의 전형적 세 가지 요소인 기억, 지성, 의지 사이의 관계를 자세히 살펴보았다. 그는 또한 인간의 선택 과정을 탐구했으며, 특히 욕망과 사랑의 측면에서 이를 더 깊이 연구했다. 그는 그리스도를 찾는 것이 사람 내면에 성령의 불을 일으키는 완벽한 욕구를 불러일으킨다고 믿었으며, 그 실현은 초월적이고 영원하다고 생각했다. 프란치스코의 성흔에서 이 내면의 불은 십자가에 못 박힌 사랑의 구체적인 상처를 통해 빛났다. 따라서 그리스도 안에서 하나님의 부르심은 절대적인 요구이며, 종종 고통을 통해 경험되는 것으로 치러야 할 대가가 큰 것이다. 따라서 일생에 걸쳐 회개하는 것은 사람의 모든 측면을 완전히, 때로는 고통스럽게 재정렬하여 그들 안에 올바른 방향으로 나아가는 새로운 마음을 창조한다.

보나벤투라는 시편이나 아가서 등 성경에서 사용하는 가장 강력한 사랑의 언어를 사용하는 데 주저하거나 두려워하지 않았다. 그 이전의 성베르나르처럼 보나벤투라도 그의 영성신학을 표현하는 방식에서 기도의 시인임을 증명했다. 사랑에 대한 인간의 능력은 매우 강력하지만, 너무나 쉽게 잘못된 길로 갈 수 있다. 그는 인간의 사랑의 능력은 삼위일체 안에서 흐르는 풍부한 사랑의 거울이라고 확신했다. 삼위일체는 사랑이라는 본성을 지닌 하나의 존재 안에 결합된 세 위격이시다. 왜냐하면 "하나님은 사랑"이시기 때문이다.[817] 그리스도와 연합하는 것은 삼위일체 하나님을 반영하고, 사람과 그의 영혼을 그분과 친교를 나누는 하나의 사랑 안에서 결합시키는 것이다.

보나벤투라는 창조와 인간 타락에 대한 이해를 간략하게 설명한다. 보나벤투라는 창조된 현실의 구조가 삼위일체의 인상을 담고 있으며, 말씀이신 그리스도에 의해서 창조되었으므로 그리스도가 창조를 이해하고 평가하는 열쇠라고 믿었다(요 1:3). 보나벤투라는 하나님이 영적, 물질적인 존재인 인간이 하나님의 영광과 목적을 깨달을 수 있는 환경으로서 세상을 창조하셨다고 믿었다. 따라서 창조는 하나님의 풍성한 창조적 선하심을 가장 잘 표현한 것이다. 그러나 인간의 타락으로 인간의 내적 눈에 마치 백내장처럼 흐릿한 막이 생겨서 왜곡된 시각을 갖게 되었다. 그 결과 인간의 본성은 낮은 수준으로 추락하였다. 그래서 창조된 것들을 잘못된 방식으로 평가하고 종종 해를 끼치게 되었다. 또한 사람들은 창조주 하나님보다 창조된 것들의 유용성이나 아름다움을 더 사랑하게 되었다. 그보다 더 나쁜 것은 그것을 자신의 소유물처럼 자신의 목적을 위하여 남용하고 오용한다는 것이다. 이는 하나님에 대해 눈이 멀었거나, 하나님의 존재를 진지하게 받아들이지 않으려는 것이다. 보나벤투라는 이러한 인간의 무분별한 소유욕과 파괴적인 성향으로 인해 종종 다른 사람들을 이용하거나, 학대하거나, 파괴할 수 있는 대상으로 대하는 비극적인 인류 역사의 패턴과 현실을 언급한다. 그리스도는 가난과 겸손으로 이 세상에 오셔서 하나님의 사랑의 목적에 대한 진리를 증거하고, 인류를 자기 파괴적인 곤경에서 구원하셨다. 십자가는 이 모든 것이 선명하게 드러나는 곳이며, 그것이 바로 그리스도가 십자가에 못 박히신 이유다. 이것은 프란치스코, 클라라 그리고 보나벤투라가 제시하려는 비전의 핵심이었다.

보나벤투라는 창조된 실재의 삼위일체적 구조에 대한 믿음으로 인해, 창조 세계를 이해하기 위한 과학적 접근법을 매우 높이 평가했다. 그는 프란치스코회와 옥스포드 및 기타 지역에서 실험 과학(experimental science)이 개척되던 시기에 살았다.[818] 그가 하나님의 빛이 모든 성실한 연구를 비춘다는 믿음으로 세상이 어떻게 만들어졌는지에 대해 열심히 탐구한 것은 창조 자체에 의미, 목적 및 질서가 내재되어 있다는 확신 때문이었다. 삼위일체 하나님에 대한 믿음은 세상이 왜 이렇게 만들어졌는지를 암시하며, '왜'(why)라는 질문에 대한 확신은 '어떻게'(how)에 대한 부분에 적용되는 동기를 부여하고 뒷받침한다. 따라서 보나벤투라의 사고에서 과학과 신학 사이의 본질적인 충돌이 없었다. 오히려 그의 글에는 기독교적 지식이론이 전체적으로 스며들어 있었고, 당시의 과학적 실험은 인간의 이성과 이해에 열려 있는 목적 지향적이고 조직적인 창조에 대한 믿음에서 비롯되었다. 보나벤투라의 지성은 많은 면에서 과학적이었는데, 그것이 그가 과학이 갖는 분석적 명확성과 수치 구조(numerical structures)에 매료되었기 때문이다.

삼위일체와 피조 세계에 대한 보나벤투라의 믿음에서 또 다른 중요한 영역은 그의 품격 높은 미적 감각에 있었다.[819] 그에게 창조세계의 아름다움은 하나님이 창조주 하나님이시라는 믿음을 더욱 굳건하게 하는 이유가 되었다. 특히 창조의 경이로움에 눈을 뜬 사람에게는 강한 사랑을 불러일으키기 때문에 더욱 그러했다. 보나벤투라는 자주 '경이롭다'는 단어를 사용하였다. 이는 창세기 1장의 창조역사에서 히브리어나 그리스어로 기록된 "하나님이 보시기에 좋았더라"라는 하나님의 반응을 반영하는 것이다. 이 단어는 '좋은 것'이라는 의미와 더불어 '아름답다'는 의미를 갖는다. 이러한 보나벤투라의 신성한 아름다움에 대한 감각은 그가 그리스도를 어떻게 생각하는지에 영향을 끼쳤다. 보나벤투라는 인간이 되신 하나님으로서 예수 그리스도의 아름다움은 십자가에서 철저히 훼손되었을 때조차도 진실로 묵상할 가치가 있다고 믿었다. 하나님의 말씀이 육신이 되어 오신 그리스도의 아름다움은 그분의 형상대로 창조된 인간 영혼의 아름다움에도 반영되어 있다. 이것은 그리스도를 닮아가는 성인의 인격에서도 표현된다.

이 모든 신성한 아름다움의 표현은 삼위일체 하나님의 내적 생명에서 흘러나온다. 그리고 이것은 창조된 세계와 창조주 하나님 사이의 깊은 친밀함을 나타내는 중요한 징표이며, 선하고 미쁘신 아버지 하나님과 인간 사이의 친밀함을 나타내는 중요한 징표이기도 하다. 하나님의 아름다움에 대한 감각은 불타는 열망과 지칠 줄 모르는 사랑의 샘이다. 삼위일체 하나님의 형상과 모양으로 지어진 인간의 본질적인 성품을 가장 잘 드러내는 것은 바로 하나님의 사랑으로 변화되는 능력이다. 이 신비한 진리는 인간의 참된 척도이신 그리스도 안에서 계시되며, 그 실재는 성령의 내주하심으로 나타난다. 이것이 바로 기도와 영성 생활의 본질에 대한 보나벤투라의 가르침이 탁월하게 수준 높은 이유다.[820] 십자가에 못 박히시기까지 사람들을 향한 그리스도의 불타는 사랑은 인간이 회복되어 다시 하나님께로 돌아갈 수 있는 유일한 길이다. 이는 프란치스코의 생애와 체험에서 입증되었으며, 보나벤투라는 그의 저서에서 여러 차례 이 원리를 분명히 밝혔다. 특히 그의 명저 《순례기》의 마지막 부분에서 가장 분명히 밝혔다.

가난과 자유

이 글은 프란치스코와 클라라 그리고 그들의 모범을 따른 사람들이 제기한 심각한 도전이 실제로나 영적으로나 어떤 의미를 가지는지에 대해 이야기한다. 그리고 그리스도를 문자 그대로 따르는 것이 무엇을 의미하는지, 그로 인해 그리스도의 가난이 얼마나 극단적이게 되는지에 대해 질문한다. 또한 사람이 그리스도의 십자가를 따라가기 위해 어떻게 영적으로 '벌거벗은' 상태가 될 수 있는지를 탐구한다.

이러한 질문은 누구나 생각해볼 수 있는 것이지만, 모든 사람이 프란치스코 교단의 방식을 따를 수 있는 것은 아니다. 이러한 질문은 또한 현대 사회를 포함한 모든 인간 사회의 가치와 질서에 직접적으로 도전한다. 현대 사회는 소유물의 획득에 기반을 두고 있으며, 오늘날 대부분의 기독교인들이 살아가는 곳이다. 이 글은 어떻게 사람들이 자신의 소유물에 사로잡히지 않으면서 물건을 사용할 수 있는지에 대해 질문한다. 사람들은 과연 물건에 대한 지나친 의존, 잘못된 가치관, 소유 위주의 탐욕 그리고 부정직함에서 벗어날 수 있는가? 오늘날 홍수처럼 쏟아지는 광고와 미디어의 혼란스러운 영향을 어떻게 막아내고 기도와 사색을 위한 시간을 확보할 수 있는가? 다른 사람을 어떻게 진정으로 소중히 여기고 섬길 수 있는가? 창조된 세계의 복지를 위해 어떻게 올바르게 소중히 여기고 보호해야 하는가? 이러한 질문은 오늘날 교회와 사회에 긴급한 문제다.

예수님은 "그런즉 너희는 먼저 그(하나님)의 나라와 그의 의를 구하라 그리하면 이 모든 것을 너희에게 더하시리라"라고 말씀하셨다.[821] 이는 우리가 가장 중요하게 여겨야 할 것이 하나님 나라와 그의 의를 추구하는 것이라는 의미다. 어떤 사회의 그리스도인이든 직면하는 근본적인 질문은 "당신은 무엇을 가장 중요하게 여기는가?"이다. 또한 예수님은 산상수훈에서 "너희 보물이 있는 곳에는 너희 마음도 있으리니…너희가 하나님과 재물을 함께 섬길 수 없다"라고 말씀하셨다. 이는 우리가 하나님과 돈을 동시에 섬길 수 없다는 의미다.[822]

프란치스코와 보나벤투라는 새로운 것을 가르친 것이 아니다. 그들의 모범과 가르침은 복음의 부르심에 새로운 힘과 긴급성을 주었고, 13세기의 교육받은 사람들뿐 아니라 일반인들에게도 큰 호소력을 발휘했다. 오늘날 많은 사람의 영적인 삶을 위축시키고 자연을 훼손하는 풍요롭고 물질주의적인 사회의 숨 막히는 분위기에서 살아남기 위해 노력하는 것이 기독교가 직면한 분명하고도 시급한 과제다.

보나벤투라의 가르침을 통해 전해진 프란치스코의 모범은 그리스도인의 삶에 여러 원칙을 제시한다. 이와 관련해 오늘날 그리스도인이 지녀야 할 가치관과 선택과 생활방식에 대한 그의 가르침은 다음과 같다.

첫째, 단순함과 절제: 프란치스코는 간소하고 절제된 삶을 살았으며, 이는 물질적인 욕구를 통제하고 필요한 것만 소유하는 것을 의미한다. 이러한 원칙은 그리스도인들이 자신의 가치를 재평가하고 돈과 소유물에 대한 탐욕을 버리도록 독려한다.

둘째, 사회적 약자에 대한 관심과 사랑: 프란치스코는 가난한 사람들과 사회적 약자를 돌보고 사랑하는 데 헌신했다. 그가 보인 모범은 그리스도인들이 불우한 이웃들을 돕고 동정심을 갖는 데 영감을 줄 수 있다.

셋째, 창조 세계에 대한 존경: 프란치스코는 창조된 세계를 소중히 여기고 보호하는 데 큰 관심을 가졌다. 그의 본보기는 그리스도인들이 환경을 보호하고 지속 가능한 삶을 추구하는 데 영감을 줄 수 있다.

넷째, 복음적 권면에 대한 적극적 순종: 프란치스코는 "나를 따르라"라는 그리스도의 명령에 적극적으로 순종하여 자신의 삶을 그리스도께 헌신했다. 그가 보인 예는 그리스도인들이 복음적 권면에 적극적으로 순종하는 데 영감을 줄 수 있다.

다섯째, 하나님과의 깊은 관계를 통한 성화: 프란치스코가 하나님과 나눈 깊은 관계는 그의 삶과 봉사에 큰 영향을 미쳤다. 그가 보인 예는 그리스도인들이 하나님과의 관계를 강화하고 거룩함을 추구하는 데 영감을 줄 수 있다.

빈곤에 대한 기독교적 의미는 단순히 소유물에 얽매이지 않는 삶을 선택하는 것보다 더 깊은 의미가 있다. 물론 어느 정도는 그렇게 할 수 있고 또 그렇게 해야 하지만, 이러한 삶의 방식은 모든 그리스도인에게 진지하게 고려해야 할 중요한 문제다. 그것은 어떤 사회에서든 가난한 사람들에 대한 적극적인 동정과 관심, 그들의 존엄성에 대한 존중 그리고 그들의 권리와 필요를 옹호하는 것을 의미한다.

가난은 또한 모든 인간이 근본적으로 가난하고, 하나님 앞에서 절대적으로 의존적 존재임을 인식하는 것이다. 이는 보나벤투라가 자신의 저서 《순례기》 서문에서 자신을 "사막 속의 가난한 한 사람"으로 묘사한 것과 같다. 이것은 부분적으로 죄에 대한 가난을 인정하고, 불안정한 물질의 소유, 사회적 지위, 그 밖의 다른 것을 의지하지 않는 것을 인식하는 것이다. 그렇지만 또 다른 차원에서, 가난은 겸손의 시작이며, 이는 모든 것이 하나님의 선물임을 깨닫는 것을 의미한다. 사람은 어디에서 왔는지 알 수 없으며, 태어날 때와 같이 벌거벗은 채로 떠날 것이다. 따라서 가난은 "우리는 도덕적으로나 영적으로 우리 자신을 도울 힘이 없다"라는 것을 깊이 인식하는 것이다. 영적으로나 도덕적으로 영원히 가치 있는 것은 하나님의 은혜의 도움 없이는 성취되지 않기 때문에 기도가 기독교적인 삶에서 필수이고 중심인 것이다. 영적 가난의 특징은 하나님에 대한 민감함, 자기 헌신적인 사랑 그리고 하나님과 다른 사람들의 필요를 위해 기꺼이 희생하려는 의지가 있어서 그리스도가 자신을 희생하신 관대하심을 반영하는 것이다. 그렇게 할 때 사람은 진정으로 자유로워진다.

보나벤투라는 그리스도 안에서 누리는 자유와 교회 생활 안에서 누리는 자유에 대한 믿음을 연구했다. 보나벤투라는 활동적인 성직자이자 사제이자 신학 교사였고, 프란치스코 수도회의 지도자였으며, 주교이자 추기경으로서 교회의 충성스러우면서도 비판적인 성직자로서 자신의 역할을 충실히 감당하였다. 보나벤투라는 많은 고위 성직자와 몇 명의 교황의 신뢰를 받았으며, 다른 사람들에게도 존경을 받았다. 단테는 그의《신곡》(Divina Commeidia)에서 보나벤투라를 완전한 도덕적 정직성을 지닌 인물로 묘사하며 그에게 정중한 경의를 표했다.[823] 보나벤투라는 프란치스코와 마찬가지로 하나님의 은혜는 교회의 예배와 성찬을 통해 흐른다고 믿었으며, 그의 가르침에는 세례와 성찬에 대한 명시적 언급은 적지만, 그것이 그리스도인의 삶에서 근본적으로 중요하다고 여겼다. 여러 면에서 보나벤투라는 그의 영성신학과 가르침을 통해 내면의 영적 의미, 즉 '그리스도 안에 있는 것'이 무엇을 의미하는지에 대한 설득력 있고 탐구적인 설명을 했다. 그는 그리스도인이 진정으로 그리스도와 결합되어 있다면, 예배와 성찬으로 이루어지는 교회 생활이 필수적이라고 생각했다. 보나벤투라는 진정한 그리스도인이 되거나 성도가 되는 것은 교회의 예배 생활 밖에서는 불가능하다고 믿었다.

십자가에 달리신 그리스도의 사랑

    이 장은 보나벤투라의 독특한 신학을 현대적으로 이해하는 데 많이 기여한 에티엔느 질송(Etienne Gilson)의 지혜로운 말로 시작되었다. 그리고 20세기의 또 다른 위대한 가톨릭 신학자 한스 우르스 폰 발타자르(Hans Urs Von Balthasar, 1905-1988)의 보나벤투라에 대한 평가를 신중히 고려하는 것이 적절하다.[824] 그 위대한 신학자도 신성한 아름다움에 대한 보나벤투라의 관심에 매료되었으며, 그의 신학적 저술의 알파와 오메가라고 할 수 있는 《피터 롬바드의 명제집에 대한 주석》(Commentary on the Sentences)과 파리대학에서 석사 과정을 밟는 동안 발표한 논평인 《창세기의 6일 창조론에 대한 논설》(Collations in Hexaemeron)을 참조하여 두 차례에 걸쳐 재편집한 최종적인 그의 주석을 자세히 언급하면서 그 전개를 검토했다. 그는 이 책에서 논의된 내용을 포함해 다른 저술들에 언급된 많은 내용을 참고하여 자신의 판단을 확증했다. 발타자르는 '보나벤투라의 지적 세계는 전적으로 성경의 해석'이라는 것을 조금도 의심하지 않았다.[825]

    발타자르는 보나벤투라의 미학 신학에서 '죽음의 본질'을 탐구하고자 했다. 그는 그 깊이가 보나벤투라의 개인적인 영적 경험에서 비롯된 것으로 인식했다. 발타자르는 보나벤투라가 하나님의 임재에 압도되어 신성한 축복과 사랑에 사로잡힐 수 있는 방법을 친밀하게 표현할 수 있는 언어를 갖게 된 것은 교부 안셀무스 덕분이라고 언급했다.[826] 그리고 발타자르는 보나벤투라가 '신부'(Bride)를 교회와 연관시키고 신랑이신 그리스도와 연합된 성도 개개인과 연관시키는 성 베르나르(St. Bernard)의 결혼서약 언어를 어떻게 사용했는지 주목했다.[827] 발타자르는 프란치스코에 대한 기억이 생생하고 강력하며 중요한 영향을 끼쳤다는 것을 의심하지 않았다. 보나벤투라의 신학적 비전과 글을 관통하는 것은 하나님의 광대하심과 그분의 창조와 구원하시는 사랑에 대한 감각으로, 마치 마르지 않는 강물처럼 또는 바다의 밀물과 썰물처럼 흘러넘쳤다는 것을 의심하지 않는다.[828]

보나벤투라는 신성한 계시를 완전히 습득하거나 깊이 파고들 수 있다고 생각하지 않았지만, 발타자르는 "계시를 통달할 수 없다는 것은 보나벤투라에게 의심이나 불안한 실패의 경험을 불러일으키지 않는다. 오히려 그것은 하나님의 무한하심 앞에서 완전히 아름다운 것이다. 하나님께 가까워질수록 아름다움의 경험은 더욱 높아진다"라고 말한다.[829] 하나님에 대한 관상(contemplation)은 그분을 완전히 이해하는 방향으로 이끄는 것이 아니라, 오히려 하나님이 깨닫게 해주시는 것이다.[830] 이것은 그분의 단순함을 헤아릴 수 없기 때문이다. 이는 현실과 인식의 강도가 다를지라도 땅에서와 같이 하늘에서도 마찬가지다. 보나벤투라에게 하나님에 대한 지식의 가장 높은 형태는 "내가 잠들었지만 내 마음은 깨어 있다"[831]라는 아가서 말씀과 같이 하나님을 향한 사랑의 황홀함으로 모든 자연적인 능력을 초월한 상태에 들어가는 것이다.

보나벤투라는 프란치스코의 성흔에 대한 영적 의미를 이해했기 때문에 하나님의 지식에 대하여 이러한 확신을 가졌다. 그는 "진정한 아름다움은 지혜의 아름다움에 있다"라고 믿었다. 하나님의 지혜는 그리스도의 십자가에서 드러났으며,[832] 그것은 십자가에 못 박히신 그리스도를 받아들이는 것으로만 얻을 수 있다.[833] 프란치스코의 성흔은 신성한 진리가 그 성인의 몸과 인격에 남긴 흔적을 의미했다. 동시에 성흔은 십자가에 달리신 그리스도에 대한 내면적 일치를 나타내고 표현했으며, 그 일치 없이는 이러한 기적이 그런 방식으로 일어날 수 없었을 것이다.

보나벤투라는 자신의 저서인 《성 프란치스코의 생애》(*Life of Francis*)에서 "그 성인은 십자가에 못 박히신 그리스도의 모습을 자신 안에 분명히 새겼다"라고 말했다.[834] 성흔은 내면의 영적 은총이 겉으로 드러난 유형적인 성사적 표식이었으며, 그 영혼이 그리스도와 결합되었다는 것이 몸을 통해 표현되는 실제적인 표식이기도 했다. 프란치스코가 십자가에 달리신 그리스도께 마음을 다하여 헌신함으로써 그가 사는 동안 하나님을 향한 사랑의 불로 먼저 마음이 부드러워졌기 때문에 하나님의 사랑이 이런 감명을 줄 수 있었다.[835]

보나벤투라는 그의 설교 중 하나에서, 십자가에서 당하신 그리스도의 처절한 고통의 심연은 인간의 깊은 연민에 영향을 미치고, 이에 대한 응답이 그리스도인의 삶의 특징이라고 말했다. 그는 "주님의 고통에 대한 슬픔과 고통스러운 연민의 무게로 인해, 그리스도인들은 주님을 닮아가고 십자가에 못 박히신 그리스도의 형상으로 변화된다"라고 말했다.[836]

주님의 어머니 마리아는 이 변화시키는 사랑과 연민의 주요한 본보기이며, 하나님과 영혼의 결합, 즉 하늘나라에서의 결혼식은 그리스도의 십자가 아래에서 일어난다. 삶의 거룩함을 통해 이 지혜를 추구하는 것이 보나벤투라의 영성신학의 중심 목적이다. 고린도후서에서 "우리가 다 수건을 벗은 얼굴로 거울을 보는 것 같이 주의 영광을 보매 그와 같은 형상으로 변화하여 영광에서 영광에 이르니 곧 주의 영으로 말미암음이니라"(고후 3:18)라는 바울의 가르침은 너무나 중요한 의미가 있다.[837]

이렇게 십자가에서 나타난 신성한 계시에 대한 교회의 적절한 반응은 하나님의 숨겨진 존재 앞에 경외심을 갖는 것이다. 그리고 완전한 이해에 도달하지 못하더라도 깨달은 것에 대한 믿음을 가져야 한다. 또 자신을 내어주는 희생적인 사랑에 대한 겸손과 자기를 포기하는 자세를 가져야 한다. 그리고 '십자가에 이르기까지 자신을 완전히 내어주신 하나님의 역사'에 대한 응답으로 진정한 영성의 가난 속에서 모든 것을 포기하는 것이다.[838]

보통 정상적인 감각과 지적 능력에서 초월하게 되면, 역설적으로 영적 접촉의 감각이 하나님을 만나는 수단이 된다. 다른 능력, 즉 육체적, 지적 및 영적 다른 능력은 잠들어야 하며, 마음이 깨어나서 사랑하는 주님을 받아들이고 포용해야 한다. 보나벤투라는 "촉각은 모든 감각 중에서 가장 완벽하고 가장 영적이다. 왜냐하면 그것은 가장 높은 영혼이신 그분과의 가장 큰 연합을 제공하기 때문이다"라고 말했다.[839] 이는 놀라운 말이다. 그러나 그러한 것은 프란치스코의 삶에서 발견한 고통의 겸손과 변화, 그리고 그리스도의 수난과 영광에 대한 그의 깊은 통찰력에서 비롯된다.

발타자르는 그리스도의 신성한 아름다움에 직면했을 때 다음과 같이 생각했다.

진정한 질문은 "누가 아름다움의 모습을 올바르게 해석할 수 있는가?"이다. 보나벤투라는 오직 마음이 청결한 사람만이 이것을 할 수 있다고 생각했다. 그는 아름다움을 통해 자신을 나타내시는 하나님의 사랑을 이해하고, 자신의 사랑으로 응답할 준비가 되어 있는 마음만이 그렇게 할 수 있다고 하였다. 그 마음에는 겉모습이 아닌 거기에 나타나는 임재에 대한 경배의 요소인 황홀경이 있다. 그러나 경배는 황홀함에 잠겨 있는 상태에서 정확히 나아가는 것을 의미한다. 그것은 자신을 기꺼이 내어주시는 영광스러운 주님께 영광을 돌려드리고자 하는 의지가 있음을 의미한다.[840]

오직 하나님만이 그리스도를 통해 무(無)의 심연으로 들어가셨던 것처럼 자신을 비우실 수 있으며, 그분의 겸손은 십자가에서 온전히 표현된다. 이에 대해 보나벤투라는 "모든 것이 십자가 안에서 드러난다"라고 하였다.[841] 그리스도의 자기 비움과 자기 헌신은 인간의 죄와 악의 잔인함으로 왜곡되고 변형되었다. 이러한 그리스도의 자기 비움과 자기 헌신은 십자가에서 가장 완벽하게 나타나며, 이를 통해 하나님의 사랑이 드러났다. 그에 대한 인간의 적절하고 진실한 반응은 겸손과 자기 포기뿐이다. 발타자르는 하나님의 자기 비움이 인간의 죄와 악의 잔인함으로 그리스도의 나타나심을 감추고, 그분의 고유한 아름다움을 왜곡시키고 변형시켰다고 말한다.[842] 그러나 보나벤투라는 프란치스코가 문둥병을 포용한 것처럼 그리스도인들이 십자가에 못 박히신 그리스도의 모습을 받아들이고, 그분의 내면적 아름다움에 순응하도록 권장한다. 그리스도가 가슴에 입으신 상처는 타락한 인류에 대한 사랑의 깊이와 희생을 보여준다. 신학자 발타자르는 하나님의 감추어진 비밀의 헤아릴 수 없는 깊이가 바로 하나님에 대한 최고의 표현이 된다고 결론지었다. 하나님의 근원에 있는 신비의 샘이 그리스도의 마음의 신비를 통해 드러내며, 그것은 영원히 흘러나오는 하나님 마음의 비밀한 곳이다.[843] 또한 십자가는 예수님 안에 있는 하나님의 자기 비움과 자기 헌신의 깊이가 연약함의 극치까지 이르렀다는 것을 보여준다. 이것은 아마도 그리스도가 성육신하심으로 보여주신 거룩한 하나님 사랑의 가장 위대한 신비일 것이다.

보나벤투라는 프란치스코의 체험과 그리스도의 상처를 겪은 성흔의 경험을 통해 하나님이 인간을 십자가에 달리신 그리스도의 모습을 닮도록 재창조하신다는 진리를 확증해주었다. 이에 대해 발타자르는 이렇게 말하였다.

> 아무것도 아닌 것에서 아름다움이 나타나는 것이 그리스도의 겸손과 가난이라는 이중의 신비로 변형되었다. 성인의 마음 안에 있는 겸손과 사랑으로 인한 가난은 자신과 멀어져 그리스도에게로 눈을 돌리게 한다. 그러므로 하나님의 사랑이 한 줄기 빛처럼 내려와서 그 아름다움을 자신에게 인장처럼 새기고자 하는 심령이 가난한 사람 안에 어떠한 방해도 받지 않는 자리를 만든다. 따라서 심령이 가난한 사람들은 하나님의 사랑을 더 많이 받을 수 있다.[844]

하나님이 주시는 사랑의 영향으로 인간은 그리스도의 모습으로 변화된다. 이는 하나님과 가까워지며 하나님의 뜻대로 살아가는 사람이 그리스도와 같은 모습으로 변화한다는 것을 의미한다.

보나벤투라는 누가복음 15장에 기록된 탕자의 비유에 관한 주석에서, 그리스도의 성육신에 대한 의미에 대해 "예수 그리스도 안에서 가장 숭고한 사랑과 두 가지 본성 사이의 상호 포용의 결합이 이루어지며, 이로써 하나님이 우리에게 입 맞추시고 우리도 하나님께 입 맞출 수 있다"라고 말했다.^845) 발타자르는 "오직 그리스도 안에서만 우리는 세상을 향한 하나님의 진정한 계획을 실제로 하나님의 사랑과 뜻이 실현된 모습으로 경험할 수 있다"라고 결론을 내렸다.^846) 우리는 그리스도 안에서 하나님의 압도적인 임재와 사랑에 직면하게 된다. 프란치스코의 삶에서 명백하게 나타나는 이러한 체험을 통해 보나벤투라는 그의 저서 《순례기》에서 다음과 같은 말로 마무리했다. "그러므로 우리는 죽어 이 어둠 속으로 들어갑시다. 우리는 모든 걱정과 욕망, 상상을 잠잠하게 하고, 십자가에 못 박히신 그리스도와 함께 이 세상을 떠나 아버지께로 나아갑시다."

보나벤투라의 영성신학의 여정을 시리아의 성 이삭(Issac the Syrian)의 놀라운 기도로 마무리하는 것은 매우 적절해 보인다.[847] 시리아의 성 이삭은 7세기에 지금의 이라크에서 살았다. 보나벤투라와 시리아의 성 이삭은 수 세기의 간격을 두고 살았고, 기독교 세계의 매우 다른 지역에 살았음에도 불구하고, 그들이 공유했던 영적 접근 방식을 정확하게 요약하고 있다.[848]

오, 주님, 제가 당신을 알기에 합당하게 하셔서 주님을 사랑하게 하소서. 주님을 아는 지식은 단지 학문을 익힘으로써 생기는 지식과 지식의 전달로 얻어지는 지식이 결합되어 이루어지는 것이 아닙니다. 지성을 가지고 주님을 바라볼 때 세상에 대한 관심을 떨쳐버리는 신성한 비전으로 주님의 신성함을 보고, 마음에서 주님을 영광스럽게 하는 지식에 합당한 모습으로 저를 만들어주소서.

하늘나라를 생각하려는 의지로 인해 흔들리는 제 시각을 하늘로 향하도록 들어 올리셔서 저의 가치를 밝히소서. 지성의 십자가 두 번째 부분에서 십자가에 매여 속박 가운데 계신 주님을 바라보며, 그로 인해 세상에 대한 관심을 끊어내고 제 육체의 본성을 초월하여 주님의 끊임없는 구원 사역 안에 머무르게 하여주소서.

주님의 사랑이 제게 더해지게 하여주시고, 주님을 향한 불타는 사랑으로 이 세상에서 나와 주님께 나아갈 수 있도록 그 사랑을 제 안에 심어주시기를 구합니다. 주님의 겸손함을 깨닫게 해주소서. 주님은 우리의 육체를 갖고 이 세상에서 거하셨으며, 그것은 성령의 도우심으로 감당하신 사역이었습니다. 이 지속적이고 끊임없는 회상으로 저는 제 본성의 겸손을 기쁘게 받아들일 수 있나이다.

《창세기의 6일 창조론에 대한 논설》(*Collations on the Hexaemeron*)에서 성 보나벤투라가 찬미한 라틴어 기도를 이곳에 소개한다.[849]

주님, 저는 지극히 높으신 당신에게서 왔습니다. 저는 지극히 높으신 당신께로 가며, 지극히 높으신 당신을 통하여 갑니다.

주

1   역자 주: 세라핌 박사는 'Doctor Seraphicus'라고 하는데, 보나벤투라는 1588년 3월 14일 교황 식스투스 5세에게 토마스 아퀴나스처럼 '교회박사'로서 이 영예로운 칭호를 받았다.

2   역자 주: 11-12세기에 활동한 인물로서, 성 아우구스티누스의 기독교 사상을 따른 신비주의자 성 빅토르의 위그의 신학사상과 가르침을 따르는 신학자 그룹들을 말한다.

3   역자 주: 이레네우스(그리스어: Ευηναίος Λουγδούνου, 에이레나이오스[*], 추정 생존 연대 130-202)는 로마 제국의 영토였던 갈리아 지방 루그두눔(오늘날 프랑스 리옹)의 주교이자 초대교회 신학사상을 구축한 교부다. 오늘날 기독교계에서 인정받는 유명한 신학자이며, 로마 가톨릭교회, 동방정교회, 성공회에서 성인으로 공경하는 인물이다. 기독교의 교부이자 변증가로서 초기 그리스도교 신학을 발전시키는 데 지대한 공헌을 하였다. 또한 사도 요한의 제자였던 폴리캅의 문하생이었다.

4   역자 주: 가톨릭에서 《순례기》는 '여행축복기도'라는 다른 이름으로도 불린다. 이 책의 위대성은 그리스도의 생애를 묵상하는 것과 관련하여 성 보나벤투라가 개발한 영적 운동이라는 데 있다.

5   역자 주: 1212년 이탈리아의 아시시에서 성 프란치스코와 성 클라라가 창설한 관상 봉쇄수도회. 프란치스코에게서 수도복을 건네받은 18세 소녀 클라라는 산 다미아노(San Damiano)에 수녀원을 세우고 성 프란치스코의 이상에 따라 수도생활을 시작하였다. 수도회칙은 성 프란치스코가 이들을 위해 마련해준 것(formula vitae)을 기초로 하여 성 클라라가 손수 작성하였고, 1253년 교황 인노첸시오 4세에게 인가되었다. 클라라회가 유럽의 다른 나라로 진출하면서 초기의 수도회칙은 점차 이완되기 시작하였는데, 15세기 초 프랑스의 성 콜레트(St. Colette de Corbie)는 초기의 엄격성을 회복한 콜레트의 클라라회(Colettine Poor Clares)를 발전시켰다. <가톨릭 대사전 중에서>

6   역자 주: '필로칼리아'는 무정념으로 해석한다. 무정념이란 기도자가 묵상 기도를 할

때 경험하는 욕심, 근심, 잡념, 과거의 기억의 활동들에서 마음이 자유로워지고, 나아가 마음의 고요와 정적에 이르는 것을 의미하는데, 이것은 참된 기도와 관상을 위해 필요한 전 단계로서 이해되었다. 무정념에 이르는 네 가지 길 가운데 첫째는 예수 기도(The Jesus Prayer)를 통한 길이다. "예수여, 이 죄인을 불쌍히 여기소서!"라는 짧은 기도문을 반복함으로 하나님의 은혜를 경험하고, 나아가 잡념의 활동들에서 벗어나 마음의 고요를 경험할 수 있다고 동방정교회의 영성가들은 강조한다. 둘째는 기도자가 자신의 죽음의 순간을 묵상하는 것이다. 자신의 죽음의 시간과 임종 장면을 자주 묵상할 때 기도자는 현실을 초월할 수 있고, 그 현실에서 야기된 욕심, 근심, 잡념을 쉽게 극복할 수 있다. 셋째는 덕의 실천이다. 많은 덕 가운데 공통으로 강조된 덕은 절제, 인내, 사랑, 겸손을 들 수 있다. 넷째는 애통의 눈물이다. 애통의 눈물은 혼탁한 마음과 영혼을 정화해 잡념들로 흐트러진 마음과 정신을 집중하도록 도와준다.

7 역자 주: Fides quaerens intellectum(faith seeking understanding, 믿음은 이해를 추구함)이란 지성을 추구하는 믿음을 의미한다. 지성에 앞서 믿음을 강조하는 것이다. 이해를 추구하는 신앙[(Credo ut intelligam)과 같은 의미. 아우구스티누스(354-430)(crede, ut intelligas, "믿는다. 그래서 이해할 수 있다."; Tract. Ev. Jo, 29.6)와 캔터베리의 안셀무스(c. 1033-1109)]에 의해 강조된 신학적 방법으로, 사람은 믿음에서 시작하고 믿음에 근거하여 기독교 진리를 좀 더 잘 이해하게 된다는 것이다.

8 역자 주: 보나벤투라 학술과 신학의 요체는 그리스도 중심적이다. 그에게 그리스도는 모든 것의 중심이다. 그리스도는 하나님이며 동시에 인간이고, 스승인 동시에 형제이고, 왕이며 친구이고, 영원한 말씀인 동시에 사람이 된 말씀이고, 창조주이며 구세주이고, 처음이자 마지막이었다.

9 D. Marti, *St. Bonnaventure's Writings Concerning the Franciscan Order*, (St Bonaventure, NY: The Franciscan Institute, 1994), 137p. n. 2.

10 같은 책, 78.

11 Robert J. Kanis (tr.), *Works of St Bonaventure, Vol. VIII, Parts 1-3: St Bonaventure's Commentan; on the Gospel of Luke, Vol. 8, Parts 1-3* (St Bonaventure, NY: The Franciscan Institute, 2001-4) 850-851.

12 Bonaventure's *Life of St Francis in Ewert Cousins(tr.), Bonaventure: The Soul's Journey into God; the Tree of Life; the Life of St Francis*, The Classics of Western Spirituality(New York: Paulist Press, 1978) 183 참조.

13 Edward Cousins, St Bonaventure's *Life of the St. Francis*, (1978, New York, Paulist Press) 40.

14 다양한 "생애"의 역사적 배경은 다음과 같은 책에서 훌륭하게 논의된다.
A. Vauchez, *Francis of Assisi: The Life and Afterlife of a Medieval Saint* (New Haven, CT: Yale University Press, 2012); A. Thompson, *Francis of Assisi: The Life* (Ithaca, NY: Cornell University Press, 2013) 참조; 처음으로 쓰인 첼라노의 토마스(Thomas of Celano)의 《성 프란치스코의 생애》(*Life of Saint Francis*)가 딜런(Delarun)에 의해 개요가 새롭게 재구성되었다. - J. Delarun, *The Rediscovered Life of St Francis of Assisi*, tr. by T. J. Johnson (St Bonaventure, NY: The Franciscan Institute, 2016) 참고.

15 그 예: R. B. Brooke, *The Writings of Leo, Rufino and Angelo: Companions of St Francis* (Oxford:Oxford University Press, 1970).

16 역자 주: 여기서 보나벤투라가 'lives'라는 말을 쓴 것은 성 프란치스코에 대한 여러 전기문을 대면하는 말이다.

17 다음에서 이러한 추가 사항을 나열한다. Cousins, *Bonaventure* 39, n. 74.

18 Bonaventure's shorter *Life of St Francis* may be found in T. Johnson(ed.), *Bonaventure: Mystic of God's Word - Selected Spiritual Writings* (St Bonaventure, NY:The Franciscan Institute, 1999) 99-136.

19 T. Reist and R. J. Kanis (tr.), *Bonaventure: Disputed Questions on Evangelical Perfection* (St Bonaventure, NY:The Franciscan Institute, 2008).

20 이 시기 영국의 상황에 대한 사례 연구는 다음을 참조하라.
B. M. S. Campbell, 'Global Climates, the 1257 Mega-Eruption of Samalas Volcano, Indonesia, and the English Food Crisis of 1258', Transactions of the Royal Historical Society, sixth series, Vol. XXVII (2017) 87-122.
역자 주: 영국의 경제학자인 B. M. S. 캠벨은 2017년 자신의 저서 《지구의 기후》(*Global Climates*)에서, 1257년에 일어난 엄청난 전 지구적 참사를 소개하면서, 특히 인도네시아의 화산 폭발 그리고 영국에서 일어난 1258년의 대기근으로 인하여 그 당시 '종말론 사상'이 급속도로 확산되었으며, 부자들이 길거리에 돈을 뿌리고, 많은 사람들이 교회로 몰렸던 현상을 소개한다.

21 J. Ratzinger, *The Theologtj of Histon; in St Bonaventure*, tr. by Zachary Hayes

(Chicago:Franciscan Herald Press, 1971) 참조. 또한 M. Reeves, *The Influence of Prophecy in the Later Middle Ages: A Study in Joachimism* (Oxford:Clarendon Press, 1969) 참조.

22 Reist and Karris, *Disputed Questions on Evangelical Perfection* 29.

23 보나벤투라는 또한 하나님의 법궤 앞에서 춤을 춘 다윗의 모습이나, 요나의 선포를 듣고 회개한 니느웨 왕의 모습에서 '자기 비움'을 볼 수 있다고 주장한다(요 13:13-14; 빌 2:5-7; 삼하 6:16, 22; 욘 3:8 참조).

24 외경 시락서 3:21, 바룩서 2:18, 시편 39:6 참조.

25 Reist and Karris, *Disputed Questions on Evangelical Perfection* 36.

26 같은 책, 39.

27 이 부분을 하나님에 대한 일반적인 가정으로 본다면 물론 위험성이 있다. 그러나 실제로 이 부분은 예수님의 자기 비하와 십자가에서 맞으신 겸손한 그리스도의 죽음으로 역전된다.

28 Reist and Karris, *Disputed Questions on Evangelical Perfection* 40.

29 같은 책, 41.

30 보나벤투라는 자신의 《순례기》 도입부에서 갈라디아서 6장 3절을 인용한다. "만일 누가 아무 것도 되지 못하고 된 줄로 생각하면 스스로 속임이라"(갈 6:3).

31 Reist and Karris, *Disputed Questions on Evangelical Perfection* 43; 보나벤투라는 이사야 66장 2절을 인용한다. "나 여호와가 말하노라 내 손이 이 모든 것을 지었으므로 그들이 생겼느니라 무릇 마음이 가난하고 심령에 통회하며 내 말을 듣고 떠는 자 그 사람은 내가 돌보려니와."

32 Reist and Karris, *Disputed Questions on Evangelical Perfection* 47.

33 다음 책에 이에 대한 유용한 요약이 있다. J. H. Burns (ed.), *Medieval Political Thought*, c.350-c.1450 (Cambridge: Cambridge University Press, 1988) chapter 19, 'Property and Poverty' by J. Coleman, 607-48; 이는 프란치스코회 가르침의 맥락에 대한 630페이지 분량의 토론으로 가장 가치가 있다.

34 마태복음 19:21, 마가복음 10:21, 마태복음 19:27 참조.

35 마가복음 12:43-44, 누가복음 12:24, 마태복음 8:20 참조.

36 마태복음 17:26, 누가복음 9:58, 요한복음 14:30 참조.

37 Reist and Karris, *Disputed Questions on Evangelical Perfection* 66.

38 마태복음 10:9-10, 마가복음 6:8, 누가복음 9:3 참조.

39 Reist and Karris, *Disputed Questions on Evangelical Perfection* 95.

40 시편 40편 17절에서 "나는 가난하고 궁핍하오나"라고 하였는데, 이와 같이 그리스도가 걸인처럼 박해받았던 의미를 시편 109편 16절의 "가난하고 궁핍한 자와 마음이 상한 자를 핍박하여 죽이려 하였기 때문이니이다"에서 발견할 수 있다.

41 Reist and Karris, *Disputed Questions on Evangelical Perfection* 102.

42 같은 책, 103.

43 역자 주: 가톨릭에서 복자(福者)를 성인 명단에 올리고 전 세계 교회가 그를 공경할 수 있도록 하는 선언을 '시성(諡聖)'이라고 한다. 여기서 시(諡)라는 한자는 죽은 사람에게 올리는 어떤 호칭을 뜻한다. 따라서 '시성'이란 번역어는 '죽은 사람에게 성인(聖人)이란 칭호를 올리는 것'을 말한다.

44 Cousins, *Bonaventure* 43-44.

45 D. J. Dales, *Living Through Dying: The Spiritual Experience of St Paul* (Cambridge: Lutterworth Press, 1994) 참조.

46 Cousins, *Bonaventure* 179.

47 'Thau'는 'T'를 뜻하는 히브리어 글자다. 이것은 구약성경 에스겔 9장 4절에 나오는 에스겔 선지자의 환상(vision)을 말한다. 이와 관련하여 벌게이트역에서는 '*et signa thau super frontes virorum*'이라는 구절을 찾아볼 수 있는데, 이는 요한계시록에 여러 차례 등장하는 말이다. 나중에 교황 이노센트 3세가 1215년 라테란 공의회에서 이를 기독교의 표시로서 새롭게 갱신했고, 이를 아마도 성 프란치스코가 증거로 삼았을 것으로 여겨진다. 이것이 바로 프란치스코의 기본 서명이 되었다.
Cousins, *Bonaventure* 182, n. 27 참조.

48   같은 책, 186.

49   마태복음 13:44-46, "천국은 마치 밭에 감추인 보화와 같으니 사람이 이를 발견한 후 숨겨 두고 기뻐하며 돌아가서 자기의 소유를 다 팔아 그 밭을 사느니라 또 천국은 마치 좋은 진주를 구하는 장사와 같으니 극히 값진 진주 하나를 발견하매 가서 자기의 소유를 다 팔아 그 진주를 사느니라."

50   마가복음 1:40-42, "한 나병환자가 예수께 와서 꿇어 엎드려 간구하여 이르되 원하시면 저를 깨끗하게 하실 수 있나이다 예수께서 불쌍히 여기사 손을 내밀어 그에게 대시며 이르시되 내가 원하노니 깨끗함을 받으라 하시니 곧 나병이 그 사람에게서 떠나가고 깨끗하여진지라." 그리스 원어로는 이 만남이 예수님의 마음 중심을 흔들고 자극했으며, 그분의 연민을 이끌어냈다고 강조한다.

51   Cousins, *Bonaventure* 189; 로마서 8:26; 아가서 5:6; 마태복음 16:24 비교.

52   Cousins, *Bonaventure* 190.

53   같은 책, 194.

54   같은 책, 317-18.

55   같은 책, 312-13.

56   같은 책, 187-88.

57   같은 책, 189.

58   산 다미아노는 12세기에 지어진 아시시 외곽에 있는 성녀 클라라 교단의 수도원이다. 여기서 프란치스코는 기도하던 중에 놀라운 기적을 경험한다.

59   Cousins, *Bonaventure* 191.

60   사도행전 20:28, "여러분은 자기를 위하여 또는 온 양 떼를 위하여 삼가라 성령이 그들 가운데 여러분을 감독자로 삼고 하나님이 자기 피로 사신 교회를 보살피게 하셨느니라."

61   역자 주: 한국말로는 '천사들의 성모 마리아 대성당'이다. '포르치운쿨라'는 '작은 집'이라는 의미인데, 프란치스코의 기도처 위에 지은 교회라고 할 수 있다. 이 성당은 이 작은 교회를 그 안에 두고 있다.

62 Cousins, *Bonaventure* 196.

63 같은 책, 201-2.

64 같은 책, 214.

65 같은 책, 215; 기록에 따르면 프란치스코는 자주 이런 전통적 방식으로 기도했다고 한다.

66 같은 책, 311ff.

67 갈라디아서 6:17, "이 후로는 누구든지 나를 괴롭게 하지 말라 내가 내 몸에 예수의 흔적을 지니고 있노라." 이 구절에서 '흔적'이라는 말의 그리스어 '*stigmata*'를 인용한다.

68 역자 주: 스랍은 가톨릭에서는 '치품천사'로 불리며, 이 천사는 구품 천사 중에서 가장 높은 지위의 천사다. 이사야 6장 2절에서는 '스랍'이라고 부른다.

69 요한계시록 7:2, "또 보매 다른 천사가 살아 계신 하나님의 인을 가지고 해 돋는 데로부터 올라와서 땅과 바다를 해롭게 할 권세를 받은 네 천사를 향하여 큰 소리로 외쳐."
역자 주: 여기서 '인'(seal 또는 sing)이라는 것은 히브리어로 '타브', 혹은 '타우'라고 하는데, 이 모양이 마치 'X'자처럼 보여서 '표'라고 해석된 것이다. 에스겔 9장 4절과 14장 1절, 그리고 22장 4절을 참고하라.

70 이것은 《순례기》에서 영적 발달의 일곱 단계에 대한 그의 가르침과 매우 밀접하다.

71 Cousins, *Bonaventure*. 304-6.

72 같은 책, n. 10, 보나벤투라가 여기서 사용한 문구는 '*incendium mentis*'(마음에 타는 불)이다.

73 같은 책, 309.

74 같은 책, 310.

75 같은 책, 315; 이는 갈라디아서 2장 19절에 나오는 바울의 고백과 요한복음 19장 28절에 나오는 십자가의 고난에 대한 내용을 종합한 것이다.

76 같은 책, 322-23.

77 시편 36:9, "진실로 생명의 원천이 주께 있사오니 주의 빛 안에서 우리가 빛을 보리이다."

78 로마서 8:17, "우리가 그와 함께 영광을 받기 위하여 고난도 함께 받아야 할 것이니라."; 로마서 8장 전체로 보나벤투라가 프란치스코를 어떻게 묘사했는지에 대한 훌륭한 주석을 만들어낸다.

79 누가복음 10장 4절, 12장 33절이 그 예다.

80 R. J. Armstrong and I. C. Brady (tr.), *Francis and Clare: TI1e Complete Works* (New York: Paulist Press, 1982) 107-48.

81 Reist and Karris, *Disputed Questions on Evangelical Perfection*. 이것은 앞 장에서 이미 논의한 바 있다.

82 G. H. Tavard, *The Contemplative Church: Joachim and His Adversaries*, (Milwaukee, WI: Marqueet Press, 2005). 13세기 유럽에는 그러한 급진적 집단들, 일부 공개적으로 활동하는 이단적 집단이 많았다(*The pursuit of the Millennium*, N. Cohn [third edition, London, 1970 참조).

83 Cousins, *Bonaventure* 179-327.

84 Monti, *St Bonaventure's Writings Concerning the Franciscan Order* 71- 144.

85 Kanis, *The Works of St Bonaventura*.

86 J. de Vinck (tr.), *St Bonaventure: Defence of the Mendicants* (Paterson, NJ: St Anthony Guild Press, 1966).

87 E. Gilson, *The Philosophy of St Bonaventure*, tr. by I. Trethowan and F. J. Sheed (London: Sheed & Ward, 1940) 66.

88 Monti, *St Bonaventure's Writings Concerning the Franciscan Order* 67-70, 인용.

89 Armstrong and Brady, *Francis and Clare* 203-6.

90 아가 1:3. "네 기름이 향기로워 아름답고 네 이름이 쏟은 향기름 같으므로 처녀들이

너를 사랑하는구나."

91　*Book of Common Prayer* of the Church of England: the collect for Lent 2.

92　H. Urs von Balthasar, *The Glon; of the Lord: A Theological Aesthetics*, Vol. 2, tr. by A. Louth et al. (Edinburgh: T. & T. Clark, 1984) 358.

93　Monti, *St Bonaventure's Writings Concerning the Franciscan Order* 39-56 인용.
존 페캄은 1279년부터 1292년까지 캔터베리의 개혁 프란치스코 수도회 대주교를 역임하였다.
역자 주: 캔터베리의 대주교는 영국 국교회의 최고 성직이다.

94　마태복음 23:10, "또한 지도자라 칭함을 받지 말라 너희의 지도자는 한 분이시니 곧 그리스도시니라."

95　Monti, *St Bonaventure's Writings Concerning the Franciscan Order* 48.

96　같은 책, 50.

97　마태복음 5:19, "그러므로 누구든지 이 계명 중의 지극히 작은 것 하나라도 버리고 또 그같이 사람을 가르치는 자는 천국에서 지극히 작다 일컬음을 받을 것이요 누구든지 이를 행하며 가르치는 자는 천국에서 크다 일컬음을 받으리라." 보나벤투라는 자신이 파리대학에서 수학할 때 자신을 잘 가르쳐준 멘토였으며, 나중에는 프란치스코에 입회한 할레(Hales)의 알렉산더 교수를 자신의 저서에서 소개한다.

98　Monti, *St Bonaventure's Writings Concerning the Franciscan Order* 53.

99　같은 책, 보나벤투라는 아우구스티누스의 《고백록》, 그의 《창세기부터 서신서까지》(*De Genesi ad Litteram*), 《하나님의 도시》(*The City of God*) 그리고 이 논의와 가장 직접적으로 관련이 있는 그의 책 《기독교 교리》(*Christian Doctrine*)의 중요성과 가치를 분명히 보여준다.

100　같은 책, 54.

101　같은 책, 55.

102　같은 책, 145-75.

103　같은 책, 174; cf. 76.

104　요한일서 2:15, "이 세상이나 세상에 있는 것들을 사랑하지 말라 누구든지 세상을 사랑하면 아버지의 사랑이 그 안에 있지 아니하니."

105　역자 주: 잠언 3장 14절, "이는 지혜를 얻는 것이 은을 얻는 것보다 낫고 그 이익이 정금보다 나음이니라."

106　De Vinck, *St Bonaventure: Defence of the Mendicants* 인용.

107　역자 주: 교황의 직위를 가리켜 교황직(papatia)이라고 부르며, 교황이 통치하는 세속적 영역은 '성좌'(Sacta Sedes) 또는 (성 베드로와 성 바오로가 순교한 로마에 세워진) '사도좌'로 불린다. 교황직은 세계에서 가장 오래된 직책 가운데 하나이며, 세계 역사에서 중요한 요소 가운데 하나이기도 하다. 초기 교황들은 천주교 신앙을 전파하고 다양한 교리적 논쟁을 해결하는 데 주력하였다. 중세에 들면서 종교 문제뿐만 아니라 서유럽의 세속 문제에도 개입하여, 종종 군주들 간의 각종 분쟁에 개입하여 중재자로 활동하기로 하였다. 오늘날에는 천주교 신앙의 전파 및 정통 천주교 교리의 수호는 물론 교회 일치 운동과 종교 간 대화, 자선 활동, 인권 수호 등에 매진하고 있다.

108　같은 책, 7.

109　같은 책, 16-17.

110　같은 책, 26.

111　D. J. Dales, 정성경 번역, 《하나님의 재창조》(*Divine Remaking: St Bonaventure and the Gospel of Luke*) (서울, 유하출판사, 2022) 참조.

112　De Vinck, *St Bonaventure: Defence of the Mendicants* 31.

113　같은 책, 34.

114　C. Straw, *Gregan; the Great: Perfection in Imperfection* (Berkeley, CA: University of California Press, 1988) 참조.

115　De Vinck, *St Bonaventure: Defence of the Mendicants* 39; 디모데전서 1:5, "이 교훈의 목적은 청결한 마음과 선한 양심과 거짓이 없는 믿음에서 나오는 사랑이거늘."

116　보나벤투라가 마태복음 19:21, 16:24, 19:12 인용.

117　요한일서 4:18, "사랑 안에 두려움이 없고 온전한 사랑이 두려움을 내쫓나니 두려움에는 형벌이 있음이라 두려워하는 자는 사랑 안에서 온전히 이루지 못하였느니라."

118　역자 주: 스랍(seraph), 스랍들(불타는, 혹은 타오르는 자들)은 하나님이 이사야를 예언 사역으로 부르실 때 그가 성전에서 하나님을 보면서 함께 보았던 천사들이다(사 6:1-7). 이사야서는 스랍들에 대해 유일하게 기록하고 있는데, 이 스랍들은 하나님을 예배하는 데 온전히 집중된 천사들이다. 그러므로 프란치스코를 말할 때 이런 스랍 같은 '온전한 예배자'의 모습을 볼 수 있다.

119　같은 책, 45.

120　보나벤투라는 민수기 30장에서 '빛의 근원'(*Glossa Ordinaria*)에 대한 해석에 주의를 기울인다. 또한 민수기 6장 1-21절에서 유대교의 율법에서 나실인이 자유의지를 가지고 헌신하는 것의 중요성을 밝힌다. Lesley Smith, *The Glossa Ordinaria: The Making of a Bible Commentan* (Leiden: Brill, 2009) 참고.

121　역자 주: '축성'이란 일반적인 의미로 어떤 사물을 세속의 일반적인 용도에서 떼어내 신성한 용도로만 쓰도록 분리하거나 어떤 사람이나 사물을 하나님께 경배하는 데만 봉헌하는 것을 일컬으며, '성별'이라고도 한다. 축성은 라틴어로는 '봉헌하여 성스럽게 만든다'는 의미를 지닌 *consecratio*이다.

122　보나벤투라는 갈라디아서 5장 6절, 고린도전서 3장 10-11절, 에베소서 3장 17절을 인용하여 자신의 주장의 근거로 삼는다.

123　디모데전서 6:10, "돈을 사랑함이 일만 악의 뿌리가 되나니 이것을 탐내는 자들은 미혹을 받아 믿음에서 떠나 많은 근심으로써 자기를 찔렀도다."

124　De Vinck, *St Bonaventure: Defence of the Mendicants* 126.

125　사도행전 4:32, "믿는 무리가 한마음과 한 뜻이 되어 모든 물건을 서로 통용하고 자기 재물을 조금이라도 자기 것이라 하는 이가 하나도 없더라."

126　마태복음 10:9-10, "너희 전대에 금이나 은이나 동을 가지지 말고 여행을 위하여 배낭이나 두 벌 옷이나 신이나 지팡이를 가지지 말라 이는 일꾼이 자기의 먹을 것 받는 것이 마땅함이라."

127　De Vinck, *St Bonaventure: Defence of the Mendicants* 129.

128 같은 책, 131.

129 마태복음 10:8 비교. 사도행전 3:6, 20:33, 20:35 참조.

130 De Vinck, *St Bonaventure: Defence of the Mendicants* 137.

131 바울이 편지에서 그리스도를 위해 가난과 고통을 견디라고 거듭 당부한 내용이 프란치스코의 소명에 포함되어 있다.

132 De Vinck, *St Bonaventure: Defence of the Mendicants* 144.

133 같은 책, 154.

134 같은 책, 163.

135 같은 책, 197.

136 같은 책, 209.

137 같은 책, 290-91; 마태복음 25:31-46 인용.

138 *Itinerarium (The Soul's Journey into God) by Cousins in Bonaventure: The Soul's Journei; into God; the Tree of Life; the Life of St Francis*, The Classics of Western Spirituality (New York: Paulist Press, 1978) Prologue 2 인용.

139 Henry Chadwick, *St Augustine's Confessions* (Oxford: Oxford University Press, 1991) L i (1), 3.

140 이 번역은 벌게이트역 라틴어 성경 시편 75편 3절에서 가져왔다.

141 보나벤투라의 《순례기》 서문 3p.

142 보나벤투라의 《순례기》 서문 3p; 벌게이트역 요한계시록 22:14 인용. 7:14 비교.

143 요한복음 1:14, "말씀이 육신이 되어 우리 가운데 거하시매 우리가 그의 영광을 보니 아버지의 독생자의 영광이요 은혜와 진리가 충만하더라."

144 다니엘 9:23, "곧 네가 기도를 시작할 즈음에 명령이 내렸으므로 이제 네게 알리러 왔느니라 너는 크게 은총을 입은 자라 그런즉 너는 이 일을 생각하고 그 환상을 깨달을지니라." 벌게이트역 라틴어 본문에서는 '갈망하는 사람'(*vir desideriorum*)이라는

문구를 사용한다.

145 역자 주: 영국 국교회의 공동기도문에 등장하는 통회, 자복하는 기도.

146 보나벤투라의 《순례기》 서문 4p; 로마서 8:26 비교.

147 로마서 12:1-2, "그러므로 형제들아 내가 하나님의 모든 자비하심으로 너희를 권하노니 너희 몸을 하나님이 기뻐하시는 거룩한 산 제물로 드리라 이는 너희가 드릴 영적 예배니라 너희는 이 세대를 본받지 말고 오직 마음을 새롭게 함으로 변화를 받아 하나님의 선하시고 기뻐하시고 온전하신 뜻이 무엇인지 분별하도록 하라."

148 여기서 보나벤투라는 라틴어 'unctio'라는 단어를 사용한다. 이는 '성유를 붓다'는 의미다.

149 이 또한 아우구스티누스의 가르침에 뿌리를 둔 보나벤투라의 신학에서 근본적으로 중요한 본문이다.

150 인간은 하나님을 완전히 이해하지는 못하더라도 하나님을 이해할 수 있는 타고난 능력을 가지고 있다.

151 요한복음 9:41, "예수께서 이르시되 너희가 맹인이 되었더라면 죄가 없으려니와 본다고 하니 너희 죄가 그대로 있느니라."

152 보나벤투라는 시편 84편 5-6절에서 라틴어 단어 'ascensiones'에 주목했는데 이 단어의 의미는 '승천'이며, 여기서는 '더 높은 곳을 향해 성장하는 단계'(upward steps)라는 의미로 사용한 것이다.

153 보나벤투라는 그의 저서 《순례기》에서 'sursumactio'라는 라틴어를 사용한다. 이는 '영적 상승'으로 번역된다.

154 같은 책, 1.2.

155 같은 책, 1.4.

156 같은 책, 1.5; 'minor mundus'는 '소우주'로 번역된다.

157 열왕기하 2:19, 이사야 6:2, 출애굽기 24:16, 마태복음 17:1.

158 《순례기》 1.6; 보나벤투라는 이 마지막 것을 인간의 마음에 있어 절정에 이른 것으로

여기고 'synderesis'(신과 하나가 되는 영혼의 본질)라고 불렀다.

159 같은 책, 1.7; 요한복음 1:17, "율법은 모세로 말미암아 주어진 것이요 은혜와 진리는 예수 그리스도로 말미암아 온 것이라."

160 같은 책, 1.9; 지혜서 13:3-5.

161 같은 책, 1.11-12.

162 같은 책, , 1.13.

163 같은 책, 1.14.

164 같은 책, 1.15; 지혜서 5:20, "준엄한 분노를 날카로운 칼처럼 가실 것이다. 그러면 온 세상은 주님과 함께 미친 자들과 더불어 싸우러 나갈 것이다."

165 같은 책, 2.2.

166 이것은 물리적인 우주에 대한 중세 사상의 공통되는 구조적 틀이었다.

167 히브리서 1:14, "모든 천사들은 섬기는 영으로서 구원 받을 상속자들을 위하여 섬기라고 보내심이 아니냐." 비교.

168 이 원리는 아리스토텔레스의 '물리학'(Physics Vll)에 등장하는 내용이다.

169 보나벤투라는 이를 'similitudes'라 부른다. 이 라틴어 단어는 다양한 의미로 사용된다. 즉, 시각적 닮음, 상상 속의 비교와 직유, 종류나 성질의 일치 등을 가리킨다.

170 《순례기》 2.4.

171 같은 책, 2.5.

172 보나벤투라는 이것을 '균형성'(equality)이라고 부른다.

173 《순례기》 2.6.

174 같은 책, 2.7; 골로새서 1:15, "그는 보이지 아니하는 하나님의 형상이시요 모든 피조물보다 먼저 나신 이시니."; 히브리서 1:3, "이는 하나님의 영광의 광채시요 그 본체의 형상이시라 그의 능력의 말씀으로 만물을 붙드시며 죄를 정결하게 하는 일을 하시고 높은 곳에 계신 지극히 크신 이의 우편에 앉으셨느니라." 비교.

175   같은 책, 2.7.

176   Chadwick, *St Augustine's Confessions* X.xxvii (38) 201.

177   《순례기》 2.8.

178   역자 주: 이 주장은 성 아우구스티누스의 신적 조명설 'Theory of Illumination'에서 나온 것이다. 아우구스티누스는 '빛'을 단순한 문학적 비유나 상징을 넘어서 교육과 신학의 핵심 개념으로 도입하여 그의 독창적 학설인 '신적 조명설'(divine illumination)을 제안하였다. 그의 대표적 교육 관련 저술인 <교사론>에서 경험적 사실에 관한 앎을 '지식'(scientia)이라 하고, 영원불변한 진리에 관한 앎을 '지혜'(sapienzia)라고 분류했다. 지혜의 교수학습은 실물을 보여주거나 기호와 언어로 이루어질 수 없음을 밝혔다. 영원불변한 보편적 진리는 모든 학습자의 내면에 이미 갖추어져 있다는 것이 플라톤과 아우구스티누스의 공통된 관점이다. 플라톤은 전생의 기억을 회상한다고 보았지만, 아우구스티누스는 직선론적 역사관을 가지고 전생을 부정하고 그 대신 하나님의 은총(Grace)으로 빛을 비추어 학습자의 내면에 있는 진리를 기억해낸다고 하는 '신적 조명 교수학습론'을 제시하였다. 한편, 그의 신학사상은 <삼위일체론>에서 제시되었는 바, 이와 교육사상의 연관성은 인식론을 매개로 이루어진다. 즉, 하나님의 삼위일체가 인간 지성의 인식론적 삼중구조에 흔적으로 주어졌다는 그의 창의적 관점이다. 한편 '빛'과의 관계는 사물의 인식에서 '태양의 빛'이 있어야 하듯이 궁극적 진리를 인식하는 데에도 '하나님의 빛'이 있기 때문에 가능하다는 것이다. 따라서 그는 하나님의 빛이 진리의 신앙적 측면이나 교수학습적 측면에서 은총으로 주어지기 때문에 가능하다는 신앙교육의 기본 원리를 신적 조명설을 바탕으로 구축하였다. <아우구스티누스의 신적조명과 신앙교육(Faith-education and Augustine's Divine Illumination) 한국종교교육학회 논문 인용>

179   《순례기》 2,9.

180   역자 주: 보에티우스는 로마의 명문 가문에서 태어나 510년에 집정관이 되었다. 당시 지배자 동고트인 테오도리쿠스의 신임이 두터웠으나 반역죄에 연루되어 체포된 후 처형되었다. 그의 저서는 철학과 신학을 위시해서 수학이나 음악에까지 미치며, 대표작은 옥중에서 집필한 《철학의 위안》이다. 이것은 저자와 '철학'과의 우의적 대화를 산문과 운문이 섞인 메니포스풍 사투라의 형식으로 쓴 것으로, 그리스 철학, 특히 플라톤의 영향이 강하다. 더욱이 그는 아리스토텔레스의 논리를 기독교의 여러 문제에 응용해 이후 스콜라 철학의 선구자가 되었다. 그가 스콜라 철학에 미친 영향은 어마어마했기 때문에 후대 사람들은 그를 두고 '최후의 로마인', 또는 '최초의 스

콜라 철학자'라 부르기도 한다. <위키백과 인용>

181 《순례기》 2.10; citing Boethius, *De Arithmetica* 1.2.

182 A. C. Crombie, *Robert Grosseteste and the Origins of Experimental Science 1100-1700* (Oxford : Clarendon Press, 1953) 참조.

183 《순례기》 2.11.

184 역자 주: '흔적'(pattern)은 프랑스어 낱말 'patron'에서 온 것으로, 되풀이되는 사건이나 물체의 형태를 가리킨다. 패턴은 물체들의 집합 요소이기도 하며, 그 요소들은 예측 가능한 방식으로 되풀이된다. 그러므로 보나벤투라는 이 '흔적'이라는 단어를 사용하여 창조된 것들이 되풀이되는 생명의 순환을 보여주며, 한편으로 그 생명이 가지는 상징성과 기호성도 보여준다.

185 《순례기》 3.1.

186 같은 책, 3.2.

187 베드로후서 1:4, "이로써 그 보배롭고 지극히 큰 약속을 우리에게 주사 이 약속으로 말미암아 너희가 정욕 때문에 세상에서 썩어질 것을 피하여 신성한 성품에 참여하는 자가 되게 하려 하셨느니라." 그는 이 확신을 지지하는 아우구스티누스의 《삼위일체론》(*De Trinitate*) 8.14.을 인용하였다.

188 《순례기》 3.3.

189 요한복음 1:9, "참 빛 곧 세상에 와서 각 사람에게 비추는 빛이 있었나니."

190 《순례기》 3.3.

191 같은 책, 3.4.

192 보나벤투라는 이것을 '정신적 단어'라고 불렀다.

193 《순례기》 3.5.

194 역자 주: '*modi opernadi*'는 라틴어로 '일하는 방식'을 의미한다. 즉, 작업을 수행하거나 목표를 달성하는 데 사용되는 특정 방법 또는 접근방식을 뜻한다.

195 《순례기》 3.6.

196 요한복음 3:19-21, "그 정죄는 이것이니 곧 빛이 세상에 왔으되 사람들이 자기 행위가 악하므로 빛보다 어둠을 더 사랑한 것이니라 악을 행하는 자마다 빛을 미워하여 빛으로 오지 아니하나니 이는 그 행위가 드러날까 함이요. 진리를 따르는 자는 빛으로 오나니 이는 그 행위가 하나님 안에서 행한 것임을 나타내려 함이라 하시니라." 비교.

197 시편 39:9, "내가 잠잠하고 입을 열지 아니함은 주께서 이를 행하신 까닭이니이다."

198 《순례기》 4.1.

199 같은 책, 4.2.

200 요한복음 10:9, "내가 문이니 누구든지 나로 말미암아 들어가면 구원을 받고 또는 들어가며 나오며 꼴을 얻으리라."; 요한복음 14:6, "예수께서 이르시되 내가 곧 길이요 진리요 생명이니 나로 말미암지 않고는 아버지께로 올 자가 없느니라."

201 《순례기》 4.3.

202 여기서 보나벤투라는 디오니시우스의 신학에서 파생된 '위계적'(hierarchical)이라는 용어를 사용한다. 이 용어는 그의 다른 저작에서도 나타나며, 그의 사상을 더욱 심오하게 해준다.

203 Straw, *Gregany the Great* 참조.

204 《순례기》 4.4. 고린도전서 15:28, "만물을 그에게 복종하게 하실 때에는 아들 자신도 그 때에 만물을 자기에게 복종하게 하신 이에게 복종하게 되리니 이는 하나님이 만유의 주로서 만유 안에 계시려 하심이라." 비교.

205 같은 책, 4.5; 동적인 과정으로 구상된 '고위 성직자'와 '위계'라는 용어의 사용은 디오니시우스의 글에서 따온 것이다.

206 보나벤투라는 이를 '교훈적인'(tropological) 해석이라고 불렀다.

207 《순례기》 4.6.

208 같은 책, 4.7.

209 여기서 보나벤투라는 아가서의 언어를 암시하는 인간 영혼의 본질적인 여성적 성격을 나타낸다.

210 《순례기》 4.8, 로마서 5:5, 고린도전서 2:11 비교.

211 출애굽기 25:18-20; 히브리서 9:5, "그 위에 속죄소를 덮는 영광의 그룹들이 있으니 이것들에 관하여는 이제 낱낱이 말할 수 없노라." 비교.

212 《순례기》 5.1.

213 출애굽기 3:14, "하나님이 모세에게 이르시되 나는 스스로 있는 자이니라 또 이르시되 너는 이스라엘 자손에게 이같이 이르기를 스스로 있는 자가 나를 너희에게 보내셨다 하라."

214 마태복음 28:19, "그러므로 너희는 가서 모든 민족을 제자로 삼아 아버지와 아들과 성령의 이름으로 세례를 베풀고."; 고린도후서 13장 13절, "주 예수 그리스도의 은혜와 하나님의 사랑과 성령의 교통하심이 너희 무리와 함께 있을지어다." 비교.

215 누가복음 18:19, "예수께서 이르시되 네가 어찌하여 나를 선하다 일컫느냐 하나님 한 분 외에는 선한 이가 없느니라."

216 《순례기》 5.2.

217 같은 책, 5.3.

218 같은 책, 5.3.

219 같은 책, 5.4; 프란치스코회의 실험적인 지식 체계에서 빛이 중추적인 역할을 했다.

220 같은 책, 5.5.

221 같은 책, 5.6.

222 같은 책, 5.7.

223 같은 책, 5.8; 릴(Lille)의 《신학의 규칙들》(*Rules of Tehology*)에서 신학자 알란(Alan)의 말을 인용하였다.

224 Boethius, Consolation of Philosophy 111.9; '*stabilisque manens das cuncta moveri*'.

225 고린도전서 15:28, "만물을 그에게 복종하게 하실 때에는 아들 자신도 그 때에 만물을 자기에게 복종하게 하신 이에게 복종하게 되리니 이는 하나님이 만유의 주로서 만유 안에 계시려 하심이라."

226 보나벤투라는 이를 자신의 신학에서 핵심 개념인 'examplarity'라는 용어로 설명한다. 역자 주: 이는 '본보기성', '모범성' 또는 '모범적인 특성'을 말한다. 이 말은 보나벤투라의 신학의 가장 중요한 부분이라고 할 수 있다.

227 《순례기》 5.8.

228 역자 주: 관상이라는 말의 영어 단어인 'contemplation'은 접두사 'con'과 'templaion'의 복합어다. 'contemplation'은 라틴어 'templum'에서 유래했는데, 'templum'은 로마인들이 예언을 위해서 하늘이나 땅 위에 지정된 공간을 의미한다. 여기에서 'temple'이라는 말은 성전을 뜻하는 말로 '하나님의 임재'를 상징한다. 라틴어 단어 'contemplatio'는 그리스어 'θεωρία'(theòría)를 묵상의 의미로 번역하는 데 사용되었다. 영어의 'con'이 '-와 함께', 'temple'이 '하나님의 임재'를 뜻하는 것이므로 'contemplation'은 하나님의 임재와 함께하는 것임을 알 수 있다. 관상기도는 하나님의 임재 속에 머물러 있는 기도라 할 수 있다(시 131:2). 관상이란 단어의 한자어 풀이를 보면 '볼 관', '서로 상'으로 '서로 마주봄'을 의미한다. 구약성경에서 하나님이 모세를 향하여 '내가 얼굴을 대면하여 아는 자'라고 하셨던 것처럼 하나님의 얼굴을 대하는 기도다. 고린도전서 13장 12절의 "우리가 지금은 거울로 보는 것같이 희미하나 그때에는 얼굴과 얼굴을 대하여 볼 것이요 지금은 내가 부분적으로 아나 그 때에는 주께서 나를 아신 것 같이 내가 온전히 알리라"라는 말씀처럼 하나님과 얼굴과 얼굴을 마주 보며 하나님을 아는 기도라고 할 수 있다. 성 그레고리우스는 "관상이란 순수한 믿음과 사랑으로 하나님을 아는 것, 사랑으로 충만하신 하나님에 대한 지식이다"라고 했으며, 가톨릭 교회교리서 2724항에서는 "관상기도란 예수님께 우리의 눈을 고정시켜 하나님의 말씀을 경청하고, 말없이 우리의 사랑을 나타내는 기도다. 관상기도는 우리를 그리스도의 신비에 참여하게 하는 것인 만큼 그리스도의 기도와 합쳐지는 것이다"라고 정의한다. 토머스 키팅은 "로마서 8장 26절의 '이와 같이 성령도 우리의 연약함을 도우시나니 우리가 마땅히 기도할 바를 알지 못하나 오직 성령이 말할 수 없는 탄식으로 우리를 위하여 친히 간구하시느니라'라는 말씀처럼 성령이 우리 안에서 기도하시도록 나를 비워드리고, 우리는 그 기도에 동의하는 것이 관상기도다"라고 말한다. <신학사전, 위키피디아 참조>

229 《순례기》 6.2.

230 같은 책, 7.3.
역자 주: 만약 전체적인 것이 전달된다면, 어떤 소유물이든 완전하게 전달된다는 뜻이다. 이는 소유한 것을 다른 사람(것)과 공유함으로써 그 가치와 의미가 극대화될 수 있다는 것을 나타낸다. 인간적으로 말해서, 우리가 가진 것을 완전히 나누고 공유

함으로써, 우리는 상호작용하고 연결되며, 보다 풍요롭고 의미 있는 경험을 만들어 낼 수 있다.

231   같은 책, 7.3.

232   고린도후서 3:18, "우리가 다 수건을 벗은 얼굴로 거울을 보는 것 같이 주의 영광을 보매 그와 같은 형상으로 변화하여 영광에서 영광에 이르니 곧 주의 영으로 말미암음이니라."

233   《순례기》 6.7, Ewert Cousins, *Bonaventure and The Coincidence of Opposites* (Chicago; Franciscan Herald Press, 1978) 참조.
역자 주: 이는 그리스도의 본성과 그 안의 모순적인 속성들이 결합되어 완전한 신성의 정점(pinnacle)이 이루어진다는 것을 의미한다.

234   보나벤투라는 이 일곱 번째 날이 여섯 번째 날과 함께 진행되며, 천국과 영원한 생명의 경험을 가능하게 한다고 믿었다.

235   《순례기》 7.1.

236   에베소서 3:9, "영원부터 만물을 창조하신 하나님 속에 감추어졌던 비밀의 경륜이 어떠한 것을 드러내게 하려 하심이라."

237   하나님의 유월절에 세례와 성찬의 관련성이 여기에 암시되어 있다.

238   《순례기》 7.3.

239   같은 책, 7.4.

240   같은 책, 7.5.

241   같은 책, 7.6.

242   같은 책, 7.6.

243   T. J. Johnson, *The Soul in Ascent: Bonaventure on Poverty, Prayer and Union with God* (NY : Franciscan Institute, 2012); Bernard McGinn, *The Flowering of Mysticism : Men and Women in the New Mysticism*, 1200-1350 (New York, The Crossroad Pub. Co. 1988) 참조.

244   Edward Coughlin, *Works of St. Bonaventure : Writings on the Spiritual Life* (St Bonaventure, NY: Fransican Institute, 2006); *The Threefold Way, on the Perfection of Life On Governing the Soul*과 *the Solioquium*; Cousins, *Bonaventur* contains a tradition of the Tree of Life; E. Doyle, *Bringing Forth Christ : Five Feasts of the Child Jesus* (Oxford, SLG Press, 1984); Johnson이 번역한 *Bonaventure : Mystic of God's Word : Selected Spiritual Writings* 139-52 참조.

245   Coughlin, *Works of St Bonaventure* 90.

246   같은 책, 96.

247   같은 책, 98.

248   같은 책, 100.

249   같은 책, 102.

250   Coughlin, *Works of St Bonaventure* 104.

251   누가복음 15:11-32.

252   로마서 8:26, "이와 같이 성령도 우리의 연약함을 도우시나니 우리는 마땅히 기도할 바를 알지 못하나 오직 성령이 말할 수 없는 탄식으로 우리를 위하여 친히 간구하시느니라." 인용.

253   Coughlin, *Works of St Bonaventure* 107.

254   같은 책, 110; 보나벤투라는 고린도전서 2장 12-15절에 나오는 바울의 증언을 인용한다.

255   같은 책, 111; cf. *On the Perfection of Life*, cap. vii.

256   보나벤투라는 로마서 8장 35-39절을 인용한다.

257   Coughlin, *Works of St Bonaventure* 115; 이 정의는 선의 우월성에 대한 디오니시우스의 가르침을 보다 전통적인 서양의 가르침, 예를 들어 성 빅토르의 위그의 글에서 사랑의 우월성에 대한 가르침과 통합한 것이다.

258   같은 책, 117.

259   같은 책, 118.

260 로마서 13:14, "오직 주 예수 그리스도로 옷 입고 정욕을 위하여 육신의 일을 도모하지 말라."

261 Coughlin, *Works of St Bonaventure* 120.

262 같은 책, 121; 이 구절은 이 시기에 프란치스코 회원들을 중심으로 휘몰아쳤던 탁발에 대한 논쟁과 민감하게 관련이 있다.

263 같은 책, 122.

264 같은 책, 126.

265 같은 책, 137ff.

266 같은 책, 139.

267 마태복음 13:44, "천국은 마치 밭에 감추인 보화와 같으니 사람이 이를 발견한 후 숨겨 두고 기뻐하며 돌아가서 자기의 소유를 다 팔아 그 밭을 사느니라."

268 Coughlin, *Works of St Bonaventure* 145.

269 마태복음 11:29, "나는 마음이 온유하고 겸손하니 나의 멍에를 메고 내게 배우라 그리하면 너희 마음이 쉼을 얻으리니."

270 Coughlin, *Works of St Bonaventure* 147.

271 빌립보서 2:8, "사람의 모양으로 나타나사 자기를 낮추시고 죽기까지 복종하셨으니 곧 십자가에 죽으심이라."

272 이사야 53:3, "그는 멸시를 받아 사람들에게 버림받았으며 간고를 많이 겪었으며 질고를 아는 자라 마치 사람들이 그에게서 얼굴을 가리는 것같이 멸시를 당하였고 우리도 그를 귀히 여기지 아니하였도다."

273 Coughlin, *Works of St Bonaventure* 151.

274 같은 책, 152.

275 같은 책, 154.

276 같은 책, 159.

역자 주: 만약 우리가 진정으로 열정적인 믿음을 가지고 있다면, 우리는 그리스도의 삶과 가르침을 따르기 위해 모든 것을 버리고 적극적으로 헌신할 것이라는 의미를 전달한다.

277　　같은 책, 160.

278　　같은 책, 162.
　　　역자 주: 위 문장은 말이 적고 간결한 환경에서는 사람들이 죄를 범하는 것을 피할 수 있다는 의미를 전달한다. 말이 적을수록 말로 인한 오류나 잘못된 행동을 줄일 수 있다는 점을 강조하며, 적절하고 신중하게 말하고 행동하는 것이 죄에서 면제될 수 있는 방법이 될 수 있다는 메시지를 전달한다.

279　　같은 책, 166.

280　　같은 책, 167.

281　　마태복음 6:6, "너는 기도할 때에 네 골방에 들어가 문을 닫고 은밀한 중에 계신 네 아버지께 기도하라 은밀한 중에 보시는 네 아버지께서 갚으시리라."

282　　Coughlin, *Works of St Bonaventure* 171

283　　같은 책, 176.

284　　같은 책, 179.

285　　같은 책, 182.

286　　같은 책, 187.

287　　고린도전서 9:24, "운동장에서 달음질하는 자들이 다 달릴지라도 오직 상을 받는 사람은 한 사람인 줄을 너희가 알지 못하느냐 너희도 상을 받도록 이와 같이 달음질하라." 비교.

288　　Coughlin, *Works of St Bonaventure* 191; 누가복음 12:37, "주인이 와서 깨어 있는 것을 보면 그 종들은 복이 있으리로다 내가 진실로 너희에게 이르노니 주인이 띠를 띠고 그 종들을 자리에 앉히고 나아와 수종들리라." 비교.

289　　같은 책, 201-210.

290 이사야 6:2-3, "스랍들이 모시고 섰는데 각기 여섯 날개가 있어 그 둘로는 자기의 얼굴을 가리었고 그 둘로는 자기의 발을 가리었고 그 둘로는 날며 서로 불러 이르되 거룩하다 거룩하다 거룩하다 만군의 여호와여 그의 영광이 온 땅에 충만하도다 하더라."

291 Coughlin, *Works of St Bonaventure* 206.

292 같은 책, 209.

293 아가서 1:13, NB 보나벤투라는 《성 프란치스코의 생애》(*Life of Francis*) IX.2.에서 프란치스코를 그런 용어로 묘사했다.
역자 주: "내 품 가운데 몰약 향주머니"(아 1:13)는 평안과 안락을 상징하는 비유적인 표현이다.

294 Coughlin, *Works of St Bonaventure* 213-344.

295 에베소서 3:14-19, "이러므로 내가 하늘과 땅에 있는 각 족속에게 이름을 주신 아버지 앞에 무릎을 꿇고 비노니 그의 영광의 풍성함을 따라 그의 성령으로 말미암아 너희 속사람을 능력으로 강건하게 하시오며 믿음으로 말미암아 그리스도께서 너희 마음에 계시게 하시옵고 너희가 사랑 가운데서 뿌리가 박히고 터가 굳어져서 능히 모든 성도와 함께 지식에 넘치는 그리스도의 사랑을 알고 그 너비와 길이와 높이와 깊이가 어떠함을 깨달아 하나님의 모든 충만하신 것으로 너희에게 충만하게 하시기를 구하노라."

296 보나벤투라가 야고보서 1장 17절을 다시 인용한다.; "온갖 좋은 은사와 온전한 선물이 다 위로부터 빛들의 아버지께로부터 내려오나니 그는 변함도 없으시고 회전하는 그림자도 없으시니라."

297 Coughlin, *Works of St Bonaventure* 219.

298 고린도전서 15:58, "그러므로 내 사랑하는 형제들아 견실하며 흔들리지 말고 항상 주의 일에 더욱 힘쓰는 자들이 되라 이는 너희 수고가 주 안에서 헛되지 않은 줄을 앎이라."; 보나벤투라는 아우구스티누스의 《천국의 도성》(*CihJ of God*)의 맺음말에서 이 부분을 인용한다.

299 Coughlin, *Works of St Bonaventure* 242; 이 말은 나중에 로마 미사에서 하는 준비기도의 일부가 되었다.

300 Coughlin, *Works of St Bonaventure* 252.

301 같은 책, 257.

302 같은 책, 261.

303 같은 책, 319.

304 같은 책, 338-339.

305 같은 책, 339.

306 Cousins, *Bonaventure; The Tree of Life* 119-75 번역본이 포함되었다.

307 J.G. Bougerol, *Introduction to the Works of Bonaventure*, tr. by J. de Vinck (Paterson, NJ: St Anthony Guild Press, 1964) 159-60 참조.

308 갈라디아서 2:20, "내가 그리스도와 함께 십자가에 못 박혔나니 그런즉 이제는 내가 사는 것이 아니요 오직 내 안에 그리스도께서 사시는 것이라 이제 내가 육체 가운데 사는 것은 나를 사랑하사 나를 위하여 자기 자신을 버리신 하나님의 아들을 믿는 믿음 안에서 사는 것이라." Coughlin, *Works of St Bonaventure* 119.

309 요한계시록 22:1-2, "또 그가 수정 같이 맑은 생명수의 강을 내게 보이니 하나님과 및 어린 양의 보좌로부터 나와서 길 가운데로 흐르더라 강 좌우에 생명나무가 있어 열두 가지 열매를 맺되 달마다 그 열매를 맺고 그 나무 잎사귀들은 만국을 치료하기 위하여 있더라."

310 Coughlin, *Works of St Bonaventure* 122; 보나벤투라는 자신의 다른 저서 《순례기》 후반부에서 이 부분을 똑같이 언급하고 있다.

311 같은 책, 125.

312 역자 주: '영광의 찬가'는 누가복음 2장 14절, "지극히 높은 곳에서는 하나님께 영광이요 땅에서는 하나님이 기뻐하신 사람들 중에 평화로다 하니라"라는 말씀에 기초한 성탄곡이다.

313 Coughlin, *Works of St Bonaventure* 134.

314 같은 책, 138.

315 같은 책, 140-141.

316   역자 주: '슬픔의 성모'(라틴어: *Stabat Mater*)는 '스타바트 마테르 돌로로사'(라틴어: *Stabat Mater Dolorosa*, 성모가 슬픔에 차 서 있다. 요한복음 근거)라고도 하는데, 십자가에 못 박히시는 예수를 바라보는 성모 마리아의 슬픔을 노래한 중세 시대의 시다. 창작자는 알려지지 않았으나, 교황 인노첸시오 3세, 프란치스코회 수도사 라코포네 다 토디, 요하네스 보나벤투라 등으로 추정되기도 한다. <위키백과>

317   Coughlin, *Works of St Bonaventure* 160.

318   같은 책, 164.

319   같은 책, 169.

320   골로새서 2:3, "그 안에는 지혜와 지식의 모든 보화가 감추어져 있느니라."

321   야고보서 1:17, "온갖 좋은 은사와 온전한 선물이 다 위로부터 빛들의 아버지께로부터 내려오나니 그는 변함도 없으시고 회전하는 그림자도 없으시니라."

322   Coughlin, *Works of St Bonaventure* 170p; 잠언 8:35, "대저 나를 얻는 자는 생명을 얻고 여호와께 은총을 얻을 것임이니라."

323   A friar of SSF, *The Mystical Vine: A treatise on the Passion of Our Lord* by St. Bonaventure (London: A. R. Mowbray & Co. Ltd, 1995); 이것은 더 짧은 원본의 교정판을 번역한 것이다.

324   잠언 3:18, "지혜는 그 얻은 자에게 생명 나무라 지혜를 가진 자는 복되도다." 비교.

325   A friar of SSF, *The Mystical Vine* 15.

326   같은 책, 16.

327   같은 책, 19.

328   이 부분은 '거룩하신 예수성심 대축일'(the feast of the sacred heart of Jesus)에 설교한 보나벤투라의 가르침을 담은 것이다.

329   A friar of SSF, *The Mystical Vine* 26.

330   빌립보서 3:21, "그는 만물을 자기에게 복종하게 하실 수 있는 자의 역사로 우리의 낮은 몸을 자기 영광의 몸의 형체와 같이 변하게 하시리라."

331   A friar of SSF, *The Mystical Vine* 52.

332   같은 책, 58.

333   같은 책, 72.

334   같은 책, 73.

335   Doyle, *Bringing Forth Christ*; 이 번역본은 다음 책에서도 찾을 수 있다. Johnson. *Bonaventure: Mystic of God's Word* 139-50.

336   누가복음 11:28, "예수께서 이르시되 오히려 하나님의 말씀을 듣고 지키는 자가 복이 있느니라 하시니라." 비교. 또한 다음 책에 보나벤투라의 가르침에 영향을 준 그보다 먼저 있었던 교부들의 가르침을 설명하는 귀중한 논의가 담겨 있다. Doyle, *Bringing Forth Christ* viii.

337   역자 주: 이 문장은 종종 기독교 예배 또는 기독교 문학에서 사용되며, 예수 그리스도의 어머니인 마리아와 다른 여성들을 의미한다. 이는 그리스도의 어머니들이 그리스도의 탄생과 역사에서 중요한 역할을 한다는 신앙적인 개념을 나타내는 것이다.

338   Doyle, *Bringing Forth Christ* ix-x; Armstrong and Brady, *Francis and Clare* 63, 70, 191, 193 비교.

339   역자 주: 노리치의 줄리안(혹은 줄리아나)는 1342년에 태어나 1416년 이후 사망한 것으로 추정되는 중세 영국의 여성 은수자이다. 그녀가 쓴 《신성한 사랑의 계시》(*Revelations of Divine Love*)는 잉글랜드 언어로 여성이 쓴 저서 중 전해 내려오는 가장 오래된 책으로 알려져 있다. 줄리안은 노리치에 있는 세인트 줄리안 교회(St Julian's Church)에 딸린 자기 방에서 거의 평생을 은둔자로 지냈다. 그녀의 생애에 대해서는 알려진 바가 없으나, 그녀가 썼다고 추정되는 두 개의 원고와 그녀 앞으로 쓰인 4개의 유언장이 현재까지 남아 있으며, 저명한 신비주의자 마저리 켐프(Margery Kempe)의 일화 중에도 자신이 받은 계시에 대해 자문을 구하려고 줄리안을 방문해 조언을 들었다는 이야기가 전해지고 있어서 실존 인물로 받아들여지고 있다. <위키백과>

340   Doyle, *Bringing Forth Christ* 2.

341   같은 책, 7.

342 같은 책, 7; 보나벤투라의 모든 사상의 기저에 있는 이 중요한 가정은 인간 본성에 희망의 근원이 반드시 존재한다는 것이다.

343 같은 책, 8.

344 같은 책, 12.

345 같은 책, 14; 보나벤투라가 자신의 〈독백〉을 언급한 곳이다; 아가서 6:13, "돌아오고 돌아오라 술람미 여자야 돌아오고 돌아오라 우리가 너를 보게 하라."

346 같은 책, 15.

347 보나벤투라가 중세 성서 해석의 발전에서 기여한 바에 따라 그의 지위에 대하여 알아보려면 다음을 참고하라. Dales, 정성경 역, 《하나님의 재창조》(*Divine Remaking*) 2장; 또한 R. E. Murphy (ed.), *Medieval Exegesis of Wisdom Literature: Essays by Ben;l Smalley* (Atlanta, GA: Scholars Press Reprint, 1986)와 L. C. Levy, *Introducing Medieval Biblical Interpretation: The Senses of Scripture in Premodern Exegesis* (Grand Rapids, MI: Baker Academic, 2018) 참조.

348 Karris, *Commentan; on the Gospel of Luke*.

349 Robert J. Karris and Campion Murray, *Works of St Bonaventure, Vol. VII: Commentan; on Ecclesiastes* (St Bonaventure, NY: The Franciscan Institute, 2005); 이 번역은 훌륭한 소개와 풍부한 참고 문헌을 담고 있다.

350 Robert J. Karris (tr.), *Works of St Bonaventure, Vol. XI: Commentan; on the Gospel of John* (St Bonaventure, NY: The Franciscan Institute, 2007); 이 번역 또한 훌륭한 소개와 풍부한 참고 문헌을 담고 있다.

351 Dales, 정성경 번역, 《하나님의 재창조》(*Divine Remaking*); 이 책은 누가복음에 대한 보나벤투라의 해설을 살펴본다.

352 역자 주: '황금 솔기'(Golden seam)는 문학적인 표현으로서, 두 가지 다른 주제 또는 아이디어가 하나로 연결되어 완벽하게 조화를 이루는 것을 말한다. 이는 작품이나 글에서 서로 다른 요소가 조화롭게 결합되어, 전체적인 효과를 높이는 역할을 한다. 황금 솔기는 작품의 내재적인 아름다움과 균형을 강조하며, 작품을 읽는 독자에게 깊은 감동과 인상을 남긴다.

353 Karris and Murray, *Commentan; on Ecclesiastes* 23ff; 또한 보나벤투라는 자신의 누가복음에 대한 주석을 쓰면서 교부 성 셰르의 위그(Hugh of Saint Cher)에게 영향을 많이 받았다.

354 Karris and Murray, *Commentan; on Ecclesiastes* 66f; 마태복음 6:24, "한 사람이 두 주인을 섬기지 못할 것이니 혹 이를 미워하고 저를 사랑하거나 혹 이를 중히 여기고 저를 경히 여김이라 너희가 하나님과 재물을 겸하여 섬기지 못하느니라." 비교.

355 같은 책, 70.

356 마태복음 16:26, "사람이 만일 온 천하를 얻고도 제 목숨을 잃으면 무엇이 유익하리요 사람이 무엇을 주고 제 목숨과 바꾸겠느냐."

357 이 책의 일반적인 라틴어 제목인 '*Concionator*'는 '교수자'(preacher)라는 뜻의 히브리어 '*Koheleth*'를 번역한 것이다.

358 역자 주: 여기서 하나님은 '창조의 제1원인'이 되시는 분이다. 요한복음 1장에서는 'θεὸς ἦν ὁ λόγος'(말씀으로 세상을 창조하신 하나님)로 표현한다.

359 Karris and Murray, *Commentan; on Ecclesiastes* 78; 아가서 8:7, "많은 물도 이 사랑을 끄지 못하겠고 홍수라도 삼키지 못하나니 사람이 그의 온 가산을 다 주고 사랑과 바꾸려 할지라도 오히려 멸시를 받으리라." 인용.

360 같은 책, 232ff.

361 같은 책, 234.

362 전도서 1:5-7, "해는 뜨고 해는 지되 그 떴던 곳으로 빨리 돌아가고 바람은 남으로 불다가 북으로 돌아가며 이리 돌며 저리 돌아 바람은 그 불던 곳으로 돌아가고 모든 강물은 다 바다로 흐르되 바다를 채우지 못하며 강물은 어느 곳으로 흐르든지 그리로 연하여 흐르느니라."

363 Karris and Murray, *Commentan; on Ecclesiastes* 103-104.

364 이에 대한 라틴어 본문에서 사용된 단어는 '*spiritus*'이다.

365 같은 책, 134-135; 전도서 2:4-8, "나의 사업을 크게 하였노라 내가 나를 위하여 집들을 짓고 포도원을 일구며 여러 동산과 과원을 만들고 그 가운데에 각종 과목을 심었으며 나를 위하여 수목을 기르는 삼림에 물을 주기 위하여 못들을 팠으며 남녀 노비

들을 사기도 하였고 나를 위하여 집에서 종들을 낳기도 하였으며 나보다 먼저 예루살렘에 있던 모든 자들보다도 내가 소와 양 떼의 소유를 더 많이 가졌으며"에 대한 주석.

366 같은 책, 166-69; 전도서 3:1-8에 대한 주석

367 같은 책, 204-5; 전도서 4:13-16, "가난하여도 지혜로운 젊은이가 늙고 둔하여 경고를 더 받을 줄 모르는 왕보다 나으니 그는 자기의 나라에서 가난하게 태어났을지라도 감옥에서 나와 왕이 되었음이니라 내가 본즉 해 아래에서 다니는 인생들이 왕의 다음 자리에 있다가 왕을 대신하여 일어난 젊은이와 함께 있고"에 대한 주석. 창세기의 요셉 이야기는 아마도 이 비유 뒤에 있을 것이다.

368 같은 책, 344-346 비교; 전도서 9:13-16, "내가 또 해 아래에서 지혜를 보고 내가 크게 여긴 것이 이러하니 곧 작고 인구가 많지 아니한 어떤 성읍에 큰 왕이 와서 그것을 에워싸고 큰 흉벽을 쌓고 치고자 할 때에 그 성읍 가운데에 가난한 지혜자가 있어서 그의 지혜로 그 성읍을 건진 그것이라 그러나 그 가난한 자를 기억하는 사람이 없었도다 그러므로 내가 이르기를 지혜가 힘보다 나으나 가난한 자의 지혜가 멸시를 받고 그의 말들을 사람들이 듣지 아니한다 하였노라"에 대한 주석. 기독론적 해석의 또 다른 유사한 예에 대한 언급이다.

369 같은 책, 331-333; 전도서 9:7-10, "너는 가서 기쁨으로 네 음식물을 먹고 즐거운 마음으로 네 포도주를 마실지어다 이는 하나님이 네가 하는 일들을 벌써 기쁘게 받으셨음이니라 네 의복을 항상 희게 하며 네 머리에 향 기름을 그치지 아니하도록 할지니라 네 헛된 평생의 모든 날 곧 하나님이 해 아래에서 네게 주신 모든 헛된 날에 네가 사랑하는 아내와 함께 즐겁게 살지어다 그것이 네가 평생에 해 아래에서 수고하고 얻은 네 몫이니라 네 손이 일을 얻는 대로 힘을 다하여 할지어다 네가 장차 들어갈 스올에는 일도 없고 계획도 없고 지식도 없고 지혜도 없음이니라"에 대한 주석.

370 역자 주: 이 말은 인생이 짧다는 의미로 해석할 수 있다. 우리는 유한한 시간 동안만 선한 행동이나 덕을 쌓을 수 있으며, 이러한 기회를 놓치지 않아야 한다는 의미를 담고 있다.

371 같은 책, 401-403; 전도서 12:1-2에 대한 주석.

372 같은 책, 418-421; 전도서 12:5-7에 대한 주석.

373 라틴어 본문에 나온 'et recurrat uitta aurea'는 '금그릇'(golden bowl)이 아니라 '황금

머리띠'(golden fillet)로 번역했다.

374 역자 주: 보나벤투라는 여기서 라틴어 성경에 나온 '*et recurrat vitta aurea*', 즉 '터진 웅덩이'라는 단어를 차용한다. 이는 예레미야 2장 13절에도 나타난다. 이 문맥에서 'broken cistern'은 이스라엘 백성이 하나님과의 관계를 떠나 세속적인 우상 숭배와 허망한 일상의 탐욕에 빠져들었음을 나타낸다.

375 라틴어 본문은 '당신의 생명'(your life)으로 읽는 반면, 오래된 그리스어 필사본은 '우리의 생명'(our life)으로 읽는다.

376 Karris and Murray, *Commentary on Ecclesiastes* 428.

377 V. E. Watts (tr.), *Boethius; The Consolation of Philosophy* (London: Penguin Classics, 1969).

378 Karris, *Commentan; on the Gospel of John*. 다음 내용을 위해 이 책의 훌륭한 서론을 참고하라.

379 지금도 보나벤투라의 67개의 원고가 보존되어 있다.

380 Douglas J. Dales, *Alcuin: Theology and Thought* (Cambridge: James Clarke & Co. Ltd, 2013) 166-69.

381 Karris, *Commentan; on the Gospel of John* 17; Beryl Smalleyd, 'The Gospels in the schools, c. 1100-c.1280(London : Hmabeldon Press, 1985) 203p의 글을 인용하여 이 견해를 확증한다.

382 같은 책, 210-211.

383 같은 책, 212.

384 Karris, *Commentan; on the Gospel of John* 15.

385 같은 책, 39.

386 요한복음 20:31, "오직 이것을 기록함은 너희로 예수께서 하나님의 아들 그리스도이심을 믿게 하려 함이요 또 너희로 믿고 그 이름을 힘입어 생명을 얻게 하려 함이니라."

387 Karris, *Commentan; on the Gospel of John* 42.

388   같은 책, 145-149; 요한복음 2:1-11에 대한 주석.

389   같은 책, 193; 요한복음 3:14에 대한 주석.

390   보나벤투라는 누가복음 주석에서도 변화산에서 변형되신 그리스도의 신비를 이와 같이 표현하였다.

391   Karris, *Commentary on the Gospel of John 15*, 145-149p; 요한복음 2:1-11 참고.

392   같은 책, 221-222; 요한복음 4:1-6에 대한 주석.

393   같은 책, 227.

394   같은 책, 263-266; 요한복음 4:51-52에 대한 주석. "내려가는 길에서 그 종들이 오다가 만나서 아이가 살아 있다 하거늘 그 낫기 시작한 때를 물은즉 어제 일곱 시에 열기가 떨어졌나이다 하는지라."

395   누가복음 1:78, "이는 우리 하나님의 긍휼로 인함이라 이로써 돋는 해가 위로부터 우리에게 임하여."

396   이사야 9:1-2, "전에 고통 받던 자들에게는 흑암이 없으리로다 옛적에는 여호와께서 스불론 땅과 납달리 땅이 멸시를 당하게 하셨더니 후에는 해변 길과 요단 저쪽 이방의 갈릴리를 영화롭게 하셨느니라 흑암에 행하던 백성이 큰 빛을 보고 사망의 그늘진 땅에 거주하던 자에게 빛이 비치도다."

397   Karris, *Commentan; on the Gospel of John* 435-436; 요한복음 7:37-39에 대한 주석. "명절 끝날 곧 큰 날에 예수께서 서서 외쳐 이르시되 누구든지 목마르거든 내게로 와서 마시라 나를 믿는 자는 성경에 이름과 같이 그 배에서 생수의 강이 흘러나오리라 하시니 이는 그를 믿는 자들이 받을 성령을 가리켜 말씀하신 것이라 (예수께서 아직 영광을 받지 않으셨으므로 성령이 아직 그들에게 계시지 아니하시더라.)"

398   같은 책, 462; 요한복음 8:12에 대한 주석. "예수께서 또 말씀하여 이르시되 나는 세상의 빛이니 나를 따르는 자는 어둠에 다니지 아니하고 생명의 빛을 얻으리라."

399   같은 책, 564.

400   같은 책, 565.

401   같은 책, 588-591; 요한복음 11:6에 대한 주석, "나사로가 병들었다 함을 들으시고 그

계시던 곳에 이틀을 더 유하시고."

402 같은 책, 723-25; 요한복음 11:39-44에 대한 주석.

403 역자 주: 성 셰르의 위그(Hugh of Saint Cher or Hugo de Sancto Charo, O. P, 1200경-1263년 3월 19일)는 프랑스의 도미니크회 수사였으며, 추기경이자 저명한 성경 해석가였다. 그는 13세기 초 도피네 비엔 교외의 성 셰르(Saint Cher)에서 태어났다. 초기 작업을 마치고, 집 근처의 지역 수도원에서 공부한 후, 14세쯤 그는 파리 대학교에 입학하여 철학, 신학, 법학을 공부했고, 나중에 그 도시에서 후학을 가르쳤다. 그는 1225년에 도미니크 수도회에 입회했다. 그곳에서 최근에 설립된 수도회의 종교적 관습을 우선적으로 받아들였다. 그는 입학하자마자 프랑스 훈장의 관구장으로 임명되었다. 1230년에 신학 석사가 되었고, 파리 수도원장에 선출되었다. 이 기간 동안 그는 수도회의 성공에 크게 기여했으며 교황 그레고리오 9세의 신뢰를 얻었고, 교황 그레고리오 9세는 그를 1233년 콘스탄티노플에 교황 사절로 파견했다. 나중에 오스티아의 추기경까지 역임하였다. <신학백과사전>

404 Karris, *Commentan; on the Gospel of John* 765-767; 요한복음 15:1에 대한 주석. "나는 참포도나무요 내 아버지는 농부라."

405 역자 주: 이 부분은 아우구스티누스가 쓴 글에서 인용된 것으로, 아우구스티누스는 그리스도인의 삶에 신성한 생명이 주입될 수 있다고 믿었다. 이는 그리스도인들이 그리스도 안에 접목되어 새로운 존재가 되고, 신앙생활에서 은혜를 받을 수 있다는 것을 의미한다.

406 Karris, *Commentan; on the Gospel of John* 769; 요한복음 15:9에 대한 주석과 성 빅토르의 리차드의 글을 인용한다.

407 같은 책, 770-771; 요한복음 15:13에 대한 주석.

408 요한복음 3:16, "하나님이 세상을 이처럼 사랑하사 독생자를 주셨으니 이는 그를 믿는 자마다 멸망하지 않고 영생을 얻게 하려 하심이라."

409 아가 8:6, "너는 나를 도장 같이 마음에 품고 도장 같이 팔에 두라 사랑은 죽음 같이 강하고 질투는 스올 같이 잔인하며 불길 같이 일어나니 그 기세가 여호와의 불과 같으니라."

410 Zachary Hayes (tr.), *On the Reduction of the Arts to Theology* (St Bonaventure, NY: The Franciscan Institute, 1996).

411 시편 36:9, "진실로 생명의 원천이 주께 있사오니 주의 빛 안에서 우리가 빛을 보리이다." 비교.

412 Hayes, *On the Reduction of the Arts to Theology* 41.

413 문법, 논리, 수사학은 이를 위한 수단이다.

414 Hayes, *On the Reduction of the Arts to Theology* 45.

415 역자 주: 이 표현은 어떤 프로세스나 사건이 완성되어 끝이 났음을 나타내는 말로 사용된다. 이는 일련의 단계나 과정이 끝나고 그것이 처음 시작한 곳으로 다시 돌아왔음을 의미한다. 이는 종종 어떤 이야기나 계획의 끝을 알리는 데도 사용된다.

416 요한일서 1:5, "우리가 그에게서 듣고 너희에게 전하는 소식은 이것이니 곧 하나님은 빛이시라 그에게는 어둠이 조금도 없으시다는 것이니라."

417 Hayes, *On the Reduction of the Arts to Theology* 47.

418 솔로몬의 아가(Song of Songs)에 등장하는 신부처럼 그녀의 사랑하는 자, 신랑을 찾고 찾는 것과 같다.
역자 주: 찾고 찾으면 반드시 신랑 되시는 그리스도를 만나게 될 것이라는 예언적 희망도 담겨 있다.

419 Hayes, *On the Reduction of the Arts to Theology* 49.

420 창세기 1장에 등장하는 하나님이 선언하신, "좋았더라"(영, good; 히. 토브: tov)는 다른 의미로 '아름답더라'라고 할 수 있다.

421 Mary Carruthers, *The Experience of Beauty in the Middle Ages* (Oxford: Oxford University Press, 2013) 199-205; 보나벤투라가 이 구절의 중요성에 대해 매우 논리적으로 설명한 것은 이 책을 참조하라.

422 Hayes, *On the Reduction of the Arts to Theology* 49; 인공지능의 창조가 임박했다는 점에 비추어 흥미로운 기록이다.

423 같은 책, 51; 보나벤투라는 전통적인 용어로 이것을 이성, 가득한 열망, 성급한 정욕이라고 설명한다.

424 같은 책, 57.

425 보나벤투라는 이것을 창조에서 표현된 것처럼 근본적이고, 마음으로 깨달은 것처럼 지적이며, 하나님의 말씀에서 흐르는 것처럼 이상적이라고 묘사한다.

426 Hayes, *On the Reduction of the Arts to Theology* 57.

427 같은 책, 57.

428 같은 책, 5.

429 이 지문에 등장하는 라틴어 '*filioque*'는 보나벤투라에게 중요성이 크다. '*filioque*'는 니케아 신조에 삽입된 말이다.
역자 주: 'Filioque'는 라틴어로 '아들으로부터'라는 의미다. 이 용어는 니케아 신조에 있는 아들(성자)에게서 성령이 나온다는 구절에 대한 추가 문구다. 니케아 신조는 초기 기독교 공동체의 신앙 공동체에서 중요한 역할을 하는 문장으로, 하나님의 존재에 대한 핵심적인 이해를 나타낸다. 'Filioque'는 서로 다른 기독교 교리 전통 간의 이해 차이와 분쟁의 원인이 되었다. 이 문구는 서방 교회에서 추가되었으며, 동방 교회와의 분쟁을 초래했다. 이 구절의 삽입은 아들(성자)에게서 성령이 나온다는 라틴 교리 이해를 강조하고자 한 것이었다.

430 Hayes, *On the Reduction of the Arts to Theology* 61.

431 같은 책,

432 Zachary Hayes (tr.), *Disputed Questions on the Mystery of the Trinity* (St Bonaventure, NY: The Franciscan Institute, 2000); 이 논문은 훌륭하고 긴 서론을 통해 보나벤투라의 삼위일체 신학이 가진 주된 특색이 잘 드러나도록 구성되어 있다.

433 같은 책, 128ff.

434 역자 주:
1. "그로 인해 그것이 존재하는 것": 이는 어떤 대상이 존재하는 이유 또는 원인을 나타낸다. 즉, 그 대상이 존재하는 것은 어떤 다른 요소나 원리에 의해 가능해진 것이다.
2. "그로 인해 그것이 알려지는 것": 이는 어떤 대상이 인식되거나 알려지는 방법을 나타낸다. 즉, 그 대상이 어떤 다른 요소나 원리에 의해 인식되거나 알려질 수 있는 것이다.
3. "그에 따라 형성되는 것": 이는 어떤 대상이 어떤 다른 요소나 원리에 따라 형성되거나 조정된다는 것을 나타낸다. 즉, 그 대상이 어떤 틀이나 규칙에 따라 형성되거나 조정되는 것을 말한다.

435   Zachary Hayes (tr.), *Disputed Questions on the Mystery of the Trinity* 129.

436   역자 주: '세례 공식'(the baptism formula)은 기독교 세례식에서 사용되는 공식 언어로, 예수 그리스도의 명령에 따라 성경에서 발췌한 구절을 의미한다. 예수 그리스도가 마태복음 28장 19절에서 말씀하신 "그러므로 너희는 가서 모든 민족을 제자로 삼아 아버지와 아들과 성령의 이름으로 세례를 베풀고"라는 구절을 기반으로 하여, 세례식에서는 "성부와 성자와 성령의 이름으로"라는 언급이 반드시 포함되어야 한다. 이를 통해 세례를 받는 사람이 성삼위일체의 이름을 힘입어 입문하는 것으로 여겨진다.

437   요한복음 1:9, "참 빛 곧 세상에 와서 각 사람에게 비추는 빛이 있었나니."

438   Hayes, *Disputed Questions on the Mystery of the Trinity* 131.

439   고린도후서 10:5, "하나님 아는 것을 대적하여 높아진 것을 다 무너뜨리고 모든 생각을 사로잡아 그리스도에게 복종하게 하니." 비교.

440   Hayes, *Disputed Questions on the Mystery of the Trinity* 136-37.

441   같은 책, 100-3; Hayes는 책의 서론에서 원초성에 대한 명석한 논의를 한다.

442   Hayes의 책에서는 그의 주도 아래 '원초성에 대한 학술적인 토론'이 있었음을 밝힌다. 많은 면에서 디오니시우스의 제자였던 보나벤투라와 그레고리 팔라마스 신학 사이에는 밀접한 유사점이 있다. 비록 보나벤투라는 니케아 신조의 'filioque' 구절에 표현된 진리를 깊이 믿었음에도 불구하고 삼위일체 하나님 안에 단일한 원리나 원인이 있다는 정통파의 주장은 보나벤투라의 성부 하나님의 원초성에 대한 가르침으로 확립되었다.

443   Hayes, *Disputed Questions on the Mystery of the Trinity* 100.

444   시편 36:9, "진실로 생명의 원천이 주께 있사오니 주의 빛 안에서 우리가 빛을 보리이다"에서 발췌.

445   Hayes, *Disputed Questions on the Mystery of the Trinity* 102.

446   이 논문은 하나님의 존재의 이러한 각각의 측면을 섬세히 다루었으며, 이로 인해 삼위일체 신앙과 양립할 가능성이 높음을 입증했다.

447   베드로후서 1:4, "이로써 그 보배롭고 지극히 큰 약속을 우리에게 주사 이 약속으로

말미암아 너희가 정욕 때문에 세상에서 썩어질 것을 피하여 신성한 성품에 참여하는 자가 되게 하려 하셨느니라."

448 Hayes, *Disputed Questions on the Mystery of the Trinity* 103.

449 역자 주: 지성과 이성, 의지의 통합으로 이루어진 인간의 내면적인 성숙과 완전성을 나타낸다. 인간은 하나님에게서 나온 유일한 영혼으로서 하나님과의 관계를 통해 이 '지능적인 원형'을 향해 성장하고 발전할 수 있다. 이는 영원한 생명의 목적과 인간의 참된 존재의 이치를 이해하는 데 중요한 개념이다. 이 용어는 하나님의 신비로움과 무한성을 강조하면서, 우리가 하나님을 이해하고 표현하는 데 한계가 있음을 암시한다. 하나님은 우리가 이해할 수 있는 범위를 넘어서는 존재로서, 우리의 한계적인 이성으로는 완전히 포착하기 어렵다는 것을 나타낸다.

450 Hayes, *Disputed Questions on the Mystery of the Trinity* 266.

451 Zachary Hayes, *Disputed Questions on the Knowledge of Christ* (St. Bonaventure, NY: The Franciscan Institute, 2005); 이 논문의 서론이 문맥을 이해하는 데 유용하다. Zachary Hayes, *The Hidden Centre : Spirituality and Speculative Christology in St. Bonaventure* (NY: Paulist pressm 1981), 107-117p; 앞의 논문의 중요성에 대한 자세한 논의는 이 논문을 참조하라. 이 두 권의 책은 보나벤투라의 논문 내용을 상세하게 해설해 놓았다.

452 Zachary Hayes (tr.), *What Manner of Man? Sermons on Christ by St Bonaventure* (Chicago: Franciscan Herald Press, 1974); 보나벤투라의 기독론과 관련된 다른 두 설교와 함께 Hayes의 서론에 자세한 해설이 있다. 이 설교는 다음 책에도 수록되어 있다; Johnson, *Bonaventure: Mystic of God's Word* 152-66.

453 역자 주: 이 주장은 이성과 불변한 진리의 중요성을 강조하면서도 다양한 분야에서 올바른 답을 제공하기 위해 전문 지식과 전문성의 중요성을 인정하는 것이 반대로 중요하다는 시사점을 알려준다.

454 Hayes, *Disputed Questions on the Knowledge of Christ* 117.

455 같은 책, 120.

456 같은 책, 125.

457 같은 책, 134; 따라서 하나님은 '*totum, licet non totaliter*'로 알려질 수 있다. 하나님은

인간의 마음에 의해 진정으로 인식될 수 있지만, 결코 완전히 이해되지 않는 분이다. 역자 주: 보나벤투라는 '*totum, licet non totaliter*'라는 라틴어를 사용하는데, 이를 우리말로 해석하면 '전부가 아닌 전부'라고 할 수 있다. 이는 무엇인가를 진실하게 지각하지만 그러나 완전히 인간의 지성으로는 이해할 수 없는 지식을 말한다. 본서에서는 '관조'라고 해석된다.

역자의 다른 주: 보나벤투라의 신학은 스콜라 철학자답게 이성에 바탕을 두고 있다. 그러나 당시 스콜라 철학은 아리스토텔레스 연구가 부흥하던 때였고, 새로운 신학의 기조가 일어나고 있었다. 토마스 아퀴나스가 철저히 아리스토텔레스의 철학에 기대 새로운 신학을 전개한 반면, 보나벤투라는 보수적 관점에서 신학을 전개한다. 그는 세상의 창조는 인간들의 이성의 빛으로 증명되어야 한다는 '인식론적 추상설'을 주장했다. 그는 인간의 지혜를 하나님이 그 믿는 성도들에게 허락하시는 신비적인 조명(照明)과 견줄 수 있다고 말한다. 그러나 보나벤투라는 비록 이성이 하나님이 허락하신 선물이라고 하더라도, 이성만으로 진리에 이를 수 없으며, 신의 조명(照明)이 반드시 필요하다고 말한다.

458 같은 책, 136.

459 같은 책, 144.

460 Chadwick, *St Augustine's Confessions* 1.1.

461 같은 책, 171.

462 같은 책, 171; 보나벤투라는 안셀무스의 《신 존재 증명》(*Proslogion*) 26쪽에서 인용한다.

463 Ibid, 171-172.

464 같은 책, 187; 보나벤투라는 이 부분에서 교부 디오니시우스의 저작들, 특히 *Mystical Theology and from his On the Divine Names*에서 광범위하게 인용한다.

465 같은 책, 189.

466 같은 책, 194.

467 보나벤투라는 이 부분을 설명하기 위하여 요한계시록 2장 17절의 신비한 계시를 인용한다. "귀 있는 자는 성령이 교회들에게 하시는 말씀을 들을지어다 이기는 그에게는 내가 감추었던 만나를 주고 또 흰 돌을 줄 터인데 그 돌 위에 새 이름을 기록한 것이 있나니 받는 자밖에는 그 이름을 알 사람이 없느니라."

468 Chadwick, *St Augustine's Confessions* 195-196; 보나벤투라는 여기서 에베소서 3장 17절 말씀을 인용한다. "믿음으로 말미암아 그리스도께서 너희 마음에 계시게 하시옵고 너희가 사랑 가운데서 뿌리가 박히고 터가 굳어져서."

469 같은 책, 196.

470 마태복음 23:10, "또한 지도자라 칭함을 받지 말라 너희의 지도자는 한 분이시니 곧 그리스도시니라."

471 Hayes, *What Manner of Man?* 21.

472 같은 책, 22.

473 같은 책, 25.

474 같은 책, 26.

475 요한복음 1:9, "참 빛 곧 세상에 와서 각 사람에게 비추는 빛이 있었나니."

476 Hayes, *What Manner of Man?* 30.

477 같은 책, 32.

478 같은 책, 34.

479 같은 책, 38-39.

480 같은 책, 41-44.

481 같은 책, 45-46.

482 요한복음 16:13, "그러나 진리의 성령이 오시면 그가 너희를 모든 진리 가운데로 인도하시리니 그가 스스로 말하지 않고 오직 들은 것을 말하며 장래 일을 너희에게 알리시리라."

483 Dominic Monti, *Bonaventurs: Breviloquium*(St. Bonaventure, NY: The Franciscan Institute, 2005); 이것이 이 강연의 기초가 되는 훌륭한 서론을 가진 최고의 판본이다. 그는 《순례기》에서 사용하기 위해 이 책의 유일한 가치에 관해 Gerson의 의견을 NB p. xiii에서 인용하였다. 10장과 11장, 12장의 모든 인용은 별도로 다른 곳에서 인용되지 않는 한 이 책에서 인용한 것이다.

484 역자 주: 피에르 롱바르(프랑스어: Pierre Lombard, 1096년경 - 1160년 7월 21일 또는 22일) 또는 페트루스 롬바르두스(Petrus Lombardus)는 국내에서 피터 롬바드로 알려진 스콜라 신학자이자 파리의 주교였다. 피에르 롱바르는 시편과 바오로 서간에 대한 주석집을 집필했다. 그렇지만 무엇보다도 그가 남긴 가장 유명한 저서는 중세 대학교 강단에서 표준 신학 교과서로 채택된 《네 권으로 된 명제들, 명제집》(*Libri Quattuor Sententiarum*)이다. 1220년대부터 16세기까지 성경을 제외하고 이 책만큼 많은 사람이 찾은 기독교 문헌이 없었다. 알베르투스 마그누스와 토마스 아퀴나스를 비롯해 오컴의 윌리엄과 가브리엘 비엘 등 중세의 모든 주요 사상가가 이 책의 영향을 받았다. 심지어 젊은 시절의 마르틴 루터도 이 책에 대한 해설을 달았으며, 장 칼뱅도 자신의 기독교 강요에서 100회 이상 이 책을 인용했다. 그래서 보나벤투라도 이 책을 자신의 논문에서 소개한 것이라고 볼 수 있다. <위키피디아>

485 보나벤투라의 《신학서설》의 서문, 6.6 참조.

486 *Fides quaerens intellectum*; 《신학서설》을 비롯하여 보나벤투라의 글 어디에서나 안셀무스의 영향을 많이 받았음이 드러난다.

487 Anselm, *De Incarnatione Verbi* 1.

488 로마서 12:1-2, "그러므로 형제들아 내가 하나님의 모든 자비하심으로 너희를 권하노니 너희 몸을 하나님이 기뻐하시는 거룩한 산 제물로 드리라 이는 너희가 드릴 영적 예배니라 너희는 이 세대를 본받지 말고 오직 마음을 새롭게 함으로 변화를 받아 하나님의 선하시고 기뻐하시고 온전하신 뜻이 무엇인지 분별하도록 하라." 비교.

489 요한계시록 21:5, "보좌에 앉으신 이가 이르시되 보라 내가 만물을 새롭게 하노라 하시고 또 이르시되 이 말은 신실하고 참되니 기록하라 하시고."; Bonaventure's *Hexaemeron* 3.2와 *Itinerarium* 4.3 참조.

490 보나벤투라는 프롤로그의 서론에서 '성경'과 '신학'을 거의 동의어처럼 소개하고 있다.

491 보나벤투라의 《신학서설》의 서문 2; 보나벤투라는 또한 여섯 개의 역사 시대를 개요로 설명하며, 그중 마지막은 그리스도의 강림부터 세상의 종말까지 이어진다. 이 마지막 시대와 병행하는 일곱 번째 시대는 예수 그리스도가 무덤에 묻히심부터 모든 인간이 부활하기까지의 기간이다. 그 후에야 영원한 생명의 여덟 번째 시대가 시작될 것이다. 이 체계는 성 빅토르의 위그, 베데(Bede), 아우구스티누스로부터 파생되었다.

492 보나벤투라의《신학서설》서문, 2.4.

493 C. Lubheid, *Pseudo-Dionysius: The Complete Works, Classics of Western Spirituality* (New York: Paulist press, 1987) 참조.

494 보나벤투라의《신학서설》서문, 3.2; 이것은 파리대학교에서 당대에 유행하던 사고방식에 대한 중요한 도전이었다. 바로 기독교 진리를 위한 권위의 원천으로서 그 사고방식이 가진 자율성을 철학 체계에 넘기는 것이다.

495 보나벤투라의《신학서설》서문, 4.3.

496 히브리서 1:1-2, "옛적에 선지자들을 통하여 여러 부분과 여러 모양으로 우리 조상들에게 말씀하신 하나님이 이 모든 날 마지막에는 아들을 통하여 우리에게 말씀하셨으니 이 아들을 만유의 상속자로 세우시고 또 그로 말미암아 모든 세계를 지으셨느니라." 비교.

497 보나벤투라의《신학서설》서문, 4.5.

498 보나벤투라의《신학서설》서문, 5.2.

499 아리스토텔레스 철학은 이성과 철학적인 사고에 중점을 둔 철학적인 전통으로, 종종 신학적인 개념과 충돌할 수 있다. 따라서 이 문장은 아리스토텔레스 철학이 신학을 침범하거나 신학적인 이해를 방해하는 것을 명확히 거부함을 나타낸다.

500 보나벤투라의《신학서설》서문, 6.6.

501 역자 주: 이는 천주교 신학에서 사용되는 개념으로, 하나님의 창조적인 계획과 인간의 역할을 설명하는데 사용된다. 이 개념은 세계와 모든 존재가 하나의 조화로운 체계로 연결되어 있다는 것을 의미한다. 세계는 하나님의 지배 아래에서 운영되며, 모든 존재가 그 맥락에서 자신의 목적과 기능을 갖는다고 믿는다. 이는 종교적인 관점에서 세계의 질서와 의미를 설명하는 방식 중 하나다.

502 보나벤투라의《신학서설》서문, 6.4; 보나벤투라는 서문을 책의 나머지 부분에 대한 '기억을 돕기 위하여' 주의 깊게 개요로 마무리한다. 이 책은 7개 부분으로 구성된 72개 장으로 이루어져 있다. *multum in parvo*.
역자 주: '*multum in parvo*'는 문자 그대로 '함축적으로 많은 것'을 의미하는 라틴어 문구다. 그러나 이것이 실제로 의미하는 바는 사물의 현재 범위를 넘어서는 풍부함이다. 즉, '눈에 보이는 것 이상이 있다'는 의미다. 이와 같은 문구는 문구 자체가 무

한한 가능성을 말하는 응축된 표현이기 때문에 상상력을 자극하며 듣는 사람으로 하여금 더 많은 것을 추구함으로써 호기심을 충족시키도록 유도한다. 보나벤투라가 라틴어에 상당히 능통했음을 보여주는 대목이다.

503 보나벤투라의 《신학서설》 I.1.

504 보나벤투라의 《신학서설》 I.1; 아우구스티누스의 《믿음의 유익》(*De Utilitate Credenda*) 11.25 인용.

505 보나벤투라의 《신학서설》의 서문, I.2; p. 30, n. 7; 보나벤투라는 이 문장에서 라틴어 '가장 경건한'(피이시메, piissime)을 쓰고 있다. 여기서 '신성한, 경건한, 거룩한'(피우스, pius) 예배와 사랑의 풍부한 이중적 개념을 가지고 있다.

506 보나벤투라의 《신학서설》 I.3.

507 보나벤투라의 《신학서설》 I.4.

508 보나벤투라의 《신학서설》 I.5.2; 요한복음 14:23, "예수께서 대답하여 이르시되 사람이 나를 사랑하면 내 말을 지키리니 내 아버지께서 그를 사랑하실 것이요 우리가 그에게 가서 거처를 그와 함께 하리라."

509 보나벤투라의 《신학서설》 I.6.1; 보나벤투라는 영원함, 영광, 유익함과 같은 각 사람과 연관되는 다른 양식을 인용한다. 이와 마찬가지로 전능함, 전지함, 자비함도 인용한다. 하지만 이러한 특성은 공통적으로 모두에게 적용된다.

510 보나벤투라의 《신학서설》 I.6.5.

511 보나벤투라의 《신학서설》 I.7.

512 보나벤투라의 《신학서설》 I.8.7.

513 보나벤투라의 《신학서설》 I.9.3.

514 보나벤투라의 《신학서설》 I.9.5.

515 보나벤투라의 《신학서설》 I.9.7; 보나벤투라는 하나님의 섭리의 신비를 묵상하며 바울의 로마서 11장 33-36절 말씀으로 마무리한다.

516 보나벤투라의 《신학서설》 II.1.2.

517   이것은 창조의 한 발전 수단으로서의 진화이론을 어떤 방식으로도 배제하지 않는다는 것을 유의해야 한다는 것이다.

518   창세기 1:31, "하나님이 지으신 그 모든 것을 보시니 보시기에 심히 좋았더라 저녁이 되고 아침이 되니 이는 여섯째 날이니라."; 히브리어와 그리스어는 '좋았더라'라고 표현하기도 하지만, '아름답더라'라는 의미도 된다.

519   보나벤투라의 《신학서설》 II.2.3-4. 참조; 보나벤투라는 창조의 날들을 구별적인 발전의 구간(시대, epoch)으로 분명하게 인식하였다.

520   역자 주: 이 구문은 과거에 어떤 사람이나 학자가 천문학적인 관찰을 바탕으로 만들어낸 개념 중 하나다. 이러한 개념은 천체들의 움직임이나 위치를 이해하는 데 사용되었다. 이 구문은 역사적인 맥락에서 이해되어야 하며, 현재의 과학적인 이론과는 다를 수 있다. 이는 그 시대의 사상과 이해에 기반한 것이므로 현대의 지식과는 차이가 있을 수 있다.

521   보나벤투라의 《신학서설》 II.4.1.
역자 주: 결정주의 철학은 모든 사건과 결정이 이미 결정되어 있다는 철학적 입장을 말한다. 결정주의자들은 우주적인 불변의 법칙에 따라 모든 사건과 결정이 이미 결정되어 있으며, 인간의 의지나 선택이 자유롭게 작용하는 것이 아니라, 모든 것이 예측 가능하고 결정되어 있다고 주장한다.

522   보나벤투라의 《신학서설》 II.4.4-5.

523   고린도후서 5:1, "만일 땅에 있는 우리의 장막 집이 무너지면 하나님께서 지으신 집 곧 손으로 지은 것이 아니요 하늘에 있는 영원한 집이 우리에게 있는 줄 아느니라." 비교.

524   보나벤투라의 《신학서설》 II.6.2.

525   보나벤투라의 《신학서설》 II.7; 베드로후서 2:4, "하나님이 범죄한 천사들을 용서하지 아니하시고 지옥에 던져 어두운 구덩이에 두어 심판 때까지 지키게 하셨으며." 비교.

526   보나벤투라의 《신학서설》 II.8.1; 보좌들, 케루빔, 세라핌(이사야 6장 참조); 주권, 은덕, 능력; 권세, 대천사, 천사들. 천사들의 사명은 인간들이 구원의 길에 도움을 주는 것이다.

527   보나벤투라의 《신학서설》 II.9.1.

528 프란치스코가 받은 성흔의 의의는 그의 고통받은 육체를 통해 영혼의 십자가에 헌신하였음을 나타내는 극명한 표상이었다.

529 보나벤투라의 《신학서설》 II.9.5.

530 보나벤투라의 《신학서설》 II.98.

531 역자 주: 영혼의 무결성이란 영혼의 완전성, 온전성, 정화된 상태를 의미한다. 이는 내면의 선의성, 진실성, 윤리적인 온전성을 함축한다. 이는 영혼이 오염되지 않았고, 분열되지 않았으며, 본래의 본성과 목적에 부합하는 것을 의미한다.

532 보나벤투라의 《신학서설》 II.10.1.

533 보나벤투라의 《신학서설》 II.10.2-3.

534 보나벤투라의 《신학서설》 II.10.4; p. 91.

535 보나벤투라의 《신학서설》 II.11.2.
역자 주: '내부 규범'은 하나님의 마음속에 있는 것을 의미하며, '외부 규범'은 하나님의 창조물을 의미한다. 이러한 두 가지 측면을 모두 이해하는 것이 인간의 진정한 목적이며, 인간이 그분의 의도와 계획을 이해하고 그분의 창조물을 존중하며 보호하는 데 필요한 것임을 나타낸다.

536 보나벤투라는 이 구절을 위하여 에스겔 2장 9절과 요한계시록 5장 1절을 인용한다. "내가 보니 보라 한 손이 나를 향하여 펴지고 보라 그 안에 두루 마리 책이 있더라."; "내가 보매 보좌에 앉으신 이의 오른손에 두루마리가 있으니 안팎으로 썼고 일곱 인으로 봉하였더라."

537 이것들은 '내가 무엇을 해야 할까?'와 '내가 정말로 무엇을 하고 싶은가?'라는 질문에 반영된 양심의 두 가지 측면이다. 'synderesis', 즉 자연적인 법적 지식은 양심을 따라 행동하도록 이끌고, 그 상태에서 쉽게 놓아주지 않고 붙든다. 이것은 영혼 안에 내재된 하나님을 향하고자 하는 성향을 구성하기 때문이다. 양심(도덕법칙)에 대해서 Robert G. Davis, *The Weight of Love; Affect, Ecstasy and Union in the Theology of Bonaventure* (Bronx, NY: Fordham University Press, 2016) 57-64p 참조.
역자 주: 'synderesis'는 법철학적인 개념으로서 '자연적인 법적 지식' 또는 '자연적인 법의 원리'를 나타내는 라틴어 단어다. 이는 개인이 어떤 행동이 옳고 그른지에 대한 직관적인 이해를 가지고 있다는 개념을 나타낸다.

538 보나벤투라의《신학서설》II.11.6; 보나벤투라는 이것들을 '*gratis data*'와 '*gratis faciens*'로 설명한다.

539 보나벤투라의《신학서설》II.12.1; 이것들에 대해 그는 '흔적들', '형상들', '초상들'이라고 표현했다.

540 보나벤투라의《신학서설》II.12.4.

541 보나벤투라의《신학서설》II.12.5; 여기서 보나벤투라는 성 빅토르의 위그에게서 인용하였다고 명시한다.

542 보나벤투라의《신학서설》III.1.1.

543 보나벤투라의《신학서설》III.1.5.

544 보나벤투라의《신학서설》III.2.5; 요한일서 2:16, "이는 세상에 있는 모든 것이 육신의 정욕과 안목의 정욕과 이생의 자랑이니 다 아버지께로부터 온 것이 아니요 세상으로부터 온 것이라."; 보나벤투라가 쓴 저작들에서 여러 번 인용한 중세 도덕신학의 중요한 문서다.

545 보나벤투라의《신학서설》III.3.2.

546 보나벤투라의《신학서설》III.5.1.

547 보나벤투라의《신학서설》III.5.6; p.111; 보나벤투라는 세례 받지 않은 아이들의 종말에 대한 아우구스티누스의 가르침에 내포된 심각성을 완화하고자 했다. 그는 이를 명시적으로 비판하면서 '하나님은 자비로우셔서 항상 벌을 감하신다'고 주장했다. 실제로 '정의는 주의 자비 아래에 있으며, 사랑하는 하나님의 손에 있는 도구'라고 말했다.

548 보나벤투라의《신학서설》III.6.5.

549 보나벤투라의《신학서설》III.7.1.

550 보나벤투라의《신학서설》III.7.2.

551 보나벤투라의《신학서설》III.8.1; 야고보서 1:14-15, "오직 각 사람이 시험을 받는 것은 자기 욕심에 끌려 미혹됨이니 욕심이 잉태한즉 죄를 낳고 죄가 장성한즉 사망을 낳느니라." 인용.

역자 주: 첫째, 유혹은 제안 단계에서 시작된다. 이는 유혹이 인간에게 어떤 유혹적인 생각, 욕망 또는 유혹적인 행동을 제시하는 것을 의미한다. 둘째, 쾌락 단계에서는 유혹이 인간에게 쾌감이나 기쁨을 제공하는 것으로 진행된다. 이 쾌락은 유혹을 더욱 강화시키고 인간을 유혹에 빠지게 만든다. 셋째, 동의 단계에서는 인간이 유혹에 동의하거나 수락하는 단계다. 이는 인간이 유혹에 굴복하고 유혹의 매력에 빠져들게 되는 시기다. 마지막으로, 행위 단계에서는 인간이 실제로 유혹에 따라 행동하게 된다. 이는 유혹에 굴복하여 유혹의 행위를 수행하는 과정을 의미한다.

552 보나벤투라의 《신학서설》 III.8.2; i.e; 누락의 죄와 행위의 죄
역자 주: '누락의 죄'는 해야 할 일을 하지 않는 것을 말하며 의무를 이행하지 않는 것을 의미한다. 가령 다른 사람을 도와줄 수 있는 기회를 놓치거나, 자신의 책임을 소홀히 하는 것이 누락의 죄에 해당할 수 있다. 반면, '행위의 죄'는 해서는 안 되는 일을 하는 것을 말한다. 즉, 죄를 실제적으로 저지르는 것을 의미한다. 예를 들어, 거짓말, 도둑질, 폭력, 욕설 등이 행위의 죄에 해당할 수 있다.

553 보나벤투라의 《신학서설》 III.8.6; 보나벤투라는 아우구스티누스의 책 《삼위일체론》 (*De Trinitate*) 12.17-18을 인용하여 이 주장을 확정한다.

554 요한일서 2:16, "이는 세상에 있는 모든 것이 육신의 정욕과 안목의 정욕과 이생의 자랑이니 다 아버지께로부터 온 것이 아니요 세상으로부터 온 것이라."

555 보나벤투라의 《신학서설》 III.9.1.

556 보나벤투라의 《신학서설》 III.10.2.

557 보나벤투라의 《신학서설》 III.11.1; 마태복음 12:32, "또 누구든지 말로 인자를 거역하면 사하심을 얻되 누구든지 말로 성령을 거역하면 이 세상과 오는 세상에서도 사하심을 얻지 못하리라." 비교.

558 역자 주: 이 문장은 보나벤투라가 일곱 가지 치명적인 죄 중 하나인 '나태'(laziness)를 다른 죄와 구별하여 설명한다. 이러한 나태의 특징은 다른 사람에게 내려진 은총에 대한 부러움, 진실에 대한 저항, 절망, 예속, 고집 그리고 죽음 앞에서 회개하거나 후회하지 않는 것으로 설명된다.

559 보나벤투라의 《신학서설》 III.11.3.

560 보나벤투라의 《신학서설》 III.11.5; 보나벤투라는 도덕 신학(Moral Theology)에 대한 전체적인 접근방식의 관대함을 다시 한번 드러낸다.

561 달리 인용된 것을 제외하면 모든 참조는 보나벤투라의 《신학서설》 IV.1.1.에서 인용했다.

562 보나벤투라의 《신학서설》 IV.1.2; 빌립보서 2:7, "오히려 자기를 비워 종의 형체를 가지사 사람들과 같이 되셨고."

563 보나벤투라의 《신학서설》 IV.1.3.

564 요한복음 1:14, "말씀이 육신이 되어 우리 가운데 거하시매 우리가 그의 영광을 보니 아버지의 독생자의 영광이요 은혜와 진리가 충만하더라."

565 보나벤투라의 《신학서설》 IV.1.4; 이 마지막 주장은 교부 안셀무스의 저작 《왜 신은 사람이 되었는가?》(*Cur Deus Homo*)를 인용하였다.
역자 주: 안셀무스는 자신의 저서에서 이 세 가지 질문을 던졌다.
1. 하나님은 예수님 없이 자신의 전능하신 능력만으로 인간을 구원하실 수 없는가?
2. 하나님은 죄의 대가에 대한 충족 없이 용서할 수는 없는가?
3. 꼭 신이면서 인간인 중보자여야만 하는가?

566 보나벤투라의 《신학서설》 IV.2.3.

567 보나벤투라의 《신학서설》 IV.2.4.

568 보나벤투라의 《신학서설》 IV.2.6.

569 보나벤투라의 《신학서설》 IV.3.1; 'Mater Dei'는 그리스 신학에서 'Theotokos'이다.

570 보나벤투라의 《신학서설》 IV.3.3; 이 격언은 중세 의학에서 흔히 볼 수 있다.

571 보나벤투라의 《신학서설》 IV.3.4.

572 보나벤투라의 《신학서설》 IV.3.5.

573 역자 주: 그리스어 '*theotokos*'(테오토코스)는 라틴어로 '*Mater Dei*'(마테르 데이, 천주의 모친)이라는 뜻이다.

574 갈라디아서 4:4-5, "때가 차매 하나님이 그 아들을 보내사 여자에게서 나게 하시고 율법 아래에 나게 하신 것은 율법 아래에 있는 자들을 속량하시고 우리로 아들의 명분을 얻게 하려 하심이라."

575 보나벤투라의 《신학서설》 IV.4.4; 보나벤투라는 숫자 '6'을 모든 부분을 구성한다는 의미에서 완벽함을 나타내는 것으로 간주했다.
역자 주: 독자들을 위하여 기독교 신학에서 다루는 여섯 시대는 다음과 같다.
1. 창조 시대(Creation): 천지와 모든 존재가 창조된 시대
2. 죄와 벌 시대(Fall and Judgment): 아담과 하와의 범죄로 인해 죄와 벌이 시작된 시대
3. 약속 시대(Promise): 아브라함과 그의 후손에 대한 하나님의 약속과 계획이 이루어진 시대
4. 율법 시대(Law): 모세의 율법이 주어진 시대
5. 은혜와 왕국 시대(Grace and Kingdom): 예수 그리스도의 오심과 구원의 은혜가 선포된 시대
6. 구원의 시대(Redemption): 예수 그리스도의 십자가 죽음과 부활을 통해 인류의 구원이 이루어지고, 기독교의 시대로 간주되는 시대로 나눈다.

576 보나벤투라의 《신학서설》 IV.4.5.

577 프란치스코는 베들레헴의 구유에 누워 있는 아기 예수에 대한 경배를 권장했다.
역자 주: 이는 크리스마스 시즌에 아기 예수를 기리고 경배하는 것을 장려하려는 의미다.

578 보나벤투라의 《신학서설》 IV.5.6; 골로새서 1:18-19, "그는 몸인 교회의 머리시라 그가 근본이시요 죽은 자들 가운데서 먼저 나신 이시니 이는 친히 만물의 으뜸이 되려 하심이요 아버지께서는 모든 충만으로 예수 안에 거하게 하시고." 비교.

579 Hayes, *Disputed Questions on the Knowledge of Christ* 참조.

580 역자 주: 예수 그리스도는 우리와 마찬가지로 시간과 공간에 묶여 있는 세계에서 인간으로서의 경험을 하실 수 있었으며, 존재하는 모든 것을 감각을 통해 인지할 수 있으셨다. 이것은 그분이 우리와 동등한 인간성을 가지셨음을 나타내는 것이다.

581 보나벤투라의 《신학서설》 IV.6.5; p. 153, n. 59; 보나벤투라는 하나님에 대하여 라틴어 '*totum sed non totaliter*'라는 표현을 쓴다.
역자 주: 이 의미는 '전체적으로는 아니지만 완전히도 아니다.' 다시 말해서, 어떤 대상 또는 개념이 전체적으로 완전하지는 않지만, 완전히 부족한 것도 아니라는 의미를 전달한다.

582 히브리서 5:8-9, "그가 아들이시면서도 받으신 고난으로 순종함을 배워서 온전하게

되셨은즉 자기에게 순종하는 모든 자에게 영원한 구원의 근원이 되시고."

583 보나벤투라의 《신학서설》 IV.7.1.

584 보나벤투라의 《신학서설》 IV.8.2.

585 마태복음 26:39, "조금 나아가사 얼굴을 땅에 대시고 엎드려 기도하여 이르시되 내 아버지여 만일 할 만하시거든 이 잔을 내게서 지나가게 하옵소서 그러나 나의 원대로 마시옵고 아버지의 원대로 하옵소서 하시고."

586 보나벤투라의 《신학서설》 IV.8.5.

587 빌립보서 2:6-8 비교.

588 보나벤투라의 《신학서설》 IV.9.6; 마가복음 15:34 비교.

589 고린도전서 15:54 비교.

590 베드로전서 3:18-20; 사도신경에서처럼.

591 보나벤투라의 《신학서설》 IV.10.3.

592 보나벤투라의 《신학서설》 IV.10.7.

593 보나벤투라는 라틴어 'deiform'(변형된)을 사용하여 설명한다.

594 보나벤투라의 《신학서설》 V.1.1; 보나벤투라는 그의 가장 친애하는 구절 중 하나인, 야고보서 1장 17절을 자신의 저서에서 자주 인용한다. 보나벤투라는 성령강림을 요한계시록 22장 1절에서 말한 하나님의 보좌와 어린 양에게서 흘러나오는 생수의 강과 동일하게 여긴다.

595 보나벤투라의 《신학서설》 V.1.3.

596 John Meyendorff, *A study of Gregory Palamas, tr. by George Lawrance* (London; The Faith Press, 1964)
역자 주: 여기서 사용된 라틴어 '*influentia deiformis*'는 '신성한 영향'이라고 해석된다.

597 보나벤투라의 《신학서설》 V.1.3; '*influentia deiformis*'(신성한 영향).

598 보나벤투라의 《신학서설》 V.1.4; 보나벤투라는 이 구절을 라틴어로 이렇게 표현한다.

'datur donum increatum, quod est Spiritus sanctus, quod habet habet et Deum.' 이 뜻은 '창조되지 않은 은사는 성령이며, 그것을 가진 사람은 하나님을 가진 자다'이다.

599 보나벤투라의 《신학서설》 V.1.5; 이 구절에서 보나벤투라는 다음과 같은 라틴어 구절을 사용한다. 'gratia gratum faciens'은 은혜가 율법이나 계명을 즐거운 것으로 만들어 주며, 복종이 기쁨이 되도록 하는 것을 의미한다; p. 170, n. 6 비교. 그 문구는 '은혜의 신격화'를 의미한다.

600 보나벤투라의 《신학서설》 V.1.6.

601 보나벤투라의 《신학서설》 V.2.4-5; 보나벤투라는 영성의 선물, 하나님의 완전성, 인간의 연약함과 자유롭고 도덕적인 선택을 하는 것의 어려움, 주님의 몸 된 지체들을 위한 그리스도의 중보, 하나님의 관대한 자비, 그리고 '모든 것보다 하나님을 우선하여 사랑'하고자 하는 인간의 진정성 등 *merit de condigno*(라틴어로 '보답의 가치')의 일곱 가지 기초를 주의 깊게 설명한다.
역자 주: 보나벤투라는 자신의 저서에서 '*de condigno*'라는 라틴어를 사용한다. 이 뜻은 '보응'(보상과 응답)이라는 의미다. 역자는 이 라틴어를 '공로'로 해석한다.

602 보나벤투라의 《신학서설》 V.3.1.

603 보나벤투라의 《신학서설》 V.3.2.

604 보나벤투라의 《신학서설》 V.3.5.

605 보나벤투라의 《신학서설》 V.3.6; 로마서 9:16, "그런즉 원하는 자로 말미암음도 아니요 달음박질하는 자로 말미암음도 아니요 오직 긍휼히 여기시는 하나님으로 말미암음이니라." 인용.

606 보나벤투라의 《신학서설》 V.4.2.

607 보나벤투라의 《신학서설》 V.4.4.

608 보나벤투라의 《신학서설》 V.4.6; 사랑은 모든 덕목의 '형태'이며, 그것들은 참되고 거룩하신 하나님의 사랑으로 감동시키고 이끈다.

609 보나벤투라의 《신학서설》 V.5.1; 이사야 11:2-3, "그의 위에 여호와의 영 곧 지혜와 총명의 영이요 모략과 재능의 영이요 지식과 여호와를 경외하는 영이 강림하시리니 그가 여호와를 경외함으로 즐거움을 삼을 것이며 그의 눈에 보이는 대로 심판하지 아

니하며 그의 귀에 들리는 대로 판단하지 아니하며."

610 보나벤투라의 《신학서설》 V.5.4-5.

611 보나벤투라의 《신학서설》 V.5.6.

612 보나벤투라의 《신학서설》 V.5.9.

613 마태복음 5:1-9, "예수께서 무리를 보시고 산에 올라가 앉으시니 제자들이 나아온지라 입을 열어 가르쳐 이르시되 심령이 가난한 자는 복이 있나니 천국이 그들의 것임이요 애통하는 자는 복이 있나니 그들이 위로를 받을 것임이요 온유한 자는 복이 있나니 그들이 땅을 기업으로 받을 것임이요 의에 주리고 목마른 자는 복이 있나니 그들이 배부를 것임이요 긍휼히 여기는 자는 복이 있나니 그들이 긍휼히 여김을 받을 것임이요 마음이 청결한 자는 복이 있나니 그들이 하나님을 볼 것임이요 화평하게 하는 자는 복이 있나니 그들이 하나님의 아들이라 일컬음을 받을 것임이요."

614 시편 25:10, "여호와의 모든 길은 그의 언약과 증거를 지키는 자에게 인자와 진리로다."

615 보나벤투라의 《신학서설》 V.6.5.

616 보나벤투라의 《신학서설》 V.6.5.

617 갈라디아서 5:22-23, "오직 성령의 열매는 사랑과 희락과 화평과 오래 참음과 자비와 양선과 충성과 온유와 절제니 이 같은 것을 금지할 법이 없느니라."; 벌게이트역 성경에는 인내와 겸손과 정절을 더한 열두 가지 열매가 나열되어 있다.

618 보나벤투라의 《신학서설》 V.6.6; 요한일서 1:1, "태초부터 있는 생명의 말씀에 관하여는 우리가 들은 바요 눈으로 본 바요 자세히 보고 우리의 손으로 만진 바라."

619 보나벤투라의 《신학서설》 V.7.1-3.

620 보나벤투라의 《신학서설》 V.8.5; 예수님의 대제사장적 기도, 요한복음 17:22-23, "내게 주신 영광을 내가 그들에게 주었사오니 이는 우리가 하나가 된 것 같이 그들도 하나가 되게 하려 함이니이다 곧 내가 그들 안에 있고 아버지께서 내 안에 계시어 그들로 완전함을 이루어 하나가 되게 하려 함은 아버지께서 나를 보내신 것과 또 나를 사랑하심 같이 그들도 사랑하신 것을 세상으로 알게 하려 함이로소이다." 비교.

621 보나벤투라의 《신학서설》 V.9.3.

622 출애굽기 20:1-17 참고.

623 보나벤투라의 《신학서설》 V.9.4-5.

624 요한일서 2:15, "이 세상이나 세상에 있는 것들을 사랑하지 말라 누구든지 세상을 사랑하면 아버지의 사랑이 그 안에 있지 아니하니."

625 보나벤투라의 《신학서설》 V.10.2.

626 보나벤투라는 마태복음 6장 11절, "오늘 우리에게 일용할 양식을 주시옵고"라는 대목에서 언급한 그리스어 'epiousios'(일용할 빵, 일용할 양식)를 'supersubstantial'(모든 존재를 넘어서는 초월적)이라고 해석한다.

627 가톨릭에서는 세례, 견진, 성찬, 고해, 고행, 서품, 혼인의 일곱 가지 성사(聖事)가 있다.

628 보나벤투라의 《신학서설》 V.10.5.
역자 주: 이는 기독교 교리에서 언급되는 신성한 은혜로서, 하나님의 은혜와 은사를 받아 더욱 높은 수준의 신앙생활을 이루기 위해 필요한 선물들을 말한다. 이 일곱 가지 선물은 지혜, 이해, 조언, 인내, 지식, 경건, 그리고 효경(孝敬)이다. 이러한 선물들은 신자들이 더욱 깊은 신앙생활을 이루고, 하나님의 뜻을 더욱 잘 이해하고 실천할 수 있도록 도와준다.

629 보나벤투라의 《신학서설》 VI.1.2.

630 보나벤투라의 《신학서설》 VI.1.6; 보나벤투라는 성 빅토르의 위그(Hugh of Saint-Victor)의 De Sacramentis(예식론, 세례와 성찬)에서 이를 인용한다.

631 보나벤투라의 《신학서설》 VI.2.1.

632 보나벤투라의 《신학서설》 VI.2.4.

633 보나벤투라의 《신학서설》 VI.3.1; p. 218, n. 22 참조; 12세기에 이르러 서구 교회에서 7개의 성사의 교리가 확고하게 정립되었다. 사실상 그 시대의 표준 신학 교재였던 피에르 롱바르(Peter Lombard)의 Sentences라는 명저를 통해 그 교리가 전파되었다.

634 창세기 2:18-25 참조.

635 역자 주: 기독교에서 죽음이 임박한 환자에게 시행되는 성사다. 이 성사는 성직자가

환자에게 기도하고, 기름을 바르는 의식으로 이루어진다. 기름은 신앙의 상징이자, 하나님의 은혜와 힘을 나타내는 것으로 여겨지며, 이를 통해 환자는 하나님의 은혜와 위로를 받으며 죽음을 맞이할 수 있게 된다. 고행은 기독교에서 오랜 역사를 가지고 있으며, 죽음에 대한 불안과 고통을 극복하고, 신앙생활을 마무리하는 데 도움을 주는 의식이라고 할 수 있다.

636 보나벤투라의 《신학서설》 VI.3.2-4.
역자 주: 보나벤투라는 신선한 강한 욕망을 유발하는 연관성 때문에 혼인을 가장 마지막에 두었다.

637 보나벤투라의 《신학서설》 VI.4.1.

638 요한복음 1:14, "말씀이 육신이 되어 우리 가운데 거하시매 우리가 그의 영광을 보니 아버지의 독생자의 영광이요 은혜와 진리가 충만하더라"와 요한복음 14장 6절, "예수께서 이르시되 내가 곧 길이요 진리요 생명이니 나로 말미암지 않고는 아버지께로 올 자가 없느니라" 참조.

639 보나벤투라의 《신학서설》 VI.5.1.

640 여기서 보나벤투라는 가톨릭 성사 운영의 원칙으로 라틴어 '*ex opera operatur*'라는 말을 사용한다.
역자 주: 이 원리는 성사가 성사를 행하는 사람의 의도뿐만 아니라 성사 자체의 힘으로 효과를 발휘한다는 것을 의미한다.

641 보나벤투라의 《신학서설》 VI.5.4; 보나벤투라는 일부 당대의 이단 집단들을 염두에 두고, 특히 도나투스파들(Donatists)에 대항했던, 교부 아우구스티누스의 주장을 폭넓게 인용하였다.
역자 주: 도나투스파들은 4세기 북아프리카에서 발생한 기독교의 한 분파다. 이들은 성직의 정통성과 순결성을 강조하며, 로마 제국의 박해 시기에 로마 교회와 타협한 성직자들의 성직을 인정하지 않았다. 그 결과 도나투스파들은 로마 교회와 대립하고 갈등을 겪으며 독자적인 교회를 형성했다.

642 보나벤투라의 《신학서설》 VI.6.1; p. 229, n. 49.

643 보나벤투라의 《신학서설》 VI.6.7.

644 사도행전 8:15-17, "그들이 내려가서 그들을 위하여 성령 받기를 기도하니 이는 아직 한 사람에게도 성령 내리신 일이 없고 오직 주 예수의 이름으로 세례만 받을 뿐이더

라 이에 두 사도가 그들에게 안수하매 성령을 받는지라."

645　보나벤투라의 《신학서설》 VI.8.5.

646　보나벤투라의 《신학서설》 VI.9.2.

647　보나벤투라의 《신학서설》 VI.9.3; 요한복음 6:63, "살리는 것은 영이니 육은 무익하니라 내가 너희에게 이른 말은 영이요 생명이라." 비교.

648　보나벤투라의 《신학서설》 VI.9.6.

649　보나벤투라의 《신학서설》 VI.10.6; 보나벤투라가 교황권에 대하여 'ultramontane' (교황권 지상주의자)와 같을 정도로 과도한 신념을 가진 것은 프란치스코회가 그들의 사역에서 교황의 지원에 완전히 의존하였고, 논란에 직면했을 때는 교황에게서 일부 지지를 받았다는 것을 보여준다.

650　야고보서 5:15, "믿음의 기도는 병든 자를 구원하리니 주께서 그를 일으키시리라 혹시 죄를 범하였을지라도 사하심을 받으리라."

651　보나벤투라의 《신학서설》 VI.12.4; 이러한 계급 제도는 디오니시우스에게서 파생되었다.

652　보나벤투라의 《신학서설》 VI.12.5; 보나벤투라는 교황을 모든 성직자와 신자 위에 있는 유일하고 첫 번째이며 최고의 존재로 묘사한다. 그는 "첫 번째 계급, 유일한 배우자, 분리되지 않은 머리, 최고의 교황이자 그리스도의 대리인"이라고 말했다. 그는 당대에 몇 명의 교황을 직접 알았으며, 그들을 친구로 여겼다.

653　보나벤투라의 《신학서설》 VI.13.1.

654　에베소서 5:22-33 비교.

655　보나벤투라의 《신학서설》 VI.13.5; 마태복음 19:6, "그런즉 이제 둘이 아니요 한 몸이니 그러므로 하나님이 짝지어 주신 것을 사람이 나누지 못할지니라 하시니."

656　보나벤투라의 《신학서설》 VII.1.2. '*quia Dei capax est beatificabilis*'(왜냐하면 하나님은 복되실 수 있기 때문이다).

657　요한계시록 20:12, "또 내가 보니 죽은 자들이 큰 자나 작은 자나 그 보좌 앞에 서 있는데 책들이 펴 있고 또 다른 책이 펴졌으니 곧 생명책이라 죽은 자들이 자기 행위를

따라 책들에 기록된 대로 심판을 받으니." 비교.

658   요한복음 5:22-29 비교.

659   보나벤투라의 《신학서설》 VII.2.1; p. 270, n. 13; 연옥은 12세기 후반에 확실한 장소로 확립되었다. 보나벤투라는 단테의 《신곡》(*Divina Comedia*)에 나온 연옥의 비전에 대해 상당히 관심을 기울였다.

660   보나벤투라의 《신학서설》 VII.2.6.

661   역자 주: 성체축일은 마지막 만찬에서 예수님이 행하신 성찬의식을 기념하는 기독교의 의식이다. 이는 예수 그리스도의 살과 피를 상징하는 빵과 와인을 통해 그리스도의 희생과 사랑을 기억하고, 그의 부활을 기념하는 의식이다. 성체축일은 기독교 신앙의 중요한 요소 중 하나이며, 많은 기독교 교파에서 정기적으로 진행된다.

662   보나벤투라의 《신학서설》 VII.3.3; 'Gregory's *Dialogues* Book IV 인용.

663   보나벤투라의 《신학서설》 VII.4.1; 베드로후서 3:5-13 비교.

664   보나벤투라의 《신학서설》 VII.4.3; 로마서 8:20-22, " 피조물이 허무한 데 굴복하는 것은 자기 뜻이 아니요 오직 굴복하게 하시는 이로 말미암음이라 그 바라는 것은 피조물도 썩어짐의 종 노릇 한 데서 해방되어 하나님의 자녀들의 영광의 자유에 이르는 것이니라 피조물이 다 이제까지 함께 탄식하며 함께 고통을 겪고 있는 것을 우리가 아느니라"와 요한계시록 21:5, "보좌에 앉으신 이가 이르시되 보라 내가 만물을 새롭게 하노라 하시고 또 이르시되 이 말은 신실하고 참되니 기록하라 하시고" 비교.

665   보나벤투라의 《신학서설》 VII.4.7.

666   로마서 8:18-22 비교.

667   보나벤투라의 《신학서설》 VII.4.8; 에베소서 4:13 비교.

668   보나벤투라의 《신학서설》 VII.6.2; 마가복음 9:48과 요한계시록 14:11 비교.

669   단테도 신곡에서 그렇게 말했다.

670   보나벤투라의 《신학서설》 VII.7.1; 아가서 11장 5절에 대한 베르나르의 설교를 인용하였다.

671 보나벤투라의 《신학서설》 VII.7.1; p. 292, n. 66; 이 직관은 베데의 *De Tabernaculo* 6장에서 유래되었다. 보나벤투라의 지성에서 설교자의 소명의 중요성을 주목하라.

672 보나벤투라의 《신학서설》 VII.7.3.

673 보나벤투라의 《신학서설》 VII.7.4.

674 보나벤투라의 《신학서설》 VII.7.6; p. 296, n. 78; Bonaventure cites Anselm., *Proslogion* 24-26; cf. B. Ward (tr.), *The Prayers and Meditations of St Anselm with the Proslogion* (London: Penguin Classics, 1973) 263-67.

675 Z. Hayes(tr.논문), *Collations on the Seven Gifts of the Holy Spirit* (St. Bonaventure, NY: The Franciscan Institute, 2008); 보나벤투라의 강의는 2월 25일부터 4월 7일까지 사순절 기간에 이루어졌다. 강론은 구술로 전해진 보고서였으며, 그 후 그 교사에 의해 검토되고 승인되었다.

676 이전 해에 발표된 보나벤투라의 십계명에 대한 강론은 훨씬 더 간단한 개요 방식으로 작성되었고, 보다 더 기초적인 교육 수준에 맞추어져 있다고 할 수 있다; P. Spaeth(tr.논문), *St. Bonaventure: Collations on the Ten Commendments* (St. Bonaventure, NY: The Franciscan Institute, 1995) 참고.

677 Hayes, *Seven gifts of the Holy Spirit* 27.

678 요한복음 1:17, "율법은 모세로 말미암아 주어진 것이요 은혜와 진리는 예수 그리스도로 말미암아 온 것이라."

679 Hayes, *Seven gifts of the Holy Spirit* 29.

680 고린도후서 6:1, "우리가 하나님과 함께 일하는 자로서 너희를 권하노니 하나님의 은혜를 헛되이 받지 말라."

681 누가복음 1:28, "그에게 들어가 이르되 은혜를 받은 자여 평안할지어다 주께서 너와 함께 하시도다 하니."

682 히브리서 4:16, "그러므로 우리는 긍휼하심을 받고 때를 따라 돕는 은혜를 얻기 위하여 은혜의 보좌 앞에 담대히 나아갈 것이니라."

683 Hayes, *Seven gifts of the Holy Spirit* 31.

684 같은 책, 32.

685 같은 책, 33-34p; 히브리서 10:28-29, "모세의 법을 폐한 자도 두세 증인으로 말미암아 불쌍히 여김을 받지 못하고 죽었거든 하물며 하나님 아들을 짓밟고 자기를 거룩하게 한 언약의 피를 부정한 것으로 여기고 은혜의 성령을 욕되게 하는 자가 당연히 받을 형벌은 얼마나 더 무겁겠느냐 너희는 생각하라." 암시함.

686 역자 주: 은혜는 우리가 받은 최상의 선물이며, 그 선물의 근원은 하나님이시다. 그러므로 은혜를 받고 그 은혜가 번성하려면, 우리는 그 은혜의 근원인 하나님께 돌아가야 한다. 이것은 우리가 받은 은혜에 대한 감사와 경의를 나타내는 것이 된다.

687 같은 책, 35.

688 역자 주: 이것은 마치 초점이 맞지 않는 사진이 흐릿하게 보이는 것과 같다. 초점을 맞추고 사진을 선명하게 복원하기 위해서는 적절한 방법으로 사진을 정렬해야 한다. 마찬가지로, 우리가 하나님과 더욱 닮아가기 위해서는 우리 내부의 이미지를 정렬하고, 우리의 영혼과 마음을 하나님과 일치시켜야 한다. 이것은 우리가 하나님의 은혜와 도움을 받아 우리의 영혼과 마음을 정화하고, 하나님과 더욱 가까워지는 과정에서 이루어진다.

689 같은 책, 37; 빌립보서 4:13, "내게 능력 주시는 자 안에서 내가 모든 것을 할 수 있느니라." 비교.

690 같은 책, 38.

691 같은 책, 41.

692 같은 책, 42.

693 역자 주: 7편의 참회 시편이란, 시편 중 51, 6, 32, 38, 51, 102, 130편을 가리킨다. 이 시편들은 다윗이 자신의 죄를 회개하며 하나님께 기도한 내용을 담고 있다. 시편들은 자신의 죄와 하나님의 용서에 대한 갈망, 그리고 하나님의 은혜와 자비에 대한 감사를 표현하고 있다. 이러한 참회 시편들은 우리에게도 영적인 가르침과 위로를 줄 수 있다.

694 Hayes, *Seven gifts of the Holy Spirit* 55.

695 같은 책, 56.

696　히브리서 10:31, "살아 계신 하나님의 손에 빠져 들어가는 것이 무서울진저."

697　Hayes, *Seven gifts of the Holy Spirit* 58.

698　외경 시락서 1:20(가톨릭 성경), "지혜의 뿌리는 주님을 경외함이며 지혜의 가지는 오래 삶이다."

699　Hayes, *Seven gifts of the Holy Spirit* 60.

700　Gregory LaNave, *Through Holiness to Wisdom: The Nature of Theologi; According to St Bonaventure* (Rome: Istituto Storico dei Cappuccini, 2005) 참조.

701　Hayes, *Seven gifts of the Holy Spirit* 62.

702　Hayes, *Seven gifts of the Holy Spirit* 74.

703　디모데전서 4:8, "육체의 연단은 약간의 유익이 있으나 경건은 범사에 유익하니 금생과 내생에 약속이 있느니라."

704　Hayes, *Seven gifts of the Holy Spirit* 69.

705　베드로후서 1:5-7, "그러므로 너희가 더욱 힘써 너희 믿음에 덕을, 덕에 지식을, 지식에 절제를, 절제에 인내를, 인내에 경건을, 경건에 형제 우애를, 형제 우애에 사랑을 더하라."

706　Hayes, *Seven gifts of the Holy Spirit* 74.

707　Hayes, *Seven gifts of the Holy Spirit* 75.

708　마태복음 19:21 비교.

709　디모데전서 3:16, "크도다 경건의 비밀이여, 그렇지 않다 하는 이 없도다 그는 육신으로 나타난 바 되시고 영으로 의롭다 하심을 받으시고 천사들에게 보이시고 만국에서 전파되시고 세상에서 믿은 바 되시고 영광 가운데서 올려지셨느니라."; 그의 저작에 나온 '*Et manifeste magnum est pietatis sacramentum*'. 이 라틴어 문장은 "그리고 확실히 경건의 성사는 크도다"라는 뜻이다.

710　Hayes, *Seven gifts of the Holy Spirit* 77.

711　같은 책,

712 같은 책, 79.

713 같은 책, 81.

714 열왕기상 3:7-12, "나의 하나님 여호와여 주께서 종으로 종의 아버지 다윗을 대신하여 왕이 되게 하셨사오나 종은 작은 아이라 출입할 줄을 알지 못하고 왕께서 택하신 백성 가운데 있나이다 그들은 큰 백성이라 수효가 많아서 셀 수도 없고 기록할 수도 없사오니 누가 주의 이 많은 백성을 재판할 수 있사오리이까 듣는 마음을 종에게 주사 주의 백성을 재판하여 선악을 분별하게 하옵소서 솔로몬이 이것을 구하매 그 말씀이 주의 마음에 든지라 이에 하나님이 그에게 이르시되 네가 이것을 구하도다 자기를 위하여 장수하기를 구하지 아니하며 부도 구하지 아니하며 자기 원수의 생명을 멸하기도 구하지 아니하고 오직 송사를 듣고 분별하는 지혜를 구하였으니 내가 네 말대로 하여 네게 지혜롭고 총명한 마음을 주노니 네 앞에도 너와 같은 자가 없었거니와 네 뒤에도 너와 같은 자가 일어남이 없으리라."

715 Hayes, *Seven gifts of the Holy Spirit* 84.

716 고린도후서 3:18, "우리가 다 수건을 벗은 얼굴로 거울을 보는 것 같이 주의 영광을 보매 그와 같은 형상으로 변화하여 영광에서 영광에 이르니 곧 주의 영으로 말미암음이니라."

717 Hayes, *Seven gifts of the Holy Spirit* 93.

718 같은 책, 96.

719 누가복음 11:52, "화 있을진저 너희 율법교사여 너희가 지식의 열쇠를 가져가서 너희도 들어가지 않고 또 들어가고자 하는 자도 막았느니라 하시니라."

720 Hayes, *Seven gifts of the Holy Spirit* 98p.

721 같은 책, 100.

722 같은 책, 101.

723 같은 책, 103.

724 고린도전서 8:1, "우상의 제물에 대하여는 우리가 다 지식이 있는 줄을 아나 지식은 교만하게 하며 사랑은 덕을 세우나니."

725 에베소서 3:17-19, "믿음으로 말미암아 그리스도께서 너희 마음에 계시게 하시옵고 너희가 사랑 가운데서 뿌리가 박히고 터가 굳어져서 능히 모든 성도와 함께 지식에 넘치는 그리스도의 사랑을 알고 그 너비와 길이와 높이와 깊이가 어떠함을 깨달아 하나님의 모든 충만하신 것으로 너희에게 충만하게 하시기를 구하노라."

726 Hayes, *Seven gifts of the Holy Spirit* 104.

727 잠언 31:10-13, "누가 현숙한 여인을 찾아 얻겠느냐 그의 값은 진주보다 더 하니라 그런 자의 남편의 마음은 그를 믿나니 산업이 핍절하지 아니하겠으며 그런 자는 살아 있는 동안에 그의 남편에게 선을 행하고 악을 행하지 아니하느니라 그는 양털과 삼을 구하여 부지런히 손으로 일하며."; 아가 4:4, "네 목은 무기를 두려고 건축한 다윗의 망대 곧 방패 천 개, 용사의 모든 방패가 달린 망대 같고."
역자 주: 보나벤투라는 성모 마리아를 현숙한 여인이라고 묘사하기보다는 용감한 여인으로 묘사한다. 아가의 저 표현은, 신부의 목이 아름다워서, 마치 다윗이 전쟁을 위해 건축한 망대와 같이 강하고 보호해줄 능력이 있다는 것을 비유적으로 표현한 것이다. 이는 신부의 아름다움과 강인함을 강조하는 표현이라고 할 수 있다.

728 Hayes, *Seven gifts of the Holy Spirit* 107.

729 같은 책, 109; 고린도전서 1:25, "하나님의 어리석음이 사람보다 지혜롭고 하나님의 약하심이 사람보다 강하니라." 인용.

730 Hayes, *Seven gifts of the Holy Spirit* 115.

731 같은 책, 121.

732 같은 책, 126; 누가복음 11:27-28, "이 말씀을 하실 때에 무리 중에서 한 여자가 음성을 높여 이르되 당신을 밴 태와 당신을 먹인 젖이 복이 있나이다 하니 예수께서 이르시되 오히려 하나님의 말씀을 듣고 지키는 자가 복이 있느니라 하시니라." 비교.

733 같은 책, 128.

734 출애굽기 3:2, "여호와의 사자가 떨기나무 가운데로부터 나오는 불꽃 안에서 그에게 나타나시니라 그가 보니 떨기나무에 불이 붙었으나 그 떨기나무가 사라지지 아니하는지라."

735 민수기 17:8, "이튿날 모세가 증거의 장막에 들어가 본즉 레위 집을 위하여 낸 아론의 지팡이에 움이 돋고 순이 나고 꽃이 피어서 살구 열매가 열렸더라."

736 사사기 6:37, "보소서 내가 양털 한 뭉치를 타작 마당에 두리니 만일 이슬이 양털에만 있고 주변 땅은 마르면 주께서 이미 말씀하심 같이 내 손으로 이스라엘을 구원하실 줄을 내가 알겠나이다 하였더니."

737 잠언 31:10, "누가 현숙한 여인을 찾아 얻겠느냐 그의 값은 진주보다 더 하니라."

738 예레미야 31:22, "반역한 딸아 네가 어느 때까지 방황하겠느냐 여호와가 새 일을 세상에 창조하였나니 곧 여자가 남자를 둘러 싸리라."

739 이사야 7:14, "그러므로 주께서 친히 징조를 너희에게 주실 것이라 보라 처녀가 잉태하여 아들을 낳을 것이요 그의 이름을 임마누엘이라 하리라."

740 Hayes, *Seven gifts of the Holy Spirit* 130-133.

741 누가복음 2:25, "예루살렘에 시므온이라 하는 사람이 있으니 이 사람은 의롭고 경건하여 이스라엘의 위로를 기다리는 자라 성령이 그 위에 계시더라."

742 히브리서 6:6, "타락한 자들은 다시 새롭게 하여 회개하게 할 수 없나니 이는 그들이 하나님의 아들을 다시 십자가에 못 박아 드러내 놓고 욕되게 함이라." 비교.

743 누가복음 1:38, "마리아가 이르되 주의 여종이오니 말씀대로 내게 이루어지이다 하매 천사가 떠나가니라."

744 Hayes, *Seven gifts of the Holy Spirit* 142.

745 같은 책, 143.

746 같은 책, 144.

747 같은 책, 151.

748 같은 책, 152.

749 같은 책, 155.

750 같은 책, 157.

751 야고보서 1:8, "두 마음을 품어 모든 일에 정함이 없는 자로다."

752 Hayes, *Seven gifts of the Holy Spirit* 161.

753 같은 책, 162.

754 이사야 7:9, "만일 너희가 굳게 믿지 아니하면 너희는 굳게 서지 못하리라 하시니라."; 'credo ut intelligam'은 '나는 믿음으로써 이해한다'라는 라틴어 문구다. 이 문구는 믿음이 지식의 출발점이라는 것을 강조하며, 이해는 믿음을 통해 이루어진다는 것을 나타낸다.

755 고린도후서 10:5, "하나님 아는 것을 대적하여 높아진 것을 다 무너뜨리고 모든 생각을 사로잡아 그리스도에게 복종하게 하니." 비교.

756 Hayes, *Seven gifts of the Holy Spirit* 165.

757 같은 책, 166.

758 시편 111:10, "여호와를 경외함이 지혜의 근본이라 그의 계명을 지키는 자는 다 훌륭한 지각을 가진 자이니 여호와를 찬양함이 영원히 계속되리로다."

759 시편 32:8, "내가 네 갈 길을 가르쳐 보이고 너를 주목하여 훈계하리로다."; 시편 119편 전체 비교.

760 Hayes, *Seven gifts of the Holy Spirit* 170.

761 같은 책, 171-172.

762 고린도후서 4:6, "어두운 데에 빛이 비치라 말씀하셨던 그 하나님께서 예수 그리스도의 얼굴에 있는 하나님의 영광을 아는 빛을 우리 마음에 비추셨느니라."

763 요한복음 1:9, "참 빛 곧 세상에 와서 각 사람에게 비추는 빛이 있었나니."

764 Hayes, *Seven gifts of the Holy Spirit* 175.

765 같은 책, 177.

766 '*LaNave*'(거룩함을 통해 지혜에 도달함)는 보나벤투라의 사상에서 지식, 거룩함, 지혜의 관계에 대한 유용한 연구다.

767 Hayes, *Seven gifts of the Holy Spirit* 182; 야고보서 1:5-6, "너희 중에 누구든지 지혜가 부족하거든 모든 사람에게 후히 주시고 꾸짖지 아니하시는 하나님께 구하라 그리하면 주시리라 오직 믿음으로 구하고 조금도 의심하지 말라 의심하는 자는 마치 바람

에 밀려 요동하는 바다 물결 같으니."

768 골로새서 3:1-2, "그러므로 너희가 그리스도와 함께 다시 살리심을 받았으면 위의 것을 찾으라 거기는 그리스도께서 하나님 우편에 앉아 계시느니라 위의 것을 생각하고 땅의 것을 생각하지 말라."; 보나벤투라는 이 구절에서 라틴어 'sapite'(맛)라는 단어와 'Sapienta'(지혜)라는 단어가 같은 어원이라고 여겼다. 그러므로 하나님의 지혜는 본질적으로 직접 경험할 수 있는 것이다.

769 고린도전서 1:20

770 Hayes, *Seven gifts of the Holy Spirit* 184-185.

771 같은 책, 186.

772 같은 책, 187.

773 야고보서 3:17. 라틴어 본문으로부터.

774 Hayes, *Seven gifts of the Holy Spirit* 189.

775 같은 책, 191.

776 잠언 18:21.

777 Hayes, *Seven Gifts of the Holy Spirit* 194; 보나벤투라는 교황청과 주교들 그리고 수도원장들을 포함한 고위 성직자들의 탐욕과 부 그리고 권력 남용을 비판하였고, 이는 또한 프란치스코회의 정신을 부유하고 복잡한 제도로 변질시키는 것에 대한 경고이기도 했다.
역자 주: 이 문장은 보나벤투라의 저작에서 나온 것으로, 그는 거룩함과 지혜를 추구하는 것이 중요하다고 강조하였다. 그리고 이를 위해서는 세속적인 욕심과 탐욕을 버리고 겸손하고 청빈한 삶을 살아야 한다고 주장하였다.

778 같은 책, 196.

779 같은 책, 197-198.

780 역자 주: '토미즘'(Tomism)은 13세기 프랑스의 철학자, 신학자, 성인인 토마스 아퀴나스(Thomas Aquinas)의 사상과 철학을 중심으로 한 사상 체계이다. 토미즘은 아리스토텔레스의 철학과 기독교 신학을 융합하여 인간의 이성과 신앙을 조화시키는 것

을 목표로 한다. 토마스 아퀴나스는 신의 존재와 창조질서에 대한 이론을 제시하며, 인간의 이성과 신앙의 역할을 강조했다. 토미즘은 중세 철학의 중요한 흐름을 이루었으며, 현대 철학과 신학에도 영향을 미쳤다.

781 *Doctoris Seraphici St. Bonaventure Opera Omnia* (Quaracchi: Collegii St. Bonaventurae, 1895).

782 보나벤투라는 존 메이슨 닐(John Mason Neale)이나 에드워드 퓨지(Edward Pusey)와 같은 인물들에게는 알려져 있지 않았거나, 선용되지 않았다는 것을 말하고 있다. 존 메이슨 닐은 1818년부터 1866년까지 활동한 잉글랜드 교회의 신부, 학자, 찬송가 작곡가이며, 에드워드 퓨지는 잉글랜드 교회의 성직자이자 50년 이상을 크라이스트 교회(Christ Church)의 히브리어 교수로서 옥스퍼드 운동(Oxford Movement 1800-1882)의 주요 지지자 중 한 명이다.

783 옥스퍼드 운동(Oxford Movement)의 결과로 형성된 최초의 신학교인 커데스던(Cuddesdon) 신학교의 구 예배당 창문에는 토마스 아퀴나스, 베르나르, 도미니코, 아시시의 프란치스코와 함께 보나벤투라가 그려져 있다고 언급한다. 이 창문은 1876년에 그 신학교에 설치되었다.
역자 주: 'Cuddesdon'은 영국 옥스퍼드셔(Oxfordshire)에 위치한 마을이다. 이곳에는 Cuddesdon College라는 신학교가 있으며, 이곳은 영국 성공회(Anglican Church)의 목사, 성직자, 평신도를 위한 교육 기관으로 알려져 있다.

784 역자 주: 'Lux Mundi'(세상의 빛이라는 뜻) 학파(school)는 20세기 중반에 영국에서 결성된 천주교 신학자들의 그룹이다. 그룹은 천주교 신학의 발전에 기여하였으며, 천주교 교회의 전통과 현대적인 신학적 문제를 연구하고 토론하는 것을 목표로 하였다. 이 그룹의 구성원으로는 Edward Schillebeeckx, Yves Congar, Hans Urs von Balthasar 등이 있다.

785 A. M. Ramsey, *The Glory of God and The Transfiguration of Christ* (London; Longmans, Green & CO. 1949); *John Burnaby, Amor De; A Study of The Religion of St. Augustine* (London: Hodder & Stoughton, 1938); Kenneti Kirk's exposition, *The Vision of God: The Christian Doctrine of the Summum Bonum*(London Longmans Green & Co. 1931); 이 세 권의 저서에서도 보나벤투라에 대한 언급은 전혀 찾아볼 수 없다.

786 Leo Shirly-Price(논문) *The coming of the Friars* [Thomas of Eccleston, De Adventu Fratrum in Angliam (1258-59)] (Oxford: Mowbray, 1964) 참조.

787 R. Murray, 'Mirror of Experience: Palamas and Bonaventurea on the Experience of God', *Journal of Ecumenical Studies*, 86(2009) 432-460 참조.

788 본서의 상당 부분에서는 이 시편 39편 9절 구절이 자주 언급된다.

789 Ratzinger, *The Theology of History in St. Bonaventure*.
역자 주: 2017년 11월 20일 <베네딕토 16세 전임교황(본명, 라칭거), 성 보나벤투라 국제회의에 메시지>, Vatican Radio 출처기사.

790 Gilson, *The Philosophy of St Bonaventure*.

791 LaNave, *Through Holiness to Wisdom* 참조

792 Gilson, *The Philosophy of St. Bonaventure* 472.

793 같은 책, 474.

794 같은 책, 476.

795 같은 책, 478.

796 같은 책, 481; 보나벤투라의 《독백》(*Solioquium*) IV.1 인용; 여기에 사용된 번역본은 Coughlin의 *Works of St Bonaventure*에도 수록되어 있다.

797 같은 책, 479.

798 같은 책, 480.

799 같은 책, 482.

800 같은 책, 485.

801 같은 책, 486.

802 같은 책, 480.

803 같은 책, 493.

804 같은 책, 494.

805 같은 책, 494-495; 보나벤투라는 라틴어로 보나벤투라와 토마스 아퀴나스를 두 감

람나무와 두 촛대로 묘사한다. *Duae olivae et duo candelabra in domo Dei lucentia.*

806 Mary Carruthers, *The Book of Memory: A Study of Memory in Medieval Culture* (Cambridge: Cambridge University Press, 1990); Mary Carruthers, *The Craft of Thought: Meditation, Rhetoric and the Making of Image*, 400-1200 (Cambridge: Cambridge University Press, 1998); 이 두 저서는 중세의 학자들(scholars)과 성경 교사들이 어떻게 그들의 기억을 개발하고 활용하였는지를 자세히 밝힌다.

807 역자 주: 'Textus Receptus'('공인본문'이라고도 하며, '모두가 받아들이는 본문'이라고 부른다)는 그리스어 번역본 중 하나로, 성경의 원본 텍스트를 기반으로 한 번역본이다. 이 번역본은 16세기에 에라스무스와 스테파누스 등이 편집했으며, 주로 고대 그리스어 사본들을 기반으로 하였다. 'Textus Receptus'는 킹 제임스 성경과 같은 영어 번역본의 기초가 되었다.

808 Karris, *Commentary on the Gospel of Luke.*

809 Dales, 정성경 번역, 《하나님의 재창조》(*Divine Remaking*) 2장 참조.

810 요한복음 1:17, "율법은 모세로 말미암아 주어진 것이요 은혜와 진리는 예수 그리스도로 말미암아 온 것이라." 비교.

811 Hieromonk Issac, *Elder Paisius of Mount Athos* (Chalkidiki, Greece: The Holy Monastry of St. Arsenios the Cappadocian, 2012); 이 저서는 현대 성인의 일대기가 세심하게 가장 잘 나온 견본이다. 파이시우스는 1994년에 사망했으며, 그리스 정교회에서 가장 존경받는 인물 중 하나다.

812 Ilia Delio, *Crucified love: Bonaventure's Mysticism of the Crucified Christ* (Quincy, IL: The Franciscan Press, 1998); 이 저서에서 이 주제가 충분히 탐구되었다.

813 Hayes, *The Hidden Centre*; 이 저서는 보나벤투라의 '기독론'을 가장 상세하게 다루고 있다.

814 요한복음 1:18 비교.

815 요한복음 14:23, "예수께서 대답하여 이르시되 사람이 나를 사랑하면 내 말을 지키리니 내 아버지께서 그를 사랑하실 것이요 우리가 그에게 가서 거처를 그와 함께 하리라."

816   요한복음 16:13, "그러나 진리의 성령이 오시면 그가 너희를 모든 진리 가운데로 인도하시리니 그가 스스로 말하지 않고 오직 들은 것을 말하며 장래 일을 너희에게 알리시리라."

817   요한일서 4:8.

818   Crombie, *Robert Grosseteste and the Origins of Experimental Science 1100-1700*, chapter vii, 135-188 참조.

819   Carruthers, *The Experience of Beauti; in the Middle Ages*, 199-205 참조.

820   Johnson, *The Soul in Ascent*; 이는 보나벤투라의 기도에 대한 가르침을 가장 잘 소개한 저서다.

821   마태복음 6:33, "너희는 먼저 그의 나라와 그의 의를 구하라 그리하면 이 모든 것을 너희에게 더하시리라." 예수님이 말씀하신 것으로서, 그들이 생각하거나 원하는 것이 아닌 사람들에게 실제로 필요한 것을 의미한다.

822   마태복음 6:21, 24, "네 보물 있는 그 곳에는 네 마음도 있느니라." ; "한 사람이 두 주인을 섬기지 못할 것이니 혹 이를 미워하고 저를 사랑하거나 혹 이를 중히 여기고 저를 경히 여김이라 너희가 하나님과 재물을 겸하여 섬기지 못하느니라."

823   Dante,《신곡: 천국편》(*Divina Commedia: Paradiso*) xii. 127-130.

824   Balthasar, *The Glory of the Lord*, 260-362; 1962년 독일에서 처음 발간된 저서.

825   같은 책, 282.

826   같은 책, 261.

827   역자 주: 성 베르나르의 결혼 서약은 일반적으로 결혼식에서 신랑과 신부가 서로에게 하는 서약 중 하나다. "나는 당신과 결혼하고, 당신을 사랑하며, 평생 당신과 함께할 것을 약속합니다. 좋은 때나 어려운 때나, 병든 날과 건강한 날에도 당신을 지지하고 사랑하며, 죽음이 우리를 분리할 때까지 함께할 것을 약속합니다."

828   같은 책, 264.

829   같은 책, 267.

830 빌립보서 3:12-14, "내가 이미 얻었다 함도 아니요 온전히 이루었다 함도 아니라 오직 내가 그리스도 예수께 잡힌 바 된 그것을 잡으려고 달려가노라 형제들아 나는 아직 내가 잡은 줄로 여기지 아니하고 오직 한 일 즉 뒤에 있는 것은 잊어버리고 앞에 있는 것을 잡으려고 푯대를 향하여 그리스도 예수 안에서 하나님이 위에서 부르신 부름의 상을 위하여 달려가노라."

831 아가서 5:2, "내가 잘지라도 마음은 깨었는데 나의 사랑하는 자의 소리가 들리는구나 문을 두드려 이르기를 나의 누이, 나의 사랑, 나의 비둘기, 나의 완전한 자야 문을 열어 다오 내 머리에는 이슬이, 내 머리털에는 밤이슬이 가득하였다 하는구나."

832 고린도전서 1:18-29 비교.

833 Balthasar, *The Glory of the Lord* 270; Delio, *Crucified Love*, Ilia Delio, *Simply Bonaventure: An Introduction to His Life, Thought and Writings* (Hyde Park, NY:New City Press, 2001) 참조.

834 Bonaventure's Life of Francis vii: '*expresse impressam similitudinem Crucifixi*', in Cousins (tr.), Bonaventure.

835 Balthasar, *The Glory of God* 272-73.

836 같은 책, 276; 보나벤투라의 부활절 설교 인용.

837 같은 책, 282; 보나벤투라는 이 사도 바울의 성구를 다른 저작에서도 자주 인용한다.

838 같은 책, 282.

839 같은 책, 324; Bonaventure's *Commentan; on the Sentences* 3, d.13, dub.1 인용.

840 같은 책, 349; 이사야 53:1-4, "우리가 전한 것을 누가 믿었느냐 여호와의 팔이 누구에게 나타났느냐 그는 주 앞에서 자라나기를 연한 순 같고 마른 땅에서 나온 뿌리 같아서 고운 모양도 없고 풍채도 없은즉 우리가 보기에 흠모할 만한 아름다운 것이 없도다 그는 멸시를 받아 사람들에게 버림받았으며 간고를 많이 겪었으며 질고를 아는 자라 마치 사람들이 그에게서 얼굴을 가리는 것같이 멸시를 당하였고 우리도 그를 귀히 여기지 아니하였도다 그는 실로 우리의 질고를 지고 우리의 슬픔을 당하였거늘 우리는 생각하기를 그는 징벌을 받아 하나님께 맞으며 고난을 당한다 하였노라." 비교.

841 같은 책, 353; Bonaventure's *The Threefold Way 3-'omnia in cruce manifestantur'*-which

can be found in Coughlin (tr.), *Works of St Bonaventure* 인용.

842 같은 책, 354.

843 같은 책, 356; 그 비유는 보나벤투라의 말이다.

844 같은 책.

845 Karris, *Commentary on the Gospel of Luke* 2.1444.

846 Balthasar, *The Glory of God* 361.

847 L. J. Valiaplackai, *The Way of God According to Mar Issac of Nineveh and St. Bonaventure* (Rome: Pontifical Institute of Orinetal Studies, 1994)

848 Holy Transfiguration Monastery(거룩한 변모 수도원)(tr.), *The Ascetical Homilies of St. Issac the Syrian* (Brookline, MA: Holy Transfiguration Monastery, 1984) 161.

849 J. M. Hammond(tr.), *Works of St. Bonaventure: Collations on the Hexaemeron* (St. Bonaventure, NY: The Franciscan Institute, 2018) 83; 요한복음 16:28, "내가 아버지에게서 나와 세상에 왔고 다시 세상을 떠나 아버지께로 가노라 하시니." 비교.

참고 문헌

Doctoris Seraphici S. Bonaventurae Opera Omnia (Quaracchi: Collegii S Bonaventurae, 1895)

Armstrong, R.J., and Brady, I.C. (trs), Francis and Clare: The Complete Works (New York: Paulist Press, 1982)

Balthasar, H. Urs von, The Glory of the Lord: A Theological Aesthetics, Vol. 2, tr. by A Louth et al. (Edinburgh: T. & T. Clark, 1984)

Blankenhorn, B., The Mystery of Union with God: Dionysian Mysticism in Albert the Great & Thomas Aquinas (The Catholic Universitt; of America Press, Washington, 2015)

Boehner, Philotheus (tr.), Bonaventure: The Joumei; of the Mind to God, ed. with an Introduction by Stephen F. Brown (Indianapolis: Hackett Pub. Co., 1993)

Bougerol, J.C., Introduction to the Works of Bonaventure, tr. by J. de Vinck (Paterson, NJ: St Anthony Guild Press, 1964)
― ― ― (ed.), S. Bonaventura 1274-1974, Vols 1-5 (Grottaferrata: Collegio S. Bonaventura, 1972-4)
― ― ― 'Bonaventure as Exegete', in Hammond, J.M., et al (eds.), A Companion to Bonaventure (Leiden: Brill, 2014) 167-87.

Brady, I., 'St Bonaventure's Theology of the Imitation of Christ', in Foley, P.F. (ed.), Proceedings of the Seventh Centenan; Celebrations of the Death of St Bonaventura (St Bonaventure, NY: The Franciscan Institute, 1974) 61-72

Brooke, R.B., The Writings of Leo, Rufino and Angelo: Companions of St Francis (Oxford: Oxford University Press, 1970)

Burnaby, John, Amor Dei: A Study of the Religion of St Augustine (London:

Hodder & Stoughton, 1938)

Burns, J.H. (ed.), Medieval Political Thought c.350-c.1450 (Cambridge: Cambridge University Press, 1988)

Campbell, B.M.S, 'Global Climates, the 1257 Mega-Eruption of Samalas Volcano, Indonesia, and the English Food Crisis of 1258', Transactions of the Royal Historical Societi;, sixth series, Vol. XXVII (2017) 87-122

Canty, A, Light and Glon;: The Transfiguration of Christ in Early Franciscan and Dominican Theology (Washington, DC: The Catholic University of America Press, 2011)

Carpenter, Charles, Theology as the Road to Holiness (New York: Paulist Press, 1999)

Carruthers, Mary, The Book of Memon1: A Study of MemonJ in Medieval Culture (Cambridge: Cambridge University Press, 1990)
– – – The Craft of Thought: Meditation, Rhetoric and the Making of Images, 400-1200 (Cambridge: Cambridge University Press, 1998)
– – – The Experience of BeauhJ in the Middle Ages (Oxford: Oxford University Press, 2013)

Chadwick, Henry, St Augustine's Confessions (Oxford: Oxford University Press, 1991)

Ciampenelli, F., "'Hominem Reducere ad Deum": la Funzione Mediatrice del Verba Incarnato nella Teologia di San Bonaventura', Analecta Gregoriana 310 (Rome, 2010)

Coakley, S., & Stang, C. M., (eds.) Re-thinking Dionysius the Areopagite (Wiley-Blackwell, Oxford, 2009)
Cohn, N., The Pursuit of the Millennium (third edition, London, 1970) Coughlin, F. Edward (tr.), Works of St Bonaventure: Writings on the Spiritual Life (St Bonaventure, NY: The Franciscan Institute, 2006)

Cousins, Ewert, Bonaventure and the Coincidence of Opposites (Chicago: Franciscan Herald Press, 1978)
– – – (tr.), Bonaventure: The Soul's Journey into God; the Tree of Life; the Life of St Francis, Classics of Western Spirituality (New York: Paulist Press, 1978)

Crombie, A.C., Robert Grosseteste and the Origins of Experimental Science 1100-1700 (Oxford: Clarendon Press, 1953)

Cullen, Christopher M., Bonaventure (Oxford: Oxford University Press, 2006)

Dales, Douglas J., Living Through Dying: The Spiritual Experience of St Paul (Cambridge: Lutterworth Press, 1994)
 － － － , Alcuin: Theology and Thought (Cambridge: James Clarke & Co. Ltd, 2013)
－ － － , Divine Remaking: St Bonaventure and the Gospel of Luke (Cambridge: James Clarke & Co., 2017)

Davis, Robert G., The Weight of Love: Affect, Ecstasy and Union in the Theology of Bonaventure (Bronx, NY: Fordham University Press, 2016)

Delarun, J., The Rediscovered Life of St Francis of Assisi, tr. by T.J. Johnson (St Bonaventure, NY: The Franciscan Institute, 2016)

Delio, Ilia, Crucified Love: Bonaventure's Mysticism of the Crucified Christ (Quincy, IL: The Franciscan Press, 1998)
－ － － , 'Bonaventure's Metaphysics of the Good', Theological Studies Vol. 60, no. 2 (1999) 243f
－ － － , Simply Bonaventure: An Introduction to His Life, Thought and Writings (Hyde Park,NY: New City Press, 2001)

Douai, D., The Nature & effect of the heresy of the Fraticelli (Manchester, 1932)

Doyle, E. (tr.), Bringing Forth Christ: Five Feasts of the Child Jesus (Oxford: SLG Press, 1984)

Frezza, F., 'La Verita de/la Carita Gratuita nei Commenti Evangelici di S. Bonaventura,' Doctor Seraphicus, Vol. 58 (2010) 7-25

Gargano, Innocenzo, Holy Reading : An Introduction to Lectio Divina, tr. by Walter Vitale, ed. with an Introduction by Douglas J. Dales (Norwich: Canterbury Press, 2007)

Gilson, Etienne, The Philosophy of St Bonaventure, b.·. by I. Trethowan and F. J. Sheed (London: Sheed & Ward, 1940)

Goff, J. Isaac, Caritas in Primo: a Study of Bonaventure's Disputed Questions on the

Mysten; of the TrinittJ (New Bedford, MA, Academy of the hnmaculate, 2015)

Hammond, J.M. (tr.), Works of St Bonaventure: Collations on the Hexaemeron (St Bonaventure, NY: The Franciscan Institute, 2018)

Hammond, J.M., et al (eds.), A Companion to Bonaventure (Leiden: Brill, 2014)

Hayes, Zachary (tr.), What Manner of Man? Sermons on Christ by St Bonaventure (Chicago: Franciscan Herald Press, 1974)

― ― ― , The Hidden Centre: SpiritualihJ and Speculative Christology in St Bonaventure (New York: Paulist Press, 1981)

― ― ― (tr.), Bonaventure: On the Reduction of the Arts to Theologi; (St Bonaventure, NY: The Franciscan Institute, 1996)

― ― ― (tr.), Disputed Questions on the Mystery of the TrinihJ (St Bonaventure, NY: The Franciscan Institute, 2000)

― ― ― (tr.), Disputed Questions on the Knowledge of Christ (St Bonaventure, NY: The Franciscan Institute, 2005)

― ― ― (tr.), St Bonaventure: Collations on the Seven Gifts of the Holy Spirit (St Bonaventure, NY: The Franciscan Institute, 2008)

Hellman, J .AW., Divine and Created Order in Bonaventure's Theologij, tr. by J.M. Hammond (St Bonaventure, NY: The Franciscan Institute, 2001)

Herbst, T.J., The Road to Union: Johannine Dimensions of Bonaventura Christologi; (Grottaferrata: Collegio S. Bonaventura, 2005)

Hieromonk Isaac, Elder Paisius of Mount Athas (Chalkidiki, Greece: The Holy Monastery of St Arsenios the Cappadocian, 2012)

Holy Transfiguration Monastery (tr.), The Ascetical Homilies of St Isaac the Syrian (Brookline, MA: Holy Transfiguration Monastery, 1984)

Hughes, S. and R. (tr.), Jacopone da Todi: The Lauds, Classics of Western Spirituality (New York: Paulist Press, 1982)

Johnson, T.J. (ed.), Bonaventure: Mystic of God's Word - Selected Spiritual Writings (St Bonaventure, NY: The Franciscan Institute, 1999)

― ― ― (tr.), The Sunday Sermons of St Bonaventure (St Bonaventure, NY: The Franciscan Institute, 2008)

― ― ― , The Soul in Ascent: Bonaventure on Poverh;, Prayer and Union with God (St Bonaventure, NY: The Franciscan Institute, 2012)

Karnes, Michelle, Imagination, Meditation and Cognition in the Middle Ages (Chicago: University of Chicago Press, 2011)

Karris, Robert J. (tr.), The Works of St Bonaventure, Vol. VIII, Parts 1-3: St Bonaventure's Commentan; on the Gospel of Luke (St Bonaventure, NY: The Franciscan Institute, 2001-4)
--- (tr.), The Works of St Bonaventure, Vol. XI: Commentan; on the Gospel of John (St Bonaventure, NY: The Franciscan Institute, 2007)
--- , and Murray, Campion (tr.), St Bonaventure: Commentan; on Ecclesiastes (St Bonaventure, NY: The Franciscan Institute, 2005)

Kirk, Kenneth E., The Vision of God: The Christian Doctrine of the Summum Bonum (London: Longmans, Green & Co., 1931)

Lachance, Paul (h·.), Angela of Foligno: Complete Works, Classics of Western Spirituality (New York: Paulist Press, 1993)

LaNave, Gregory, Through Holiness to Wisdom: The Nature of Theology According to St Bonaventure (Rome: Istituto Storico dei Cappuccini, 2005)

LeClercq, J., The Love of Learning and the Desire for God: A Study of Monastic Culture, tr. by Catherine Misrahi (London: Fordham University Press, 1978)

LeClercq, J., et al (eds.), The SpiritualihJ of the Middle Ages (London: Burns & Oates, 1968)

Leonardi, Claudio (ed.), La Letteratura Francescana, Vol. III: Bonaventura - La Perfezione Cristiana, tr. by Roberto Gamberini and Daniele Salvi (Milan: Arnoldo Mondadori Editore, 2012)

Levy, Ian C., Introducing Medieval Biblical Interpretation: Th.e Senses of Scripture in Premodern Exegesis (Grand Rapids, MI: Baker Academic, 2018)

Lubac, Hemi de, Medieval Exegesis, Vol. 1: The Four Senses of Scripture, tr. by Marc Sebanc (Grand Rapids, MI: Eerdmans, 1998)
Luibheid, C. (tr.), Pseudo-Dionysius: The Complete Works, Classics of Western Spirituality (New York: Paulist Press, 1987)

McGinn, Bernard, The Flowering of Mysticism: Men and Women in the New Mysticism, 1200-1350 (New York: The Crossroad Pub. Co., 1998)

McIntosh, Mark, Mystical Theologi;: The IntegrihJ of SpiritualihJ and TheologiJ (Oxford: Wiley-Blackwell, 1998)

Menard, Andre, 'The Spirituality of "Transitus" in the Writings of St Bonaventura', Greyfriars Review, Vol. 18, no. 1 (2004) 23-51

Mercker, Hans, Schriftauslegung als Weltauslegung: Untersuchung zur Stellung der Schrift in der Theologie Bonaventuras [Publication of the Grabmann Institute for the Study of Medieval Theology and Philosophy, Neue Falge 15] (Munich: Grabmann-Institutes, 1971)

Meyendorff, John, A Study of Gregory Palamas, tr. by George Lawrence (London: The Faith Press, 1964)

Monti, Dominic (tr.), St Bonaventure's Writings Concerning the Franciscan Order (St Bonaventure, NY: The Franciscan Institute, 1994)
‒ ‒ ‒ , 'Bonaventure's Use of "the Divine Word" in Academic Theology', in Cusato, M., and Coughlin, F.E. (eds), That Others May Know and Love: Essays in Honour of Zachary Hayes OFM (St Bonaventure, NY: The Franciscan Institute, 1997) 65-88
‒ ‒ ‒ (tr.), Bonaventure: Breviloquium (St Bonaventure: NY: The Franciscan Institute, 2005)
‒ ‒ ‒ , and Shelby, K.W. (eds), Bonaventure Revisited: A Companion to the Breviloquium (St Bonaventure, NY: The Franciscan Institute, 2017)

Moorman, Jolm, A History of the Franciscan Order (Oxford: Clarendon Press, 1968)

Motta, C., 'Le Passione del Cristo nelle Opera di San Bonaventura', Studi Francisci, 104 (2007) 229-302

Murphy, R.E. (ed.), Medieval Exegesis of Wisdom Literature: Essays by Ben;l Smalley (Atlanta, GA: Scholars Press Reprint, 1986)

Murray, R., 'Mirror of Experience: Palamas and Bonaventura on the Experience of God', Journal of Ecumenical Studies, 86 (2009) 432-60

Nichols, Aidan, The Thought of Benedict XVI: An Introduction to the Theology ofloseph Ratzinger (Edinburgh: T. & T. Clark, 1988; London: Burns & Oates, 2005; new edn, 2007)

Noe, M., 'A Burning and Shining Light': St Bonaventure the Seraphic Doctor (Paterson, NJ: St Anthony Guild Press, 1955)

Olsen, Derek A., The Honey of Souls: Cassiodorus and the Interpretation of the Psalms in the Early Medieval West (Collegeville, MN: Liturgical Press, 2017)

Pelikan, Jaroslav, The Christian Tradition: A History of the Development of Doctrine, Vol. 3 - The Growth of Medieval Theology (600-1300) (Chicago: Chicago University Press, 1976)

Prentice, R.P., The Psychology of Love According to St Bonaventure (St Bonaventure, NY: The Franciscan Institute, 1992)

Ramsey, A.M., The Glory of God and the Transfiguration of Christ (London: Longmans, Green & Co., 1949)

Ratzinger, J., The Theology of History in St Bonaventure, tr. by Zachary Hayes (Chicago: Franciscan Herald Press, 1971)

Rauch, W., Das Buch Gottes: Eine Systematische Untersuchung des Buchbegriffes bei Bonaventura (Munich: M. Huber, 1961)

Reeves, M., The Influence of Prophecy in the Later Middle Ages: A Study in Joachimism (Oxford: Clarendon Press, 1969)

Reist, T., and Karris, R.J. (tr.), Bonaventure: Disputed Questions on Evangelical Perfection (St Bonaventure, NY: The Franciscan Institute, 2008)

Robertson, D., Lectio Divina: The Medieval Experience of Reading (Collegeville, MN: The Liturgical Press, 2011)

Sharp, D. E., Franciscan Philosophy at Oxford in the thirteenth century (Oxford, 1930)

Shirley-Price, Leo (tr.), The Coming of the Franciscans [Thomas of Eccleston, De Adventu Fratrum Minorum in Angliam (1258-59)] (Oxford: Mowbray, 1964)

Smalley, Beryl, The Study of the Bible in the Middle Ages (Oxford: Clarendon Press, 1952)

― ― ― , The Gospels in the Schools c.1100-c.1280 (London: Hambledon Press, 1985)

Smith, Lesley, The Glossa Ordinaria: The Making of a Bible Commentan; (Leiden: Brill, 2009)

Spaeth, P. (tr.), St Bonaventure: Collations on the Ten Commandments (St Bonaventure, NY: The Franciscan Institute, 1995)

Spargo, Emma, The Categon; of the Aesthetic in the Philosophy of St Bonaventure (St Bonaventure, NY: The Franciscan Institute, 1953)

Spicq, Ceslas, Esquisse d'une Histoire de l'Exegese Latine au Mayen Age (Paris : J. Vrin, 1944)

SSF, a friar of (tr.), The Mystical Vine: A Treatise on the Passion of Our Lord by St Bonaventure (London: A.R. Mowbray & Co. Ltd, 1955)

Straw, C., Gregory the Great: Perfection in Imperfection (Berkeley, CA: University of California Press, 1988)

Tavard, George Henry, Transience and Permanence: The Nature of Theology According to St Bonaventure (St Bonaventure, NY: The Franciscan Institute, 1954)
― ― ― , The Contemplative Church: Joachim and His Adversaries (Milwaukee, WI: Marquette University Press, 2005)

Thompson, A., Francis of Assisi: The Life (Ithaca, NY: Cornell University Press, 2013)

Thompson, W., Fire and Light: The Saints and Theology (New York: Paulist Press, 1987)

Valiaplackai, L.J., The Way of God According to Mar Isaac of Nineveh and St Bonaventure (Rome: Pontifical Institute of Oriental Studies, 1994)

Vauchez, A., Francis of Assisi: The Life and Afterlife of a Medieval Saint (New Haven, CT: Yale University Press, 2012)

Vinck, J. de. (tr.), St Bonaventure: Defence of the Mendicants (Paterson, NJ: St Anthony Guild Press, 1966)

Ward, B. (tr.), The Prayers and Meditations of St Anselm with the Proslogion (London: Penguin Classics, 1973)

Watts, V.E. (tr.), Boethius: The Consolation of Philosophy (London: Penguin Classics, 1969)

인명 및 주제 색인

프라하의 아그네스, Agnes of Prague ·· 60

앨퀸, Alcuin ·· 192

교황 알렉산더 4세, Alexander IV ·· 60

암브로시우스, Ambrose ··· 39, 68, 74, 153

안셀무스, Anselm ························ 18, 72, 115, 146, 225, 265, 301, 350, 370

이집트의 안토니우스, Anthony of Egypt ···································· 333

파도바의 안토니오, Anthony of Padua ································· 48, 64

아리스토텔레스, Aristoteles ······························· 43, 215, 237, 338, 349

아우구스티누스, Augustine ················ 18, 36, 72, 96, 116, 181, 205, 216, 347

한스 우르스 폰 발타자르, Balthasar, Hans Urs ················ 25, 61, 370

베네딕트, Benedict ·· 333

베네딕토 16세, Benedict XVI ··· 347

베르나르, Bernard ··································· 18, 39, 72, 153, 205, 275, 323, 349, 370

스페인 여왕 블랑쉬, Blanche, Queen of Spain ·························· 22

보에티우스, Boethius ·· 98, 118, 190

보나벤투라의 저서, Bonaventure's writings

　신학서설, Breviloquium ··························· 24, 153, 233, 242, 273

　그리스도, 모든 사람을 위한 유일한 교사, Christ the One Teacher of All ······· 222

전도서 주석, Commentary on Ecclesiastes ·· 23, 183

요한복음 주석, Commentary on St John's Gospel ·················· 23, 177, 191, 306

누가복음 주석, Commentary on St Luke's Gospel ······················ 30, 58, 177, 321

헥사메론, Collations on the Hexaemeron ··· 215, 370

성령의 일곱 은사에 대한 해설, Collations on the Seven Gifts of the Holy Spirit

··· 305

나르본 헌법, Constitutions of Narbonne ··· 58

탁발 수도자의 옹호, Defence of the Mendicants ······························· 21, 33, 67

그리스도를 아는 지식에 대한 논쟁적인 질문들, Disputed Questions on the

Knowledge of Christ ··· 24

복음주의적 완전함에 대한 논쟁적인 질문들, Disputed Questions about

Evangelical Perfection ·· 33, 41, 57, 72

삼위일체의 신비에 대한 논쟁적인 질문들, Disputed Questions on the Mystery of

the Trinity ··· 24, 214

그 어린 주 예수의 5개의 절기, Five Feasts of the Child Jesus ······················· 23

순례기, Itinerarium ································· 21, 29, 81, 91, 109, 114, 376

감독의 서신, Letters of Direction ··· 59

성 프란치스코의 소전기, Life of Francis Legenda Minor ····················· 20

성 프란치스코의 대전기, Life of Francis Legenda Maior ··················· 30, 43

삶의 완전함에 대하여, On the Perfection of Life ···················· 22, 138

독백, Soliloquium ·· 153, 348

신비의 포도나무, The Mystical Vine ·· 23

예술의 신학으로서의 환원, The Reduction of the Arts to Theology ················ 24

세 가지 길-윤리, 묵상 그리고 지혜, The Threefold Way ······················· 22

생명나무, The Tree of Life ··· 158

클라라, Clare ·· 60, 170

제2차 리옹 공의회, Council of Lyons II ································ 346

단테, Dante ··· 155

디오니시우스, Dionysius ································· 115, 125, 226, 252

도미니크, Dominic ·· 333

프란치스코, Francis ·· 19, 22, 30

아베빌의 제라르드, Gerard of Abbeville ································ 67

보르고 산 돈니노의 제라르드, Gerard of Borgo San Donnino ······ 33

에티엔느 질송, Gilson, Etienne ··· 59, 347

그레고리우스 팔라마스, Gregory Palamas ···························· 274

그레고리우스 대제, Gregory the Great ································ 18, 70

그레고리오 9세, Gregory IX ··· 56

성 셰르의 위그, Hugh of St Cher ·· 181

성 빅토르의 위그, Hugh of St Victor ································· 68, 180

이레네우스, Irenaeus ······················· 19, 119, 221, 318

시리아의 성 이삭, Isaac the Syrian ·· 376

히에로니무스, Jerome ··· 77

피오레의 요아킴, Joachim of Fiore ·· 33

요한네스 크리소스토무스, John Chrysostom ··························· 39

다메섹의 요한, John Damascene ·· 115

존 페캄, John Pecham ··· 61

노리치의 줄리안, Julian of Norwich ······································· 170

스페이어의 율리아누스, Julian of Speyer ··· 31
라테란 공의회, Lateran Council ·· 291
라 베르나, La Verna ··· 22, 29, 81
오리게네스, Origen ·· 187
파프누티우스, Paphnutius ·· 333
파리대학, Paris University ··································· 17, 33, 114, 227
피터 롬바드, Peter Lombard ·· 370
성 빅토르의 리차드, Richard of St Victor ·· 215
우베르티노 디 카살레, Ubertino de Casale ···································· 158
토마스 아퀴나스, Thomas Aquinas ····················· 17, 57, 233, 345, 351
첼라노의 토마스, Thomas of Celano ·· 31
윌리엄 생 타무르, William of St Amour ·· 33